Rudolf Hirsch

Das Leben – was sonst

Gerichtsreportagen aus drei Jahrzehnten

Portwein und Kornettklang

(1964–1965)

Rudolf Hirsch

Das Leben - was sonst

Gerichtsreportagen aus drei Jahrzehnten

Portwein und Kornettklang

edition q

Die Deutsche Bibliothek – CIP-Einheitsaufnahme

Hirsch, Rudolf: Das Leben – was sonst : Gerichtsreportagen aus drei Jahrzehnten / Rudolf Hirsch. – Berlin: Ed. q.
Portwein und Kornettklang. – 1991
ISBN 3-928024-29-9

Umschlaggestaltung: edition q, Berlin
Redaktion edition q: Klaus R. Dichtl
Gesamtherstellung: Ebner Ulm

Zuvor

„Portwein und Kornettklang" heißt die Geschichte, die diesem Band seinen Namen geben soll. In ihm sind die Gerichtsreportagen gesammelt, die ich in den Jahren 1964 und 1965 für die „Wochenpost" geschrieben habe.

1964 bestand die „Wochenpost" gerade zehn Jahre und das war der Anlaß für meinen damaligen Chefredakteur, mich zu veranlassen, doch einmal in einem Beitrag darüber zu berichten, wie ich denn zu meinem Beruf des Gerichtsreporters gekommen bin.

Hier nun der Bericht – um einige Gedanken erweitert:

Es begann an einem Sonnabend im Jahre 1944, als niemand etwas von der Gründung einer „Wochenpost" ahnte, da fuhr ich mit einem Freund von Tel Aviv nach Jerusalem. Wir waren damals eine kleine Gruppe deutscher Antifaschisten. Emigriert, mit dem Wunsch, nach dem Krieg nach Deutschland zurückzukehren, um für ein besseres Deutschland zu wirken.

Von Tel Aviv fuhren wir nach Jerusalem, der hochgebauten Stadt, nein, wir gingen vorerst zu Fuß vom jüdischen Tel Aviv in die arabische – oder besser gesagt – Mutterstadt Jaffa; denn am Sonnabend oder Sabbat fährt aus religiösen Gründen kein „jüdischer" Autobus. Wir setzten uns in den „arabischen" Bus. Auf dieser Fahrt sprach mein Freund, ein begeisterter Leser der Kriminalliteratur, über einen Kriminalroman, der antifaschistische Tendenzen zeigte, und er meinte, so etwas müßten wir auch einmal machen.

Ich war damals als Schnitt- und Absatzfräser in einer kleinen Sandalenfabrik tätig, und während des Winters, der sich dort durch Dauerregen bemerkbar macht, schloß mein Fabri-

kant die Bude. Ich hatte also keine Arbeit und schrieb. Und als ich nach vielen Jahren, endlich, 1949 nach Deutschland zurückkam, hatte ich das Manuskript eines Kriminalromans bei mir, „Das gefälschte Logbuch“, das dann 1956 hier erschien.

Zurückgekehrt also 1949 in den Teil meines Vaterlandes, wo damals die Verderber der Menschheit ausgeschaltet waren, wollte ich mich wieder meinem Fach, der Herstellung und Verbreitung von Schuhen aller Art, zuwenden. Ein guter Freund aus meiner rheinischen Heimat, Lektor eines wissenschaftlichen Verlages, meinte: Wenn du schreiben kannst, bleib nicht bei dem Leisten. Schuhmacher gibt es hier genug. Poeten sind seltener.

Es hat sich herausgestellt, daß dies ein Irrtum war.

Bei einem Vortrag, den ich in den ersten Tagen in Berlin hörte, sprach Anna Seghers vor jungen Schriftstellern. Sie sagte damals, ein Neuling auf dem Gebiet der Literatur solle es nicht mit einem großen Roman versuchen, er könne sich erst einmal auf dem Gebiet der Reportage betätigen. Das fand ich einleuchtend. Und zufällig traf ich in diesen Tagen auf der Straße eine Cousine – ich hatte sie seit fast 20 Jahren nicht gesehen. Sie war bei der „Täglichen Rundschau“ beschäftigt, dem deutschsprachigen Organ der sowjetischen Militäradministration. Ich fragte sie, ob dort nicht vielleicht ein Gerichtsreporter gesucht werde. Ich wollte mir Stoff für einen deutschen Kriminalroman besorgen und die neuen Verhältnisse erst einmal studieren.

Wenn ich darüber nachdenke, muß ich bekennen, noch eine andere Erfahrung hat mich in diese Richtung gewiesen. In den Jahren der Emigration, in Tel Aviv, lernte ich einen Mann kennen und schätzen. Doktor Ludwig Barbasch, einen liebenswerten, grundehrlichen Genossen einer kleinen sozialistischen Partei, einen Rechtsanwalt der Roten Hilfe aus Berlin. Er besuchte mich jeden Freitagabend und wollte mir in seinen oft sehr klugen, oft aber auch sehr sonderbaren Theorien seine Meinung über den Zustand der Welt beibringen. Er hatte in seiner Berliner Anwaltspraxis einen jungen Rechtsanwalt aufgenommen, Hans Litten. Die Anwaltspraxis Barbasch-Litten war in Berlin bekannt. Vor 1933 hatte sie fast nur die Genossen der Kommunistischen Partei verteidigt, mit großem Elan und großem Erfolg. Sofort nach dem Reichstagsbrand wurden Ludwig Barbasch und Hans Litten verhaftet. Nach schweren Mißhandlungen wurde Ludwig Barbasch von den Nazis aus der Haft entlassen unter der Bedingung, sofort nach Palästina auszuwandern. Hans Litten jedoch, der in einem Prozeß Hitler als Zeugen geladen, vernommen und bloßgestellt hatte, wurde nach qualvollem Martyrium, das vier Jahre, elf Monate und eine Woche dauerte, im Konzentrationslager Dachau in den Tod getrieben. Die Berichte von Ludwig Barbasch über die von ihm geführten Prozesse haben auch meinen späteren Lebensweg bestimmt.

Ich ging zur „Täglichen Rundschau"; und erstaunlich, dort suchte man gerade einen Gerichtsreporter. Ich begann zu schreiben und wurde gedruckt. Die sonderbaren Aufgaben eines Gerichtsreporters kamen meinen Neigungen und Fähigkeiten entgegen. Ein richtiger Reporter wäre ich nie geworden, denn ich bin schüchtern. Ich kann andere Leute nicht ausfragen.

Bei Gericht hatte ich nur zuzuhören, dort fragen der Richter, die Schöffen, der Staatsanwalt, der Verteidiger oder die Verteidigerin. Dort ist mir das Reden verboten.

Später, in der Kaffeestube des Berliner Gerichtsgebäudes in der Littenstraße, habe ich dann, wie man so sagt, kein Blatt vor den Mund genommen, bei Richtern, Staatsanwälten und Schöffen. Die einen mochten mich deswegen, aber andere vertagten ihre Prozesse, wenn sie mich auf der Pressebank sahen. Sie alle lasen die „Wochenpost".

Oft wurde ich gefragt: Haben Sie denn Jura studiert? Nein, von Jurisprudenz verstehe ich gar nichts, von Schuhen hingegen eine Menge.

Klassenkameraden am Realgymnasium in Krefeld, meiner Heimatstadt, dichteten einmal in einer Schülerzeitung über mich: Mathematik und Lockenbrennen lernt man bei dem Rudolf kennen.

Meine Klasse und meine Kameraden habe ich verlassen, sie

sind zum großen Teil vor dem Krieg durch Hitler verdorben, im Krieg gestorben, einige sind davongekommen. Und leben als getreue Söhne ihrer Klasse als Fabrikanten, Geschäftsleute, Amts- und Landgerichtsdirektoren oder Anwälte ihrer Klasse in meiner Heimatstadt. Der Streit, ob meine Locken künstlich oder natürlich waren, ist müßig geworden durch Verlust des Beweismaterials.

Das einzige, was mir an diesem Verschen noch bedeutungsvoll erscheint, ist die Würdigung meiner mathematischen Begabung. Diese Fähigkeit, in logischen Kategorien zu denken, hat mir geholfen, auf dem knappen Raum, der einem Gerichtsreporter zusteht, Menschen und ihre Konflikte darzustellen.

Seit Begründung der „Wochenpost", 1954, bin ich dabei gewesen. Nicht als kühler, registrierender Berichterstatter; ich habe immer versucht, ein wenig mitzufühlen und mitzudenken.

Die verunglückte Vorfeier

Tragischer Held der heutigen Geschichte ist nicht der Angeklagte und nicht der Geschädigte, es ist ein simpler Zeuge, Jerome, ein kleiner, grauhaariger, schmaler Mann mit Adlernase und leicht zerfurchten, markanten Zügen, der immer nur das Beste wollte und das Schlimmste heraufbeschwor. Der nun, enttäuscht von der Schlechtigkeit der Welt, beschlossen hat, weiter sein Leben in Einsamkeit, begleitet von seinem treuen Wachhund, zu verbringen.

Jerome, unser Einsiedler mit Hund, ist kein Eremit aus Überzeugung. Er ist es aus Mangel an Geselligkeit. Früher einmal hatte er gewiß großen Zuspruch, er war Schornsteinfegermeister und als freundlicher Glücksbringer überall gern gesehen. Aber Krankheit und Unfall hatten ihm diesen liebgewordenen Beruf unmöglich gemacht. Und da er nicht untätig auf seinen schwarzen Lorbeeren ausruhen wollte, war er als Betriebsschutz- und Wachmann angestellt worden. Nun saß er einsam in seiner neuen Wohnung in der Nähe des Berliner S-Bahnhofs Ostkreuz. Er war an diesem Sonntag, am 6. Oktober, ziemlich betrübt. Wo sollte er und mit wem den morgigen Festtag der Republik feiern? Da klopfte es an seiner Tür, und vor ihm standen Emmi und Ernst, Mitbewohner des Hauses. Emmi, die grauhaarige Hauswartfrau von etwa fünfzig Jahren, kannte er schon vom Sehen, und sie sagte: „Herr Jerome, das ist ja ein Ding aus dem Tollhaus. Die Fahne, die Sie zum Feiertag herausgehängt hatten, liegt auf der Straße."

Man stellte nun gemeinsam fest, daß kein böser Feind, sondern nur der Wind die Staatsfahne von ihrem Platz entfernt hatte. Und nachdem Jerome auf diese Weise erfahren hatte, daß auch Ernst ein alter Arbeiter und Gewerkschafter war, da keimte bei ihm die Hoffnung auf, den morgigen Feiertag doch noch in guter Gesellschaft begehen zu können. Wohl hörte der gute Ernst etwas schwer, aber er war Bauarbeiter und somit von Berufs wegen kein Freund von Traurigkeit. Und auch Emmi, seine Frau, war, wie er erfuhr, nicht nur Hauswart, sondern auch Fachkraft für Sauberkeit in einem pädagogischen Institut. Auch sie machte einen durchaus lebensfrohen Eindruck.

Jerome holte aus seiner Vorratskammer einige Flaschen Pils, um mit ihnen und einem Frühschoppen die Vorfeierlichkeiten zum 7. Oktober in seiner Wohnküche zu eröffnen.

Da klopfte es wieder an der Tür der Klause des Einsiedlers Jerome, und es erschien Claudia. Jerome strahlte nicht nur wegen der erfreulichen Erscheinung der bis auf die Haarwurzeln chemisch errötenden, rundlichen, jugendlich weiblichen Attraktion. Claudia, auch Mitbewohnerin dieses Hauses, sehr glücklich verheiratet – wie sie immer betonte –, hatte dem an einer Hand gelähmten Jerome einmal versprochen, ihm ein Gericht Wirsingkohl zuzubereiten. Nun hatte sich an diesem Sonntag dieser grünlich-gelbe Wirsingkohl in einen lecker zubereiteten Rotkohl verwandelt, außerdem war er mit einer gebratenen Hühnerbrust garniert. Jeromes Appetit begann sich zu regen, und auch sein gesellschaftliches Bewußtsein geriet in angenehme Bewegung. In diesem Haus war also doch eine richtige Hausgemeinschaft vorhanden, man kümmerte sich um einen einsamen, alleinstehenden Herrn.

Natürlich wurde auch Frau Claudia von Jerome gebeten, am gemeinsamen Frühschoppen, der durch einige Schnäpse bereichert wurde, teilzunehmen. Auch Frau Claudia war keine Freundin der Trübsal, zudem war sie mit Frau Emmi, der viel älteren, durch gemeinsame Tätigkeit als Reinigungsfachkraft im besagten pädagogischen Institut kollegial und auch freundschaftlich verbunden.

Da begann plötzlich der etwas schwer hörende und leicht animierte Ernst auf Frau Claudia zu schimpfen. Mit Worten, die abscheulich waren, die ich hier auch nicht niederschreiben möchte, mit Worten, die bedeuteten, Frau Claudia ginge einem Gewerbe nach, das von allen am hellen Tage nicht gern gesehen wird, dem aber gewisse Männer in gewissen Situationen nachts nicht ungern begegnen. Grund dazu hatte er überhaupt nicht.

Herr Jerome suchte zu beruhigen, um seinen schönen Frühschoppen nicht in Streit auflösen zu müssen. Frau Emmi bekam einen Herzanfall vor Aufregung und mußte für zehn Minuten in die zweite Stube des Herrn Jerome auf eine Couch niedergelegt werden. Der Schwächeanfall seiner Frau hatte auf Herrn Ernst keinen sonderlichen Eindruck gemacht. Das hat sie öfter, sagte er laut, trank friedlich das Bier des Herrn Jerome weiter und ließ zu, daß die beiden anderen, Herr Jerome und Frau Claudia, sich seiner kranken Frau annahmen.

Sie blieben weiter friedlich zusammen, und als Frau Emmi sich erholt hatte, meinte sie, es sei ein wenig frostig in Herrn Jeromes Wohnküche, und da eilte der liebe Herr Jerome zu seinem Herd, machte ein Feuer, und damit die Luft nicht stickig wurde, setzte er einen Topf mit Wasser auf. Obwohl es auf Frau Emmis Wunsch geschah, will sie davon nichts bemerkt haben.

Nach einiger Zeit begann Herr Ernst wieder, Frau Claudia zu beleidigen. Noch einmal rettete der liebe Herr Jerome die Situation, aber nach wenigen Minuten ging es wieder los. Da riß bei Frau Claudia der eigentlich sehr starke Geduldsfaden. Sie ging mit voller Breitseite auf Herrn Ernst los und wollte ihn am Wikkel packen. Frau Emmi aber sah, daß ihr Ernst in ernster Gefahr war, sie ergriff den Wassertopf von Herrn Jeromes Herd und goß ihn über Frau Claudia.

Das Wasser war kurz vor dem Sieden, vier Wochen mußte die arme Frau Claudia ins Krankenhaus und hatte fürchterliche Schmerzen. Verbrennungen ersten und zweiten Grades hatte sie im Gesicht und am Körper erdulden müssen. Frau Emmi kam vor Gericht wegen gefährlicher Körperverletzung, sie war sehr aufgeregt und bekam auch hier, schon bei Beginn der Verhandlung, einen Herzanfall. Weil sie fast ohne Überlegung diese sehr schlimme Tat begangen hatte, weil sie bittere Reue zeigte und weil sie in ihrem fünfzigsten Lebensjahr zum ersten Mal vor Gericht stand, immer fleißig und gewissenhaft gelebt hatte, wurden ihr die sechs Monate Gefängnis auf Bewährung zuerkannt, mit einer sehr langen Bewährungszeit von drei Jahren. Aber sie wird

Schadenersatz und Schmerzensgeld an Frau Claudia zahlen müssen.

Der erste Versuch des Herrn Jerome, sich im Haus gesellig zusammenzufinden, wurde mit einem Kübel von Beleidigungen und einem Topf heißen Wassers erstickt. Und Herr Jerome mußte erkennen, daß es schwer ist, alte Vorurteile und alte Denkweisen zu besiegen, aber es geht; und er soll sich gesagt sein lassen, daß es noch schwerer ist, ohne Menschen und nur mit einem treuen Hund zu leben, denn dann kommt der Mensch auf den Hund.

Der Frauenfeind

Berufs- und beschäftigungslos mit 22 Jahren! Der sanfte, junge Mann mit dem starken, weichen Mund und den verschleierten Augen stellt den Richtern, den Medizinern, ja der ganzen Gesellschaft schwer lösbare Aufgaben. Einiges wissen wir schon aus seinem bisherigen Leben: das eine Jahr Gefängnis, die Verbüßung der Reststrafe vom letzten Mal, ja auch die jetzt ihm vom Gericht angedrohte Arbeitserziehung von vielleicht einem Jahr wird er vorbildlich absitzen, ableisten. Das letzte Mal kam er nach mustergültiger Führung, den Rest der Strafe auf Bewährung ausgesetzt, mit 900 Mark barem Geld und einem festen Arbeitsplatz bei einem Berliner chemischen Großbetrieb in die Freiheit. Aber das in der Haft verdiente Geld verleitete ihn, erst einmal die Freiheit gründlich zu mißbrauchen. Und nicht zu arbeiten.

Die Freiheit bekommt ihm nicht, er versteht sie nicht zu nutzen, er rennt mit seinen verschleierten Augen und seinem Schlafzimmerblick nicht wie ein Schlafwandler, sondern mit überdurchschnittlich wachem Verstand selber ins neue Unglück. Sein besonderes Pech ist, daß ihm die sehr kleinen Mädchen zufliegen wie – es fällt mir nur der abgegriffene Vergleich ein – wie die Motten zum Licht. Er ist der große Blender, er wirkt wie ein sehr gefühlsbetonter, leidenschaftlich sich hingebender liebenswerter Liebhaber, doch er ist gefühlsarm, voller Verachtung.

Das kleine Mädchen, zierlich gebaut, schick angezogen im schwarz-weiß-karierten Röckchen und roter Samtjacke, lernte er im Kino kennen. Ein Händedruck, ein paar zärtliche Worte und einige traurige Blicke aus den verschleierten Augen, und die Widerstandskraft des kleinen Fräuleins war geschmolzen.

Da die Mutter im Krankenhaus war, nahm sie ihn gleich mit in die Wohnung. Dort blieb er die erste Nacht und kam auch in der zweiten Nacht wieder, und er brachte sie nach dieser Nacht zum Autobus, als sie zur Arbeit fahren mußte. Er wußte genau, wo der Wohnungsschlüssel lag. Er kehrte zurück, schloß auf, nahm den fast neuen Radioapparat „Dominante“ aus des Mädchens kleiner Kammer, fuhr in die Stadt. Die Haustür ließ er offen, den Schlüssel warf er in den Garten.

Auf der Fahrt in die Stadt wußte er, die Sache kann und wird nicht gut ausgehen. Die Kleine weiß meinen Namen, sie wird mich anzeigen, nötig habe ich es auch nicht, das Radio zu verkaufen oder zu versetzen, ich habe ja genug Geld aus meiner Haftzeit.

Und er ging zur Städtischen Pfandkammer, versetzte den Apparat und bekam dafür 125 Mark.

Über die Praktiken der Städtischen Pfandkammer in Berlin ist schon viel Kritisches gesagt worden. Sie arbeitet im Prinzip ohne Gewinn, sie soll eine soziale Einrichtung sein, aber hier nahm sie das Radio, ohne zu prüfen, ob der junge Mann Eigentümer war, ohne zu fragen, warum er es versetzen mußte, ohne sich zu überlegen, hat er Arbeit, hat er keine.

Bei einer genauen Prüfung hätte diese Dienststelle des Magistrats erfahren können, daß der junge Mann gerade auf Bewährung aus der Haft mit viel Geld entlassen war. Sicherlich kann die Volkspolizei bei einem Diebstahl durch die Pfandkammer den Namen eines etwaigen Diebes leicht feststellen, aber trotzdem müßte die Pfandkammer erst sehr genau prüfen, denn so ist sie auf der anderen Seite direkt ein Anreiz zum Stehlen, und genau das dürfte sie nie und nimmer sein.

Noch in der Pfandkammer schwankte der junge Mann, aber alles ging so leicht vonstatten, und dabei wußte er genau, hier wurde sein Name wieder aus dem Personalausweis aufgeschrieben, er würde gewiß nach wenigen Tagen im Gefängnis landen.

Noch blieben ihm die wenigen Tage, aber er nutzte sie sehr schlecht. Um Mitternacht ließ er sich am Bahnhof Friedrichstraße von einem betrunkenen Mann ansprechen, eindeutig. Er ging mit ihm ins Gebüsch, dort zog er dem völlig Benebelten die

Brieftasche. Beim Auftauchen aus der dunklen Ecke wurde er von zwei Kriminalpolizisten beobachtet und zwangsgestellt.

Er verachtete die Menschen, besonders die Frauen. Als 16jähriger wurde er von einer Prostituierten verführt und ausgehalten. Dieses Erlebnis hat er, wie es scheint, nie überwunden. Zweimal ist er schon zu Zuchthausstrafen als Zuhälter verurteilt worden, sehr hoch. Er war erst der Liebling der Damen, aber später wurde es noch schlimmer. Ein Mädchen, das ihn liebte, veranlaßte er, mit ihm zusammen nach Westberlin zu gehen, und dort schickte er sie, die gar nicht wollte, auf den Strich.

Sein Verhalten entspricht so wenig der Norm, daß das Gericht den jungen Mann von einem Nervenarzt untersuchen ließ. Diesem hatte er in amüsiertem Plauderton über seine Erlebnisse berichtet, stolz und eitel.

Ist er der geborene Verbrecher? Nein, das gibt es nicht, aber in ihm steckt eine ererbte Bereitschaft, sich verführen zu lassen, eine ererbte Bereitschaft, wenn man so will, zum Kriminellen. Und sein Pech ist es, wie der Arzt meint, daß er so gemütvoll aussieht und tatsächlich völlig gemütskalt ist. Er kann mühelos aus dem Handgelenk lügen, und wer von seinem weichen, romantischen Gesicht angetan ist, glaubt ihm kritiklos.

Die vielen Haftstrafen haben auf ihn so wenig eingewirkt wie Regentropfen auf eine Ölhaut. Sobald er in Freiheit ist, findet er sofort ein kleines Mädchen, das ihm verfällt.

Es gäbe für ihn nur eine Rettung, und die gibt es für ihn nicht im Gefängnis. Er müßte einmal lieben, nur einmal. Bisher ist er nur geliebt worden.

Der sanfte Draufgänger

Das Bild eines reuigen Sünders: Mit gefalteten Händen, mit geschlossenen Augen sitzt Robert da. Die starke, vorstehende gerade Nase, die hohe Stirn, die sorgfältig nach hinten gekämmten Haare, braun, mit etwas rötlichem Schimmer, die eingefallenen Wangen, aus denen die Backenknochen hervortreten, lassen auf einen glaubensstarken Asketen schließen. Die Augen müssen fast eine halbe Stunde geschlossen bleiben; denn die Liste – ein wahres Leporelloregister –, die die Schweriner Staatsanwältin dem hageren Don Juan vorhält, ist so umfangreich, wie ich es von einem Schwindler seinesgleichen noch nie gehört habe.

Und dann kamen sie, wenn auch nicht alle, so doch viele, Schwarze, Blonde, Braune, Dicke und Gertenschlanke, Zarte und Robuste, Feine und auch solche von gröberem Holz, hochgeboren und bescheiden, jung und alt. Darunter Mary, die schlanke, dunkeläugige, etwas fragile Kindergärtnerin. Als sie, aus der kleinen fernen Havelstadt angereist, zur Zeugenbelehrung aufgerufen wurde, schlug sie ihn ins Gesicht. Mit der Ordnungsstrafe, die sie sicher gern bezahlt hätte, wurde ihr nur gedroht; sie schien am härtesten betroffen zu sein.

Sie hatte mit ihrem kleinen dreijährigen Georgi auf der Straße einen kleinen Streit. Da hörte sie eine sanfte tiefdunkle, warme Stimme hinter sich: „Wie kannst du die Mutti nur so ärgern!“ Und als Mary sich umsah, war sie wie elektrisiert. Sie glaubte und hoffte, Georgis verschwundenen Vater vor sich zu sehen. Und auch der kleine Georgi war wie verwandelt, lieb und folgsam. Der Herr mit der täuschenden Ähnlichkeit und der einschmeichelnden Stimme lud die junge, schüchtern verwirrte Frau zu einem „Täßchen Kaffee“ und Georgi zu einer Tasse Schokolade ein. Mary zögerte verhalten, nestelte verlegen an ihrem blauen Rollkragenpullover und sagte, sie sei mit ihrer Mutter verabredet.

„Dann nehmen wir Omi auch gleich mit.“ Marys Mutter war auch auf das angenehmste überrascht von dem sanften, feinen, gebildeten Herrn. Er solle doch einmal zum Kaffee kommen. Aber Robert hatte nicht viel Zeit für Präliminarien. Er meinte, er sei so sehr angetan von Mary und ihrem harmonischen Familienleben, die liebe Oma mit eingeschlossen, daß er sich sofort jetzt zum Mittagessen eingeladen betrachte. Marys Mutter gefiel dieser sanfte Draufgänger; denn Mary hatte sich nach der Enttäuschung an keinen anderen Herrn angeschlossen.

Auch Schwager und Schwägerin, noch am selben Abend eingeladen, waren begeistert. Sie trafen Herrn Robert, als er mit Georgi auf der Diele Rollschuh lief. Das lang ersehnte, stille häusliche Glück war, wie ein warmer Föhnregen in rauher Dezembernacht, auf Mary niedergegangen und hatte alles Eingefrorene und Vereiste aufgetaut.

Robert zeigte sich an diesem Abend und in dieser Nacht nicht nur von überwältigender Männlichkeit und von angeborenem Vaterherzen. Er erzählte Mary auch von seiner Anstellung beim Deutschen Fernsehfunk mit einem Gehalt von 750 Mark. Und eine Wohnung stünde auch bereit in Adlershof, mit allem Pipapo, aber nur vom Wohnungamt freigegeben, wenn Robert verheiratet sei. Endlich habe er, der schon lange von seiner Frau Geschiedene, gefunden, was seine leidgeprüfte Seele schon so lange ersehnte: eine warmherzige Frau, einen echten Kameraden, kein zufälliges Abenteuer, das ihm sonst so oft an vielen Straßenecken freundlich zulächle. Dies sei die ganz große Liebe, die einzig wahre auf den ersten Blick. Und nun stünde bald der eigene Wagen vor der Tür in Adlershof; die Fernsehtruhe würde ihm ja natürlich vom Betrieb geliefert. Kleinigkeit.

Kleinigkeit, daß er momentan in Geldverlegenheit sei. Er sei eigentlich gerade mit einer Kinderärztin zu einer Reise nach Prag verabredet. Sein Gepäck und sein Geld seien in Berlin-Buch stehengeblieben. Solle nun die Kinderärztin allein ins goldene Prag fliegen, glückliche Reise, der liebe Robbi bleibt daheim bei Mary, Georgi und Omi. Mit 40 Mark konnte ihm Mary aus der ersten Verlegenheit helfen. Dann verschwand der liebe, sanfte Robert. Und der strenge Dezemberfrost zog wieder in Marys Gefühlswelt ein.

Robert war schon ziemlich heruntergekommen in die kleine Havelstadt heruntergekommen; so eine rührend schöne Geschichte mit so viel Liebeszauber für lumpige 40 Mark. Aber er hatte nicht mehr viel Zeit, die Polizei fahndete schon nach ihm und zum Großschröpfen muß man länger spulen.

Die braune ranke Lore aus der thüringischen Bergstadt wurde finanziell viel ärger geschröpft. Aber dort nahm Robert auch einen gewaltigen Anlauf. Sie lernte er in Kühlungsborn kennen, als er noch, ungefahndet, ehrlich kellnerte. Die kleine Lohnabrechnerin war von dem charmierenden weitgereisten Herrn sehr angetan und sehr erfreut, als er beim Abschied ihre Adresse, nicht nur zum Ansichtskartenschreiben, verlangte. Und sie war begeistert, als er liebesgirrend wenige Wochen später vor ihrem Häuschen erschien. Und weinend beichtete er, er, Robert, habe Wechsel quergeschrieben.

Lore, die Lohnbuchhalterin, hatte noch nie von solchen Geschäften gehört, aber Robert, der im Westen ausgebildete Handelskaufmann, konnte ihr das sehr genau erläutern. Um den künftigen Ehemann aus allen Kalamitäten zu retten, hob Lore, die sonst so kühle Rechnerin, ihre ganzen Ersparnisse, 400 Mark, ab. Und Lores Freundin, eine ältere, tüchtige Arbeiterin, beschwatzte der Verlobte so lange, bis sie ihm 750 Mark, für eine Waschmaschine gespart, aushändigte.

Immer war Robert offensiv, sofort sprach er vom Heiraten, manchmal erzählte er auch, wenn die Damen etwas mehr von seinem Leben wissen und sich nicht nur von seinem Körper und seiner Geschwätzigkeit berauschen wollten, manchmal erzählte er auch, er habe gesessen, zu Unrecht natürlich aus wirtschaftspolitischen Gründen.

Immer hatte er etwas liegenlassen, den Mantel, den Koffer, die Aktentasche, und immer hatte er gleichzeitig sein Herz zum ersten Mal so richtig verloren. Und meist winkte er mit einer Erbschaft von 10 000 Mark, die ihm aus widrigen Umständen bisher vorenthalten wurde. Tief hat er die meisten verletzt, in ihrem Stolz, in ihrer echten Fähigkeit zu lieben; nur die kleine rundliche Schaffnerin Margot meinte auf dem Gerichtskorridor, ihr täte es nicht leid, sie habe wenigstens ein paar schöne Stunden mit Robbi genossen.

Robert ist der Werbefachmann im Westen gewesen, er hat ganze Vertreterkolonnen ausgebildet und auf die Hausfrauen losgelassen: Lebens- und Unfallversicherungen, Zeitschriften und Waschmaschinen, Damenwäsche und Staubsauger, Schmuck und Uhren. Mit Kommissionslager und Inkasso. Und immer von kurzer Dauer, er verkaufte mit Auf- und Abschlagen und rechnete, wenn überhaupt, dann mit Unterschlagen ab. Und gewöhnte sich im Verlauf seiner Kundenvisiten das Heiratsschwindeln an. Drüben bekam er oft kleine Gefängnisstrafen. Bei uns in Schwerin seine viereinhalb Jahre Zuchthaus und 3000 Mark Geldstrafe.

Wir nahmen ihn bei uns auf, weil er auch vielleicht damals den Willen hatte, die Frauen nicht mehr beschwatzen zu wollen. Aber nur ein Jahr hielt dieser Vorsatz. Dann kümmerte er sich wieder um fremde Frauen und fremde Kinder. Den eigenen Kindern seiner geschiedenen Frau wollte er nichts zukommen lassen, und deshalb hing er, als sein Lohn gepfändet wurde, den Kellnerfrack an den Nagel. Und wurde zum landstreichenden, liebesgirrenden, Kinder und Frauen betörenden, eheversprechenden Parasiten.

Um ein klein wenig Vernunft

Hier geht es um einen kleinen Jungen, Steffen S., geboren im Februar 1959 in Karl-Marx-Stadt. Seine Eltern sind sehr junge Leute. Im Jahre 1958 hatten sie geheiratet, Günter und Erika S., beide Arbeiter in Karl-Marx-Stadt. Die Ehe ging nicht gut. Erika S. reichte die Ehescheidung ein, sie behauptete, ihr Mann sei sehr jähzornig und würde sie schlagen. Noch lief das Scheidungsverfahren im Jahre 1960, da packte eines Tages Günter S. seine sieben Sachen und fuhr nach Westberlin. Und er packte nicht nur seine Sachen, sondern nahm auch den damals knapp anderthalbjährigen kleinen Jungen Steffen mit.

Erika war entsetzt, sie reiste sofort ihrem Mann hinterher, versuchte im sogenannten Flüchtlingslager Westberlin, ihren Mann zu sprechen und ihr Kind wiederzubekommen. Das gelang ihr nicht.

Am 17. November 1960 wurde ihre Ehe vom zuständigen Kreisgericht in Karl-Marx-Stadt geschieden und das Sorgerecht über den kleinen Steffen der Mutter übertragen. Das ist in allen Ländern so üblich, weil es das Natürlichste von der Welt ist. Es gibt Ausnahmen, wenn die Mutter eine liederliche Person oder geistig nicht in der Lage ist, das Kind zu erziehen.

Frau Erika S. ist gelernter Schlosser, ihr Ruf ist über jeden Zweifel erhaben, ihre häuslichen Verhältnisse sind geordnet. Ich möchte noch hinzufügen, daß sie eine kleine, schwarzhaarige, anmutige, liebenswerte Frau ist und daß ihre kleine Wohnung anheimelnd wirkt. Aus gesundheitlichen Gründen mußte sie ihren so gern ausgeübten Schlosserberuf aufgeben und ist im VEB Dieselkraftmaschinenwerk als Angestellte tätig. Als ich sie dort aufsuchte, bediente sie selbständig den Fernschreiber.

Inzwischen war Günter S. nach Tailfingen, Kreis Balingen im

Württembergischen, ausgeflogen. Frau S. wandte sich an das Jugendamt in Balingen und bat um Rückführung ihres kleinen Steffen.

Es dauerte eine Zeit, und dann bekam Frau S. eine Feststellung vom Vormundschaftsgericht aus Ebingen vom 5. Juni 1961:

„Die Entscheidung des Kreisgerichts in Karl-Marx-Stadt ist hinsichtlich des Sorgerechts nicht zu beanstanden. Herr Günter S. hat das Kind Steffen unverzüglich an die Mutter oder an eine von ihr beauftragte Person zu übergeben. Im Weigerungsfalle kann er mit einer Ordnungsstrafe in Höhe bis zu 1000 Mark belegt werden."

Gegen diese Feststellung legte Herr S. Beschwerde beim Landgericht in Hechingen ein. Das übertrug das Sorgerecht auf den Vater mit der Begründung:

„Ein Kind hat das Recht, nach eigenen Vorstellungen und nach seinem eigenen Willen sich sein Leben einzurichten, und das ist nur in Westdeutschland möglich."

Es wäre ein leichtes für mich, diesen Beschluß lächerlich zu machen. Ein anderthalbjähriges Kind kann nun in Westdeutschland statt Spinat Grießbrei verlangen. Ich habe aber diese Scherze nicht nötig. Das Oberlandesgericht in Stuttgart, der Achte Zivilsenat, hob diesen Unsinn auf, von der sachlichen Erwägung, daß ein Kleinkind von nicht einmal zwei Jahren besonders dringend der mütterlichen Pflege bedarf.

Das Oberlandesgericht fährt dann fort: „Der Vater hat keine eigene Wohnung, er lebt mit seiner Schwester in einem Zimmer, und das Kind ist bei einer fremden Familie in Pflege gegeben. Es entspricht der Lebenserfahrung, daß auch eine berufstätige Mutter sich dank ihrer natürlichen Veranlagung ganz anders und viel eingehender um ein kleines Kind kümmert und nicht nur für dessen leibliches Wohl sorgt, sondern auch seine seelische Entwicklung fördern kann, als ein alleinstehender, berufstätiger Vater. Der Vater hat selbst bei seiner Anhörung verkündet, er halte seine frühere Ehefrau nicht für unfähig, das Kind zu erziehen, und er könne, abgesehen von den politischen Verhältnissen, nichts vorbringen, aus dem sich ergeben könne, daß das Kind bei seiner Mutter gefährdet sei."

Diese Entscheidung vom 22. Dezember 1961 ist rechtskräftig, daran ist nichts zu rütteln.

Günter S. aber gibt trotz dieser rechtskräftigen Entscheidung das Kind nicht heraus. Er verlangt am 21. Februar 1962 in einem Brief an seine geschiedene Frau, sie müsse nach Württemberg herunterkommen und einige Tage dort bleiben, weil, so schrieb er, sie dem Kind fremd sei. Das kann er nicht verlangen, es sieht auch, vorsichtig ausgedrückt, wie eine Nötigung aus.

Günter S. bestellt Frau Erika zum Grenzübergang, um ihr das Kind jetzt persönlich zu geben. Sie fährt hin, aber die Verabredung am 17. Mai 1962 geht schief. Nun wird Günter S. vom Amtsgericht Ebingen mit einer Geldstrafe von 50 Mark belegt, und zwar am 6. August 1962.

Ein Vertreter des Roten Kreuzes wird beauftragt, das Kind abzuholen, aber Günter S. weigert sich, den Jungen herauszugeben. Am 29. Dezember 1962 sagt das Amtsgericht Ebingen: „Es kann jetzt Gewalt gegen Günter S. angewandt werden, wenn die Ordnungsstrafe nicht hilft."

Aber es wird keine Gewalt angewendet, sondern Günter S. hat einen neuen Rechtsanwalt beauftragt, einen Dr. Richter. Er beantragt am 24. Dezember 1962 einfach und schlicht, ungeachtet der rechtskräftigen Entscheidung des Oberlandesgerichts Stuttgart, dem Vater das Sorgerecht zu übertragen, und zwar aus folgenden Gründen: Erstens, das Kind ist inzwischen vier Jahre alt geworden. Zweitens, die Ernährungsverhältnisse im jetzigen Wohnort der Mutter hätten sich in den letzten Monaten katastrophal verschlechtert, so daß es nicht zu verantworten sei, das Kind nach drüben zu bringen. Beweis: die westdeutsche Presse und der westdeutsche Rundfunk. Drittens, die Wohnung der Mutter in der Limbacher Straße läge in einer reinen Fabrikgegend. Viertens, die Straßenbahn fährt daran vorbei.

Das Amtsgericht, das zwei Tage vorher noch mit Gewalt gedroht hat, fängt an zu zögern, es antwortet einfach nicht. Nicht erwähnt der Rechtsanwalt, daß der Vater mindestens viermal die Pflegestellen des Kindes gewechselt hat, daß der kleine Steffen nie eine richtige Heimat gefunden hat. Eine Entscheidung wird nicht gefällt. Bald ist Steffen fünf Jahre alt, er wird von

Pflegestelle zu Pflegestelle gegeben. Und selbst wenn jetzt das Amtsgericht Ebingen eine Entscheidung für oder gegen fällen würde, es gäbe wieder Berufung und Revision, und wieder würde alles von vorne anfangen.

So geht es wirklich nicht. Wenn aus Furcht vor der Pressemeute die Polizei nicht mehr eingesetzt werden kann, um einen rechtsgültigen und rechtskräftigen Gerichtsbeschluß durchzusetzen ... Wir in der DDR haben immer, auch ohne jeden Gerichtsbeschluß, minderjährige Kinder ihren Sorgeberechtigten in Westdeutschland zugeführt, wenn sie ihr Sorgerecht wirklich ausgeübt haben.

Diese Probleme müssen kühl und nüchtern von einer der vorgeschlagenen Kommissionen für Rechtsfragen aus beiden deutschen Staaten, wie es der Staatsrat angeregt hat, geregelt werden, und ohne große Polemik, ohne große Agitation, sachlich, mit ein klein bißchen Vernunft. Nur im Interesse aller Kinder, dic nicht Schaden nehmen dürfen an ihrer seelischen und geistigen Entwicklung.

Ist Dummheit straferschwerend?

Die Wirklichkeit ist schwieriger darzustellen als die Ausgeburt der Phantasie. Es häufen sich in den Ankündigungen der Gerichte Verfahren gegen Leute, die Krankenscheine verändern. Es scheint, so dachte ich mir, modern zu sein, die Krankheit fälschlich und fälschend noch etwas zu verlängern, um mehr Krankengeld mühelos einzustreichen. Das kommt immer heraus. Aber versucht wird es leider oft. Deshalb habe ich mir diesen Fall herausgesucht, um den Leuten zu sagen: Laßt die Finger davon; es geht einfach nicht. Und Volkseigentum schädigen zu wollen ist doppelt schlimm, weil ihr euch und uns alle betrügt.

Die blondkrause Angelika, mollig und weich in einen beigen Teddymantel gehüllt, hat ein blasses Porzellanpuppengesicht und einen kirschroten Mund. Ach, ihr Mund hat viel und viele geküßt, doch das große Glück ist in dem Liebesspiel nicht gekommen. Einen kleinen fünfjährigen Jungen hat Angelika mit in die Ehen gebracht. Und diese Ehen waren nicht von Dauer. War sie nicht vorsichtig in der Wahl ihrer Männer, oder war die schöne Porzellanpuppe zu leicht zu erwerben?

Der erste Mann wurde als Spion ergriffen, der zweite hat auch gesessen. Und immer, wenn die Männer abwesend waren, haben andere die süße, große Puppe zu Bett gebracht. Heute besorgt das auch ein junger Mann, von dem noch zu reden sein wird, einer, der noch nicht den Weg zum Standesbeamten gefunden hat.

Ich kann die vielen Arbeitsstellen nicht alle aufzählen, auf denen Angelika Gastrollen gab. Bei „Elfe“ war sie und bei Obst und Gemüse, auch in einer Schuhfabrik fand man sie tätig und in einem Ätz- und Emaillierwerk. Und nun ist von einem Kühlhausbetrieb, Abteilung Eierbewirtschaftung, die Rede.

Eine sehr liebe, tüchtige Frau, eine deftig-breite, vom Lande kommend, eine Frau mit großem mütterlichen Herzen, war von diesem Betrieb als Leumundszeugnis delegiert worden. An sie hatte sich Angelika angeschlossen auf dem Weg zur Arbeit und von der Arbeit; denn sie braucht Schutz. Die Arbeit ist schwer dort, vor allem körperlich. Es müssen Kisten geschleppt werden, und ein Kühlhaus ist nicht gut für ein zartes Püppchen, das oft mit dem Unterleib zu tun hat. Und außerdem ist die Arbeit mit Kühlhauseiern eine Saisonbeschäftigung. Von den vielen Frauen, die dort tätig sind, wird nur ein Stamm weiterbeschäftigt, mit hinübergenommen in die neue Saison. Angelika gehört aus all den geschilderten Gründen nicht zum Stamm.

Die liebe, tüchtige Frau mit dem mütterlichen Herzen, die Brigadierin, bestätigt, zuerst hat sich Angelika sehr fleißig bemüht, sich einzuarbeiten und die Norm zu schaffen. Aber sie hat ein loses Mundwerk, und die Frauen in dieser Saisonbrigade sind schwierig. Sie fehlte häufig. „Und ihr Kind ist oft kränklich. Ich habe es mir selbst angesehen, es ist mit fünf Jahren noch ein Bettnässer. Ich weiß, wie schwierig das ist, ich habe selbst fünf Kinder“, sagt die Brigadierin.

Angelikas Kind wurde krank und bis zum 23. Oktober 1963 krank geschrieben. Die Mutter durfte zu Hause bleiben und bezog Krankengeld. In dieser Zeit aber kam es zum Streit mit dem Freund, mit dem sie zusammenwohnte. Der schlug ihr ein Auge blau. Angelika genierte sich, so zur Arbeit zu gehen. Sie fürchtete den Spott ihrer Kolleginnen. Und deshalb fälschte sie den Krankenschein vom 23. auf den 28. Oktober. Auch versuchte sie, für diese Zeit unberechtigt das Krankengeld abzuheben. Das gelang ihr nicht. Es geht selten. Es kommt immer heraus.

Nach der Aufdeckung der Tat hätte sie dort weiterarbeiten können, bis zum Schluß der Saison. Aber sie wollte nicht mehr, aus Scham. Dann wäre die Sache vor die Konfliktkommission gekommen und hätte ihr höchstens eine Rüge eingebracht.

Nun ist Scham kein schlechter Charakterzug. Er sollte nicht bestraft werden. Außerdem hatte sich Angelika gesagt: Warum soll ich hier weitermachen, die Saison ist sowieso bald zu Ende. Sie gab also auf, nahm eine neue Saisonstelle an, Aushilfskraft bei der Post; und diese Arbeit endete am 24. Dezember 1963.

Am Tage des Termins, am 10. Januar, hatte sie keine Arbeit.

Einiges sprach für eine bedingte Verurteilung. Einmal der Grad der Gesellschaftsgefährlichkeit, der Betrug um etwa 75 Mark blieb im Versuchsstadium stecken. Vor allem die Umstände, denn der eigentliche Sinn der Urkundenfälschung war ja die Scham vor dem Spott der Kolleginnen über das blaue Auge. Es war nicht das Ziel, sich auf Kosten der Allgemeinheit zu bereichern. Der Betrug, der versucht wurde, war die zwangsläufige Folge, wenn der Spottgrund vertuscht werden sollte.

Das Verhalten vor der Tat? Angelika ist Ersttäterin, noch sehr jung, 25 Jahre alt. Sehr viel Positives gibt es nicht. Aber auch nicht sehr viel Negatives.

Entscheidend für Staatsanwalt und Gericht: das Verhalten nach der Tat. Keine Arbeit und deswegen sechs Wochen Gefängnis. Unbedingt. Ohne Bewährung.

Wollen wir einmal gemeinsam rechnen: Nach der Tat hat Angelika Arbeit aufgenommen. Wenn auch nur zur Aushilfe. Zwischen Weihnachten und Neujahr sind überall stille Tage, auch in den Kaderabteilungen. Zwischen dem 2. und dem 9. Januar hätte sie Arbeit aufnehmen können; sie hätte es gewiß getan, wenn sie nur ein bißchen klug gewesen wäre. Es macht vor Gericht guten Eindruck, und ich bin sicher, es wäre eine bedingte Verurteilung ausgesprochen worden.

Aber Angelika ist nicht klug. Sie mag es mir verzeihen, sie ist ausgesprochen dumm. Aber dürfen wir Dummheit als straferschwerend werten?

Betrug und Selbstbetrug

„Ich habe meinen Mann doch so geliebt." Jetzt haßt sie ihn, sie schiebt alle Schuld auf ihn. Warum? Ist er schlechter geworden, sie besser? Nein, so schnell geht das nicht. Sie haßt ihn, weil nun alles ans Tageslicht gekommen ist, weil der Rausch vorbei, weil jetzt viele lange Jahre der Ernüchterung und Trostlosigkeit bevorstehen.

Frau Erika ist klein, fast dicklich, unscheinbar. Sie hat einen kaufmännischen Beruf erlernt, kam in sehr jungen Jahren zum Deutschen Fernsehfunk, in das Studio Technik, das wie alle Anlagen unseres Radios und unseres Fernsehens dem Ministerium für Post- und Fernmeldewesen untersteht. Sie gilt dort als tüchtig und war beliebt; sie verdiente 550 Mark.

Er, Horst, ist ganz anders, groß, schlank, eine glänzende Figur, schwarzbraunes Haar, energisch aussehend, ein auffallend gut anzuschauender Mann. Er ist gelernter Steinmetz, macht aber von seinem Beruf wenig, ja gar keinen Gebrauch. Er hat vor dem 13. August 1961 im Westen gearbeitet, doch auch das nur sehr unregelmäßig. Danach besorgte er sich hier schnell Arbeit, um nicht aufzufallen. Ab November 1961 hat er das Arbeiten überhaupt ganz aufgegeben. Grund: „Was soll ich Ihnen da erzählen, ich habe eben nicht mehr gearbeitet", so sagt er vor Gericht, und er schämt sich nicht einmal. Er ist hauptberuflich Trinker. Schon mittags um zwölf Uhr sitzt er in seiner Stammkneipe. Er holt seine Frau abends von der Arbeit ab. Ihre beiden Kinder, vier und sieben Jahre alt, sind bei ihren und seinen Eltern untergebracht; sie zahlen für jedes Kind 50 Mark Kostgeld. Abends essen sie meist bei ihren Eltern, und dann gehen sie zusammen trinken, fast jeden lieben Abend; für durchschnittlich 15 Mark, manchmal auch für 20, ja auch für 30 Mark pro Abend.

Wenn sie gegen 23 Uhr nach Hause will, denn Frau Erika ist müde von der Arbeit, dann läßt er sich noch einmal 20 Mark geben und trinkt weiter, entweder in der Stammkneipe oder er geht in die Truxa-Bar oder in eine andere Nachtgaststätte.

Einmal im Monat haben sie auch Sinn für Höheres. Dann gehen sie beide mit der Serviererin ihrer Stammkneipe und deren Mann ins Theater, nein, sie fahren mit dem Taxi hin und her und besuchen danach noch ein Weinrestaurant. Die beiden Damen leisten sich eine Flasche Sekt, die Herren bleiben beim soliden Bier und beim Schnaps. Die Rechnung, die beide Ehepaare sich teilen: mindestens 50 Mark.

Dem Wirt in der Stammkneipe hat er erzählt, er arbeite als Steinmetz. Der kennt seine Hände und lacht und sagt: „So, Steinmetz biste und hast Hände wie eine Hebamme." Er fragt nichts weiter und schenkt ein. Wenn an einem Abend Horst und Erika nicht bei ihm trinken, stimmt bei ihm die Weltordnung nicht mehr. Was mag wohl passiert sein?

Ich sehe Sie jetzt schon rechnen, wenn Sie das lesen. Die Rechnung geht nicht auf, und bedenken Sie noch, daß die Frau 50 Mark für Miete, Gas und Licht zahlen muß, daß weitere 50 Mark Möbelabzahlungen zu leisten sind. Nein, wenn man so über seine Verhältnisse lebt, dann kann man sich selbst ausrechnen, wann man pleite ist.

Frau Erika ist beim Fernsehen, Studio Technik, verantwortlich für Reisekostenabrechnungen. Wenn vom Fernsehen ein Ü-Wagen, ein Übertragungswagen, losgeschickt wird, irgendwohin in die Republik, um ein Ereignis aufzuzeichnen oder eine Direktübertragung zu senden, brauchen die Mitarbeiter Reisekostenvorschuß. Nach Beendigung des Auftrags müssen sie dann mit Frau Erika abrechnen. Es gibt viele Ü-Wagen beim Fernsehen. Oft wird eine Reise auch geplant, Reisekostenvorschuß von Frau Erika gezahlt, und die Reise findet nicht statt. Genauso häufig aber kommt es vor, daß plötzlich ein Ü-Wagen zu einem Ereignis losgeschickt wird, ohne daß diese Fahrt von langer Hand geplant war. Frau Erika hat die Aufgabe, die Reisekostenvorschüsse anzufordern, auszubezahlen, hinterher die Abrechnung mit den Kollegen aufzustellen, die Belege zu prüfen und das verbliebene Geld an die Kasse abzuführen.

Schon im Jahre 1960 fängt Frau Erika an zu schummeln. Sie erledigt ihre Abrechnungen schleppend, sie zahlt den Teil der Vorschüsse, der zurückgebracht wird, nicht sofort an die Kasse zurück, sondern steckt ihn ein und verbraucht ihn. Sie unterschlägt das Geld, aber sie zahlt die Summe dann später ein, stopft ein Loch und reißt ein neues und immer ein größeres auf. Revisionen bemerken wohl, daß zu langsam abgerechnet wird, und machen, ohne gründlich zu prüfen, den Kollegen der Übertragungswagen Vorwürfe. Natürlich kann das nicht ewig so weitergehen. Es besteht eine Regelung: Vorschüsse werden gegeben, wenn der Abteilungsleiter einen Reiseauftrag unterschrieben hat. Da sehr häufig plötzlich Aufträge erteilt werden und der Abteilungsleiter nicht da ist, besitzt Frau Erika Blankoaufträge, die vom Abteilungsleiter schon unterschrieben sind. Jetzt erfindet sie Fahrten, holt Vorschüsse und zahlt sie später zurück. Nun bemängelt eine Revision, daß die Kollegen der Ü-Wagen zweimal schon Vorschüsse bekommen haben, ohne den ersten abzurechnen. Das stimmt jedoch nicht, denn den zweiten Vorschuß hat sich Frau Erika geholt. Aber das wird auch noch nicht überprüft.

Als die Summen, die fehlen, immer größer werden, fängt Frau Erika an, Abrechnungen selbst zu machen. Sie fingiert Aufträge und fälscht die Unterschriften der Kollegen, und nun kann sie endlich ganz groß betrügen. Erst als im März 1963 das Ministerium für Post- und Fernmeldewesen eine andere Regelung einführt, kommt der ganze große Betrug heraus. Die neue Regelung besagt: Derjenige, der die Reisekostenvorschüsse überprüft, darf kein Geld in die Hand bekommen. Jeder, der einen Reisekostenvorschuß haben will, muß ihn persönlich an der Kasse abheben. Jetzt muß festgestellt werden, Frau Erika hat insgesamt die enorme Summe von 47 000 Mark Staatsgeldern unterschlagen und durch Betrug erworben. Und sie muß für sechs Jahre ins Zuchthaus, ihr Mann als Hehler zweieinhalb Jahre.

Es sind Gelder, die schwer erarbeitet wurden, Summen, die durch nächtliches Kopfzerbrechen vieler mühevoll eingespart worden waren. Hier wurden sie sinnlos vertan, durch die Kehlen von zwei Parasiten gejagt, von einem Mann, der das Gericht glauben machen wollte, er habe nichts von den Betrügereien und Unterschlagungen seiner Frau geahnt, er habe sich nie um Gelddinge gekümmert, er meinte, alles das, was er ausgegeben habe, käme vom Gehalt seiner Frau, von den 550 Mark monatlich.

Und sie, Frau Erika, sagt, nur aus hemmungsloser Liebe zu ihm sei sie da hineingeraten – aus Angst, ihn zu verlieren. Jetzt, da alles verloren ist, alles vertan, belastet sie ihn, und sie haßt ihn. Weit rückt sie auf der Anklagebank von ihm ab. Sie schiebt alle Schuld auf ihn. Hat sie ihn wirklich geliebt, den Mann, der am hellichten Tag in der Kneipe saß und sein Leben ziellos verrinnen ließ? Es war keine Liebe, es war eine Illusion. Trägheit, Bequemlichkeit, Beharrenwollen in einer schlechten Gewohnheit. Jetzt, da der Rausch vorbei ist und lange Jahre der Trostlosigkeit sie erwarten, sieht sie klar, und sie haßt.

Grenzen der Justiz

Kriminalfälle sind bei uns Ausnahmeerscheinungen. Und diese Frau vor den Richtern im Berliner Stadtbezirksgericht Brenzlauer Berg ist ein Außenseiter der Gesellschaft, also nicht typisch. Soll man über diese Dinge überhaupt sprechen, schreiben? Ich glaube, es ist wichtig, weil es sinnvoll ist, darüber nachzudenken, wie unser Staat und unsere sich entwickelnde Ordnung bemüht sind, mit den schwierigsten Problemen fertig zu werden. Und gerade dieses Sich-Sorgen auch in einem fast hoffnungslos erscheinenden Fall ist typisch für unsere Ordnung.

Diese Frau ist blaß, unscheinbar, 33 Jahre alt, ihr Haar ist nicht gepflegt, ihre Kleidung schwärzlich grau, ihr Gesicht ebenmäßig, ja, ich glaube sogar, man könnte es hübsch nennen, aber es ist durch eine apathische Leere reizlos. Nur draußen auf dem Gang, in Erwartung des Urteils, nach der Verhandlung, als die kräftige, tüchtige Meisterin ihres neuen Betriebes sie in den Arm nahm und ihr Mut zusprach, habe ich sie lächeln sehen, und da wirkte sie wie ein lebendiger Mensch.

Vor Gericht, angeklagt wegen Verletzung der Unterhaltspflicht ihren beiden Kindern gegenüber, zeigte sie keine Erregung. Ihre Sprache ist leise, tonlos.

Sie ist in geordneten Verhältnissen aufgewachsen und erzählt, sie sei auch erst in der Schule gut mitgekommen. Eine schwere Erkrankung habe sie dann durchgemacht – es seien Diphtherie und Masern gleichzeitig gewesen –, in den Akten steht Diphtherie und Scharlach. Das sei ihr auf den Kopf geschlagen, und seitdem habe sie in der Schule nicht mehr folgen können. In der Hilfsschule mußte sie dreimal die dritte Klasse durchmachen, und aus der fünften Klasse dieser Schule wurde sie entlassen.

Sie begann eine Friseurlehre, aber hielt nicht durch. Sie habe keine Lust zu diesem Beruf gehabt – ein Beruf, der für viele Mädchen auch heute als der Traumberuf gilt. Dann blieb sie einige Jahre zu Hause bei ihrer Mutter. Sie erkrankte mit sechzehn Jahren noch einmal sehr schwer, und es ist möglich, daß sie die Folgen dieser Infektion nie ganz überwunden hat. Sie arbeitete in mehreren Betrieben unregelmäßig und ohne Ausdauer.

Mit 19 Jahren heiratete sie und bekam ein Kind. Jetzt sollte sie nur den Haushalt versorgen. Nach einem Jahr reichte der Mann die Scheidungsklage ein, seine Frau könne den Haushalt nicht richtig führen, das Wirtschaftsgeld nicht einteilen, und sie vernachlässige auch das Kind. Die Ehe wurde geschieden. Und – der große Ausnahmefall – das Sorgerecht für den Säugling wurde dem Vater zugesprochen. Um dieses Kind hat sie sich nie wieder gekümmert.

Nun zog zu ihr ein anderer Mann. Von ihm wird wenig Gutes berichtet. Seit Jahren hat er keinen festen Arbeitsplatz, er macht nur Aushilfsarbeiten, so daß er nicht einmal richtig sozialversichert ist. Mit ihm hat sie zwei Kinder. Die gibt sie freiwillig in ein Kinderheim, als das jüngste ein halbes Jahr alt ist. Nur sehr selten besucht sie die Kinder, obwohl das Heim dicht neben ihrer Wohnung liegt.

Der Mann, der bei ihr wohnt, will sie nicht heiraten, und sie sagt auch, sie will sich von ihm trennen. Er trinkt. Er schlägt sie. Sie trinken gemeinsam. Er soll auch die Kinder geschlagen haben. Sie versucht ihn loszuwerden; sogar die Volkspolizei setzt ihn einige Male aus ihrer Wohnung heraus. Aber er kommt immer wieder, und sie sagt, aus Angst habe sie ihm immer wieder nachgegeben.

Vor einigen Monaten wurde der Mann zu zehn Monaten Gefängnis verurteilt, weil er böswillig noch nie einen Pfennig Unterhalt für seine Kinder gezahlt hat; er verbüßt jetzt die Strafe. Damals war sie Zeugin. Und auch sie wird verwarnt, denn die Mutter muß genauso wie der Vater für den Unterhalt der Kinder aufkommen; der Staat hat für die Wartung und Ernährung und Bekleidung der beiden kleinen Kinder etwa 10 000 Mark aufgewendet. Vor kurzem hat die Mutter einmal 30 Mark bezahlt. Das ist alles.

Die junge Frau hat öfter Arbeit aufgenommen. Im Glühlampenwerk war es ihr zu heiß, in der Weinkellerei zu naß, in einem Betonwerk zu schwer, so sagt sie vor Gericht. Nirgendwo hält sie durch, sie ist apathisch, sie wirkt wie ein Mensch ohne Knochen und Willen. So beurteilen sie auch die Kollegen von der Jugendhilfe, die sich sehr um sie kümmern, sie vorladen, ohne Erfolg, bei ihr klingeln, ohne daß sie aufmacht. – Aus Scham, wie die Mitarbeiter der Jugendhilfe meinen. Da sie wenig und selten arbeitet, kann sie weder Miete, Licht noch Gas bezahlen. Sie lebt im Dunkeln, ohne Wärme, vor sich hin, verwahrlost.

Erst auf Drängen der Staatsanwältin nimmt sie in einem großen Köpenicker Werk der Elektroenergie Arbeit auf. Am Prozeßtag ist sie gerade 14 Tage dort.

Die Meisterin der Abteilung – noch während der Verhandlung telefonisch geladen – gibt ihr kein schlechtes Zeugnis. In den 14 Tagen ist sie pünktlich zur Arbeit gekommen. Man hat ihr eine leichte Arbeit zugewiesen, die eigentlich ein Schonplatz ist für Rekonvaleszenten und Schwangere. Die junge Kollegin, so sagt die Meisterin, sei freundlich und willig, aber auffallend nervös, und es dauere bei ihr länger als gewöhnlich, ehe sie die einfache Arbeit ausführe, obwohl in dieser Abteilung viele Frauen mit mangelhafter Schulbildung tätig seien.

Die Staatsanwältin beantragte wegen Vernachlässigung der Unterhaltspflicht eine Gefängnisstrafe von fünf Monaten, ausgesetzt auf zwei Jahre. Mit der Verpflichtung, während dieser Bewährungszeit den Arbeitsplatz nicht zu wechseln. Die Meisterin hatte schon vorher der Staatsanwältin ihre Unterstützung zugesagt. Eine Zusammenarbeit, wie sie nur in einer sozialistischen Justiz möglich und üblich ist.

In der Beratung, die diesem Antrag folgte, kam das Gericht zu keinem Urteil, sondern zu einem Beschluß. Die junge Frau soll von einem Psychiater auf ihre strafrechtliche Verantwortlichkeit untersucht werden, denn es gibt in ihrer Lebensgeschichte einige Anhaltspunkte für eine Geistesschwäche. Es scheint, daß die junge Frau wohl die Einsicht hat, das Strafbare ihrer Unterlassung zu begreifen. Aber nicht die Fähigkeit, auch nach dieser Einsicht zu handeln.

Es kann aber auch sein, daß das Gericht zu diesem Beschluß gekommen ist aus der Überlegung: Was wird, wenn die Apathie die junge Frau wieder überfällt, wenn sie in den zwei Jahren ihrer Bewährung ihre Arbeit wieder verbummelt, dann müßte sie – nach dem Antrag der Staatsanwältin – fünf Monate ins Gefängnis. Ist aber Gefängnisstrafe in einem solchen Fall ein wirksames Erziehungsmittel, eine Lösung?

Hier sind der Justiz wahrscheinlich Grenzen gesetzt. Was die junge Frau braucht, ist die ständige Betreuung durch eine psychiatrische Poliklinik, so wie es beispielsweise orthopädische Polikliniken gibt, die ständig Körperbehinderte anleiten und Körperschäden regulieren. Mediziner und das Kollektiv des Betriebes sind vielleicht in gemeinsamer Arbeit berufen, dem Lebensweg der jungen Frau Sinn und Richtung zu geben.

Der Tod des kleinen Jörg

Zum dritten Mal wurden die Umstände und die Ursache von einem Berliner Gericht untersucht, wie es kommen konnte, daß der kleine zehnjährige Jörg sterben mußte. War der jungen Lehrerin, der sonst so gewissenhaften und beliebten Pädagogin, ein Vorwurf zu machen? Hatte sie ihre Aufsichtspflicht schuldhaft verletzt? Und war eine Nachlässigkeit der jungen Lehrerin die Ursache für den Tod des Jungen? Die erste Verhandlung vor dem Stadtbezirksgericht Berlin-Weißensee hatte diese Frage bejaht, die Lehrerin war schuldig gesprochen worden.

Das Berliner Stadtgericht hatte dieses Urteil aufgehoben. Es wurden in der ersten Verhandlung Fehler festgestellt: einer war, das Stadtbezirksgericht hatte den gesellschaftlichen Verteidiger, gewählt von der Gewerkschaftsgruppe der Schule, nicht zugelassen. Auch gab es in der ersten Verhandlung keine exakten Feststellungen über die Todesursache des Schülers. All das mußte diese Verhandlung nun nachholen.

Die Schule, in die der kleine Jörg ging, hatte einen Patenschaftsvertrag mit der Berliner Verkehrsgesellschaft. Die Klasse des kleinen Jörg wurde von einer Brigade betreut, der Kollege Karl, Mitglied dieser Brigade, war besonders eifrig. Er war im Auftrag seiner Brigade zu der jungen Klassenlehrerin gegangen und hatte sie mit ihren Kindern zum Internationalen Kindertag, zum 1. Juni 1963, zu einem Ausflug in die Berliner Umgebung eingeladen. Erst sollte im Walde gewandert werden, zusammen mit einem Förster; der Förster sollte den Kindern von seiner Arbeit erzählen. Danach war eine Schleusenbesichtigung vorgesehen. Es sollte bei gutem Wetter gebadet werden, wenn nicht, wollte die Brigade eine Dampferfahrt bestellen. Der Kollege Karl war vorher hinausgefahren, er hatte eine gute Badestelle ausgekundschaftet, er selber ist begeisterter Wassersportler und war mit den örtlichen Gegebenheiten völlig vertraut. Den Kindern wurde gesagt, vielleicht wird gebadet; wer will und darf, soll sich Badezeug mitnehmen.

Es besteht aber aus dem Jahre 1953 die zwingende Vorschrift des Ministeriums für Volksbildung, verbindlich für alle Schulen: Wird auf einem Schulausflug gebadet, müssen die Kinder, die mitmachen, das schriftliche Einverständnis ihrer Eltern beibringen. Wie der gesellschaftliche Verteidiger ausführte, wurde diese Vorschrift nicht immer beachtet; es bestand bei allen Lehrern eine große Scheu vor diesen Ausflügen.

Die Mutter des kleinen Jörg hatte in der ersten Verhandlung sehr freimütig erklärt, sie hätte selbstverständlich ihrem Jungen eine schriftliche Erlaubnis mitgegeben; so war diese Unterlassung also nicht ursächlich für den Tod des kleinen Jörg. Von den 30 Kindern hatten achtundzwanzig Badezeug mitgebracht. Die Eltern der beiden ohne Badezeug hatten offensichtlich Bedenken. Die Lehrerin hatte diesen beiden auch nicht gestattet, mitzubaden, so sehr sie es auch wünschten.

An diesem Ausflug nahmen neun Kollegen der Berliner Verkehrsgesellschaft teil. Darunter der Kollege Karl, ein Kollege Otto und sieben Frauen. Auf dem Weg durch den Wald hatte der Kollege Karl erzählt, er habe als Rettungsschwimmer schon sieben Menschen vor dem Tode des Ertrinkens gerettet. Es wurde nicht erwähnt, daß das in den Jahren 1938/39 geschah.

Nun aber ist in der Verordnung aus dem Jahre 1953 vorgeschrieben, daß Baden bei Schulausflügen nur gestattet ist, wenn ein Rettungsschwimmer anwesend ist.

In der DDR werden Rettungsschwimmer jedes Jahr neu überprüft, und ihre Diplome haben nur ein Jahr Gültigkeit. Darüber wußte die Lehrerin nicht genau Bescheid: eine Verordnung, die nicht ständig den Lehrern vorgehalten wird, gerät genauso in Vergessenheit wie die Fähigkeit eines Rettungsschwimmers. Die müssen allerdings jedes Jahr neu examiniert werden.

Nach der Wanderung ruhten sich die Kinder eine Stunde lang aus. Dann durfte gebadet werden. Die beiden Kollegen

Karl und Otto stellten sich etwa zehn Meter vom Ufer und zwölf Meter voneinander entfernt ins Wasser. Es reichte ihnen bis zur Brust. Die Lehrerin schärfte den Kindern ein, nur bis zu dieser Begrenzung ins Wasser zu gehen. Die Lehrerin und die sieben Kolleginnen beobachteten das Baden vom Strande aus.

Bei einer unbeabsichtigten Wendung bemerkte der Kollege Otto plötzlich, daß außerhalb der von ihnen markierten Umgrenzung ein Kinderschopf und zwei Hände im Wasser sichtbar waren. Er verständigte sofort seinen Kollegen Karl, und beide sorgten dafür, daß die 27 anderen Kinder das Baden abbrachen. Sie schwammen sofort hin. Der Kollege Karl bekam beim zweiten Auftauchen des ertrinkenden Kindes den Arm zu fassen; in der Aufregung handelte er unsachgemäß. Er hielt sich mit der anderen Hand am Arm seines Kollegen fest. So wollte er mit dem Kollegen Otto gemeinsam das Ufer erreichen. Da bekam Karl einen schlimmen Tritt in den Unterleib, wahrscheinlich von den Reflexbewegungen des schon bewußtlosen Kindes. Er erlitt qualvolle Schmerzen, geriet unter Wasser, ließ das Kind los und mußte selber mit Erstickungsnot kämpfen. Das Kind aber ging unter. Nachdem der Kollege Karl zu sich gekommen war, konnte er das Kind nicht mehr finden.

Der Kollege Otto, der nicht tauchen kann, schwamm so schnell er konnte zum Ufer und rannte zu einem Zeltplatz – etwa 200 Meter Entfernung –, holte dort zwei Rettungsschwimmer. Sie konnten aber nur noch den toten kleinen Jörg bergen.

Man hatte versäumt, durch eine Obduktion die letzte Gewißheit über die Todesursache zu erlangen. Es gibt eine kleine Möglichkeit, daß Jörg auch durch eine andere Ursache als durch Ertrinken zu Tode gekommen war. Das hielt der Gutachter für nicht völlig ausgeschlossen. Deswegen mußte der Staatsanwalt Freispruch beantragen, und diesem Antrag schloß sich das Gericht trotz sehr vieler Bedenken an.

Die Lehren, die sich aus diesem sehr tragischen Ereignis ergeben: Ohne Rettungsschwimmer darf auf keinen Fall bei Schulausflügen – und selbstverständlich auch nicht in Ferienlagern – gebadet werden. Nur in sehr kleinen, übersichtlichen Gruppen. Ich glaube, daß ein einzelner Rettungsschwimmer höchstens zehn Kinder im Auge behalten kann. Und jeder Erzieher und Pionierleiter muß von seiner Behörde jedes Jahr über diese Anordnungen belehrt werden, und er darf nur die Erlaubnis zum Baden geben, wenn er sich von der Gültigkeit des Rettungsschwimmerdiploms persönlich überzeugt hat.

Raub aus Rache

Über Menschen zu richten, ist sehr schwer. In diesem Falle bin ich froh, nicht bei dem Urteil mitwirken zu müssen, sondern nur darüber berichten zu dürfen. Die beiden jungen Leute, die hier angeklagt sind, stellen ihren Richtern fast unlösbare Aufgaben; denn der Staatsrat verlangt von den Richtern, alle Umstände, die zu der Straftat und zu dem Leben der Angeklagten gehören, in ihrem Urteil genau zu berücksichtigen.

Beide sind Freunde, beide sind 18 Jahre alt, also voll verantwortlich für ihre Taten. Und das, was der Staatsanwalt ihnen vorhält, ist: schwerer Raub und räuberische Erpressung, einmal vollendet und zweimal versucht. Die Mindeststrafe dafür ist fünf Jahre Zuchthaus. Nur wenn mildernde Umstände zugebilligt werden können, kann auf Gefängnis nicht unter einem Jahr erkannt werden.

Sie sind beide ruhige junge Menschen. Als Rowdys nie bekannt. Der eine, Bert, ist auf dem Lande bei den Großeltern aufgewachsen, und er lebt jetzt bei seiner Mutter und seinem Stiefvater in Berlin. Aber er möchte lieber zurück nach draußen, in die freie Natur und nicht auf das Großstadtpflaster, immer Häuser vor sich zu haben, liegt ihm nicht. Und die Großstadt wurde hier sein Unglück. Er ist schmal, mittelgroß, mit einer kühn aufstrebenden Nase, blond, Lehrling im dritten Jahr in einem Berliner Großbetrieb. In seinem Lernaktiv ist er einer der Besten, er arbeitet gewissenhaft und abwechselnd mit einem Facharbeiter an einer sehr komplizierten Maschinerie; die Kollegen können ihm dies ohne jede Beanstandung anvertrauen. Er ist höflich und bescheiden, im Theoretischen nicht ganz so firm wie im Praktischen.

Sein Freund Walter ist schon ausgelernter Facharbeiter. In

einem anderen Großbetrieb: schwarz, etwas stämmiger, mit einem von Pickeln durchsetzten Gesicht. Er hat seine Gesellenprüfung mit „genügend" bestanden und ist, genau wie sein Freund, pünktlich, gewissenhaft, bescheiden. Seine Leistungen sind nicht gerade überragend, aber der Meister ist mit ihm zufrieden. Beide sind auch Sportler, sie sind aktive Mitglieder der Gesellschaft für Sport und Technik.

Zu den zweien gehört noch ein dritter junger Mann, aber er hat das Glück, er ist gerade 17½ Jahre alt, gilt als Jugendlicher und wird in einem gesonderten Verfahren nach dem Jugendgerichtsgesetz abgeurteilt.

Im Sommer des vorigen Jahres waren Bert und Walter zum Tanzen ausgewesen. Als sie auf dem Wege nach Hause waren, suchten sie ein stilles Örtchen in der Straße auf. Dort hatte Bert ein peinliches Erlebnis. Er wurde von einem anderen Mann sehr ungehörig homosexuell belästigt. Er stieß den Fremden zurück. Und die beiden gingen dem Mann nach und verprügelten ihn so, daß er eine Klinik aufsuchen mußte. Er konnte jedoch am nächsten Tag wieder zur Arbeit gehen.

Es kam zu polizeilichen Ermittlungen. Der Mann bestritt die unsittliche Berührung. Und nun kamen die Freunde wegen Körperverletzung vor Gericht. Der eine bekam zwei Monate Gefängnis, bedingt mit einem Jahr Bewährungsfrist, der andere drei Monate und zwei Jahre Bewährung. Der Mann war nicht angeklagt und trat in dem Verfahren als Zeuge auf. Auch hier bestritt er die unsittliche Berührung.

Bert und Walter konnten natürlich in ihrem Beruf bleiben. Die Sache hätte keine weiteren Folgen gehabt, aber sie glaubten, das Urteil sei ungerecht, der Mann hätte zumindest auch bestraft werden müssen.

Und sie beschlossen, sich zu rächen an all denen, die homoerotische Neigungen haben. Denen werden wir es zeigen, sagten sie sich. Sie wollten Justiz auf eigene Faust machen. Und dabei sollte auch noch finanziell etwas herausspringen.

Walter, der Schwarzhaarige, sollte der Lockvogel sein, die beiden anderen hielten sich versteckt. An derselben Stelle, wo die erste Geschichte passiert war, fanden sie auch ihr erstes Opfer. Walter und der andere junge Mann waren sich zum Schein bald einig, er führte den Verführten etwas abseits, in ein einsames Gelände, und dann fielen sie zu dritt über ihn her, boxten ihn und verlangten Geld. Der Mann war eingeschüchtert und sofort bereit, er gab ihnen 40 Mark. „Nein", sagte sie, „du mußt uns noch fünf Mark dazulegen, das können wir durch drei teilen." Das tat der Mann auch, einer von ihnen riß ihm noch die Aktentasche weg, und er vergewisserte sich aus dem Gewerkschaftsbuch, wie der Name des jungen Mannes war. Dann gaben sie ihm die Tasche und das Buch zurück.

Noch zweimal versuchten sie das gleiche mit anderen Männern, aber die wehrten sich gegen die Überfälle und konnten die räuberische Erpressung abschütteln. Aber die drei hatten ja noch die Adresse ihres ersten Opfers. Sie gingen in die Wohnung und wollten wieder Geld von dem Mann haben. Der verstand sie hinzuhalten und alarmierte die Volkspolizei.

Das Gericht gab den beiden mildernde Umstände und verurteilte Walter zu zwei Jahren und drei Monaten, Bert zu zwei Jahren Gefängnis.

Das, was diese jungen Leute getan hatten, hört man sonst nur von Deklassierten, von Asozialen. Diese Tour, homoerotische Menschen zu erpressen und auszuplündern, ist eine der widerwärtigsten Großstadterscheinungen. Aber zu Bert und Walter paßt das gar nicht.

Bei Verfahren gegen Jugendliche im Alter von 14 bis 18 Jahren hat das Jugendgericht die Pflicht, sehr genau zu prüfen, ob der Angeklagte schon die sittliche und geistige Reife hat, die man normalerweise von einem 14jährigen erwarten kann. Im neuen Entwurf des Strafgesetzbuches soll die Strafmündigkeit sogar erst bei 16 Jahren beginnen.

Ist ein Mensch aber 18 Jahre alt, dann gilt bei ihm automatisch das viel härtere Erwachsenenstrafrecht. Wäre bei diesen beiden jungen Leuten ein Psychologe gefragt worden, er hätte, davon bin ich überzeugt, erklären müssen: Diese beiden stehen noch in ihrer Entwicklung, sie haben die Pubertät noch nicht hinter sich; sie sind wohl 18 Jahre alt, aber ihre sittliche und geistige Reife ist zurückgeblieben. Sie sind verantwortlich, aber verantwortlich in dem Maße, wie vielleicht ein 16jähriger für seine Taten verantwortlich ist.

Leider gibt es in unserem heute geltenden Strafgesetzbuch nicht diese Handhabe, die sittliche und geistige Reife von Erwachsenen zu überprüfen. Das neue Strafgesetzbuch, das nach wissenschaftlichen Erkenntnissen aufgebaut werden soll, müßte diese Ungleichmäßigkeit in der menschlichen Entwicklung in den Übergangsjahren berücksichtigen.

Wimpel und Fahne

Wimpel und Fahne flatterten fast zwei Jahre friedlich nebeneinander in einer Konsumfiliale. Sie passen nicht zueinander; dort, wo der Wimpel Berechtigung hat, darf die Fahne nicht wehen. Auf dem Wimpel stand: Die Verkaufsstelle arbeitet ohne Fehlbeträge. Die Fahne jedoch, die man ruhig die Pilsner nennen darf, trug ständig der Verkaufsstellenleiter Hugo.

Die Verkaufsstelle war einmal mankofrei; damals trank Hugo der Verkaufsstellenleiter nicht, denn seine Frau arbeitete fleißig mit, und den Vorsitz im Verkaufsstellenausschuß hatte eine Tante von ihm übernommen. Diese doppelte Familienkontrolle bekam Hugo, dem Konsum und den Kunden sehr gut. Herr Hugo ist nämlich fleißig und tüchtig. Er ist auch in seinen schlechtesten Zeiten von 6.30 Uhr bis abends 19 Uhr in der Verkaufsstelle. Aber meist nicht im Lebensmittelteil des Ladens, sondern dort, wo Obst und Gemüse verkauft werden. Aber leider stehen dort auch die Bierflaschen.

Er ist ein gutaussehender, schwarzgelockter Mann von 30 Jahren. Er hatte sich einmal der Tanzmusik verschrieben, studierte an der Westberliner Hochschule für Musik. Das Stipendium war zu gering, er mußte aufhören, und nach einigen Umwegen, auch über Westdeutschland, kam er 1958 zu uns und dem Konsum, erwarb dort bald seinen Facharbeiterbrief und bestand ohne Schwierigkeiten die Prüfung als Verkaufsstellenleiter. Und da er tüchtig und beweglich war und auch ein Ohr für die Kundenwünsche hatte, steigerte er den Umsatz enorm. Seine Filiale stand mit an der Spitze aller Konsumgeschäfte im Berliner Stadtbezirk Lichtenberg. Und in diesen Tagen wurde der Verkaufsstelle auch der Ehrenwimpel für mankofreies Arbeiten verliehen.

Die Lebensmittelabteilung des Geschäftes wurde weiterhin einigermaßen gut geführt, so wie zu der Zeit, als Hugos Frau dort tätig war. Im Obst- und Gemüseteil aber war die Registrierkasse jahrlang defekt. Keiner bemängelte das, weder die Handelsbereichsleitung der Konsumverwaltung noch der ehrenamtlich arbeitende Verkaufsstellenausschuß. Herr Hugo schrieb keine Kassenbons. Er kassierte immer in seine Kitteltasche. Auch eine Kassenliste führte er nicht.

Wie Herr Hugo seine Kassenabrechnung mit dem Konsumvorstand machte, das verstehe ich nicht; in einem normalen Geschäftsbetrieb muß man die Kassenzettel mit der Tageseinnahme (oder der Bank- bzw. Postquittung über die Tageseinnahme) zusammen einreichen.

Hugo trank mehrere Flaschen Bier am Tage. Die fünf Verkäuferinnen, die in dem Laden tätig waren, sahen das. Sie unterhielten sich auch darüber, daß der Verkaufsstellenleiter dieses Bier bei keiner dieser Kolleginnen gekauft hatte. Sie schwiegen. Sie duldeten es. Es gab Inventurdifferenzen. Fehlbeträge. Aber über die Ursache wurde mit dem Kollektiv nie gesprochen. Es war ja alles in Ordnung. Die Filiale hatte ja den Wimpel für fehlerfreies Arbeiten.

Wieviel Bier hatte Hugo ohne Bezahlung in den zwei Jahren getrunken? Er meinte, täglich zwei Flaschen, und außerdem rauchte er eine Schachtel Zigaretten. Eine Verkäuferin schätzte, durchschnittlich acht Flaschen Bier. Eine andere glaubte, es seien fünf gewesen. Eine genaue Feststellung war nicht möglich, das Gericht konnte sich nur auf das stützen, was Hugo selber zugab. Bier und Zigaretten im Werte von etwa 1000 Mark und einmal eine Flasche Weinbrand.

Einen kleinen Privathandel betrieb Herr Hugo auch noch in der Konsumfiliale. Er lieferte an einen Bäckermeister zur Weihnachtszeit Eier, Margarine und Rosinen, als Gegenleistung lieferte der Meister Gebäck, das Herr Hugo mit einem Privatgewinn für sich verkaufen ließ. Auch kaufte er, ohne den Konsumverband zu benachrichtigen, Äpfel auf, die mit Gewinn für Hugos Privattasche verkauft wurden.

Schon im November 1961 entstand in der Filiale ein Manko

von über 600 Mark. Am 15. Januar 1963 wurde bei einer Inventur ein Manko von über 1000 Mark festgestellt. Herr Hugo bezweifelte die Richtigkeit. Er behauptete, eine große Kiste sei nicht mit aufgenommen worden. Er lieh sich dann von seinen Verkäuferinnen Geld und buchte rasch Umsätze von 500 Mark. Das Geld tat er in die Kasse. So ergab eine zweite Inventur am 18. Januar 1963 keinen Fehlbetrag. Aber schon im März fehlten 1300 und im Mai fast 1700 Mark.

Inzwischen aber wurde der völlig untätige Verkaufsstellenausschuß abgelöst, und ein alter Herr, ein Pädagoge, beschäftigt in einem anderen Dienstleistungsbetrieb, übernahm den Vorsitz. Der kannte Herrn Hugo und seinen Laden; denn er war jahrelang sein Kunde und er nahm seine ehrenamtliche Funktion sehr ernst.

Er sah die defekte Registrierkasse, er sah, daß in der Obst- und Gemüseabteilung keine Bons geschrieben wurden. Er bemerkte als erster, daß der Verkaufsstellenleiter in seine Kitteltasche kassierte. Und er sorgte für Änderung. Er erklärte: Ich bin seit 40 Jahren Mitglied der Konsumgenossenschaft, und ich werde eine solche Schlamperei nicht dulden.

Herr Hugo betrachtete den neuen Ausschußleiter mit äußerstem Mißtrauen. Er ist ein Schnüffler, sagte er den Verkäuferinnen. Er kündigte bald und versuchte auch, die Kolleginnen mit in eine neue Filiale abzuziehen.

In diesem Prozeß trat der alte Herr als gesellschaftlicher Ankläger auf. In einem formvollendeten Vortrag, an dem sich mancher Staatsanwalt ein Beispiel nehmen könnte, faßte er in seinem Plädoyer die Ergebnisse der Verhandlung und die seiner Beobachtung zusammen. Und er schilderte, wie durch das schlechte Kollektiv, durch die schlechte Kontrolle der Konsumgenossenschaft eine derartige Mißwirtschaft wachsen konnte. Aber er wies auch das Gericht darauf hin, daß Herr Hugo bei all seinen Fehlern ein fleißiger Mann sei, ein Mann, der das Geschäft einmal hochgebracht hatte – eine wirkliche „Verkaufskanone" –, der aber eine strenge Kontrolle nötig habe. Und er sagte dem Gericht, nach Verbüßung der Strafe würde Herr Hugo sicherlich wieder ein sehr positives Mitglied unserer Gesellschaft sein.

Das Gericht verurteilte Herrn Hugo, nachdem es auch den Staatsanwalt und den Verteidiger gehört hatte, zu einer Gefängnisstrafe von einem Jahr wegen Unterschlagung und Urkundenfälschung.

Der gesellschaftliche Ankläger hatte viele Stunden seiner Freizeit geopfert, um eine einzige Konsumfiliale wieder hochzubringen. Dieser alte Herr ist das, was ein gesellschaftlicher Ankläger in unserer neuen Rechtsordnung sein soll. Durch seine genauen Kenntnisse, durch sein Beispiel und durch seine Lebenserfahrung wurde er zum Ankläger und, das ist das Interessante, auch zum Verteidiger.

Von „Kumpels“ leben

Ein wenig wurde ich an ein Tribunal der Französischen Revolution erinnert – nicht, weil es hier etwa um Kopf und Kragen ging – es war nur die Anrede, die die Richterin gebrauchte: „Bürger Kühn, ich erteile Ihnen nun das letzte Wort.“ Angeklagter Kühn durfte sie nicht sagen, denn Horst Kühn war nicht angeklagt. Und Herr oder Kollege Kühn wollte sie nicht sagen, weil Horst Kühn in ihren Augen bestimmt kein Herr und ganz bestimmt kein Kollege ist.

Der kleine, hübsche, etwas bleiche junge Mann hatte nichts getan. Er hatte überhaupt nichts getan. Und deswegen stand er vor Gericht. Das Verfahren, das gegen ihn durchgeführt werden mußte, hatte vorbeugenden Charakter. Jedoch, bei sehr genauem kritischem Nachdenken hätte ihm der Staatsanwalt auch ein Strafverfahren anhängen können, ein Verfahren wegen Zuhälterei. Dann wäre die Frage der Anrede für die Richterin leicht gewesen. Hier aber hatte das Stadtbezirksgericht Berlin-Friedrichshain nur zu entscheiden, ob nach dem Antrag des Rates des Stadtbezirks Aufenthaltsbeschränkung und Arbeitserziehung angeordnet werden sollte. Das Gericht gab dem Antrag statt.

Der junge Mann, den wir hier Horst Kühn nennen wollen, hatte die Schule bis zur siebenten Klasse geschafft. Nach der Schulzeit nahm er auch Arbeit auf. Erst lebte er bei seiner Mutter, einer Kriegerwitwe, dann gab es Mißhelligkeiten und er war meist in Jugendwohnheimen untergebracht. Er war als ungelernter Arbeiter tätig, und es ging in den ersten Jahren eigentlich recht gut.

Wie jeder junge Mann wurde er mit 18 Jahren mündig; die Abteilung Jugendhilfe hatte für ihn einen Teil seiner Waisenrente gespart, ungefähr 1500 Mark, ihm wurde eine Wohnung in Berlin besorgt, er richtete sich mit dem Beistand des Referats Jugendhilfe gemütlich ein. Tisch, Bett, Schrank, Gardinen, Wäsche, ja sogar eine Polstergarnitur. Die Miete betrug knapp 30 Mark. Arbeit als Ungelernter im Berliner Bremswerk brachte ihm im Monat etwa 400 Mark. Alles hätte bei ihm gut und glatt verlaufen können.

Aber Horst Kühn fing an zu bummeln, und er wurde entlassen. Vom Februar bis Juni 1962 arbeitete er noch im VEB Elektro-Apparate-Werk Treptow. Dann war auch das aus. Und bis Mitte November 1962 nahm er noch einmal kurzfristig eine Tätigkeit als Transportarbeiter in einer Großhandelsgesellschaft auf.

Vor Gericht behauptete er, Ende 1962 und Anfang 1963 manchmal als Gelegenheitsarbeiter am Wriezener Bahnhof etwas Geld verdient zu haben. Danach war Schluß mit der geregelten Arbeit. Er zahlte keine Miete mehr, kein Licht, kein Gas. Er verkaufte Möbel und Wäsche, die 1500 Mark gekostet hatten, für etwas mehr als 300 Mark. Er mußte seine Wohnung verlassen. Ihm wurde eine andere zugewiesen, für die er auch noch nie einen Pfennig Miete bezahlt hat. Licht und Gas blieben ihm, weil er die alten Schulden nicht bezahlt hatte, gesperrt.

Horst Kühn trank unmäßig. Die Nachbarschaft wurde auf ihn aufmerksam, der Abschnittsbevollmächtigte der Volkspolizei unterhielt sich oft mit ihm und sagte ihm, so ginge es wirklich nicht weiter. Er wurde einige Male zur Abteilung Inneres beim Rat des Stadtbezirks bestellt. Es wurde ernst mit ihm gesprochen. Wenn er sich nicht um eine geregelte Arbeit bemühe, müsse er mit Arbeitserziehung rechnen. Diese Aussprachen hatten nur einen sehr schwachen Erfolg. Beim VEB Nitrit arbeitete er vielleicht eine Woche, beim Kabelwerk Oberspree fing er gar nicht erst an, weil ihm der angebotene Lohn nicht zusagte. Auf das dringende Ersuchen der Abteilung Inneres ging er zur Reichsbahn, aber dort stellte der untersuchende Arzt eine peinliche ansteckende Krankheit fest, er mußte sofort ins Krankenhaus. Dort verschwand er, ohne geheilt zu sein; erst jetzt in der Haft wurde diese Infektion auskuriert. Im Jahre 1963 hatte

Horst Kühn 14 Tage oder allerhöchstens drei Wochen gearbeitet.

„Und wovon haben Sie gelebt?" – „Von meinen ‚Kumpels'." Bei näherer Befragung mußte Horst Kühn zugeben, daß diese „Kumpels" Uschi und Susi hießen. Und diese beiden Damen lebten wieder von „Kumpels", die sie auf Straßen und in Kneipen kennenlernten. Horst Kühn hatte aber auch männliche Freunde, die ihn unterstützten, und einige Mädchen, mit denen er befreundet war, zogen sich von ihm zurück. Die Polizei fand Briefe, die diese Mädchen ihm geschrieben hatten: „Wenn du nicht anfängst zu arbeiten und das Trinken nicht sein läßt, will ich nichts mehr mit dir zu tun haben." Es zeigte sich, daß die ganze Gesellschaft sich von ihm abwandte.

Am 13. November 1963 wurde Horst Kühn zur Volkspolizei bestellt, noch einmal wurde ihm ins Gewissen geredet; wenn er nicht sofort Arbeit aufnähme, würde das Verfahren zur Arbeitserziehung eingeleitet. Auch diese Warnung hatte keinen Erfolg. Am 20. Januar kam die Ladung zum Termin. Da verschwand er aus Berlin, angeblich war er zur „Schwarzen Pumpe" gefahren, um zu arbeiten. Aber schon nach vier Tagen traf die Polizei ihn bei Uschi, er hätte angeblich kein Geld mehr, um zur Arbeit zurückzufahren. Nun wurde er endlich festgenommen. Und so stand er jetzt vor Gericht.

Die Verordnung vom 21. April 1961 zur Aufenthaltsbeschränkung und Arbeitserziehung hat einen guten Sinn. Sie soll Verbrechen verhüten, und sie verhütet sie auch. Zweifellos war Horst Kühn auf dem geraden Weg, ein skrupelloser Zuhälter zu werden. Der Weg zum Räuber und Erpresser wäre, wenn man ihn nicht rechtzeitig unterbrochen hätte, ihm mit Sicherheit vorauszusagen. Und gerade weil eine solche Verordnung für die Verbrechensverhütung so wichtig ist, sollte sie im neuen Strafgesetzbuch besser formuliert werden.

Einmal müßte genau beschrieben werden, wer als arbeitsscheu zu bezeichnen ist. Das müßte begrenzt sein auf gesunde, junge Menschen, die körperlich, geistig und familiär in der Lage sind, einen Beruf auszuüben, und die trotz – sagen wir – dreimaliger Aufforderung ihrer zuständigen Abteilung Arbeit kein dauerndes, festes Arbeitsverhältnis nachweisen können. Nur bei solchen kann der zuständige Rat des Kreises oder des Stadtbezirks ein Verfahren zur Arbeitserziehung einleiten. Auch müßte ein künftiges Gesetz eine zeitliche Begrenzung dieser Maßnahme vorschreiben.

Die internen Vorschriften, die augenblicklich bei der Anwendung der Verordnung beachtet werden, schränken sie weit mehr ein. Und die Erfahrung hat gezeigt, daß die Arbeitserziehung von einer Dauer von durchschnittlich einem Jahr in fast allen Fällen einen großen erzieherischen Erfolg hat. Diese Erfahrung und auch exakte Vorschriften müßten meiner Meinung nach bald in gesetzlich verbindliche Normen umgewandelt werden, damit dieses Gesetz auch justizpolitisch ein Erfolg wird; denn man bekämpft am besten das Verbrechen, wenn man den Anfängen wehrt.

Der Patriarch

Es ist die Geschichte einer sehr jungen Liebe, die nun zum zweiten Mal vor dem Strafrichter behandelt werden mußte. Und immer ist Sylvia, die junge Frau, die Angeklagte. In diesem letzten Fall, über den wir heute berichten, sagt es der Richter dem Manne ganz klar: „Geistig sehen wir Sie genauso auf der Anklagebank sitzen. Aber unser Strafrecht ist unvollkommen. Angeklagt wird nur der, der aktiv handelnd etwas Strafbares tut."

Sie war ein 16jähriges Ding, nußbraun, mit einer tiefen, verführerischen Stimme. Lehrling bei einem Friseur, als sie ihn, den 18jährigen, den strahlenden, hellblonden, schönen jungen Mann mit dem ebenmäßigen Gesicht kennenlernte. Damals liebten sie sich. Und er sagte:

„Du mußt mit der Lehre aufhören, du verdienst hier zu wenig, du mußt auch aufhören mit den Fortbildungskursen in Stenografie und Schreibmaschine, denn wir wollen so schnell wie möglich Geld verdienen und heiraten." Und alles, was er sagte, mußte geschehen und geschah.

Vor der Ehe kam ein kleiner Junge, der war aber gelähmt und starb nach einem Jahr. Und noch vor der Ehe kam ein kleines Mädchen, dann wurde geheiratet, und 1961 kam wieder ein kleiner Junge.

Aber das Zusammenleben war nicht glücklich. Er trinkt gern, und sie ging auch in der ersten Zeit mit. Und bei einem dieser Trinkgelage hatte sie versäumt, einen Gashahn zuzudrehen, der kleine Junge erstickte, das Mädchen wurde gerettet. Sylvia, die junge Frau, wurde schuldig gesprochen, und zu ihren schweren inneren Vorwürfen gab ihr das Gericht noch eine bedingte Gefängnisstrafe. So blieb die Ehe belastet mit dem Tod von zwei Kindern.

Er, der schöne hellblonde, heute schon mit einer Halbglatze verzierte junge Mann, ist Facharbeiter; er verdient gut, er gibt der jungen Frau in der Woche 80 Mark Wirtschaftsgeld. Und sie versucht mitzuarbeiten. Einmal als Zigarettenarbeiterin, dann als Laborassistentin, dann als Stationshilfe in einem Krankenhaus. Das Leben in der Familie ist nicht harmonisch. Sie soll mit den 80 Mark Wirtschaftsgeld auskommen. Es gelingt ihr aber meist nicht, der Mann ist anspruchsvoll, er will zum Beispiel jeden Morgen Bohnenkaffee trinken. Bringt sie ihn auf den Tisch, sagt er: „Du scheinst ja viel Geld zu haben." Bringt sie ihn nicht, sagt er: „Du verstehst nicht hauszuhalten, du kannst nicht wirtschaften."

Er aber trinkt, leider nicht nur Kaffee, und schlägt die junge Frau. Die Liebe, die junge, heiße Liebe, ist am Alltag und nicht nur am Alltag, sondern mehr am Charakter des jungen Mannes zerschellt. Und die Achtung, die die Liebe ersetzen könnte, ist nicht aufgekeimt.

Frau Sylvia, heute 23jährig, hat keine rechte Lebenslust. Wieder ist sie schwanger. Obwohl die Oberschwester im Krankenhaus jede Rücksicht auf die junge, kleine Frau Sylvia nimmt, versäumt sie die Arbeit, weil sie keine Lust hat, und sie gibt auch die Stellung auf.

Aber sie hat nicht den Mut, ihrem Mann zu sagen: „Ich halte in diesem Zustand die Arbeit nicht durch." Sie schweigt und duldet. Und jetzt fehlt auch ihr Einkommen. Sie versucht, das zu verschleiern, sie pumpt sich bei einer Nachbarin Geld. Aber auch das muß zurückgezahlt werden. 300 Mark. Dem Mann sagt sie nicht die Wahrheit, sie fürchtet sich. Sie fürchtet sich vor den Schlägen. Da nimmt sie ein altes Sparkassenbuch, auf dem nur noch 1 Mark Guthaben steht, und schreibt 520 Mark dazu; sie ist sich völlig darüber klar, daß die Fälschung sinnlos ist, daß auch das herauskommen muß. Aber nur den einen Tag will sie überbrücken, das ist ihr genug.

Sie bekommt auch das Geld von einem Postamt, auf die Fälschung hin werden ihr 520 Mark ausgezahlt, und sie kann jetzt einmal die Schulden abdecken. Aber schon nach zwei Tagen kommt der Betrug ans Tageslicht.

Dreimal ist sie zum Termin schon geladen; sie erscheint nicht. Jetzt mußte sie vorgeführt werden. Sie erzählt, daß sie die Ladung nie bekommen hat. Sie versucht, die Schuld abzuwälzen auf die Briefträgerin. Müde kleine Schwindelei; der ältere Staatsanwalt, der selber schon viel erlebt hat, lächelt. Er versucht nicht, sie zu widerlegen. Sie hat natürlich Anklageschrift und Eröffnungsbeschluß nicht bekommen und nicht gelesen. Jetzt gibt man ihr Zeit, all das zu studieren, und sie ist bereit, dann auch zu verhandeln.

Draußen sitzt ihr Mann mit den beiden Kindern. Sie gesteht alles, mehr den Mann fürchtend als das Gericht. Auch kann sie nachweisen, daß sie schon 200 Mark zurückgezahlt hat.

Die Wachtmeisterin wird hinausgeschickt, um auf die Kinder aufzupassen, während der Mann verhört wird. Er gibt zu, geschlagen zu haben. Er weiß auch, daß seine Frau vor ihm Angst hat. Ein patriarchalisches Bild, zwei junge Menschen, die in unseren Schulen erzogen wurden. Sehr unschön, sehr erschrekkend. Der Mann ist einsichtig vor Gericht, er will sich ändern. Und Frau Sylvia will arbeiten. Eine Schöffin will ihr einen Arbeitsplatz vermitteln, dort, wo die beiden Kinder in einem Kindergarten und in einer Kinderkrippe untergebracht werden können.

Sieben Monate Gefängnis, diesmal auch noch mit Bewährungsfrist, die Bewährungsfrist wird auf zwei Jahre bemessen. Der Grund: Betrug und Urkundenfälschung.

Wo aber ist die Liebe hin, die glühende, die heiße? Wo das Vertrauen, wo die Achtung vor der Frau, wo die ganze Erziehung; wo ist überhaupt die Gemeinsamkeit zweier Menschen, die sich zusammengetan haben, um das Leben zu meistern in guten und in bösen Tagen?

Klassenkeile

Udo war vor einigen Jahren von seinem Vater so verhauen worden, daß die Lehrer in der Schule Striemen an ihm bemerkten. Der Junge hat das vergessen, verdrängt, würde der Psychologe sagen. Aber in seinem Verhalten hatte es seine Wirkung.

Jetzt ist Udo, 15jährig, angeklagt. Er ist ein frisch aussehender Junge. Als er zur Schule kam, gehörte er in den ersten Jahren zu den guten Schülern. Er ist sicherlich durchschnittlich begabt, in Mathematik könnte er, so sagt heute sein Klassenlehrer (der in diesem Verfahren sein Beistand ist), noch heute einer der Besten sein. Er gehört aber jetzt zu den schwächsten Schülern seiner siebten Klasse; sein Leistungsstand ist vier, das heißt nach der heutigen Schulbewertung genügend; schwer fallen ihm Lesen und Schreiben und all die Fächer, bei denen Wissen durch Lesen erworben wird, so zum Beispiel Geschichte und Erdkunde. Einmal mußte er eine Klasse zweimal machen. In praktischen Dingen ist er jedoch obenauf. Er will Schiffsschlosser werden, und er bastelt gern, fertigt kunstgewerbliche Arbeiten an; bei freiwilligen Einsätzen tut er sich besonders hervor. Auch Sport treibt er gern.

Die Entwicklung Udos ist besorgniserregend, denn in den ersten Jahren war er ja so gut. Ob das mit seiner häuslichen Erziehung zusammenhängt? Die Vermutung liegt nahe; denn sein Vater bezeichnet sich selber als sehr jähzornig.

Durch seine schlechten Leistungen mangelt es Udo, so sagt der Lehrer, an Erfolgserlebnissen. Er möchte so sein wie die anderen. Udo ist noch kindlich, obwohl er die Reife eines 15jährigen hat.

An diesem Tag im Februar war die Schule aus; er wollte

seinen Hund auf die Straße führen, die Leine fand er nicht, und deswegen nahm er die Hundepeitsche.

Auf der Straße sah er eine Gruppe Schüler; sie waren jünger, sie gingen auch in eine andere Schule. „Was macht ihr hier?" fragte er.

„Wir warten auf Hugo, der kriegt Klassenkeile."

Der Junge, den sie Hugo nannten, ist ein kleiner, netter Bursche, 13 Jahre alt, er kam in Begleitung seiner Lehrerin. Die Schüler, die auf ihn warteten, stoben auseinander. Nur Udo blieb. Er hatte mit der Klassenkeile nichts zu tun; er weiß noch heute nicht, warum die anderen den kleinen Jungen, den sie Hugo wegen seines Leichtsinns nennen, verhauen wollten.

Aber Udo, der bei den Gleichaltrigen ein Schwächling ist, fühlt sich stark; als Vollstrecker eines anderen Willens ergriff er den kleinen Hugo und schlug ihm dreimal mit der Hundepeitsche auf den Hintern.

Alle auf einen – ganz gleich, warum. Man will zeigen, daß man selbst – weil man weiß, daß man schwach ist – doch stark ist einem Schwächeren gegenüber. Welche seelische Fehlentwicklung steckt dahinter. Wie oft ist diese Mentalität von den herrschenden Klassen mißbraucht worden. Die Lehren der Vergangenheit müßten einen jeden erschrecken.

Schule, Schüler und Eltern müssen das gemeinsam bekämpfen. Um diese Dinge bloßzulegen, war es gut, diesen Fall einmal vor dem Jugendgericht zu behandeln. Udo ist angeklagt wegen Körperverletzung. Die Hauptschuld tragen hier die Eltern Udos. Der Vater, jähzornig, hat ihn geschlagen. Er erlaubt ihm aber das Zigarettenrauchen; „damit er es nicht heimlich tut". So raucht er heimlich und unheimlich. Er sagt selbst, durchschnittlich täglich fünf Zigaretten, wie ein richtiger starker Mann. Schmecken tut es ihm überhaupt nicht.

Die Mutter, auf der die Last der Erziehung ruht, hat mit der früheren Schule Udos Differenzen gehabt. Wahrscheinlich berechtigt, weil ein Lehrer einen harten Drill in der Turnstunde verlangte. Sie hat es nicht verstanden, ihre berechtigten Beanstandungen durchzusetzen. Und deswegen schmollt sie mit der alten und auch mit der neuen Schule und geht nicht mehr zu den

Elternversammlungen. Obwohl sie weiß, daß Udos Entwicklung zu Sorgen Anlaß gibt.

Das Gericht erteilt Udo eine Verwarnung. Er verpflichtet sich, an Förderkursen teilzunehmen, um seine Lücken in Deutsch, im Lesen und Schreiben zu überwinden. Es ordnet Schutzaufsicht an, ein ehrenamtlicher Mitarbeiter des Referats Jugendhilfe im Wohnbezirk wird sich Udos besonders annehmen.

Den Eltern aber zeigte das Verfahren, wie schädlich Prügel sind, die ein Vater oder Erzieher im Zorn austeilt. Prügel verletzen die Würde des Kindes, sie erzeugen sklavischen Gehorsam. Denn Prügel verkünden das Recht des Stärkeren: Der Stärkere prügelt, der Schwache wird geprügelt, sieh zu, daß du zu den Stärkeren gehörst und dich den Stärkeren anschließt. Diese Herren-Knecht-Moral müssen wir bekämpfen, mit allen Mitteln – aber nicht mit Prügeln.

Vater und Tochter

Zwei sehr schlanke, sehr große und wohlgebildete Damen stehen vor der Richterin. Und die eine, ältere, die wir hier Kersten nennen wollen, wird es mir nicht verübeln, wenn ich mich mehr mit der anderen, von mir Marlis genannt, beschäftige. Diese ist 19 Jahre alt; schwarze Locken fallen etwas ungeordnet auf den grauen Mantel, der sicher nicht der allerteuerste ist. Aber einem schönen Menschen steht eben alles, und Marlis wäre schön zu nennen, wenn ihr Inneres so aussähe wie ihr Äußeres. Und wenn ich, wie ein richtiger Geschichtenschreiber, Furcht und Mitleid erregen will, muß ich die Missetäter so beschreiben, wie sie wirklich aussehen und ich möchte meinen Kritikern gegenüber bemerken, daß ich einem anmutigen Menschen eine Straftat weit mehr übelnehme als einem häßlichen; denn der schöne Mensch hat es im Leben doch leichter; so ungerecht geht es meist zu – leider.

Marlis wollte Tierärztin werden. Ob sie es heute noch will? Ich glaube, sie hat ihre Ziele etwas zurückgeschraubt, sie strebt jetzt danach, ein Studium als medizinisch-technische Assistentin aufzunehmen. Beide Berufe stehen ihr offen. Es liegt einzig und allein an ihrem Willen, ihren Fähigkeiten und ihrer Entsagung, wenn sie sich für das längere Studium entscheidet. Selbst diese böse Geschichte hier ist kein Schlußpunkt für eine akademische Laufbahn, aber sicher eine Verzögerung. Und das mit Recht.

Das Abitur hat Marlis selbstverständlich gemacht. Und wieder muß ich zurückdenken. Ich ging in der Weimarer Zeit in einer rheinischen Großstadt mit 120000 Einwohnern zur Schule; dort gab es keine Schule, an der Mädchen regulär ihr Abitur machen konnten. Es war eine aufsehenerregende Geschichte, als zum ersten Mal in unserem Realgymnasium drei

Mädchen auftauchten, um sich auf das Abitur vorzubereiten. Drei Mädchen in einer Stadt von 120000 Einwohnern!

Auf Marlis' Abiturzeugnis stehen viele lobende Worte. Sie ist ein fleißiger, zuvorkommender, bescheidener Mensch, aber sie schöpft ihre Möglichkeiten noch nicht voll aus.

Um immatrikuliert zu werden, wird ein praktisches Jahr verlangt. In den Ferien hatte sie schon im Tierpark gearbeitet, und dann ging sie als Hilfsassistentin an das Veterinärmedizinische Institut der Humboldt-Universität. Sie bekommt dort ein Gehalt von 310 Mark. Sie bereitet Tierversuche vor und verpflegt Versuchstiere. Dort ist man sehr großzügig. Man schaut nicht genau auf die Uhr, und Marlis nutzt das aus. Sie kam manchmal nicht zur Arbeit, machte sogar Urlaub, ohne eine Bestätigung von der Universitätsverwaltung in den Händen zu haben. Es kam zu einem Disziplinarverfahren, und das geschah zu derselben Zeit, als sie die Dinge trieb, die hier behandelt werden müssen. Aber seither hat Marlis sich geändert.

Marlis ist verlobt mit einem jungen Mann, der lange Zeit gar keine Arbeit hat; und Marlis' Eltern waren strikt gegen diesen Freund. Doch seit dieser Geschichte hat sich Merkwürdiges ereignet. Unter Marlis' Einfluß, der sehr Labilen, etwas Verbummelten und sogar Straffälligen, änderte der Verlobte sich, er wurde Hilfsarbeiter und will jetzt sogar ein Fachstudium aufnehmen.

Marlis hat sich an Kersten angeschlossen. Sie ist ebenso groß und ebenso schön. Ihr goldbraun-rötliches Haar ist hochgesteckt, sie ist 24 Jahre alt. Aber sie hat eine viel geringere Schulbildung, und sie hat im Leben schon einiges durchgemacht. Auch ihr Gesundheitszustand ist schwach, und sie wurde deswegen in einem Elektro-Großbetrieb nicht aufgenommen. Ihr Mann jedoch, ein tüchtiger Facharbeiter, verdient sehr gut, und so kann seine Frau es sich leisten, zu Hause zu bleiben.

Die viel jüngere, aber viel klügere Marlis hat den Anstoß gegeben; ihr Freund hat eine kleine Wohnung bekommen. Und anscheinend will Marlis von ihren Eltern weg, sie will heiraten. Aber es fehlt noch so viel. Und die Eltern, die von den 150 Mark Kostgeld der Tochter jeden Monat fünfzig Mark für sie sparen, sind mit dem Mann nicht einverstanden. Sie wollen keinen Bummelanten in der Familie, denn der Vater ist ein erfolgreicher, fleißiger Leiter einer Konsumfiliale.

Kersten hat Marlis von der Universität abgeholt. Sie wollten sich beide Paßbilder machen lassen. Das war an diesem Nachmittag nicht möglich, und deswegen sahen sie sich Geschäfte an. Sie schlenderten durch das Konsumkaufhaus „Fix" in der Berliner Schönhauser Allee, einen Selbstbedienungsladen mit vielen kleinen Dingen für den Haushalt. Marlis fängt an, einige Dinge nicht in den Korb, sondern in die Einkaufstasche zu stecken; ohne sich darüber zu verständigen, macht Kersten das sofort mit. Korkenzieher, Salzfäßchen, Liköruntersätze, jeder sechs Eierbecher aus Plast und ähnliche Dinge. Sie gehen in einen zweiten Laden und nehmen dort drei kleine Blumenvasen.

Und weil das so gut ging, wird es am nächsten Tage fortgesetzt. Sie bleiben nicht bei den unnützen Kleinigkeiten stehen, sie nehmen nun auch Thermosflaschen, Druckaschenbecher, einen kleinen Hund aus Stoff, ja, und jede nimmt noch einen Spannungsprüfer, von dem sie beide nicht wissen, wozu er überhaupt da ist. Und fast alles sind Kleinigkeiten, die man gut und gerne entbehren kann. In den zwei Tagen haben die beiden jungen Frauen für fast 200 Mark gestohlen.

Das Urteil gegen die beiden, gegen Marlis und Kersten: vier Monate Gefängnis, sie wurden auf ein Jahr Bewährung ausgesetzt.

Am meisten von allen ist der Vater von Marlis betroffen. Ein Mann, der kein Abitur gemacht hat, ja, der nicht einmal die höhere Schule besuchen konnte, der keine Verbindung zur Universität je gehabt hat, der aber weiß, was Recht und Unrecht ist. Selber ist er Verkaufsstellenleiter beim Konsum, Hüter des sozialistischen Eigentums, ein Mann, der gegen das Minusgespenst kämpft und der genau weiß, welches Mißtrauen in einem Geschäft gegen Kollegen entsteht, wenn Waren plötzlich verschwinden.

Vor Gericht bedankt er sich bei der Kollegin, die seine Tochter, seinen Stolz, beim Stehlen gefaßt hat. Sie wurde zur

Diebin, um einen Stoffhund, Likörunteruntersätze und drei Porzellanvasen zu besitzen. Einige nicht einmal schöne und überhaupt nicht notwendige, alberne Kleinigkeiten.

Drei Maßnahmen in einem Fall

Trotz spricht aus jedem Wort; seine Hände, auf dem Rücken verschränkt, zappeln nervös. Sie zeigen, daß die trotzige Schale nur mühsam einen unsicheren, ungeformten Kern verbirgt.

Er ist 15 Jahre alt, hoch aufgeschossen, seine dunklen Haare sind etwas gewirbelt und fallen ihm in die Stirn. Er sieht älter aus, als er wirklich ist.

„Bei uns auf der Straße ist nichts los", erklärt er vorwurfsvoll in seiner schnoddrigen Berliner Aussprache. Und es stimmt, in seiner Wohngegend ist er gar nicht aufgefallen; er gehört zu keiner Clique.

Das Ziel der sechsten Klasse hat er gerade erreicht; heute verdient er wie ein Erwachsener. Er bekommt im Monat als Hilfsarbeiter in einer Leergutabteilung eines Getränkekontors 250 Mark. Seiner Mutter gibt er 100 Mark als Kostgeld, so verbleiben ihm 150 Mark zu seiner Verfügung; davon zahlt er im Betrieb noch das Mittagessen und muß auch für seine Kleidung sorgen. Er, der kaum den Kinderschuhen entwachsen ist, hat also mehr Taschengeld als die meisten Familienväter. Der Junge arbeitet durchschnittlich gut. Er ist, so sagt die Kollegin, die seine Vorgesetzte ist und in diesem Jugendgerichtsverfahren ihm als Beistand zur Seite steht, leicht zu leiten; nur sei er noch ein wenig verspielt. Aber sie glaubt, daß sich das mit der Zeit gäbe. Er bummelt nicht, er ist pünktlich und besucht auch regelmäßig die Berufsschule.

Es könnte bei diesem Jungen alles in Ordnung sein, ich glaube sogar, er hat die Fähigkeit, noch in Abendkursen die ihm fehlende Schulbildung nachzuholen. Aber was ihm fehlt, das kann ihm keine Schule geben. Es fehlt ihm das echte Zuhause.

Das Problem dieses Jungen ist seine Mutter. Wir wollen keinen Stein auf sie werfen. Sie hat es im Leben unendlich schwer gehabt. Ihr Mann ist 1944 gefallen. Sie ist allein geblieben mit drei kleinen Kindern und hat sie großgezogen. Und dann kam noch, viel später, außerehelich, dieser hier, und ich habe das Gefühl, er kam unerwartet und unerwünscht. Das hat er anscheinend immer zu spüren bekommen.

Die beiden Schwestern sind verheiratet, zu der einen geht er gern und sieht dort auch fern. Hier benimmt er sich sehr gut, hier traut man ihm nichts Schlechtes zu. Ein Bruder ist noch bei der Mutter in einer großen, dunklen, feuchten Wohnung, die es eigentlich gar nicht mehr geben sollte. Die Mutter arbeitet fleißig in einem schweren Beruf, als Küchenhilfe. Und sie schimpft sehr viel mit dem Jungen, und sie schimpft ohne Erfolg. Schon in seiner Kinderzeit wurde sie nicht mit ihm fertig. Er mußte bereits im zweiten Schuljahr in einem Kinderheim untergebracht werden.

Die Mutter hat ein ziemlich schnelles Mundwerk, und die Nachbarn gehen ihr aus dem Wege. Auch soll sie häufig mit ihrem Freund, der mit ihr in der Wohnung lebt, Kneipen aufsuchen. Der Junge achtet die Mutter nicht. Er hört nicht auf ihr Geschimpfe, und wenn er es hört, gibt er noch lautere und freche Antworten. Erziehung ist eben nicht nur Zwang, es ist auch Liebe, ohne Liebe geht es überhaupt nicht.

In seinem Betrieb hat der Junge Garderobenschränke mit einem gebogenen Nagel oder mit einem Nachschlüssel aufgebrochen. Er hat zweimal Uhren aus dem Schrank geholt, ein Paar Lederhandschuhe und ein Feuerzeug. Einige Male hat er vergeblich versucht, die Schränke aufzubrechen, und dabei wurde er ertappt. Das, was er gestohlen hat, kann er gar nicht gebrauchen. Er besitzt selber eine Uhr, er hat auch nie versucht, die Dinge zu verkaufen. Die eine Uhr hat er der Mutter gegeben und ihr gesagt, er habe sie gefunden; mit der zweiten ist es schlimmer, die hat der Bruder bekommen, und der hat gewußt, woher sie stammt. Ja, er bestellte bei ihm noch eine Damenuhr. Alles wurde gefunden und konnte den Besitzern zurückgegeben werden.

Als die Kollegin vom Referat Jugendhilfe bei ihm zu Hause

erschien, um sich über die Situation in der Familie zu informieren, wurde der Junge bockig und erklärte, er habe schon alles vor der Polizei gesagt, er war zu keinem weiteren Gespräch zu bewegen. Auch vor Gericht sagt er kaum ja und nein und bemüht sich, möglichst ungepflegt zu sprechen und sich gehenzulassen.

Aber die ruhige Freundlichkeit der Richterin besiegt ihn. Er muß sich, ob er will oder nicht, aus seiner seelischen Verkrampfung lösen, und damit ist schon der erste Schritt auf dem Wege zur Erziehung getan.

Natürlich hat der Junge ein gerüttelt Maß eigene Schuld. Er weiß sehr genau, wie gemein es ist, Arbeitskollegen zu bestehlen. Dies und die anderen Umstände berücksichtigt das Jugendgericht in seinen drei Maßnahmen, die es aussprach.

Die Strafe, die dem Jungen zeigen soll, daß er der Schuldige ist: vier Monate Freiheitsentzug, ausgesetzt auf zwei Jahre zu Bewährung. Und dann die Weisung, die der Junge sogar mit Freuden begrüßt: Er soll in einem Jugendwohnheim untergebracht werden, mit Gleichaltrigen. Dort soll er vor allem an Förderkursen teilnehmen und Sport treiben, möglichst in einer Mannschaft, damit er nicht als Einzelgänger aufwächst. Und als drittes wurde festgelegt: Das zur Zeit bestehende Arbeitsverhältnis nicht ohne Zustimmung des Referats Jugendhilfe zu lösen. Ein Kollege des Betriebes übernimmt die Schutzaufsicht.

Das Jugendwohnheim ist kein Freiheitsentzug; er kann und soll seine Mutter besuchen. Aber sie allein ist nach Ansicht des Gerichts nicht geeignet, dem 15jährigen Vorbild zu sein, ihn zu erziehen und ihm den Halt zu geben, den er so dringend braucht.

Der stille Zuhörer

Nur ein Mann mit einem energischen Arbeitergesicht, unauffällig gekleidet mit einer bescheidenen Jacke und grauer Kordhose, saß im Zuhörerraum. Er war weder Zeuge noch Sachverständiger. Auch kam er nicht von der Presse. Er hatte den Angeklagten nie gesehen; aber es stellte sich heraus, daß seine Anwesenheit das Besondere war in diesem Gerichtsverfahren. Und erst zum Schluß griff er in das Geschehen ein.

Lothar, der Angeklagte, machte keinen so energischen Eindruck; er ist 30 Jahre alt, und in seinem beigen Regenmantel wirkt er eher ungepflegt. Seine Schuhe sind nicht gerade auf Hochglanz poliert, und ich vermute, seine Socken haben ziemliche Löcher. Auch hat sein dunkelblondes Haar lange keinen Friseur mehr gesehen. Er ist ziemlich heruntergekommen; wenn ich mir dagegen die Zeugin Hedda, seine geschiedene Frau, ansehe, so kann ich mir ausrechnen, wie tief er gesunken ist. Sie ist genauso groß und schlank wie er und fast gleichaltrig. Der dunkelgrüne Wollmantel, den sie trägt, sieht neu aus. Ihr schwarzes Haar ist anmutig gekräuselt, sie ist nicht auf fein zurechtgemacht, aber gepflegt; ihr Einkommen ist nicht einmal besonders hoch, 430 Mark, sie muß allein die Kosten für Ernährung und Kleidung und die Sorge für das gemeinsame siebenjährige Kind tragen.

Um die Sorge für dieses Kind geht es. Hedda hatte sich im Jahre 1959 scheiden lassen; das Zusammenleben mit Lothar war unerträglich geworden. Er war wohl tüchtig als Schlosser, aber er trank zu viel, und er wurde unleidlich. Er schlug seine Frau, und als er eines Tages mit Messern nach ihr warf, ging sie zum Gericht und reichte die Scheidungsklage ein. Und noch heute, nach fast fünf Jahren, versucht Lothar, diesen Vorfall abzuschwächen, er sei nicht ausdrücklich zum Schrank gegangen und habe die Messer geholt, er habe am Tisch gesessen und gerade ein Messer in der Hand gehabt.

Die Ehe wurde geschieden. Und da Lothar damals noch in gutem Lohn und Brot stand, wurde sein Unterhaltssatz für das Kind auf 75 Mark festgesetzt. Er war damals fünf Jahre lang erfolgreich in ein und demselben Betrieb tätig. Aber Lothar zahlte nicht; er ist anscheinend gekränkt, daß ihm die noch immer geliebte Frau den Stuhl vor die Tür gesetzt hat. Auch heute hat er noch den unausgesprochenen Wunsch, zurückzukehren, denn bei ihr ist Ordnung, Liebe und Behaglichkeit. Aber weil er gekränkt ist, steht er wohl auf dem Standpunkt: Es geschieht ihr schon ganz recht, wenn ich bummle, Geld bekommt sie auf keinen Fall.

Und so lebt er seither. Bis zum Jahre 1961 hat er noch mit Abständen gearbeitet, danach so gut wie gar nicht. 1962 wurde er schon einmal wegen böswilliger Verletzung seiner Unterhaltspflicht angeklagt und zu drei Monaten Gefängnis verurteilt. Er hat diese Strafe abgesessen, und in dieser Zeit hat Hedda einmal 29 Mark von der Haftanstalt überwiesen bekommen.

Aber diese Strafe hat nichts gebessert. Lothar lebt untätig weiter, er wird von seiner Tante etwas unterstützt. In seinem Wohnhaus ist er höflich und gefällig, er trägt den Rentnern die Kohlen hinauf und hackt ihnen das Holz, und sie geben ihm ab und zu noch ein Trinkgeld. Aber sie wundern sich, warum ein so kräftiger, junger Mann nicht arbeitet.

Lothar wird öfter von Behörden vorgeladen und vom Abschnittsbevollmächtigten aufgefordert, Arbeit aufzunehmen. Das hat aber nur eine ganz kurze Wirkung. Einmal hat er drei Monate als Schweißer gearbeitet, aber er fehlt unentschuldigt, trinkt, und dann muß das Arbeitsverhältnis gelöst werden. Die Sorge für das Kind trägt nur die Mutter. Dreimal hat eine Tante für ihn 20 Mark bezahlt, einmal gelang es Hedda, den Lohn zu pfänden.

Nun steht Lothar das zweite Mal wegen Verletzung der Unterhaltspflicht vor Gericht. Soll man ihn jetzt wieder und noch länger einsperren? Schon vor Beginn des Prozesses haben sich die Richter, hier meine ich die Vorsitzende Richterin und die Schöffen, und die Staatsanwaltschaft zusammengesetzt und den Fall überlegt. Vom Sitzen des Vaters wird das Kind nicht satt und Lothar nicht an die Arbeit herangeführt. Und sie kamen gemeinsam auf einen anderen Gedanken.

Mit einem Betrieb wurde gesprochen, einer Druckerei, die einen Schlosser sucht. Und dieser Betrieb schickte zu dem Verfahren den Vorsitzenden der Konfliktkommission, jenen Mann, den ich den stillen Zuhörer nannte. Als der Fall des Lothar nun von allen Seiten erörtert war, fragte der Vorsitzende des Gerichts den Angeklagten, ob er jetzt bereit sei, eine Arbeit als Schlosser aufzunehmen.

„Wieviel kann ich verdienen?" fragte er.

„2,20 Mark die Stunde."

Ob er die Aussicht habe, mehr zu verdienen. Dann wäre er bereit.

„Nein", sagte der Vorsitzende. „Wenn Sie sich vor dem Prozeß selber Arbeit gesucht hätten, wäre das wahrscheinlich möglich gewesen; aber Sie wußten ja, worum es hier ging." Und dann sagte der Richter weiter: „Wir können Sie heute zu fünf Jahren Gefängnis verurteilen. Diese Möglichkeit gibt uns das Gesetz; aber Sie können auch als freier Mann die Arbeit annehmen, dann kann das Gericht Ihnen eine bedingte Strafe geben."

Und Lothar stimmte eilig zu. So verurteilte das Gericht ihn zu einer Gefängnisstrafe von 15 Monaten mit einer Bewährungszeit von zwei Jahren. Und in dieser Zeit ist er verpflichtet, an dem ihm vom Gericht vermittelten Arbeitsplatz zu bleiben. Bummelt er, ist also der Betrieb mit seinen Arbeitsleistungen nicht zufrieden, muß er die Strafe antreten. Und außerdem kann das Gericht bei ihm noch Arbeitserziehung anordnen.

Mit dieser neuen, der sozialistischen Ordnung entsprechenden Entscheidung ist hier ein neuer Weg beschritten: Die Justiz ist nicht mehr blind; sie ist vorausschauend und vorausdenkend geworden. Lothar, der Vater, wird zur ordentlichen Arbeit erzogen. Das Kind wird jetzt auch von seinem Vater ernährt. Nicht das Gefängnis, sondern das Heranführen an die sinnvolle Tätigkeit ist hier die Lösung.

Und nach der Verhandlung sah der Zeuge in dieser Sache, wie der Angeklagte und der stille Zuhörer gemeinsam das Gerichtsgebäude verließen.

Glück durch Zwang

„Achtung, der Karl ist da!“ sagte der Gärtner auf dem Friedhof Weißensee.

Und sie paßten alle auf ihre Sachen auf. Denn dieser Karl, ein junger Bursche, klein, hübsch, kräftig, hatte einmal bei ihnen gearbeitet. Sie kannten ihn zu gut. Er trank unmäßig. Alles, was er verdiente und was er an sich brachte, ging durch seine Kehle.

Sie folgten ihm mit ihren Blicken. Karl ging schwankend über ein Gelände, das der Friedhofsgemeinde gehörte. Es war für Kleinsiedler eingeteilt. Sie sahen, wie der berüchtigte Karl über die niedrigen Zäune hinwegstieg und die Hähne der Wasserleitung abdrehte oder – wenn ihm das nicht gelang – sie einfach abschlug.

Die ehemaligen Kollegen des Karl holten die Polizei, und die nahm ihn fest. Er hatte schon acht Messinghähne in seinem Besitz. Er gab an, er wollte sie verkaufen, um dafür zu trinken. Der Wert der Beute war führ ihn nicht höher als zwei Mark.

Knapp 23 Jahre ist Karl alt, und er ist völlig auf den Hund gekommen. Schon fünfmal hat er vor Gericht gestanden. Eine Jugendstrafe im Jahre 1959 wegen Diebstahls, 1960 gab es zweimal schon richtiges Gefängnis wegen Körperverletzung, immer veranlaßt durch König Alkohol. 1962 war es ganz schlimm: Körperverletzung, Widerstand gegen die Staatsgewalt, begangen im Vollrausch. Acht Monate Gefängnis. 1963 vier Monate wegen Diebstahls, auch im angetrunkenen Zustand.

Bevor diese Geschichte mit den acht Messinghähnen passierte, war Karl schon wieder zweimal mit der Polizei in Berührung gekommen. Er wollte ein Mädchen auf einem Berliner Güterbahnhof abholen. Er war aber wieder angetrunken, und sie wollte nichts von ihm wissen. Da sah er ein Fahrrad stehen, eine Aktentasche war darangehängt. Die Aktentasche nahm er herunter, er wollte schnell nach Hause radeln. Nur weg von hier! Aber die Kollegen des Betriebswerkes sahen und stellten ihn. Die Polizei kam. Man glaubte ihm, daß er nicht die Absicht hatte, das Fahrrad zu stehlen, und so bekam er nur eine Anklage wegen versuchten unbefugten Benutzens.

Und: In seinem Betrieb, in der Berliner Schultheiß-Brauerei, hatte er 13 leere Bierflaschen gestohlen, um in einer Konsumfiliale das Pfand einzustreichen. Wert: 3,90 Mark.

Ja, Sie haben richtig gelesen. Dieser jugendliche, fast pathologische Säufer war bei der Schultheiß-Brauerei angestellt. Der Bock als Gärtner – der Bockbierfreund schwamm professionell in einem Meer von Bockbier.

Bei der letzten Entlassung Karls aus der Haftanstalt hatte die Leitung, aber auch die Abteilung Inneres beim Rat des Stadtbezirks Prenzlauer Berg sich darum zu kümmern, daß dem entlassenen Strafgefangenen eine ihm gemäße Arbeit zugewiesen wird. Bei Karl war ja alles bestens geregelt. Karl war schon vorher bei Schultheiß, und er konnte wieder zurückgehen. Nur ein einziger Blick in die Strafakte hätte genügt. Aber der Blick wurde nicht getan. Karl kam zu Schultheiß zurück, und dort machte er seine Arbeit gar nicht schlecht. Aber so kann man die Kriminalität nicht bekämpfen. So fördert man sie.

Dieser Karl ist ein schwieriger Bursche. Er schließt sich schlecht an andere an, er ist ein Einzelgänger, er ist das, was man kontaktarm nennt. Er war einmal verheiratet, hat aber die Frau, die er wahrscheinlich heute noch liebt, nicht glücklich machen können. Sie betrog ihn, und er schlug sie. Scheidung – wieder wegen Trunkenheit.

Er wohnt für sich allein. Er hat angefangen, Möbel zu kaufen, sie abzuzahlen, aber er konnte es nicht durchhalten, alles wurde wieder abgeholt. Die Miete hat er nicht bezahlt, er wurde von einer in die andere Wohnung umgesetzt, er schläft auf dem Fußboden. Seine Kleidung besteht aus einem Sakko, und das ist an einem Ärmel schon durchlöchert. Die Erziehung des Elternhauses hat bei ihm versagt. Der Vater, ein angesehener Facharbeiter, hat keinen Einfluß auf ihn.

Als Karl in dieser Sache festgenommen wurde, kümmerte sich ein junger Staatsanwalt um ihn. Noch vor der Hauptverhandlung wurde er freigelassen. Der Staatsanwalt sorgte dafür, daß Karl sofort einen Aufhebungsvertrag mit der Schultheiß-Brauerei machte. Er sorgte dafür, daß Karl sich bei der Berliner Gasversorgung um Arbeit bemühte.

In der Gerichtsverhandlung wurde alles durchgesprochen. Aber dann vertagte man sich, denn der Staatsrat verlangt, daß in jedem Fall auch das neue Arbeitskollektiv gehört wird. So gingen erst einmal der Staatsanwalt und die beiden Schöffen in den neuen Betrieb und sprachen mit den neuen Arbeitskollegen. Die waren von Karl gar nicht begeistert. Denn sie standen immer an der Spitze des Wettbewerbs, und Prämien waren ihnen bisher sicher. Sie sind eine fliegende Reparaturbrigade, die bei Rohrbrüchen eingesetzt wird. Aber Staatsanwalt und Schöffen erinnerten sie daran, was eine wirkliche sozialistische Brigade darstellt.

Sie entsandten ein Mitglied zur Verhandlung, und das erklärte: „Wir werden Karl in unsere Mitte aufnehmen. Und wir werden ihm zeigen, wie wir arbeiten, wie wir leben, wie wir zur Lebensfreude kommen – auch ohne Alkohol!“

Obwohl bei Karl Diebstahl im Rückfall vorlag, obwohl hier eine Zuchthausstrafe vom Gesetz vorgeschrieben ist, obwohl bei fünf Vorstrafen eine bedingte Strafe fast unmöglich erschien, erkannte das Gericht: Sechs Monate Gefängnis bedingt mit einer langen Bewährungsfrist von drei Jahren. Und einer Bindung an den neuen Arbeitsplatz von zwei Jahren.

Manche Menschen müssen eben zu ihrem Glück gezwungen werden.

Die Bindung

Vor 14 Jahren habe ich einmal über eine Verhandlung geschrieben, in der dieser Richter vorsaß. Unter der Überschrift „Schnellgericht“ in der „Täglichen Rundschau“. Es war meine erste Arbeit, die sich kritisch mit einem unserer Richter auseinandersetzte.

Der Richter war damals noch sehr jung, gerade von der Richterschule gekommen, war jung wie unsere Justiz, von keiner Tradition im Guten wie im Schlechten belastet, aber auch mit wenig Erfahrung. Damals bemängelte ich, wie schnell das Gericht unter Vorsitz dieses Richters zu einem Urteil kam, wie wenig er die mitwirkenden Umstände prüfte.

Heute muß dieser selbe Richter als Vorsitzender eines Richterkollegiums über Bernd ein Urteil sprechen.

Bernd ist ein junger Mann von etwa 23 Jahren; viel gelernt hat er nicht, seine Arbeitsstellen hat er auch sehr häufig gewechselt und er ist leider auch vorbestraft. Einmal wegen Körperverletzung. Und dann läuft noch eine Bewährungsfrist bis zum Jahre 1965. Er hat fünf Monate Gefängnis zu Buch stehen, weil er Kenntnis hatte, daß ein anderer unbefugt Waffen besaß, und dies nicht den Behörden mitteilte. Gäbe es nicht diese Vorstrafen, dann wäre der heutige Fall zweifellos der Konfliktkommission seines Betriebes zur Beratung übertragen worden. Aber zweimal vorbestraft und strafbar geworden noch in der Bewährungszeit, das ist eine Sache, die vor das Gericht gehört.

Der große, schmale, schwarze Mann mit den eingefallenen Wangen ist schon seit mehr als einem Jahr als Transportarbeiter im VEB Ausbau, Berlin-Weißensee, tätig. Und dort ist er auch beliebt. Er ist auch ein leidenschaftlicher Bastler. Bernd hat aus dem Elektrolager seines Betriebes zwei Leuchtstoffröhren, die nicht mehr ganz einwandfrei waren, mitgenommen, weil er glaubte, gute Verwendung für sie zu haben. Einige Kollegen seiner Brigade sahen das und fanden nichts dabei.

Leuchtstoffröhren sind ziemlich sperrig; dreimal ging Bernd durch die Torkontrolle seines Betriebes, und der Betriebsschutz bemerkte auch nicht, daß er Material mit hinausnahm, ohne eine Berechtigung zu besitzen.

Aber die Geschichte sprach sich im Betrieb herum. Einige Kollegen stellten Bernd zur Rede, denn sie betrachteten das, was Bernd getan hatte, als Diebstahl gesellschaftlichen Eigentums; Bernd sah das ein und brachte die zwei Leuchtstoffröhren wieder zurück.

Ein Kollege der Brigade jedoch, der früher einmal bei der Kriminalpolizei Dienst getan hatte, betätigte sich jetzt ein wenig als Amateurdetektiv. Er sicherte Spuren und erstattete Anzeige. So kam die ganze Sache dem Staatsanwalt zu Ohren. Und da Bernd noch in der Bewährung stand, kam es zu diesem Verfahren.

Als nun die Angelegenheit in der Brigade besprochen wurde – eine Transportbrigade, in der bekanntlich nicht die qualifiziertesten Kollegen zu finden sind –, wählten die Kollegen aus ihrer Mitte einen gesellschaftlichen Verteidiger. Er ist fast genauso jung wie Bernd, parteilos wie er, aber beredt, beschlagen, und das Gericht setzte ihn mit allen Rechten und Pflichten, wie sie früher nur einem studierten Rechtsanwalt zugestanden wurden, als Verteidiger ein. Und er nahm diese Rechte wahr. Er wies in der Verhandlung nach, wie Bernd sich in seiner Brigade entwikkelt hatte. Er sei gerade kein Musterknabe, nicht übermäßig pünktlich, aber im allgemeinen nicht besser und nicht schlechter als die anderen Kollegen, aber sehr hilfsbereit und immer dann da, wenn Not am Mann ist. Bernd habe nur die Schule bis zur siebenten Klasse besucht; in Abendkursen gebe er sich jedoch Mühe, seine Bildungslücken aufzuholen. Er werde jetzt seine Prüfung als Kraftfahrer machen.

Und im Zuhörerraum meldete sich noch ein Kollege des Betriebes zu Wort. Der Vorsitzende – so ganz anders als in dem Verfahren vor 14 Jahren – erteilte ihm das Wort. Er ist Mitglied der Abteilungsgewerkschaftsleitung und Vorsitzender der Produktionsberatung. Auch er lobte Bernd und kritisierte den Betrieb und seine Kaderabteilung, weil sie sich nie mit Bernds Weiterentwicklung beschäftigt hatte. Nie habe man das mit ihm geführt, was man ein Entwicklungsgespräch nennt. Und Bernd sei doch als Bastler sehr an der technischen Entwicklung interessiert.

Der Staatsanwalt war schon sehr beeindruckt von der Verteidigung. Er stellte den Antrag, Bernd zu einer Gefängnisstrafe von zwei Monaten zu verurteilen, ausgesetzt auf drei Jahre mit der Verpflichtung, den Arbeitsplatz nicht zu wechseln.

Der Verteidiger, der eben schon beschriebene sehr junge Kollege, wies überzeugend nach, daß die Vorstrafen nicht einschlägig waren, man dürfe sie Bernd in dieser Sache gar nicht allzusehr anrechnen. Die ganze Angelegenheit hätte in der Brigade erledigt werden können, da der Schaden, bevor er überhaupt zur Anzeige kam, schon wieder gutgemacht worden sei. Im Auftrag seiner Kollegen verlangte er vom Gericht „Freispruch". Das ist jedoch juristisch nicht möglich, denn der Diebstahl ist ja erwiesen, Bernd ist schuldig.

Das Gericht aber folgte in seinen Überlegungen den Worten des gesellschaftlichen Verteidigers. Es erteilte Bernd einen öffentlichen Tadel. Damit konnte es auch nicht die Bindung an den Arbeitsplatz aussprechen. Dieses Urteil fällte derselbe Richter mit seinen Schöffen, der vor 14 Jahren so sehr schnell mit einem harten Urteil zur Hand war. Es war derselbe Richter – es war ein anderer. Einer mit Erfahrung und jetzt mit einer Tradition. Er wußte, hier brauchte man keine Bindung an den Arbeitsplatz gerichtlich anzuordnen. Die Bindung an diese Kollegen, die ihrem Bernd in seiner Not so beistanden, diese Bindung ist stärker als jede Bindung, die ein Gericht aussprechen könnte.

Lutz und das junge Mädchen aus der Altmark

Dreimal sah ich ihn vorgeführt aus der Haftanstalt, den glatten, etwas spitzmäusigen blonden jungen Mann Lutz mit den auffallend hellblauen, etwas starr blickenden Augen, angetan mit einem etwas zu weiten Uniformrock eines Zollangestellten, zur Verfügung gestellt in der Haftanstalt, weil sich offensichtlich Lutzens ausgefranste Kleidung nach Ansicht des Anstaltsdirektors nicht mit der Würde eines Gerichts vereinbaren läßt. Daß dreimal das Gericht über seinen Fall zusammentreten mußte, war nicht Lutzens Verschulden; es lag einzig und allein an einem jungen Mädchen Liese aus der Altmark, das dreimal der Vorladung des Gerichts nicht nachkam. Das nun, als es auch beim dritten Mal nicht erschien, Ordnungsstrafen von insgesamt 130 Mark zu zahlen hat.

Natürlich hätte das Gericht noch einmal vertagen und die Kleine durch Polizeimaßnahmen in den Zeugenstand bringen können. Aber bei der ganzen Geschichte hatte das kleine Fräulein schon so viel Schaden genommen. Ihr ganzer jugendlicher Stolz war zerstört, ihre Schamhaftigkeit war tief verletzt, so daß das Gericht in diesem Fall etwas tat, was es genau genommen gar nicht tun durfte. Es verzichtete in einigen kleinen Punkten darauf, die Wahrheit zu ermitteln, und sprach Lutz lieber wegen einiger Kleinigkeiten frei. So soll unsere Gerechtigkeit sein und die Welt nicht zerstören, in Umkehrung des alten Satzes: Fiat justitia, pereat mundus – Die Welt mag untergehen, wenn nur die Justiz (oder das Recht) existiert. Feuerbach, der berühmte bürgerlich-liberale Jurist, sagte dazu: „Dies ist ein Aussprch der Jurisprudenz, der Gerechtigkeit; aber in diesem charakteristischen Ausspruch der Justiz liegt gewiß kein Funke von Güte und selbst nicht von Weisheit; denn der Mensch ist nicht der

Gerechtigkeit oder der Justiz wegen, sondern die Justiz ist der Menschen wegen." (Ich hätte noch dazu gefügt: da.)

Lutz steht allein, seine Eltern sind westlich verschwunden, sein Vater sei ein Trinker gewesen, mit dem er sich nicht hat verstehen können. Das Positive bei Lutz: Alkohol und Zigaretten rührt er nicht an. Aber mit dieser Ablehnung wird man noch kein gefestigter Mensch.

Lutz war zum Volksgut Malchow im Berliner Stadtbezirk Weißensee gekommen, mit einer etwas beschädigten Kaderakte; darin stand: Vorbestraft wegen Verstoßes gegen die Meldeordnung und wegen Betruges. Aber auch etwas Positives war darin vermerkt. Der Besitz eines landwirtschaftlichen Facharbeiterbriefes. Lutz wurde der Obstbaubrigade zugeteilt, und eine kleine Wohnung in den Häusern des Volksguts war für ihn vorhanden.

Aber er war in der Brigade nicht beliebt. Er sollte die Bäume beschneiden, aber er schnitt zu viel auf. Er sollte die Blattlaus bekämpfen, er war selber ein Lauser. Er sollte okulieren, aber seine Augen schielten zu oft nach den Kirschen in Nachbars Garten.

Er war kein guter Arbeiter, ich vermute, das Volksgut hatte ihm nicht das Gefühl einer wirklichen Heimat beschert.

Eines Tages sollte er, als Not am Mann war, in den Schweinestall, um dort einen kranken Kollegen zu ersetzen. Lutz wollte das nicht, er fürchtete, immer dort bleiben zu müssen. Und zum Schluß, als es gar kein Argument mehr für ihn gab, sagte er: „Die Arbeit ist für mich zu schwer, ich bin schon zweimal am Bruch operiert worden." Das stimmte, aber man glaubte ihm nicht. Nach zwei Tagen hatte er wieder einen Bruch.

Nun hatte Lutz keine Lust mehr, er sagte der Leitung des Volksgutes, er habe eine bessere Stellung, er möchte aufhören. Niemand fragte ihn wo und wie.

Und man schickte ihm eine Kündigung auch für seine Wohnung. Lutz ging zum Wohnungsamt Weißensee, aber dort war nichts für ihn zu haben. Und das Volksgut sagte, er müsse aus der Wohnung hinaus. Keiner sagte ihm, wie es Gesetz und Recht bei uns so vorschreibt, natürlich kannst du trotz Kündigung so lange wohnen bleiben, bis du eine andere Wohnung hast. Lutz ging auf die Walze.

Koffer tragen und auf Bahnhöfen übernachten, das wurde Lutzens Leben. Auch wurde ein Freund angepumpt, ein Bekannter aus der Haft, der sich richtig hochgearbeitet hatte und der gern bereit war, seinem noch immer im trüben fischenden Kollegen zu helfen. Und auf einer Eisenbahnfahrt traf er das junge Mädchen aus der Altmark, eine kleine zierliche, solide blonde Liese, sie voller Vertrauen.

Vorsicht, meine Damen, wenn Ihnen einer erzählt, er sei beim Fernsehfunk angestellt. Das tun fast alle kleinen Schwindler heute bei uns. Lutz sagte, er sei Kraftfahrer bei einem Produktionsleiter, und es sollte in der Altmark gefilmt werden. So ungefähr zwischen Warnow und Werra. Und Lutz kam häufig zu Liese und zu ihren Eltern und zur Zwillingsschwester Lotti, die in einem kleinen Dorf verheiratet ist.

Das Brautkleid für Liese und der feine Anzug für Lutz waren schon unterwegs, der Produktionsleiter hatte die Sachen nur im Auto, und das Auto hatte eine Panne. Beim Pastor war schon das Aufgebot bestellt und in der Kirche öffentlich bekanntgegeben, Liese und Lutz fuhren auch nach Berlin, und das Geld der Liese ging aus. Und da wurden die Uhr und ein Fotoapparat versetzt und ein „Sternchen“ verkauft. Lutz behauptete, Liese sei dabeigewesen, und Liese sagte vor der Polizei, sie habe nichts davon gewußt.

Die Liebe und die sogenannte Unschuld, die Liese dem betrügerischen Lutz opferte, sind strafrechtlich – wie die Juristen sagen – nicht relevant, rechtlich nicht beachtlich. Aber manches Mädchen trauert der abgeschwindelten Unschuld mehr nach als einer Uhr, einem Fotoapparat und einem „Sternchen“.

Für die Zwillingsschwester Lotti wollte Lutz Weingläser und eine Glasflasche in Berlin besorgen. Und er tat es nicht, angeblich war das Paket schon bei der Post aufgegeben. 120 Mark bekam er für diese Sachen. Und ein Bekannter der Familie brauchte für ein NSU-Moped Ersatzteile. Auch die konnte Lutz, der Fernsehkraftfahrer, in Berlin besorgen und sackte 160 Mark dafür ein.

Nun sitzt er schon ziemlich lange in Haft. Drei Wochen werden ihm angerechnet für seine Landstreicherei. Die fünf Monate Gefängnis aber bekam er bedingt, denn Gericht, Staatsanwaltschaft und die Abteilung Inneres beim Rat des Stadtbezirks waren während der dreimaligen Vertagung nicht untätig geblieben. Sie hatten ihm einmal eine Wohnung besorgt. Und eine Arbeit als Beifahrer in einem Versorgungskontor, bei dem er nicht allzu schwer schleppen muß. Dort sollen sich die Kollegen seiner richtig annehmen, und die Abteilung Inneres beim Rat des Stadtbezirks wird ein Auge darauf haben. Drei Jahre Bewährung und zwei Jahre Bindung an den Arbeitsplatz, heißt es in dem Urteil. Und zum 1. Mai kam Lutz hinaus, ausgestattet sogar mit einem Übergangskredit.

Nur die etwas zu weite Uniformjacke der Zollangestellten muß er in der Haftanstalt wieder abgeben, und er beginnt das neue Leben in seinen ausgefransten Sachen. Es ist ihm der Übergang zum normalen Leben gebahnt, aber geschenkt wird ihm nichts. Das neue Leben muß er sich erarbeiten, bei ihm ist es nicht anders als bei allen anderen Bürgern unseres Staates.

Ein besonderer Saft

Ein ganz kleines, kleines Mädchen, Evelyn genannt, sucht seinen Vater Herbert. Wahrscheinlich hätte es ihn aus eigener Kraft nie gefunden, denn dieser Herbert will mit aller Gewalt reich werden und nicht Vater sein. Die Liebe der Mutter der kleinen Evelyn zu dem Vater begann im Kraftverkehr Brandenburg, dort war er Fahrer eines schweren Zementfahrzeuges und die Mutter Angestellte. Er, ein hübscher, kräftiger, energischer junger Mann, der gar nicht wenig verdiente, aber noch mehr Geld spendieren wollte als er konnte, als ihm zukam. Die Mutter aber der klitzekleinen Evelyn ist älter, erfahrener und, so scheint mir, auch ehrlicher als dieser junge Mann.

Die Liebe zwischen diesem etwas ungleichen Paar war nur sehr kurz, aber doch von der Art, daß ein junges Leben aus ihr erblühte, unsere liebe kleine Evelyn. Und schon ging der Streit los, weil es um bares Geld ging, und die kurze Liebe wandelte sich in Haß. An den Freuden der Liebe hatte Herbert sich wohl ergötzt, die Folgen aber wollte er nicht wahrhaben, obwohl es einem 22jährigen jungen Mann durchaus bekannt sein müßte, daß so etwas von so etwas kommt.

Nun hatte Herbert im VEB Kraftverkehr eine Menge Freunde, die ihm treu verbunden waren; denn einer wußte viel vom anderen, von Dingen, die wenig mit Liebe, aber sehr viel mit Geld zu tun haben.

Es kam also zu einem Vaterschaftsprozeß, den formell die sehr kleine Evelyn anstrengte, gegen ihren vermeintlichen Vater Herbert. Die Mutter Friedel war Zeugin und sagte aus, sie wisse es bestimmt, als Vater der kleinen Evelyn käme nur der junge, energische und hübsche Herbert in Frage.

Herbert war nicht ganz davon überzeugt. So sagte er vor Gericht. Er meinte, er könne durchaus als Vater in Frage kommen, aber nur „auch". Heimlich hätten ihm noch drei andere Herren zugeflüstert, in fraglicher Zeit Frau Friedels Gunst genossen zu haben. Doch als Zeugen vor Gericht geladen, sagten die drei, einer nach dem andern: „Nein, wir sind Frau Friedel nicht allzu nahe gekommen." Herbert meinte, die hätten hier nicht ganz die Wahrheit gesagt, aber wer hier die Wahrheit nicht sagte, das bleibt für ewig und immer uns verschlossen.

Und da sagte der weise Richter: „Herr Herbert, bei dieser Sachlage ist wohl an Ihrer Vaterschaft nicht mehr zu zweifeln."

Ja, sagte Herbert, aber trotzdem möge das Gericht doch noch ein Blutgruppengutachten anfordern. Frau Friedel war einverstanden, sie war ihrer Sache völlig sicher. Das Gericht beschloß, Herrn Herberts Verlangen nachzugeben mit der Maßnahme, er müsse vorläufig einen Unterhalt von 60 Mark zahlen und die Kosten für das Gutachten übernehmen.

Frau Friedel ließ sich nun das Blut abzapfen, Blut, diesen besonderen Saft, und auch Klein-Evelyn mußte es in der Zentral-Poliklinik in Brandenburg lassen. Zweimal wurde Herr Herbert aufgefordert, aber er kam nicht, und einmal, so hieß es, habe er, obwohl er dort erschien, seinen Ausweis vergessen.

Als es nun gar nicht mehr zu vermeiden war, ging Herbert zu einem seiner besten Freunde, Paul, mit dem er manchen bösen Streich schon gemacht hatte, Dinge, auf die ich in der nächsten Woche noch sehr genau zu sprechen komme, und er sagte zu ihm: „Lieber Freund Paul, wir haben soviel Schweinereien zusammen gemacht, jetzt tu mir auch noch diesen Gefallen. Ich soll mein Blut abzapfen lassen in der Zentral-Poliklinik. Bitte, geh du statt meiner hin. Du hast vielleicht eine ganz andere Blutgruppe, und mit deinem Blut kann ich mich von den finanziellen Folgen meiner Leidenschaft drücken."

„Aber der Ausweis?"

„Ganz einfach", sagte Herbert, „wir wechseln die Blätter mit den Bildern aus. In meinem Ausweis ist sowieso die Seite lose."

Paul ging darauf ein.

In der Poliklinik meldete sich Paul unter dem Namen von Herbert. Aber er wagte nicht, den Ausweis vorzulegen, weil ja die Unterschrift unter dem Bild einen anderen Namen trug als der Ausweis selbst. Und er sagte einfach, ich habe meinen Ausweis vergessen. Doch ohne Ausweis nahm man ihm das Blut nicht ab.

Jetzt aber ließ sich Herbert in einer anderen Poliklinik sein Blut abnehmen und bekam es ausgehändigt. Dann ging er zu seinem anderen Kollegen, einem jungen Mann namens Jan. Dessen Mutter ist Krankenschwester in einer Poliklinik. Und Jan sagte zu seiner Mutter: „Mutti, kannst du mir auch mal Blut abnehmen?"

Und Mutti fragte: „Für was brauchst du das denn?"

Jan sagte: „Mach dir darüber keine Sorgen, das hat schon seine Richtigkeit."

Mutti machte sich angeblich gar keine Sorgen, aber es hatte auch nicht seine Richtigkeit. Denn mit Jan war Herbert gekommen. Herbert, der seine Blutprobe in der Tasche hatte, und das Blut des richtigen Herbert schüttete Jan in das Becken, und in dasselbe Röhrchen ließ sich Jan von seiner Mutter das Blut abnehmen. Herbert stand im gleichen Raum und sah zu. Er konnte jetzt Jans Blut als das seine beim Kreisarzt abgeben. Und alles wäre glatt für Herbert verlaufen, wenn nicht ein anderer Betrug vom VEB Kraftverkehr festgestellt worden wäre. In diesen Betrug waren Herbert und sein Freund und Intimus Paul verwickelt. Beide wurden in Haft genommen.

Wäre das nicht geschehen, dann hätte vielleicht der Vater von Evelyn nie festgestellt werden können, und die Mutter Evelyns hätte als Lügnerin, vielleicht sogar als Meineidige dagestanden. Sie wäre wegen falscher Zeugenaussage vor Gericht belangt worden.

Bei diesem versuchten Betrug des leidenschaftlichen Herbert ging es um eine sehr erhebliche Summe.

Nehmen wir einmal an, der bisher festgelegte vorläufige Unterhaltssatz wäre vom Gericht auf 60 Mark festgesetzt worden; das macht im Jahr 720 Mark, das macht in 18 Jahren die Summe von 12960 Mark. Wahrscheinlich wäre bei dem Einkommen von Herbert sogar das Doppelte herausgekommen.

Es ist also richtig, daß Herbert wegen dieses versuchten Betruges angeklagt wurde. Ich halte es aber auch für eine falsche Maßnahme, daß Jan, der bei diesem versuchten Betrug Beihilfe geleistet hatte, sich nur vor der Konfliktkommission seines Betriebes verantworten mußte. Denn es ging um eine große Summe, und der Schutz der Mutter, der Schutz des Kindes war in Gefahr. Und für die kleine Evelyn wäre der Vater nie ermittelt worden. Der gesellschaftliche Schaden dieses versuchten Betruges war sehr erheblich.

Ob die Mutter des Jan von diesem Betrug etwas gewußt hat oder nicht, das wurde nicht deutlich. Als Zeugin vor Gericht geladen, stritt sie es sehr energisch ab. Wegen ihres eigenmächtigen Verhaltens bei der Blutabnahme bekam sie vom Kreisarzt einen strengen Verweis.

Aber das ganze Blutabnahmeverfahren im Kreis Brandenburg ist bedenklich. Es ist unmöglich, daß einem Mann, der in einen Vaterschaftsprozeß verwickelt wird, das Blut abgezapft und ihm dann das Röhrchen auch noch ausgehändigt wird. Das müßte sofort von der Poliklinik an das wissenschaftliche Institut gesandt werden. Hier sind dem Betrug Tür und Tor geöffnet. Und die vielen kleinen Evelyns suchen dann vergeblich nach ihrem Erzeuger und, was noch schlimmer ist, warten vergeblich auf ihren Ernährer.

Das Wespennest

Zu dem Verkehrsmeister Hans im VEB Kraftverkehr Brandenburg kam eines Tages eine Angestellte der Betriebsabrechnung. Sie zeigte ihm, dem Verkehrsmeister, einen Kreditschein aus einem Kreditscheinheft, mit dem die Fahrer des Betriebes unterwegs ihren Kraftstoff bezahlen.

„Ich kann hier die Fahrzeugnummer nicht richtig lesen", sagte sie; auch die Unterschrift des Fahrers war undeutlich. Es war der Fahrer Paul, der einen schweren Lastzug fuhr.

Dieser Paul fuhr ja ein Dieselfahrzeug, aber er hatte 160 Liter Vergaserkraftstoff – allgemein Benzin genannt – und außerdem noch 80 Liter Öl getankt, obwohl die Vorschrift des Betriebes lautet: Öl darf in größeren Mengen nur aus dem betriebseigenen Lager entnommen werden.

Verkehrsmeister Hans ging mit diesem Kreditschein zur Betriebsleitung, und von dort übergab man diesen Schein der Volkspolizei. Der Hans hatte in ein Wespennest gegriffen.

Wie es begann, das wurde nicht genau ermittelt. Wahrscheinlich kamen einige Kraftfahrer unabhängig voneinander auf den gleichen Gedanken. Denn der Boden für Betrügereien war gut vorbereitet im VEB Kraftverkehr Brandenburg.

Dort gab es einen sehr gewissenhaften Kraftfahrer Kurt, er war ein fortschrittlicher Mensch, sollte sogar Offizier in der Volksarmee werden, mußte aber aus gesundheitlichen Gründen ausscheiden. Er wurde Kraftfahrer, und er fuhr gemeinsam mit einem anderen Kollegen einen Transportzug für Zement – immer die gleiche Strecke vom Zementwerk Coswig bis zu den Baustellen in der Mark Brandenburg. Für die Strecke wurden generell 105 Kilometer berechnet, obwohl die Entfernung 85 bis 90 Kilometer betrug.

So wurde auch der Verbrauch an Dieselkraftstoff eingesetzt. Kurt hatte in einer gewissen Zeit 80 Liter Dieselkraftstoff eingespart. Er wollte die Marken dem Betrieb zurückgeben.

„Bist du verrückt geworden“, sagten ihm die Kollegen, „gieß lieber das Zeug weg. Wenn die merken, daß wir Plus haben, gibt es nur Unannehmlichkeiten.“ Kurt ließ sich beschwatzen. Er goß den Dieselkraftstoff zwar nicht weg, er beteiligte sich aber auch nicht an der Umwandlung des Plus in privaten Gewinn. Eine Prämiierung für eingesparten Kraftstoff war vorgesehen, aber sie kam dem Fahrer nicht persönlich zugute. Einige Tankwarte im Umkreis von Brandenburg und in der Stadt hatten gemeinsam mit den Kraftfahrern einen Modus gefunden, das Plus zu verwerten.

Die falsch angesetzte Strecke Coswig – Brandenburg war nur eine Ursache des Plus. Es gab noch größere Möglichkeiten. Und die lagen in der allgemeinen Betriebsabrechnung. Sie beruhte auf dem Begriff des Tonnenkilometers. Die Leistungen der Kraftfahrer und gleichzeitig der Verbrauch an Dieselkraftstoff wurden berechnet nach der Formel: Transportierte Menge in Tonnen ausgedrückt, multipliziert mit der gefahrenen Kilometerstrecke. Das wußten die Kraftfahrer, die betrügen wollten. Sie luden ihr Fahrzeug, das für drei Tonnen Kies eingerichtet war, mit viereinhalb Tonnen und fuhren so, statt wie vorausberechnet, bei neun Tonnen Kies nicht dreimal, sondern nur zweimal die Strecke. Ob sie tatsächlich immer viereinhalb Tonnen Kies geladen hatten, das steht außerdem noch auf einem anderen Blatt. Das ist auch nicht mehr zu untersuchen. Aber das kratzte den VEB Kraftverkehr Brandenburg wenig; denn er konnte dem Baubetrieb, für den die Transporte geleistet wurden, neun Tonnen Kies und dreimal gefahren in Rechnung stellen.

Eine weitere Möglichkeit, Plus herauszuwirtschaften, gab es beim Abladen von flüssigem Zement. Im allgemeinen wurden die Kompressoren für das Herauspumpen vom Motor des Kraftwagens betrieben, und dafür waren Materialverbrauchsnormen für Dieselkraftstoff vorgesehen und konnten abgerechnet werden. Aber größere Baubetriebe hatten eigene Kompressoren und die Kraftfahrer konnten hier ihren Dieselkraftstoff einsparen, wenn man die stationären Pumpen benutzte.

Die schlimmsten Unterschlagungen und Betrügereien wären vermieden worden, wenn die Verkehrsmeister jeden Tag den Tachometerstand ihrer Fahrzeuge aufgeschrieben und die tatsächlich gefahrenen Kilometer festgestellt hätten. Aber das geschah grundsätzlich nicht.

Und es wurde gesagt, bei den meisten Kraftfahrzeugen seien die Tachometer kaputt, und es sei sehr schwer, sie zu reparieren, weil gewisse Ersatzteile fehlten. Wenn hier wirklich Ersatzteile fehlten, dann muß der Volkswirtschaftsrat dafür sorgen, daß sofort eine Änderung eintritt, denn der Kauf von neuen Tachometern ist billiger als die Verluste bei nicht vorhandenen.

Der Betrieb hatte einen Anlauf genommen. Er hatte 100 Fahrtenschreiber, das Stück für 450 Mark, gekauft, Apparate, die nicht nur die gefahrenen Kilometer, sondern auch die Zeit aufschreiben. Die unehrlichen Kraftfahrer nannten diese Fahrtenschreiber den Spion. Und sie behaupteten, die Fahrtenschreiber funktionierten nicht; und merkwürdigerweise waren die Apparate auch nach kurzem Gebrauch defekt.

Der Betrieb hatte 45 000 Mark umsonst ausgegeben und nicht untersucht, woran die Gebrauchsunfähigkeit lag.

Fünf Kraftfahrer des VEB Kraftverkehr Brandenburg und vier Tankwarte mußten sich vor dem Bezirksgericht Potsdam, das in Brandenburg tagte, wegen dieser Unterschlagungen und Betrügereien verantworten. Dabei kamen noch viel mehr Mißstände zur Sprache. So wurden die Kreditscheinhefte und die Benzinmarken von den einzelnen Kraftfahrern in unverschließbaren Fächern in einem Raum neben der Pförtnerloge aufbewahrt, und es kam vor, daß die unehrlichen Kraftfahrer sich Kreditscheine von ihren ehrlichen Kollegen stahlen.

Die härteste Strafe, zwei Jahre und zehn Monate Zuchthaus, traf den Kraftfahrer, den wir auch in dem Artikel „Ein besonderer Saft“ Paul genannt hatten (es war der, der seinem Kollegen Herbert versprochen hatte, ihn durch eine Ausweisfälschung vor dem Alimentezahlen zu bewahren). Paul hatte seinen Betrieb um 4416 Mark geschädigt. Kraftfahrer Herbert (der sein

Blut um des Geldes willen in den Spülstein gegossen hatte) schädigte seinen Betrieb um 2484 Mark und mußte zwei Jahre und drei Monate ins Gefängnis.

Ein weiterer Kraftfahrer mußte für ein Jahr und drei Monate unbedingt ins Gefängnis, er hatte sich auch noch für andere kriminelle Taten zu verantworten.

Die anderen Kraftfahrer und Tankwarte wurden bedingt zu unterschiedlichen Gefängnisstrafen verurteilt; und einige bekamen außerdem noch empfindliche Geldstrafen.

Der Betrieb VEB Kraftverkehr Brandenburg hätte schon viel eher merken müssen, daß hier etwas faul war. Denn die Tonnenkilometerleistung erreichte im Jahr 1963 103 Prozent des vorgesehenen Planes, das Betriebsergebnis, das heißt der Reingewinn, aber nur 87,3 Prozent.

Wie eine Friseuse zu ihren Kunden . . .

Schwere Kuppelei heißt die Anklage, Zuchthaus steht im Strafgesetzbuch. Ich sehe mir Roswitha an. Sehr groß, sehr jung, von tadelloser Figur – sie könnte Mannequin sein –, sehr bescheiden mit einem weißen Pullover bekleidet, die Strümpfe: dicke Kunstseide mit Naht. Ich denke mir, sehr viel hat sie wohl mit ihrer Kuppelei nicht verdient.

Nichts hat sie damit verdient; es liegt über der ganzen Geschichte ein etwas tragischer, morbider Hauch. Der Zerfall einer Ehe, eine schwere Krankheit und ein Aufflammen bei dem Zerrinnen einer großen Liebe. Ist das überhaupt ein Fall, der vor den Strafrichter gehört?

Roswitha war verheiratet mit Gert. Sie war glücklich, und er war ein Nichtsnutz. Sie arbeitete in ihrem Traumberuf als Friseuse, aber nur als Hilfskraft; denn sie hatte einmal Verkäuferin gelernt, doch sie wollte den Damen lieber die Putzwollköpfchen waschen, locken und färben als selber Putzwolle verkaufen. Gert, der Ehemann, arbeitete etwas weniger, und in diesen Monaten, da die Ehe in den letzten Zügen lag und dahinwelkte, gar nicht. Die schöne Roswitha aber fieberte und phantasierte des Nachts und magerte ab.

Gert, gesund, ausgeruht durch intensive Untätigkeit, war wenig taktvoll. Seine Zärtlichkeit war gehemmt, und er erklärte mit preußischem Charme: „An dir reißt man sich jetzt Splitter ein." Die Ehe war auf dem Gefrierpunkt der Gefühle angelangt. Roswitha aber wollte retten, was wahrscheinlich nicht mehr zu retten war. In einem Modebetrieb traf sie einige sehr hübsche schlanke Mädchen: „Kommt doch einmal abends zu uns und bringt eure Freunde mit. Wir haben Fernsehen, ihr könnt auch tanzen", sagte Roswitha.

Und da kamen zu Gert und Roswitha die schlanken Damen und brachten ihre Knaben mit. Und es wurde eine Party gemacht in der Parterrewohnung, und oben aus dem Haus kam noch ein sehr junges Mädchen Greta dazu und Greta ging noch zur Schule.

Am ersten Abend ging es gesittet zu. Auf Roswithas Wunsch wurde mit einem Gläschen Bier Brüderschaft getrunken und dabei die übliche Zeremonie ausgeübt. Dann wurde die Party in Permanenz beschlossen. Jeden Abend, der diesem Tage folgte, kamen die Gäste zu Gert und Roswitha. Das helle Licht wurde ein wenig abgedunkelt, die Musik vom Tonband wurde inniger, manchmal wurde auch auf gemeinsame Kosten eine Flasche Likör getrunken.

Gert schloß sich immer mehr an das große, langbeinige Schulkind Greta an. Roswitha bemerkte einmal, daß sie sich beide im Schlafzimmer eingeschlossen hatten. Das ging dann auch der großen, sehr schönen Roswitha zu weit. Sie machte ihrem Gert ziemlich berechtigte und heftige Vorwürfe: „Ich will nicht, daß diese dumme Rotzgöre uns auseinanderbringt." Damals war das Schulkind 13 Jahre alt.

Sie versuchte, die Partys loszuwerden, aber die jungen Leute, die sie gerufen hatte, waren nicht mehr abzuschütteln, und Gert war auch allzusehr dafür. Roswitha tat dann noch mehr. Sie ging zu Gretas Mutter und deutete ihr einiges an: „Sorgen Sie bitte dafür, daß Ihre Tochter abends rechtzeitig nach Hause kommt." Als die Mutter erstaunt fragte, was denn gegen die Besuche unten einzuwenden sei, sagte Roswitha: „Ich will nicht, daß Ihre Tochter bei mir die Hausfrauenpflichten übernimmt." Aber wie Mütter meistens sind, sie blieb taub auf beiden Ohren.

Dann ging Roswitha auch zum Abschnittsbevollmächtigten: „Sorgen Sie dafür, daß die ganze Bande wegbleibt." Aber der junge Volkspolizist meinte, er habe keinen Grund einzuschreiten. Das könne er erst nach 22 Uhr, wenn die Nachbarschaft sich über den Lärm beschwert habe. Roswitha will auch einiges über Greta angedeutet, und der Volkspolizist soll ihr geantwortet haben: „Wenn das so ist, müssen Sie Anzeige gegen Ihren Mann machen." Natürlich ist das falsch, denn die Beziehung zu einem 13jährigen Mädchen ist ein Verbrechen, und wenn er als Volkspolizist glaubhaft Kenntnis davon hat, muß er von sich aus Anzeige erstatten.

So aber geschah nichts. Es blieb bei den Partys und bei dem Verschwinden im Schlafzimmer. Jetzt aber revanchierte sich Roswitha. Sie freundete sich mit einem jungen Mann aus der Gesellschaft an, mehr aus Daffke denn aus Liebe. Um ihren Mann so zu zwingen. Und so duldete und erlaubte sie in einer Nacht, daß Gert mit Greta zusammen war, während sie sich mit Liebe zu einem anderen rächte. Und so leistete sie in dieser einen Nacht der Unzucht ihres Mannes Vorschub. Und es steht darauf eben Zuchthaus, auch wenn es weder gewohnheitsmäßig noch gewerbsmäßig geschieht.

Aber auch dieses wirklich äußerste und vielleicht äußerst vergnügliche Mittel hatte keinen Erfolg. Die Freundschaft Gerts mit Greta war so nicht zu zerstören. Da hatte Roswitha die Faxen dicke, sie reichte Ehescheidungsklage ein, und dann kam auch das strafwürdige Verhältnis Gerts zu dem Schulkind Greta an den Tag.

Der Mann Gert ist längst dieserhalb verurteilt und hat seine Strafe schon verbüßt. Roswitha aber litt in dieser Zeit an einer schweren Tuberkulose. Sie war lange in Heilstätten und ist geheilt. So kam es, daß erst nach zwei Jahren ihr Fall behandelt werden konnte. Sie hat sofort nach ihrer Heilung wieder mit der Arbeit begonnen, erst beim Gesundheitswesen als Schreibkraft.

Tüchtig und fleißig sei sie dort gewesen. „Aber uns zu liebenswürdig“, sagte die Kaderleiterin. „Sie behandelt die Patienten wie die Kunden in ihrem Friseursalon.“

„Ich war zu allen Menschen, Frauen wie Männern, alten und jungen, gleich freundlich. Wenn ich Bekanntschaft machen will, brauche ich das nicht in meiner Arbeitszeit zu tun.“

Der Richter schob seine Brille von der Nase und sah Roswitha an: „Das Gericht bezweifelt das nicht“, sagte er und steckte seine Nase wieder in die Akten. Das Gericht und auch der Zeuge in dieser Sache haben jedoch kein Verständnis, daß die Angestellten dieser Dienststelle des Gesundheitswesens zu ihren Patienten nicht genauso freundlich sein dürfen wie eine

Friseuse zu ihren Kunden. Jetzt ist sie's wieder und darf auch ungerügt freundlich sein.

Für Roswitha liegen diese Geschichten, die behandelt wurden, zwei Jahre zurück. Sie waren, vom Standpunkt der Moral gesehen, gewiß nicht von strahlender Reinheit. Das Gericht und auch der gütige Herr Staatsanwalt waren der Meinung, daß beim Betrachten ihres jetzigen guten Verhaltens (nicht ihrer guten Figur) die Angelegenheit nicht mehr strafwürdig sei. So sprach das Gericht sie wohl der schweren Kuppelei für schuldig, sah aber nach § 9 des Strafrechtsergänzungsgesetzes vom Ausspruch einer Strafe ab in der weisen Erkenntnis, daß die Erziehung zu einem sittlich geordneten Leben nur durch die Erkenntnis und den eigenen Willen, nicht aber durch gesiebte Luft erreicht wird.

Die Doppelfunktion

Er sieht gemütvoll aus. Seinem offenen, liebenswerten Blick, seinem schon mit 42 Jahren sich abzeichnenden Bäuchlein, seiner durch leichten blonden Haarausfall überhöhten Stirn kann so leicht niemand widerstehen. Er ist das Vertrauen selber. Und es vertrauten ihm Männer und Frauen, wenn er sie aus seinen umschleierten blauen Augen anblickte.

In seiner Arbeit im VEB Berliner Glühlampenwerk gilt er als tüchtig und gewissenhaft. Nur Gutes wissen die Kollegen über ihn zu berichten. Der Herr Ferdinand ist erst Mitte der 50er Jahre zu uns in die DDR gekommen aus Liebe zu seiner zweimaligen Frau, er hat also zweimal dieselbe Frau geheiratet. Er hatte in Frankfurt eine gute Vertreterposition – wie er sagt – aufgegeben. Er hat dann auch hier als Vertreter gearbeitet, aber nicht mit dem Gewinn, den er sich erhoffte. Aus dieser Zeit hat er noch Schulden. Leider waren diese nicht so schnell getilgt wie eine Eintragung ins Strafregister. An diesen Verpflichtungen knabbert er heute auch noch.

Dieser so sympathisch aussehende ruhige Mann findet sich in seiner neuen Tätigkeit im Glühlampenwerk gut ein. Er klimmt langsam, aber stetig auf den Sprossen des Erfolges weiter. Einkäufer, dann Materialdisponent und zum Schluß Gruppenleiter in der Produktionskontrolle. Er hat für drei Kinder zu sorgen. Die Frau, die ihn veranlaßte, zu uns zu kommen, hat sich einmal von ihm scheiden lassen. Dann haben sie wieder zueinander gefunden und wieder geheiratet. Und nun läuft wegen dieser Geschichte erneut ein Scheidungsverfahren. Also ganz so angenehm, wie er aussieht, scheint Herr Ferdinand zu Hause nicht zu sein. Es wurde in diesem Verfahren auch etwas von ehewidrigen Beziehungen zu einer anderen Dame gesprochen, aber er bestreitet, daß diese Beziehungen ihn finanziell belastet hätten. Höchstens ein Täßchen Kaffee hätte er ausgegeben, höchstens.

Um seine Schulden zu begleichen und dabei angenehm leben zu können, hat Herr Ferdinand einen zweiten Beruf. Er arbeitet ziemlich regelmäßig als Aushilfskellner. Aber auch das reicht ihm nicht; denn von einem Prinzip geht er nicht ab. Es scheint der Angelpunkt seiner Existenz zu sein. Und es ist auch der Punkt, der seine Existenz zum Scheitern bringt. Er nimmt und verlangt für sich 150 Mark Taschengeld im Monat, und das verträgt sein durch Pfändung geschmälertes Einkommen eben nicht.

Im Betrieb besteht eine Arbeiterwohnungsbaugenossenschaft (AWG). Eine Einrichtung mit sehr viel Mitgliedern. Herr Ferdinand tritt ein, und er bekommt auch eine Wohnung. Da er Vertrauen ausstrahlt, wird er im Mai 1962 in den Vorstand gewählt, und dort übernimmt er den Posten des zweiten Vorsitzenden. Er zeichnet verantwortlich für das Kassen-, Rechnungs- und das Buchungswesen. Der bisherige Vorstand hatte das alles völlig vernachlässigt, es wurde ihm auch keine Entlastung erteilt. Herr Ferdinand opferte viele Stunden seiner schmalen Freizeit, um Ordnung in die Schlamperei zu bringen. Trotz seiner Mühen war die Buchhaltung nicht auf dem laufenden. Es gab noch immer große Rückstände, weil auch Belege fehlten. Das wurde immer vom Prüfungsverband der AWG, der jährlich eine Revision machte, moniert. Es gab auch in der AWG Glühlampe, und es gibt ihn auch heute noch, einen gut bezahlten Geschäftsführer. Nach seiner Aussage hatte er keine Gelegenheit, sich die Buchhaltung anzusehen, da der Buchhalter, unser Herr Ferdinand, die Sachen zu Hause hatte.

Wie schon gesagt, bezog Herr Ferdinand auch eine Wohnung in einem Block dieser AWG. Dort wurde für jeden Treppenaufgang ein Mitglied gewählt, das die Mieten und die anderen Abgaben von den Mitgliedern zu kassieren hatte. Herr Ferdinand wurde auch zum Hauptkassierer des Blocks, der Objektgemeinschaftsleitung (OGL) bestimmt. Bei ihm lieferten die Kassierer die Gelder ab, er war verpflichtet, die Gesamtsumme sofort auf das Konto der AWG einzuzahlen. Das war sehr leicht, denn die Städtische Sparkasse unterhält im Betrieb Glühlampe eine Zweigstelle.

Das tat Herr Ferdinand aber nicht. Er nahm die Gelder an sich und zahlte nur unregelmäßig ein. Manche Monate gar nicht. Kein Buchhalter und kein Geschäftsführer bemerkte das monatelang. Auch die Revisionskommission, die nach der Satzung viermal im Jahr zu kontrollieren hatte, kam diesen Verpflichtungen nicht nach. Der Geschäftsführer und die Buchhaltung wußten wohl, daß jeder der Hauptkassierer einer OGL, und auch Herr Ferdinand, am 5. jeden Monats Geld einzuzahlen hatte. Bei Herrn Ferdinand waren es etwa 1800 Mark. Sie kontrollierten nicht und redeten sich heraus, die Buchhaltung sei ja sowieso nicht auf dem laufenden.

Erst Ende 1963 fiel dem hauptamtlichen Geschäftsführer auf, daß zwei Hauptkassierer von verschiedenen OGL viel zu wenig eingezahlt hatten. Er mahnte, und er vermutete, daß beide die Gelder auf die Konten ihrer OGL eingezahlt hatten, das hätte Zinsen gebracht, darüber können die OGL dann selber verfügen und kleine Reparaturen und kleine Feste bestreiten.

Diese Vermutung stimmte bei dem einen Kassierer, der nach der Mahnung sofort die Gelder auf das Konto der AWG überwies. Auch Herr Ferdinand sagte, das sei so. Er würde sofort überweisen, aber er tat es nicht.

Nun wurde Herr Ferdinand auch vom ersten Vorsitzenden gemahnt. Mehrmals, und es gab einen Termin. Herr Ferdinand versprach, aber er zahlte nicht. Weder der Geschäftsführer noch der erste Vorsitzende nahmen ihr Recht in Anspruch, das Konto der OGL bei der Sparkasse einmal zu kontrollieren.

Als nun Herrn Ferdinand eine letzte Frist gestellt wurde, zahlte er 6029 Mark ein, aber etwa 6000 Mark blieb er schuldig. Und die waren in die Tasche des zweiten Vorsitzenden der AWG gewandert. Die anderen 6000 Mark, die er einzahlte, hatte er angeblich in seinem Nachttisch aufbewahrt. Es gibt aber auch die Vermutung, daß Verwandte ihm mit diesem Geld aus der Patsche geholfen haben.

Das Gericht stellte fest, Herr Ferdinand hat über 12000 Mark, über fremdes, genossenschaftliches Geld wie ein Eigentümer verfügt. Er muß für ein Jahr und neun Monate ins Zuchthaus. Und er muß zurückzahlen.

Schwere Vorwürfe aber treffen den gesamten Vorstand und den Geschäftsführer der Genossenschaft. Es ist völlig unzulässig, daß ein zweiter Vorsitzender, der für die Kontrolle der Finanzen verantwortlich ist, gleichzeitig auch als Hauptkassierer einer OGL fungiert. Er müßte sich also selber kontrollieren. Der sehr schwache Geschäftsführer wagte nicht, energisch gegen den Hauptkassierer vorzugehen, weil der als zweiter Vorsitzender des Vorstandes der direkte Vorgesetzte des Geschäftsführers war.

Es gibt bei uns in der DDR 1300 Arbeiterwohnungsbaugenossenschaften mit 600000 Mitgliedern. Sie sind mit starker finanzieller staatlicher Unterstützung gegründet worden, um die noch immer bedrückende Wohnungsnot zu beseitigen. Das ist ihre Hauptaufgabe. Aber diese Genossenschaften haben auch eine andere Funktion. Sie sind ein wichtiger Teil wirtschaftlicher Selbstverwaltung der Werktätigen. Sie sind eine echte Schule, hier kann jedes Mitglied ablesen, wie durch sparsame gute Verwaltung und sorgsame Kontrolle ein direkter Nutzen für jeden einzelnen entsteht.

Schule der Frauen

Beim genauen Überlegen war diese Ehe neun Monate glücklich. Und dann war es vorbei.

Sie studierte, er war bei der Armee, als sie sich fanden. Und nach einem Jahr, als sie heirateten, hatte sie eine Stelle als Lehrerin, und er war in seinen Betrieb zurückgegangen, als angesehener Facharbeiter in einem großen feinmechanischen Werk. Sie gingen zum Standesamt; nicht weil sich schon ein Kind angemeldet hatte, beide sagten, sie hätten auch ohne das neue Leben geheiratet. Beide liebten sich. Sie, Ines, ist frisch und klug, sehr gewissenhaft, hat ihre Prüfungen mit gut bestanden, braun ist ihr Haar, kein Sorgenfältchen hat sich auf ihrem lieben, ernsten Gesicht abgezeichnet. Das ist allerdings auch nicht sehr verwunderlich, denn sie ist heute erst 20 Jahre alt. Und man sagt, um diese Zeit sind die Frauen meist am schönsten. Ines kann man schön nennen.

Er, Peter, ist größer, schlanker, mit schwarzem langem Haar und tiefdunklen Augen. Seine Worte weiß er fast besser zu setzen als sie, die Lehrerin, er ist 22 Jahre alt und sieht vielleicht jünger aus, als er ist. Unbeschwert. Ein junger Mann, der sicherlich durch sein gewandtes, liebenswertes Wesen Erfolg hat. In weltanschaulichen Fragen gibt es bei beiden keine Differenzen.

Gut ist es ihnen in ihrer jungen, schlechten Ehe gegangen. Ich meine wirtschaftlich gut. Und das sehe ich auch an der Liste des Hausrates, den sie sich gemeinsam in den 16 Monaten ihres Zusammenlebens angeschafft haben: Kühlschrank, Waschmaschine, Fernsehgerät. Es hat sicherlich außer dem Gehalt der Lehrerin und dem Lohn des Facharbeiters noch häufig Prämien geregnet.

Sie leben in einer kleinen sächsischen Stadt, ihrer Heimat, es gibt auch keinen anderen Menschen, der diese Ehe zerstört hat – nicht im landläufigen Sinne. Und doch war es ein Mensch, der aber völlig unschuldig zwischen beide trat, der den tiefen Riß offenbarte. Und hier war es gerade das Wesen, das bei vielen angekränkelten Ehen der Kitt ist. Es war – Sie werden es sicher schon erraten haben – das Kind.

Ines hatte schon vor einem halben Jahr die Scheidungsklage eingereicht. Bitter hatte sie sich über ihren Mann beschwert. Er habe sie nach der Geburt gar nicht unterstützt. Sie habe sich auch nach ihrem Entbindungsurlaub ganz allein um das Kind und um den Haushalt kümmern müssen. Auch um ihren Beruf, das versteht sich, der viele Belastungen bringt. Peter sei sogar aus dem gemeinsamen Schlafzimmer ausgezogen. Das sei vielleicht noch zu ertragen gewesen. Aber dann habe er sie noch beschimpft und auch manchmal geschlagen. Er habe, wenn sie ihm Vorhalte machte, Besserung gelobt. Und Peter: „Ja, ich habe schuld. Ich habe oft gesagt, ich will mich bessern. Ich habe nicht im Haushalt geholfen, und das Schreien des Kindes hat mich gestört." Zu seiner Entschuldigung fügt er hinzu: „Ich habe Schicht gearbeitet, und da mußte ich ja Ruhe haben. Aber ich will mich bessern. Ob ich es allerdings durchhalten kann . . ."

Das Gericht setzte das Verfahren aus. Ines aber ließ sich auf dieses halbe Besserungsversprechen nicht ein. Sie zog mit ihrem Kindchen aus zu ihrer Mutter, und schon nach Ablauf eines halben Jahres reichte sie erneut ihr Scheidungsbegehren ein.

In den beiden Begehren, die nun folgten, bekannte Peter: „Ja, im Anfang unserer Ehe war es gut, als das Kind noch nicht da war. Es war schön, wir liebten uns. Aber dann war das Kind plötzlich die Hauptperson. Ines hatte keine Zeit mehr für mich. Das paßte mir nicht. Ich schimpfte, und Ines" – so sagte er wörtlich – „schaltete auf stur. Sie sprach tagelang nicht mehr mit mir. Und da wurde ich auch stur." Heute will Peter im Grunde seines Herzens noch zu ihr zurück. Aber wenn sie nicht will, ist er auch mit der Scheidung einverstanden. Wie unsicher dieser Peter ist. Er wagt sich nur mit einem Rechtsanwalt vor das Gericht, während Ines, die Jüngere und die Fordernde, ihre Sache allein vertritt und vertreten kann.

Er hat überhaupt wenig Vorstellungskraft, der äußerlich so liebenswerte Junge. Er hat sich nicht ausmalen können, daß in einer Ehe auch Kinder entstehen, hilflose Lebewesen, die gerade im Anfang ihres Daseins die ganze Aufmerksamkeit, Liebe und Fürsorge der Mutter beanspruchen.

Ines nimmt ihre Pflichten ernst. Mutter, Pädagogin, Hausfrau, alles mit 19, mit 20 Jahren. Wer mag sie schelten, daß sie, beschimpft und geschlagen, auf stur schaltet. Diese junge Frau, enttäuscht in ihrer ersten Liebe, sagt sich, dann lieber keinen Mann als diesen. Sie weiß genau, ihr Leben liegt noch ganz vor ihr ausgebreitet. Sie nimmt lieber die Last des Kindes allein auf ihre Schultern. Sie mag, zugegeben, sicher sein, allzulange wird sie nicht allein bleiben. Und, zugegeben, sie ist auch ein wenig streng zu ihrem Peter, gegen diesen Jungen, der sich dachte: Ich heirate eine Frau, die sich nur um mich kümmert. Ein Goldstück, mit dem man sich sehen lassen kann, das einen verwöhnt, eine Art Mutter und Geliebte in einem.

Zugegeben also, sie ist ein wenig streng mit ihm. Auch im Termin, da sie schon fast ein halbes Jahr von ihm weg ist, beklagt sie sich, daß Peter jetzt manchmal eine gewisse Ute zu sich eingeladen hat, das verstoße doch gegen das Prinzip der Ehe. Soll er in ein Kloster gehen? Nein, so sieht Peter gewiß nicht aus.

Die Ehe wurde geschieden. Die Wohnung behält Peter. Ines wird das Sorgerecht für das Kind zugesprochen. Über die Teilung des Hausrats haben sie sich verständigt.

Viele – ich glaube sogar die meisten – Scheidungsklagen reichen heute Frauen wie Ines ein. Sie fürchten sich nicht mehr. Sie tragen eine unglückliche, ja nur unbefriedigende Ehe nicht mehr wie eine gottgewollte Last. Und damit nehmen sie dem „heiligen Bund“ der Ehe seine metaphysische (übernatürliche) Bedeutung. Sie wollen nicht mehr ein Leben lang mit einem Mann leben, der sie nicht liebt, der sie nicht achtet. Sicher, sie wollten, als sie heirateten, einen Mann fürs Leben. Sie wollen auch den natürlichen Vater ihrer Kinder als ihren Mann. Aber nicht um jeden Preis. Nicht um den

Preis des Lebensglücks. Diese jungen Frauen haben meist mehr aus der neuen Gesellschaft gelernt als ihre Männer. Unsere Republik ist eine Schule der Frauen geworden.

Portwein und Kornettklang

Den Zauber des Südens und der Musik hat die nüchterne norddeutsche Großstadt im märkischen Sand nicht von ihr tilgen können. Nennen wir sie getrost Manuela, ein Name, der zu ihrem Inneren und Äußeren viel besser paßt als der, den vor 35 Jahren ihre Mutter ihr gab.

Tiefschwarz ist ihr Haar, das wohlgekämmt auf ihre stolzen Schultern fällt. Erbteil eines dunkeläugigen Vaters, ein Hidalgo jenseits der Pyrenäen, an der Küste des Atlantiks. Ihre so melodische Stimme, weich und einschmeichelnd, stammt sicher von ihrer Mutter, die in einer Tiroler Damenkapelle so süß Kornett blies, und in einer Pause bei einem Gläschen alten Portweins ... Was soll ich Ihnen sagen, Sie glauben ja es auch zu wissen, wie es in diesen südlichen Regionen zugeht, in denen, wie man sagt, die Religion streng, die Moral eher lax gehandhabt wird.

Zurückgekehrt in unseren so moralischen Norden, tat die Mutter nicht gut. Und wenn Manuela von ihr spricht, treten ihre Augen traurig hervor und bekommen einen feuchten, tränenreichen Glanz, und sie verzieht ihr Mündchen so tragisch, daß ihr ganzes Antlitz etwas Dorschhaftes bekommt. Ich meine damit nicht die große Schauspielerin Käte Dorsch, sondern eher die seelenvollen Fische, die in Netzen gefangen und in unseren Markthallen feilgeboten werden. Wenn Manuela aber lacht, dann wirkt sie durchaus nicht fischblütig, sie hat dann in ihrer Art jene reizvolle Mischung von altem Portwein und hellem Kornettklang der Tiroler Damenkapelle in ihrem Wesen.

Manuela, das Kind der Liebe und sicher auch ein sehr liebes Kind, wurde viel herumgestoßen, wuchs ohne Heimat bei den Großeltern, im Kinderheim und bei der Mutter auf. Sie hat nie etwas Rechtes gelernt. Statt Milch bekam sie sehr häufig Alkohol zu trinken. Und auch ihre Erziehung und ihre Nahrung waren keine solide Hausmannskost. Ihr wurde eher etwas vom Ausfressen beigebracht, das nicht so gefährlich sei, das man aber ja nicht zugeben dürfe.

Aber blütenweiß blieb Manuelas Weste in den vergangenen 35 Jahren. Ja, sie ließ sich sogar von ihrem ersten Mann scheiden, als dieser seiner Schwiegermutter allzusehr nacheiferte. Ihr zweiter Mann ist ein hübscher, sehr weicher junger Herr mit einem guten Beruf, aber leider mit einer etwas geschmälerten Gesundheit. Er leidet an Anfällen und Manuela hat sicher eine schwere Aufgabe. Doch er ist, so scheint es mir, nicht allen Anforderungen seiner dunkeläugigen Dame gewachsen. Ich glaube auch nicht, daß er sie je mißhandelt hat mit Worten und mit Taten; ich weiß nicht, ob sie hier Gleiches mit Gleichem vergilt. Eines aber weiß ich, das häufige Ins-Restaurant-Gehen restauriert nicht seine Gesundheit und ist ihrer Moral und beider Geldbeutel gewiß nicht zuträglich. Soweit ihr Mann in dieser Sache mitbeteiligt war, muß er sich jetzt noch vor der Konfliktkommission seines Betriebes verantworten. Manuela aber steht vor Gericht.

Dreimal begann es im Restaurant. Die schöne, wilde Manuela mit der glockentiefen Stimme fällt den Männern auf. Ihr eigener zarter Mann wurde nicht als der ihre angesehen oder aber eben mit in Kauf genommen.

Ein baumstarker blonder Siegfried, Bauarbeiter seines Zeichens, selbst an ehelichen Konflikten leidend, saß mit seiner Mutter im Lokal und trank. Bald saßen die vier zusammen. Und als der Wirt die Stühle auf die Tische stellte, zogen sie alle zu Siegfrieds Mutter in die Wohnung. Siegfried zeigte der schönen Manuela sein Koffergerät „Sternchen". – „Gefällt es dir?" soll er gefragt haben und es gefiel ihr. Was weiter geschah, verschweige ich; ich nehme davon keine Kenntnis, ich weiß nur, daß Manuela am nächsten Morgen im Besitz des „Sternchens" war.

Ein anderer junger Mann, auch sehr groß, aber sehr knochig und viel jünger, Soldat in der Nationalen Volksarmee, lernte die beiden im Restaurant kennen. Und dann zogen sie zu dritt – wie der Staatsanwalt ungewollt wortspielerisch sagte – angeschäkert zu Manuela nach Hause. Dort wurde noch mehr getrunken, also geschickert. Ob geschäkert wurde, das weiß ich nicht, jedenfalls schlief der Soldat auf einem Sessel ein. Manuela näherte sich ihm zärtlich und befreite ihn von der schweren Last seiner Armbanduhr. Morgens wunderte sich der Soldat, plötzlich „zeitlos“ zu erwachen. Manuelas Mann aber versetzte die Uhr für 35 Mark im städtischen Leihhaus.

Die Geschichte aber mit Wilhelmus, dem Elektriker, und seiner Jacke war für Manuelas lockere Moral doch etwas sehr ungewöhnlich. Der Mann mit dem lateinisierten Kaisernamen war nicht nur ein alter Freund des Hauses, sondern auch anscheinend ein alter Hausfreund. Er ging mit Manuela restaurieren, und wie üblich wurde nach Lokalschluß bei Manuela zu Hause weitergefeiert. Manuelas Mann kam von seiner anstrengenden Arbeit nach Hause, und er legte sich ohne jede Bedenken allein ins eheliche Schlafgemach. Wilhelmus aber entledigte sich seiner Jacke und ruhte friedlich neben Manuela, und Manuela ruhte friedlich neben Wilhelmus auf der Couch. In der Nacht wachte Manuela auf, zog aus der Jacke die Brieftasche und warf die Jacke unter die Couch.

Am nächsten Morgen vermißte unser Wilhelmus seine Jacke. Manuela behauptete, es sei auch noch ein Grenzsoldat in der Wohnung gewesen. Sie öffnete ihren Schrank und fing an zu jammern, auch sie vermisse jetzt 95 Mark. Herr Wilhelmus, der Elektriker, schaltete schnell. Ein Volkspolizist wurde geholt. Dieser machte über die verschwundene Jacke und die angeblich gestohlenen 95 Mark ein kleines Protokoll. Als die beiden weg waren, nahm Manuela aus der Brieftasche 120 Mark. Tasche und die Ausweise wurden verbrannt, und die Jacke wurde einige Tage später in einen Hausflur geworfen.

Schöne Geschichten sind das nicht. Sie hat allen etwas gestohlen; ob sie ihnen etwas gegeben hat, das kann leider hier nicht aufgerechnet werden. Wohl aber muß gesagt werden, daß sie fleißig arbeitet als Packerin in einem Betrieb, daß sie sogar bei den Kolleginnen beliebt ist, daß sie leider manchmal unentschuldigt fehlt, und viel später bringt sie dann einen Krankenschein. Es ist leider zu vermuten, daß sie auch den Arzt wohl manchmal etwas betören kann. Aber sonst arbeitet sie tüchtig und geschickt und übererfüllt ihre Norm.

Sechs Monate Gefängnis wurden eingetragen in ihr Buch. Aber sie stehen nur als Drohung da, denn sie hat zwei Jahre Bewährung, und während dieser Zeit darf sie ihren Arbeitsplatz nicht wechseln.

Schöne Manuela, zarte Blume mit einem Schuß alten Portweins und dem hellen Klang des Kornetts aus der Tiroler Damenkapelle, verpflanzt in die nüchterne norddeutsche Tiefebene im märkischen Sand, laß das Schickern, laß das Schäkern. Nutze deine Jahre, pack in der Versandabteilung, aber greif nicht nach den „Sternchen", greif lieber nach den Sternen.

Der Schläfer im Schrank

Phantasie, meint Ludwig Börne, sei eine himmlische Trösterin, die die Hungrigen in der Wüste mit Manna speist, die aus Baumrinde Brot bäckt und Zucker aus Rüben bereitet. Phantasie ist aber auch mehr. Sie ist ein Teil der menschlichen Vernunft und Voraussicht.

Der Ludwig, von dem ich heute berichten muß, hätte nie die Methode gefunden, aus Rüben Zucker zu bereiten. Diese himmlische Trösterin hat ihn nie auf den Mund geküßt. Dabei sieht er gar nicht so unliebenswert aus. Er ist jung und frisch, modisch gekleidet in einem etwas gold-glitzernden Anzug, spitze Schuhe umhüllen seine Füße, und seine Haare hat er halb à la Brecht, halb à la Beatle in die Stirn gekämmt. So erscheint er vor uns als adretter, hoffnungsfroher, junger Mann. Er strahlt ohne Zweifel Vertrauen aus mit der Fähigkeit, Herzen zu gewinnen. Doch hat er mit seinen natürlichen Gaben gar nichts anzufangen gewußt, gar nichts. Er hat, das sei zur Erklärung, nicht zur Entschuldigung vermerkt, einen Minuspunkt in seiner Entwicklung; die Ehe seiner Eltern ist geschieden, seine Mutter wohnt bei uns, der Vater in Westberlin. Das Sorgerecht hatte die Mutter, aber der Vater bestimmte ihn, eine Lehre in Westberlin zu beginnen. Die gab er auf.

Doch auch die ihm nun vermittelte Lehrstelle bei uns hat ihm nicht zugesagt. Es gab Schwierigkeiten, seiner Mutter, einer sehr tüchtigen Frau, hat er Geld gestohlen, und sie sorgte dafür, daß er in einem Jugendwerkhof untergebracht wurde.

Heute ist er 21 Jahre alt, ach, was hätte alles aus ihm werden können. Was hat er begonnen, und wie ist man ihm entgegengekommen. So ging er zu einem großen Berliner Werkzeugbetrieb und fing als Hilfsarbeiter an. Er wurde in die Kaderabteilung vorgeladen: Kollege Ludwig, Sie sind ein junger Mann, Sie haben keine abgeschlossene Lehre, sehr schade, aber was macht es, wir schließen mit Ihnen einen Qualifizierungsvertrag ab mit dem Berufsziel: Dreher mit Facharbeiterbrief.

Es war leicht für Ludwig, diesen Vertrag zu unterschreiben. Vor Gericht beklagte er sich, der Betrieb habe ihn nicht eingehalten. Beim näheren Befragen aber stellt sich heraus, daß er unentschuldigt tagelang der Arbeit fernblieb, die Abendkurse nicht belegte, so daß der Betrieb ganz auf den jungen Mitarbeiter verzichten mußte.

Ludwig ließ dann sein Arbeitsbuch verlorengehen, und es wurde ihn nach seinen Angaben ein neues ausgestellt. Darin stand als Beruf Dreher. Sein Mangel an Phantasie spielte ihm jetzt einen bösen Streich. Er glaubte, mit der Berufsbezeichnung im Arbeitsbuch sei er nun ein wirklicher Dreher. Er hatte immer Anfangserfolge. Der gute Eindruck und der gute Beruf verhalfen ihm schnell zu einem neuen Arbeitsplatz, einmal sogar als Arbeitseinrichter. Aber sehr schnell stellte sich heraus, daß er so gut wie gar nichts von dem Beruf verstand. Und zwischendurch hatte er einen kleinen Betrug hinter sich gebracht, der ihm zwei Monate Gefängnis, auf Bewährung ausgesetzt, einbrachte.

Zuletzt war er in einer Firma mit staatlicher Beteiligung als Montagehelfer tätig. Das war eigentlich eine Arbeit nach seinem Geschmack. Er ging mit einem älteren Facharbeiter in fremde Betriebe, um Kühlanlagen zu reparieren und zu montieren, er war nicht fest an eine Zeit gebunden und verdiente sehr ordentlich. Seiner Mutter brauchte er wenig abzugeben, er hatte fast 300 Mark im Monat für sich. Auch stellte ihm die Firma ein Moped zur Verfügung.

In einer Arbeitspause erzählte ihm ein älterer Kollege, er habe den Auftrag, einiges Material für den Montageauftrag zu kaufen, dafür habe er einen Blankoscheck bekommen. Ludwig ließ sich den Scheck zeigen, und findig, wie er ist, sah er, daß dieser Blankoscheck nicht den üblichen Vermerk „Nur zur Verrechnung" trug. Ludwig bekam auch öfter zum Benzineinkauf für sein Moped Blankoschecks, die aber immer nur Verrechungsschecks waren. So zum Spaß steckte sich Ludwig den Scheck in die Tasche, und der ältere Kollege war nicht energisch genug, sich den Scheck an diesem selben Tag wiedergeben zu lassen.

Am nächsten Tag gab Ludwig dem Arbeiter seinen Blankoscheck zurück, es war allerdings ein Verrechnungsscheck, den Ludwig sich für Benzin im Betrieb hatte geben lassen. Den Barscheck füllte er auf 6480 Mark aus. Er ging damit zum Berliner Stadtkontor. Kurz vor Kassenschluß. Dort fragte man ihn, wofür er das Geld abholen sollte. Er sagte, es sei für Löhne bestimmt. Der Angestellte fragte bei der übergeordneten Stelle des Betriebes an, und dort wurde, ohne nachzufragen, bestätigt, man möge das Geld auszahlen.

Als allernotwendigste Sache kaufte sich Ludwig erst einmal einen Knirpsschirm. Dann einen neuen Anzug, eine neue Uhr und eine lederne Reisetasche. Er zahlte Schulden in Höhe von 250 Mark zurück. Dann lud er einen Freund ein, zum Abendessen in den Ratskeller, und von da ging es mit Hallo und Hastewas-Kannste ins Café Clou und später in die Pinguin-Bar. Der bei solchen Gelegenheiten übliche Sekt floß in Strömen, und morgens um fünf Uhr ging es, natürlich im Taxi, geistig umflort nach Hause.

An diesem Morgen ging Ludwig wohl zur Arbeit, aber es war ihm sehr benommen. Er setzte sich in einen Schrank und schlief ein. An diesem Tag schickte die Firma einen anderen Angestellten zum Stadtkontor, um wirklich Lohngelder abzuheben. Auf dem Konto war nichts mehr vorhanden. „Ihr habt doch gestern schon abgeholt."

Hätte Ludwig auch nur ein klein wenig Phantasie und Kombinationsgabe gehabt, er hätte wissen müssen: Jeder Scheck hat eine Nummer, und im Betrieb wurde jede Nummer aufgeschrieben und vermerkt, wer diesen Scheck bekommen hatte. Außerdem hatten die Bankangestellten sich sehr genau an den jungen Mann erinnert. Die Kriminalpolizei fand Ludwig noch schlafend im Schrank vor.

Dem Betrieb konnten von den 6480 Mark 5570 Mark zurückerstattet werden. Dann wurden Ludwig noch 90 Mark vom Lohn einbehalten, so daß der verbliebene Schaden nur noch 820 Mark beträgt.

Reumütig war Ludwig und geständnisfreudig. Er wurde aus der Untersuchungshaft entlassen. Bei einer Vernehmung schwindelte er dem Staatsanwalt in seiner charmanten Art vor, er habe schon eine neue Arbeit aufgenommen. Aber dann wurde er zweimal im Kreis Hagenow aufgegriffen, einmal, als er mit einem westdeutschen Kraftfahrer sich bis zum Grenzgebiet hatte mitnehmen lassen. Ich habe genug Phantasie, um mir vorzustellen, was er mit dem wohl geredet hatte und was er von ihm wollte. Eines ist sicher, er wollte sich vor der Verantwortung drücken. So kam er vor Gericht. Jetzt gab es für ihn eine Verurteilung, sofort abzusitzen: ein Jahr Gefängnis, und die alten zwei Monate kann er sich auch noch dazuzählen.

Hätte er nur ein klein wenig Vorstellungskraft gehabt, hätte er wirklich, wie er dem Staatsanwalt vorschwindelte, sofort Arbeit aufgenommen, hätte er schon begonnen, das erschwindelte Geld zurückzuzahlen. Ich könnte mir jetzt vorstellen, es wäre auch diesmal bei unserer jetzigen Strafpraxis nach dem Erlaß des Staatsrates zu einer bedingten Verurteilung gekommen – obwohl die Höhe der erschwindelten Summe dies nicht gerechtfertigt hätte.

Tonband und Bier

Die beiden Knaben Castor und Pollux sehen aus, als könntetn sie vor Kraft kaum laufen. Sie ähneln sich, die gleiche Figur, breitstämmig, ein wenig untersetzt. Der Ältere, Castor, gerade 18 geworden, hatte seine gewellten hellbraunen Haare in kühnem Schwung über die nicht ausgeprägte Stirn gedreht, dasselbe macht der 16jährige Pollux mit seinen etwas dunkleren Locken. Die Gesichter von beiden sind dicklich, kindlich, stupsnäsig, vielleicht sogar aufgedunsen. Und der Bartwuchs des 16jährigen ist schon erstaunlich. Die Körper haben sich in allen Dimensionen prächtig entwickelt, allerdings wurden sie auch allzusehr begossen, und das ist ihrem Denken nicht zuträglich gewesen.

Castor leiert seinen Lebenslauf fast mechanisch herunter, verdächtig routiniert. Er macht das ja auch schon zum dritten Mal vor Gericht. Er glaubt zu wissen, was ein solches Gremium zu hören wünscht. Er lebt bei seiner Mutter, sie ist Verkaufsstellenleiterin, er hat eine normale Schulbildung, er lernte in einem Berliner Betrieb Schlosser, und dort ist er heute noch tätig. Sein Einkommen, mit seinen knapp 18 Jahren: 500 Mark netto. Seine Vorstrafen sind fast nur Dummheiten: grober Unfug im Suff, Beschimpfung der Volkspolizei im Suff, ein kleiner Diebstahl im Suff.

Zuletzt war er bis zum 8. Mai im Jugendhaus in Luckau. Ob es ihm dort gefallen habe, fragt ihn der Richter.

„Nein, ich war dort mit lauter Tieffliegern zusammen, Absolventen der fünften und sechsten Klasse“, fügt er erklärend hinzu. „Die hatten von Tuten und Blasen keine Ahnung. Es war eine schlechte Atmosphäre.“

Pollux hat mit seinen 16 Jahren schon zweimal vor Gericht

gestanden, immer mit Castor zusammen. Nur beim Anpöbeln der Volkspolizei wurde er von der Anklage verschont. Er sagt, er habe einen Anlernvertrag in seinem Betrieb und mache Abendkurse, um die achte Klasse einzuholen. Das alles stimmt nicht. Im letzten Urteil wurde er wohl verpflichtet, Abendkurse zu besuchen, aber angefangen hat er noch nicht. Im Betrieb ist er Transportarbeiter. Er verdient über 300 Mark und könnte ohne viel Mühe auch 500 Mark verdienen. Aber er ist langsam, uninteressiert, der Meister meint, er sei eine trübe Tasse. Man habe ihm wohl einen Anlernvertrag in Aussicht gestellt, bei besserer Arbeitsleistung. Selbst nach dieser Geschichte, nachdem die Volkspolizei und ein Staatsanwalt im Betrieb waren und mit ihm und den Kollegen gesprochen hatten, ist er nicht viel eifriger geworden. Die Kollogen wollten eine Bürgschaft übernehmen, aber sein Fleiß und seine Pünktlichkeit sind so mangelhaft, daß jetzt schon die Kollegen sauer geworden sind und ihre Bürgschaftsbereitschaft zurücknahmen. Sein einziges Interesse: Tanzmusik. Seine einzige Anschaffung von seinem Verdienst: ein sehr teures Tonbandgerät.

Castor war noch nicht zwei Wochen vom Jugendhaus in Lukkau entlassen und wieder zu Hause in Berlin, wieder als Arbeiter in seinem alten Betrieb, als es Pfingsten wurde. Deutschlandtreffen. Für ihn nur ein Anlaß zum Trinken mit seinem Intimus Pollux. An diesem schönen, frischen Sonntag, an dem ganz Berlin eine Stadt der Jugend war, zogen die beiden von einer Kneipe zur anderen. Sie tranken so viel, daß sie nicht mehr genau wußten, wo sie überall waren. Nach dem Geld, das sie ausgaben, haben beide an die 20 Glas Bier und einige Schnäpse getrunken. Und als sie aus einer Kneipe wankten, sahen sie drei Mädchen kommen, Oberschülerinnen, etwa 16 Jahre alt. Sie waren aus einer kleinen Stadt nach Berlin zum großen Fest der Jugend gereist. Die beiden Burschen quatschten sie an: „Laßt uns einmal an euren Eiswaffeln lecken." Die Mädchen traten ihnen aus dem Weg; da legten sie ihre kräftigen Arme auf die Schultern der FDJlerinnen. Die Mädchen wehrten sich erfolglos, und sie gingen geschlossen in das Haus, in dem sie von einer freundlichen Berliner Familie aufgenommen waren.

Die beiden Burschen zogen unaufgefordert mit in den Hausflur, sie umklammerten zwei von den Mädchen und versuchten in ihrer besoffenen, tolpatschigen Art, zärtlich zu werden. Sie faßten den beiden trotz ihres Sträubens an die Brust.

Das dritte Mädchen lief hinauf zu der Wirtin. Die resolute, aber durchaus nicht kräftige, sogar etwas kränkliche Berlinerin löste die unzärtliche Umklammerung und wies die betrunkenen Burschen aus dem Hausflur. Sie zogen ab, ohne sich zu wehren. Sie gingen in die nächste Destille, und dort wurden sie von einer Polizeistreife gestellt.

Was sie getan hatten, war eine unzüchtige Handlung, gegen den Willen der Mädchen, also mit Gewalt. Es gilt als Verbrechen und ist bei dem schon erwachsenen Castor mit einer Zuchthausstrafe nicht unter einem Jahr bedroht. Sind aber mildernde Umstände ...

Es war für die Mädchen ein sehr peinliches, ein sehr häßliches Erlebnis, es paßte so gar nicht in das Jugendfest. Aber muß ein 18jähriger dafür ins Zuchthaus? Der Richter sah sich den Blutalkoholspiegel an. Er war bei beiden zur Zeit der Tat etwa 2,3 Promille, vielleicht noch darüber. In diesem Fall nahm der Richter Volltrunkenheit bei beiden an, sehr zu ihren Gunsten. So konnte das Gericht ein Urteil fällen, das eine allerletzte harte Warnung bedeutete. Castor muß ein Jahr und zwei Monate ins Gefängnis, Pollux bekam zehn Monate Freiheitsentzug. Bei beiden wurde die Strafe ausgesetzt auf zwei Jahre, für Pollux wurde die Schutzaufsicht angeordnet und Castor darf in der Bewährungszeit seinen Betrieb nicht wechseln.

Man muß sich Sorgen machen um diese zwei Burschen. Ihre Entwicklung zeigt eine sehr bedenkliche Diskrepanz. Körperlich und beruflich sind sie erwachsene Männer, auch ihr äußerer Habitus wirkt so, ihr Gesicht hinkt hinterher: sie sind nicht dumm, aber an ihren lockigen Haaren kleben noch die Eierschalen der Kindheit. Es ist keine Harmonie in ihrem Wesen. Sie kennen beide nur zwei Freizeitbeschäftigungen: Jazzmusik und deren Aufspeicherung im Tonbandgerät, und dann trinken, saufen, trinken. Wenn sie trinken, sind sie eine Gefahr für die Umgebung, für die gesamte Gesellschaft, aber vor allem für ihre eigene Entwicklung. Sicher, ihr Verhalten entspricht nicht der Norm, aber diese Entwicklung ist durchaus nicht selten. Körperliche Frühreife, viel Geld in der Tasche und geistig noch in den Kinderschuhen. Diese Jugendlichen trinken nicht aus Alkoholsucht wie echte Trinker, die über etwas in ihrem Leben nicht hinweggekommen sind und sich betäuben müssen; ich glaube, diese Jugendlichen trinken einfach aus Langeweile. Können Jugendliche in Berlin und in anderen Städten unserer Republik nicht in attraktive, bunte, lustige Lokale gehen, in denen Jazzmusik gehört wird? Das ist schon selten genug. Aber wenn wir so etwas haben, dann müssen sie Bier, Wein oder Schnaps trinken. Noch ist der Umsatzplan von HO und Konsum wichtiger als die Durchführung des Jugendkommuniqués. Wir haben alles, die Lokale, die bunten Farben, die schönen Stühle mit synthetischem Rohr und die glatten, bunten Tische. Wir haben Jazzmusik, wir haben die schönsten Fruchtsäfte, die herrlichsten Milchmixgetränke. Bringen wir alles zusammen, dann ziehen wir die Jugend dorthin und ziehen sie vom Alkohol weg.

Wahngewißheit

Der französische Advokat François Gayot Pitaval (1673 bis 1743) hätte diesen Fall sicher in seine Sammlung berühmter und interessanter Rechtsfälle aufgenommen als eines der merkwürdigsten und sonderbarsten Verbrechen. Er hätte den richtigen Namen, den Ort der Tat veröffentlicht. Er wollte durch seine Treue des Details seine Leser über sonderbare Verbrechen unterrichten. Wenn ich hier den Namen und den Ort, an dem diese Bluttat sich ereignete, verschweige, dann tue ich es mit der Absicht, die unglückliche Frau, deren Hand das tödliche Werkzeug geführt hat, nicht mit einer Tat zu belasten, für die sie vom Staatsanwalt, vom Gericht und vom Arzt als schuldlos erklärt wurde. Ihr soll in einigen Jahren die Brücke zu einem neuen Leben eröffnet werden, und ich darf nicht derjenige sein, der ihr durch eine Veröffentlichung Steine in den Weg legt. Genauso sollten alle die handeln, die durch mich oder ohne mich Täter und Ort wiedererkennen. Ein jeder sollte die Weisheit des Gerichts und die Erkenntnis der Ärzte respektieren.

Wenn ich trotz einiger Bedenken darüber schreibe, so ist es in erster Linie mein Bemühen zu zeigen, daß es bestimmte Umweltbedingungen sind, Kindheit, Jugenderlebnisse, Krankheit und Krieg, Nachkriegszeit, die eine schwache, hochgradig kranke und empfindsame Frau zu Taten veranlaßt haben, die wir als Totschlag bezeichnen müssen, für die sie aber nicht verantwortlich gemacht werden kann. Ich will versuchen zu zeigen, daß diese Umweltbedingungen nicht naturgegeben, also nicht zwangsläufig, sondern veränderbar sind.

Frau Elsbeth ist heute 45 Jahre alt, sie ist schmal und bleich. Ihre Figur ist zierlich, ihr Äußeres gepflegt. Sie klammert sich oft während der Verhandlung an die Krankenschwestser, die sie auf dem schweren Weg ins Bezirksgericht begleitet. Sie spricht mit leiser Stimme. Alles, was sie sagt, ist vernünftig, ihr Geist ist hellwach, sie versucht, ihr unerklärliches Verhalten zu erklären, sie hat dieses tiefe Vertrauen zu der jungen, äußerst klugen und taktvollen Richterin. Der Direktor des Gerichts hat ihr wegen ihrer besonderen Fähigkeit, mit labilen Menschen umzugehen, diesen Fall anvertraut. Der Bezirksstaatsanwalt war mit der Auswahl seines Vertreters, der seinen Antrag zu vertreten hatte, weniger gut beraten. Sein Ton entsprach nicht dem Wesen dieses Einweisungsverfahren. Es war der Ton, den er übernommen hatte aus einem Strafverfahren, bei dem er von der Schuld des Täters überzeugt ist.

Die Richterin und die beiden Schöffen blickten bei einigen harten Bemerkungen des Staatsanwalts verzweifelt drein.

Frau Elsbeth lebt in einer kleinen Gemeinde. Sie ist ein uneheliches Kind, ihre Mutter hatte nie etwas von ihr wissen wollen. Sie wuchs bei den Großeltern auf. „Wirtschaftsmädel", hieß es damals bei den Nazis; sie wurde also Magd bei Bauern, und dort lernte sie ihren Mann kennen, den sie 1940 heiratete.

Im Dezember 1941 wurde der Mann als vermißt gemeldet, er kam nie mehr zurück. Sie arbeitete einige wenige Monate als Sprechenstundenhilfe bei einem Arzt. Dann kam sie während des Krieges in ein Rüstungswerk. Dort wurde sie, weil sie für die technische Arbeit zu schwach war, in das Büro übernommen. Hier lernte sie Schreibmaschine. Nach dem Krieg zog sie in eine kleine dörfliche Gemeinde. Sie hatte von ihren Großeltern ein kleines Häuschen mit einem Anwesen geerbt. Sie wurde in der Gemeine angestellt. Später begann sie eine Heimarbeit, sie wikkelte Zigarren.

In der Nachkriegszeit zog sie sich eine schwere Infektionskrankheit zu, die nach vielen Jahren ausgeheilt wurde.

Kurz nach 1945 freundete sie sich mit einem Mann sehr an. Sie glaubte sich mit ihm verlobt. Auch fuhr sie mit ihrem Bräutigam in die Ferien. Als sie ein Kind erwartete, sagte der Mann ihr, er sei verheiratet und er wolle sich scheiden lassen, weil seine Frau keine Kinder bekäme.

Sie war bitter enttäuscht. „Er hat mich belogen, und ich

wollte nichts mehr von ihm wissen." 1947 wurde ihr Sohn geboren. Er war, als er ums Leben kam, also 16 Jahre alt. Sie wollte auch von seinem Vater kein Unterhaltsgeld annehmen. Erst das Referat Jugendhilfe sorgte nach Jahren dafür, daß der Vater zur Zahlung in Anspruch genommen wurde. Später bekam sie noch von einem anderen Mann ein Mädchen, an dem sie zärtlich hing. Frau Elsbeth war als ruhige, sehr fleißige, religiöse Frau in ihrer Gemeinde bekannt und beliebt. Sie wurde zum Gemeindevertreter gewählt und war in der Wohnungskommission tätig. Ihr Einkommen war bescheiden, aber sie lebte sorgenfrei. Sie verdiente 300 Mark reines Geld, lebte mietfrei, bekam für beide Kinder Unterhaltsgelder, ihr Grundstück warf immer das Nötigste zum Essen ab, der Junge war schon in der Lehre.

Anfang 1963 fühlte sich Frau Elsbeth sehr krank. Sie magerte ab, ihr Appetit war sehr schlecht, sie fieberte und litt an Schüttelfrösten. Ihr Hausarzt schickte sie in das Bezirkskrankenhaus, dort blieb sie sieben Wochen zur Beobachtung. Es wurde ihr vorgeschlagen, sich an der Gallenblase operieren zu lassen. Sie lehnte das ab, sie vermutete, daß die Ärzte ihr nicht die Wahrheit gesagt hätten. Sie glaubte, sie litte an Krebs. Frau Elsbeth war fest davon überzeugt: „Man verheimlicht mir etwas."

Durch das Studium eines von den Großeltern ererbten Doktorbuches lebte sie in der Gewißheit, ihre längst ausgeheilte Infektionskrankheit habe bei ihr einen unheilbaren Krebs verursacht. Und alle Äußerungen der Ärzte bezog sie auf ihren Wahn. So habe ein Arzt ihr einmal gesagt: „Sie haben etwas auf der rechten Seite, was, das können wir nicht feststellen." Als sie die Oberschwester fragte, so erzählte sie dem Gericht, habe die einen roten Kopf bekommen und ihr nein gesagt, als sie fragte, ob es Krebs sei. Frau Elsbeth hatte kein Vertrauen zu den Ärzten, sie ging von einem zum anderen, auch zum Homöopathen. Sie öffnete Überweisungsbriefe und suchte – vergeblich – die Bestätigung für ihre fixe Idee. Aber wenn einer der Ärzte ihr dann sagte: „Sie dürfen sich nicht so beobachten. Sie wissen schon viel zu viel", dann war das wieder eine Bestätigung für ihre eingebildete Gewißheit. Frau Elsbeth litt auch an schweren Kopfschmerzen. Sie war belastet mit dem Eintritt der Wechseljahre. Sie wurde immer mehr von ihrem baldigen Tod überzeugt. Ihre Melancholie wurde auch durch die Tätigkeit als Heimarbeiterin gefördert. Hätte sie mit vielen Frauen in einem Betrieb zusammengesessen, wahrscheinlich wäre ihr durch die Lebenserfahrung der anderen zu helfen gewesen. Vielleicht. So aber überlegte sie sich alles allein, sie grübelte. Der Ruf eines Rabens in ihrem Garten bedeutete für sie „Grab, Grab".

Sie ging zu einer Kartenlegerin. Frau Elsbeth behauptete, die Frau habe ihr gesagt, „du hast den Tod auf dich gezogen". Als Zeugin im Prozeß stritt die Kartenlegerin das ab. Ihre Aussage war aber tief unglaubwürdig. Eine andere Frau aus dem Dorf, die Frau Elsbeth dorthin begleitet hatte, aber nicht mit hineindurfte, wußte von den Ängsten nach dem Besuch bei der Kartenlegerin nichts mehr. Vor dem Gerichtssaal hatte sie sich allerdings sehr eingehend mit der Kartenlegerin unterhalten, und es sah allzusehr aus, als ob sich ihre Erinnerung durch die Unterhaltung mit der Kartenlegerin verändert hatte.

Was soll aus meinen Kindern werden, wenn ich tot bin. Das war ihre allergrößte Sorge. Und im Dorf äußerte sie das auch. „Wenn ich tot bin, laß ich meine Kinder nicht allein zurück." Einer der jungen Genossenschaftsbäuerinnen hat sie das mehrfach gesagt. Vor Gericht befragt, meinte sie, das habe sie nicht so ernst genommen: „Sie haut manchmal etwas 'raus." Das war ihre Aussage, mehrmals bekräftigt.

„Meine beiden Kinder sollen nicht auseinandergerissen werden, sie sollen sich nicht von mir trennen." Frau Elsbeth sollte am 17. Dezember zu einem Facharzt für Gallen- und Nierenleiden in die Universitäts- und Bezirksstadt fahren. Sie hatte schon den Weihnachtsbaum besorgt und den Christstollen gebacken. Geschenke hatte sie auch schon für die geliebten Kinder gekauft. Sie schlachtete einige Enten, ein Huhn. Dann fühlte sie sich sehr schlecht. Die zwei Kaninchen konnte sie selber nicht schlachten, sie brachte sie zum Schlächter. Und am Abend des 16. Dezember fühlte sich Frau Elsbeth ganz übel, sie hatte wahnsinnige Kopfschmerzen. Sie behauptete, sie habe Fieber gehabt, 40,3, und schweren Schüttelfrost. Sie sah sich schon auf der Totenbahre liegen und sah ihre Kinder einsam und verlassen. Sie war fest davon überzeugt, daß sie in dieser Nacht sterben müsse.

Sie hatte von einem alten Umsiedler, der früher einmal bei ihr gewohnt hatte, noch Schlafmittel. Sie gab beiden Kindern Tabletten in einer Überdosis. Sie sagte ihnen, es seien Stärkungsmittel. Frau Elsbeth glaubte, diese Dosis wirke tödlich. Sie legte sich auf die Couch in der Wohnstube, bekam einen noch schlimmeren Fieberanfall, und sie erwartete den Tod.

In der Nacht wachte sie auf. Sie hörte das kleine Mädchen im Schlaf stöhnen. Sie glaubte, es sei der letzte Atemzug. Sie ging zu dem Kind in die Stube – von da an hat sie keine Erinnerung mehr. Tatsächlich hat sie dann die beiden Kinder erschlagen. Danach, so sagte sie, habe sie sich gelöst gefühlt, wie nach einem Krampf. Sie fiel in tiefen Schlaf.

Am nächsten Morgen sah sie das Werkzeug, und sie wußte, was geschehen war. Sie packte Pakete mit den geschlachteten Enten, schickte ihre Wäsche an Verwandte, sie schrieb drei Abschiedsbriefe, die etwa lauteten: „Wenn ihr diesen Brief bekommt, leben wir drei nicht mehr." Sie vermachte das Grundstück ihrem Nachbarn mit der Verpflichtung, alle drei nebeneinander zu bestatten. Sie gab genaue Anordnung, was auf dem Grabstein zu stehen habe. Am späten Nachmittag öffnete sie sich eine Pulsader. Sie wurde in tiefer Bewußtlosigkeit von einer Nachbarin gefunden. Wenig später wurden die beiden Kinder erschlagen aufgefunden.

Frau Elsbeth wurde gerettet. Dann wurde sie lange von einem Psychiater untersucht. Es ist kein Zweifel, zur Zeit der Tat war sie nicht zurechnungsfähig. Deshalb kann kein Gericht sie schuldig sprechen.

Das Bezirksgericht verhandelte auch nicht diese Tat in einem Strafverfahren, es wurde nur über den Einweisungsantrag des Staatsanwaltes verhandelt. Frau Elsbeth soll in eine Heil- und Pflegeanstalt eingewiesen werden.

Sehr gründlich war das Gutachten des Psychiaters. Frau Elsbeths Lebenszielsetzung, so führte er aus, war die liebevolle Zuwendung zu ihren Kindern. Aller anderer Lebensinhalt wurde dadurch verdrängt. Ihre Auffassung von den Zusammenhängen war primitiv mystisch geworden. Es kam vieles bei ihr zusammen, das Gallenleiden, das die Ärzte, so meinte der Psychiater, schleppend und nicht mit der nötigen Konsequenz behandelten. Es entstand bei ihr eine ängstliche Ratlosigkeit. Bei vielen Frauen entstehen in den Wechseljahren durch die biologische Umstellung seelische Schwierigkeiten. Es beginnt der zweite Lebensabschnitt im Leben einer Frau. Unwillkürlich entsteht auch eine gewisse Trauer um Vergangenes. Durch die Wahngewißheit der „unheilbaren" Krankheit ließ die sonst so adrette Frau – wie mehrere Zeugen bestätigten – sich in den letzten Wochen gehen. Alles, was sie hörte, bezog sich auf sich und ihre Wahngewißheit: das Doktorbuch, die Raben, auch irgendeine Äußerung dieser obskuren Kartenlegerin. Sie war von ihrem herannahenden baldigen Tode fest überzeugt, und sie lebte in dem Wahn, die geliebte Umwelt mit in den Tod hinüberzunehmen. Der Psychiater hielt die Einweisung in eine Heil- und Pflegeanstalt für notwendig, denn es bestehe bei Frau Elsbeth noch immer die Gefahr der Selbsttötung, und damit gefährde sie auch möglicherweise andere Personen, obwohl dieselbe Situation für Frau Elsbeth nie wiederkehren könne.

Das Gericht folgte diesem Antrag. Nach der offensichtlich nötigen langen Heilbehandlung befürwortet das Gericht, Frau Elsbeth in einer neuen Umgebung anzusiedeln. Damit das alte Leben verdrängt, damit dort ein neues Leben aufgebaut werden kann. Die krankhafte Trübung der Geistestätigkeit, die zu dieser furchtbaren Bluttat führte, ist, so glaube ich, entstanden durch Umwelteinflüsse, durch Sünden der Gesellschaft, die ja auch jahrzehntelang zurückliegen. Es war in erster Linie die wenig liebevolle Behandlung, die Frau Elsbeth durch ihre Mutter erfuhr. Das wirkte in ihrem Unterbewußtsein so: Meine Kinder sollen es besser haben. Und so bestand eine überstarke Bindung an die Kinder. „Ich werde sie nie und nimmer allein lassen." Hätte Frau Elsbeth ein normales Familienleben gekannt, wäre diese Bindung in eine normale Bahn gelenkt worden. Auch die kurze Ehe, die der fürchterliche Krieg zerstört hatte, wirkte immer noch nach, die schwere Infektionskrankheit, eine direkte Folge der Kriegswirren. Eine gewisse Rolle mag auch die Lektüre des veralteten Doktorbuches gespielt haben, vererbt von den Großeltern, dann vielleicht auch die dunklen Andeutungen dieser obskuren Kartenlegerin, und schwierig war für sie, die einsame Tätigkeit einer Heimarbeiterin zu ertragen, eine Tätigkeit, die zum Grübeln direkt verleitet. Sicher war auch eine seelische Instabilität vorhanden. Erschwerend das Gallenleiden, das so zögernd behandelt wurde, verstärkt, wie schon die Gutachter sagten, durch die Belastung der Wechseljahre. Hätte ein Arzt ihr Vertrauen gewonnen, wären die Folgen des Gallenleidens durch eine Operation ausgeschaltet worden, dann wäre diese Zuspitzung der seelischen Krise wahrscheinlich nicht erfolgt.

Für mich war dieses Verfahren die Bestätigung, daß viele Nervenleiden und Erkrankungen des Gemüts gesellschaftliche und soziale Ursachen haben.

Noch einmal: die blondkrause Angelika

Von der blondkrausen Angelika habe ich schon einmal geschrieben, am 1. Februar 1964 in Nr. 5 der „Wochenpost". Unter der Überschrift „Ist Dummheit straferschwerend" (s. S. 24 ff.) übte ich Kritik an einem Urteil. Die 25jährige Frau wurde damals zu sechs Wochen Gefängnis verurteilt, unbedingt. Sie hat einen fünfjährigen Jungen und lebt mit einem Freund zusammen. Das Kind wurde damals krank, deswegen durfte sie ihrer Arbeit, einer Saisontätigkeit in einem Kühlbetrieb, fernbleiben. Während dieser Krankheit kam es zu einem Streit mit ihrem Verlobten, der schlug ihr ein Auge blau, und Angelika genierte sich, mit diesem Zeichen häuslichen Streits zur Arbeit zu gehen.

Sie fälschte den Krankenschein um weitere fünf Tage, und sie hatte auch noch versucht, das Krankengeld für diese fünf Tage abzuholen. Die Fälschung wurde entdeckt. Sie hätte nach Aufdeckung der Tat wieder arbeiten können. Aber sie wollte nicht mehr. Aus Scham. Außerdem war ihre Saisontätigkeit bald zu Ende. Sie nahm damals, Ende 1963, eine neue Aushilfsarbeit an. Bei der Post. Und die endete am 24. Dezember. So stand sie am 10. Januar, am Tag des ersten Termins, ohne Arbeitsplatz vor dem Gericht.

Man gab ihr damals eine unbedingte Strafe, und ich schrieb: Wäre Angelika nicht so dumm, so hätte sie sich noch rasch vor dem Termin eine neue Arbeit besorgt. Dann wäre sie zweifellos bedingt verurteilt worden. Und ich fragte: Ist diese Dummheit straferschwerend?

17 Tage der sechs Wochen Gefängnishaft hat Angelika nun verbüßt. Und jetzt wurde ihr der Rest der Strafe auf Bewährung ausgesetzt. Ihr wurde ein Arbeitsplatz vermittelt, in einem

Zweigbetrieb eines großen elektrotechnischen Werks. Es wurde die Bindung an den Arbeitsplatz für die Dauer der Bewährungszeit von zwei Jahren ausgesprochen. Vielleicht war diese Anordnung auch durch meine Kritik verursacht, ich weiß es nicht.

Nun wurde dem Gericht vom Betrieb mitgeteilt, man ist mit Frau Angelika nicht zufrieden. Der Richter dachte: Laden wir die blondkrause Angelika mit dem so viel geküßten, kirschroten Mund einmal als Zuhörerin ein.

Das Gericht hatte einige Termine anberaumt, um zu entscheiden, ob Verurteilte in ihrer Bewährungszeit die Auflage des Gerichts pünktlich und zuverlässig erfüllt hatten, nämlich, ob sie auf dem ihnen zugewiesenen Arbeitsplatz gut und ohne zu bummeln gearbeitet hatten. Es hatte darüber zu beschließen, ob die bedingt ausgesprochene Strafe eventuell in eine unbedingte, sofort zu verbüßende Haft umgewandelt werden sollte.

Wären die Leistungen unserer Zuhörerin Angelika doch nur so gewesen, wie die des Leergutfahrers Martin. Drei Monate Gefängnis standen drohend vor ihm, weil er, der Milchhofangestellte, nach der Arbeitszeit fast voll berauscht mit seinem Moped herumkutschiert war. Das Gericht sorgte damals im Strafverfahren für die Zurücknahme einer fristlosen Entlassung. Gewiß, ein Muster an Arbeitsdisziplin ist er noch nicht geworden, der Martin. Er hat auch einige Tage unentschuldigt gefehlt. Er sagt, er leide an einer Kreislaufstörung, aber er trinkt und raucht viel und sorgt so mit einigem Selbstverschulden dafür, daß sein Leiden sich nicht bessert. Doch wenn er arbeitet, dann ist er tatsächlich ein Muster an Fleiß.

Hier konnte das Gericht sich noch nicht entscheiden, die Bewährungszeit aufzuheben. Für Martin war diese gerichtliche Überprüfungsverhandlung nur eine ernste Mahnung.

Die Zuhörerin Angelika hatte sich gewiß gewundert, denn bei ihr sah das leider ganz anders aus. Man hatte ihr nach der Haftentlassung sogar noch Zeit gelassen, die Arbeit aufzunehmen. Man sorgte in der Zwischenzeit dafür, daß ihr Kind in einem Wochenheim aufgenommen wurde.

Der Kaderleiter aus ihrem Werk ist mitgekommen, und er teilt in der formlosen Besprechung Bestürzendes mit.

Jetzt wird Angelika gefragt, ob sie bereit ist, daß das Gericht sofort über die Frage, ob ihr noch weiter bedingter Strafaufschub gewährt werden kann, entscheiden soll. Eigentlich muß eine Frist von fünf Tagen zwischen Ladung und Verhandlung liegen. Angelika verzichtet auf Einhaltung dieser Zeit der Ungewißheit. Sie weiß, bei ihr sieht es bitterer aus als beim Leergutfahrer Martin.

Fünf Tage fehlte sie schon im April ohne jede Entschuldigung. Am 15., so sagte sie, war eine Betriebsfeier, danach setzte sie einfach zwei Tage aus. „Den ersten Tag hätte man noch verstehen können, aber den zweiten?" meinte der Vorsitzende Richter. Sie weiß keine Antwort darauf, nicht für diesen und nicht für die anderen Tage. Im Juni fehlte sie viel, aber hier lag ein Attest vor, vom 3. bis 24. Juni, also das kann man ihr nicht zum Nachteil anrechnen. Aber im Juli, im Juli wird es ganz traurig. Vom 1. bis 13. Juli blieb sie ganz der Arbeit fern. Vielleicht war es ihr zu heiß, aber das sagt sie nicht. Erst am 14. Juli ist sie wieder im Betrieb erschienen, weil sie doch für den 15. Juli als Zuhörerin vom Gericht geladen war.

Der Kaderleiter, der sich viel Mühe machte, der sogar oft an Fehltagen Kolleginnen zu ihr geschickt hatte, um sie aufzufordern, zur Arbeit zu kommen, leider ohne Erfolg, er ist über das Resultat der kollektiven Erziehung verbittert. Er teilt mit, die Kollegen wollen in der Brigade nicht mehr mit Angelika zusammenarbeiten. Man kann sich nicht auf sie verlassen. Und wenn einer fehlt in diesem kleinen Betriebsteil, fehlt es am Ergebnis, und es gibt keine Prämie. Müssen die Gerechten und Fleißigen durch die Bummelanten leiden?

Das Gericht beschließt bei ihr anders als im Fall Martin, die bedingte Strafaussetzung wird aufgehoben, das heißt, Angelika muß die fehlenden 25 Tage verbüßen.

Habe ich also mit meiner Kritik damals unrecht gehabt, war eine unbedingte Strafe hier unbedingt nötig? Darüber läßt sich streiten. Eines aber ist erwiesen an diesem Fall Angelika. Die Drohung, noch 25 Tage verbüßen zu müssen, war für Angelika nicht so schwerwiegend. Ob sie genauso leichtfertig mit der vom Gericht angewiesenen Arbeit gewesen wäre, wenn eine

Strafdrohung von drei oder gar sechs Monaten dagestanden hätte?

Erziehung durch Zwang, durch Drohung? höre ich manchen fragen. Ist denn das erstrebenswert? Wir sind alle nicht immer nur durch gute Worte und Beispiele erzogen worden. Wir wissen es ganz genau, wenn wir über unsere Jugend nachdenken.

Erziehen, das gute deutsche Wort kommt von ziehen, führen. Der Ungezogene wird durch die Zucht auf den rechten Weg gebracht – erzogen. Wir wollen bestimmt niemanden züchtigen oder gar schinden.

Laube und Schlafzimmer

Sie hat eine sehr leise, kindliche Stimme. Dorothee mit den blonden Locken, dem dezent braunen Kostüm, dem etwas groben Gesicht und der markanten Nase gewinnt unsere Sympathie. Sie hat die Gabe, bei allen, die mit ihr zu tun haben, angenehm aufzufallen. Und Mutter ist sie von zwei Kindern, zwei und sechs Jahre alt. Ihr Mann? Er scheint nicht viel zu taugen. Wir haben ihn in der Verhandlung nicht gesehen. Nicht als Zeugen, nicht als Zuhörer und auch leider nicht als Angeklagten. Und gerade das bedaure ich auf das tiefste.

Für ihn oder besser für ihre Ehe hat sie alles getan. Sie hat die Laube gekauft; sie hat das hellpolierte Schlafzimmer mit der großen Frisiertoilette angeschafft; sie hat ihn eingekleidet mit immer neuen Anzügen, daß er aussah wie ein Lord. Sie wollte etwas kitten, was eigentlich nicht mehr zu kitten war.

Dorothees Mann arbeitet nicht gerade viel und auch nicht regelmäßig, dafür trinkt er um so mehr regelmäßig. Und dann schlägt er sie. Er schlägt sie auch während ihrer zweiten Schwangerschaft; und da wäre es fast zu einer Fehlgeburt gekommen. Auch hat er schon mehrmals mit dem Gericht und der Polizei zu tun gehabt. Einmal wegen eines Verbrechens, das Dorothee besonders beleidigen und kränken mußte. Sie sprach mit noch leiserer Stimme darüber als sonst. Jetzt ist er als Chauffeur tätig.

Vor zehn Jahren hatte sie ihren Mann kennengelernt. Damals wohnte er in Westberlin, sie bei uns.

Über ihrer Herkunft liegt ein dunkler Schatten. Sie wuchs bei Pflegeeltern auf. Was mit ihren Eltern wirklich geschah, hat sie bis heute nicht erfahren. Sie sollen laut Sterbeurkunde 1937 in Dachau verstorben sein, ob im Ort oder im Konzentrationslager, ob als Opfer oder durch andere Umstände, darüber weiß die heutige 28jährige Frau nichts.

Sie begann eine Lehre als Verkäuferin, dann arbeitete sie in einer Schuhfabrik, fünf Jahre lang. Sie mußte aber die ihr sonst so angenehme Arbeit aus gesundheitlichen Gründen aufgeben. Kurze Zeit noch war sie Kassiererin und Verkäuferin in der HO-Ladenstraße in der Großmarkthalle. Sie wollte ihren Freund heiraten und nach Westberlin ziehen. Sie arbeitete damals schon drüben als Verkäuferin, aber die Wohnungen waren ihnen zu teuer, und kurz vor dem 13. August 1961 zog ihr Freund zu uns, und beide heirateten. Durch den Wechselkurs, die sogenannte Umrubelei, hatten die beiden sich an ein großes Einkommen gewöhnt. Sie hatten beide ihre Arbeit drüben, lebten aber hier bei uns in ihrer Wohnung. Sie wirtschafteten aus der dicken Brieftasche, ohne genau zu rechnen, und sie verlernten das richtige Einteilen.

Bei „Chic zu dritt", einem Konsum-Kaufhaus in Berlin, wurde Dorothee nun Kassiererin. Sie hatte schon bei der HO in der Großmarkthalle kleine Summen verschwinden lassen, indem sie falsch bonte. Bei „Chic zu dritt" wurde sie zu einer Gefahr.

Sie hatte als Kassiererin dort uneingeschränktes Vertrauen. Dorothee nahm das Geld ein, schrieb die Summe, die auf dem Kassenzettel verzeichnet war, auf eine Kassenliste (es gab hier keine Registrierkasse). Sie stempelte den Bon ab, spießte ihn auf und packte noch die Ware für den Kunden ein. (Dasselbe Verfahren konnte ich an einem heißen Julisonnabend in Potsdam in der Klement-Gottwald-Straße in einer HO-Textil-Verkaufsstelle beobachten.) Bei „Chic zu dritt" in Berlin lieferten dann auch noch abends die Verkäuferinnen bei der Kassiererin Dorothee die addierten Listen, die sogenannten Talons aus ihren Bons ab.

Die kleine Laube sollte Dorothees Mann von der Gastwirtschaft fernhalten. Das hellpolierte Schlafzimmer mit der großen Frisiertoilette sollte der Ehe einen neuen Reiz geben. Dorothee hatte 400 Mark Ersparnisse. Eine Laubeneigentümerin hatte ihnen ihr Grundstück für 1200 Mark angeboten; erst wollte sie sich mit 500 Mark Anzahlung begnügen, dann aber verlange sie plötzlich die volle Summe auf einmal.

Und Dorothee verschaffte sich das Geld. Hatte ein Kunde Waren für einen Betrag von 100 Mark gekauft, dann vernichtete sie am Abend den Kassenzettel. Sie radierte auf ihrer Kassenliste und auf dem Talon die erste Zahl der dreistelligen Summe aus, änderte auch die Addition und griff in die Kasse. Und bezahlte die Laube, putzte die Fenster, kaufte weiße Scheibengardinen, um das Glück im Winkel abzuschirmen. Und in der Wohnung stand jetzt das hellpolierte Schlafzimmer mit der großen Frisiertoilette.

So ging das bei „Chic zu dritt" fast ein Jahr. Und da viele Kunden für dreistellige Summen kauften, stiegen Dorothees Einnahmen. Und sie kaufte die Blusen, die Mäntel, die Kleider und vor allem aber die Anzüge für ihn. Und im Weihnachtsmonat 1963 hatte Dorothee in ihrem Kaufhaus allein für 842 Mark gekauft; das Einkommen des Ehepaares war jedoch zusammen nicht höher als 700 Mark. Der Mann nahm die Laube und das Grundstück, das hellpolierte Schlafzimmer und die Frisiertoilette, die Hemden und die Anzüge und fragte nicht woher und wieso. Er soll von der Herkunft des Geldes nichts geahnt haben. Bitte sehr, wer soll ihm das glauben?

Dorothee hatte schon 5930 Mark bares Geld unterschlagen. Außerdem hatte sie sich noch eine Strickjacke und fünfmal ein Paar Strümpfe mitgenommen. Der Gesamtschaden bei „Chic zu dritt": 6098 Mark. Das Gericht verurteilte sie neben der Strafe auch zum Schadenersatz.

Und die Strafe?

Ein Jahr und zehn Monate Gefängnis. Aber bedingt. Die Bewährungsfrist drei Jahre; für die Dauer von zwei Jahren darf sie ihren Arbeitsplatz nicht wechseln, als Verkäuferin in einer Konsumfiliale.

Ich weiß, daß in vielen Fällen eine bedingte Verurteilung mit gleichzeitiger Bindung an den Arbeitsplatz für den Schuldigen und für die Gesellschaft die beste Lösung ist. Ich weiß auch, welche schlimmen Nachteile die Inhaftierung für den Angeklagten hat und welche Belastung der Strafvollzug für die Kinder ist, wenn es um eine Mutter geht.

Es geht auch um die Gerechtigkeit. Mir sind Fälle bekannt, in denen unbedingte, sofort zu verbüßende Strafen bei viel geringerem Schaden verhängt wurden. Ich weiß natürlich, daß kein Fall mit dem anderen verglichen werden kann. Die Umstände der Tat, das Persönlichkeitsbild, die Umgebung, die Gelegenheit, all das muß in jedem Falle geprüft sein und das ist in jedem Falle anders. Und doch muß unsere Justiz, gerade bei der Frage „unbedingt“ oder „bedingt“, den eingetretenen Schaden bei gesellschaftlichem Eigentum sehr genau in Rechnung stellen.

Allee nach Sanssouci

Die Allee nach Sanssouci – Straße nach Ohnesorg – ist für manche ein bitterer Weg. Denn dort steht auf der rechten Seite ein altes, verwinkeltes, verzwicktes Gebäude, das Kreisgericht Potsdam-Land.

Unseren jungen Mann, den sie alle Faruk nennen, befiel vor dem Gang nach Ohnesorg ein heilloses Bibbern. Am Abend vorher hatte er sich einen so starken Mut angetrunken, daß er noch am nächsten Morgen auf dieser Allee etwas schwankend einherschritt und die junge Richterin den Eindruck hatte, seine Sinne seien umnebelt. Die Verhandlung wurde abgebrochen, und der junge Mann mit dem Spitznamen Faruk mußte sich einer Blutprobe unterziehen. Die ergab um 11 Uhr vormittags noch immer eine Alkoholbeimischung von 0,7 Promille.

Dieses Besorgtsein vor dem Weg nach Ohnesorg ins Kreisgericht kostete ihn, den sie alle Faruk nennen, 50 Mark Ordnungsstrafe. Sie wurde ihm in der zweiten Verhandlung, acht Tage später, zugemessen, als er nun völlig nüchtern, aber nicht weniger bibbernd, wieder vor dem Gericht stand.

Das Schicksal hatte unserem Faruk vor 24 Jahren wenig Weitblick und nur eine geringe Urteilskraft in die Wiege gelegt, dafür aber einen Kruschelkopf voller goldener Löckchen. Sein rundes, rotbraungebranntes, pausbäckiges Kindergesicht mit einem erstaunlich winzigen Kinn schaut mit blauen, etwas furchtsamen Augen in die Welt. In der Schule hat er es nur bis zur fünften Klasse gebracht und selbst dieses Pensum nicht ganz begriffen. Anklageschrift und Eröffnungsbeschluß mußten ihm die Kameraden seiner Straßenbaubrigade im Wohnwagen vorlesen; er kennt wohl die Buchstaben, aber sie zu Worten zusammenzufügen fällt ihm schwer.

Schüchtern ist unser Kruschelkopf gerade nicht. Und die Mädchen scheinen ihn nicht ungern zu kraulen – die Folgen haben sich dann auch eingestellt. Drei herzige Kinder schauen aus fremder Leute Fenster. Einmal gelang ihm ein Zwillingspärchen. Mit dessen Mutter ist er sogar länger gegangen und war auch mit ihr verlobt. Dann aber zerschmolz die Liebe und übrig blieb ein Pfändungs- und Überweisungsbeschluß. Für die drei Kinder muß er von seinen 500 Mark 140 Mark im Monat zahlen – wenn Gott strafen will, straft er mit zu viel Liebe.

Seiner Arbeit aber ist Faruk treu; sechs Jahre lang ist er schon mit Leib und Seele beim Straßenbau. Vorher war er bei einer Genossenschaft Gespannführer. Und als er dort eine andere Meinung über die Wartezeiten hatte als der Vorsitzende, ging er kurz entschlossen weg.

Er gilt als guter Kumpel, vielleicht als ein zu guter. Zweimal wurde er sogar Bestarbeiter. Seinen wirklichen Namen kennen die wenigsten. Aber Faruk ist bekannt auf den Landstraßen und in Kneipen – Verzeihung, die junge Vorsitzende des Gerichts beanstandet den populären Ausdruck, hergeleitet aus einer engen, drückenden, knifflichen Raumgestaltung – also Faruk ist auch bekannt in Gastwirtschaften, in geräumigen wie auch in engen. Dort spendiert er überall, wo er gesehen und begrüßt wird. Und ein solcher Kumpel ist gern gesehen und wird viel gegrüßt.

An einem Dezemberabend kam Faruk von der Arbeit in eine Gastwirtschaft und wurde an einen Tisch geladen; dort saßen ein Herr und eine Dame Heli. Von beiden wußte unser Kruschelkopf, daß sie miteinander befreundet waren. Er setzte sich. Er kannte die Dame, die annähernd doppelt so alt war wie er, vom Sehen und vom Grüßen. Auch sie ist häufig Gast in jenen engen Räumen, die Faruk, wiederholt gerügt, Kneipen nennt.

Und als sie alle genug hatten, da traf er sie draußen. Faruk und die Dame Heli bemerkten, daß sie den gleichen Heimweg hatten. Der Heli zugehörige Herr war auf bisher nicht geklärte Weise aus dem Gesichtsfeld geraten. Nun bot Faruk ihr Schutz und Begleitung an und ergriff auch, ohne großes Widerstreben zu erfahren, Helis Fahrrad. Er wurde etwas zutunlich. Aber das wehrte Heli entschieden und erfolgreich ab.

In der frostklaren Dezembernacht wich nun Faruk vom Wege ab und begab sich samt Fahrrad auf die gefrorene Ackerkrume. Heli ging ihm nach, kam aber zu Fall. Und nun wurde Faruk erneut zutunlich. Über das Ausmaß gibt es drei verschiedene Versionen.

Ich glaube, es war fünf oder sechs Monate nach diesem Zutunlichwerden, da erstattete Heli Anzeige gegen Faruk, er habe ihr brutal und mit Gewalt etwas antun wollen; bei dem Kampf habe sie sich den Fuß gebrochen, und außerdem sei ein Kleidungsstück zu Schaden gekommen. Die zweite Version, vor Gericht vorgetragen, im Angesicht des braven Faruk, war schon eingeschränkt. Den Fuß habe sie bei dem Fall gebrochen, als sie besorgt wegen ihres Fahrrads sich auch auf die hartgefrorene Ackerkrume gewagt habe. Aber auch der Fuß, indirekt durch Faruks Schuld zu Schaden gekommen und gebrochen, konnte nicht recht überzeugen, da Heli zugeben mußte, sie sei hernach ganz ohne Schmerz auf dem Fahrrad nach Hause gefahren.

Faruk räumte ein – dritte Version –, daß er an diesem Abend eine zärtliche Neigung für Heli empfunden habe, er habe jedoch bei Heli ein Abwehren bemerkt und sofort seine Leidenschaft bezwungen. Er behauptete auch, später habe er Heli und ihren Freund wieder in der engen Gastwirtschaft getroffen, der Freund wollte wegen der Vorfälle auf der Ackerkrume mit ihm raufen. Faruk sei als friedfertiger Mensch zur Buße bereit gewesen, und dann habe man zu dritt einige Runden zur Versöhnung getrunken, von denen Faruk die meisten zahlte.

Heli bestritt nicht den Versöhnungsversuch, aber den Umtrunk. Doch ihr Abstreiten war so matt, daß sich jeder im Saale freute, als die Zeugin bald und unvereidigt entlassen wurde.

Es gab im Saal sogar Vermutungen, Heli habe Anzeige nach so langer Zeit nicht wegen der beleidigten Frauenehre, sondern wegen der Sehnsucht nach Schmerzensgeld erstattet. Ihre Beschuldigungen gegen Faruk standen trotz ihres wirklich gebrochenen Fußes auf so schwachen Füßen, daß die sonst in solchen Dingen so gestrenge Staatsanwältin Freispruch mangels Beweises beantragte, den das Gericht dann auch verkündete.

So konnte Kruschelkopf Faruk, um 50 Mark Ordnungsstrafe

und um eine große Sorge erleichtert, die Allee nach Sanssouci verlassen. Belastet aber mit der feierlichen Verpflichtung, sich von seinen Kameraden der Straßenbaubrigade in der Kunst des Lesens und Schreibens unterweisen zu lassen. Das allerdings wird ihm schwerer fallen als das Bauen von Straßen; auch die Allee nach Ohnesorg ist mit Mühsal gepflastert.

Der umgekehrte Herr Puntila

Die Kunst, das Leben zu meistern, hat er mit seinen 38 Jahren nicht gelernt. Und das Glück, das er einmal sein eigen nannte, hat er mit Füßen getreten. Nun ist ihm zum zweiten Mal das Glück begegnet. Ob er es halten kann?

Es hat ihn nach dem Krieg in die Pfalz verschlagen. Dort fand er eine prächtige Frau, mit Herz, mit Liebe, mit Ordnungssinn. Sie bekamen drei Kinder. Aber für eine kinderreiche Familie eines ungelernten Arbeiters – er hatte schon als Kind für seine sechs Geschwister mit sorgen müssen und keine Lehre beginnen können –, also für diese kinderreiche Familie eines ungelernten Arbeiters gab es keinen angemessenen Wohnraum. Er kehrte mit der Familie in seine thüringische Heimatstadt zurück, und dort bekam die Familie ein gemütliches Heim. Einige wenige Arbeitsstellen hat er ausprobiert, jetzt ist er beim staatlichen Kohlenhandel. Als Träger hat er begonnen und ist heute Kranführer. Er ist beliebt dort, Mitglied einer Fußballmannschaft, Pius nennen sie ihn. Seine Frau arbeitet auch, das Geld war auskömmlich, die Kinder wohlgeraten, auch heute hängt er, der Vater, zärtlich an ihnen.

Der Richter sagt, im staatlichen Kohlenhandel gäbe es bei einer Gruppe von Mitarbeitern keine klare Einstellung zur Frage des Trinkens. Es gibt dort, so scheint mir, eine Einstellung, Klaren zu trinken, ohne Frage. Und vor allem Bier, zur Beseitigung des Kohlenstaubs. Pius gehört zu denen mit der klaren Einstellung zum Klaren. Es ergeht ihm umgekehrt wie Herrn Puntila, dem finnischen Gutsbesitzer aus Brechts Volksstück. Der ist nur im Suff ein Mensch, nüchtern unleidlich, ein Ausbeuter und Leuteschinder. Pius, der Arbeiter, ist nüchtern menschlich, vernünftig, fleißig, ein sorgender Familienvater, im

Suff aber unerträglich. Schon einige Male hat er Straftaten betrunken oder angetrunken begangen und hat sie im Gefängnis büßen müssen. Von der letzten Sache läuft noch eine Bewährungszeit ...

Er hatte seine Frau schlimm behandelt, so sehr geprügelt, daß sie die Ehe scheiden ließ. Das Sorgerecht über die drei Kinder wurde der Mutter zugesprochen und er wurde verurteilt, für die Kinder 180 Mark Unterhalt zu zahlen. Die Wohnung mußte er verlassen.

Aber für einige Monate blieb er noch in einem Zimmer der Wohnung, bis ihm ein neuer Raum zugewiesen wurde. Und nun steigerte er sein Trinken. Er war wütend, daß seine Frau sich von seiner Alkoholtyrannei befreit hatte. Er ist ausgeschlossen von seinem gemütlichen und sonst so harmonischen Familienleben. Seine bisherige Ordnung ist zerstört. Wer kocht, wer wäscht für ihn? Wer ist für ihn des Abends da? Nun muß er für alle diese Mängel und Schwierigkeiten noch 180 Mark bezahlen. Das empört ihn, er empfindet es als schreiendes Unrecht.

Betrunken randaliert er jetzt in der Wohnung. Er will seine geschiedene Frau veranlassen, den Unterhaltssatz auf 150 Mark zu ermäßigen. Die Frau geht nicht darauf ein und kann es gar nicht. Eine Abänderung kann nur das Gericht beschließen, wenn sich die Einkommensverhältnisse verändert haben. Er bedroht sie, wenn er betrunken oder angetrunken in die Wohnung kommt.

„Ich schlag' dich tot, ich scheue nicht vor einem Mord zurück, auch wenn ich lebenslang ins Zuchthaus muß, wie mein Bruder in Westdeutschland."

Seine Drohung ist für die Frau ernst. Sie weiß, die Sache mit dem Bruder stimmt. Sie verläßt oft abends ihre Wohnung und findet Aufnahme bei einer Freundin, Meisterin in ihrem Betrieb. Um die Kinder hat sie keine Furcht; sie weiß das und erklärt das auch dem Gericht: Pius ist ein zärtlicher Vater. Auch bei der Freundin der Frau dringt er in die Wohnung ein und droht mit Totschlagen.

Als er endlich aus dem Hause zieht, kommt er mehrmals nachts betrunken in das Haus, in dem seine Familie lebt. Dort schimpft er, droht wieder in derselben Art, daß die Nachbarn es hören. Einmal schreit er: „Ich mach' dich morgen früh nieder, wenn du zur Arbeit gehst."

Oft wird die Volkspolizei geholt, einmal, als die Mutter die 14jährige Tochter zur Polizei schickt, bedroht er auch sie mit Erstechen.

Ähnlich wie bei seiner Frau, hat er auch in einer Gaststätte sich aufgeführt. Dort hat er Lokalverbot, weil er schon früher einmal wüst dort randaliert hatte. Um Krawall zu machen, veranlaßte er zwei Freunde, mit ihm dort einzukehren. Er ging zum Objektleiter und verlangte provokatorisch Zigaretten. Als dieser ihn nicht bediente, langte er über die Theke, griff ihn an der Krawatte und wollte ihn schlagen. Erstaunlich für mich war, daß die beiden Freunde, die von seinem Skandalvorhaben wußten, Kellner sind, die eigentlich randalierende Zechbrüder aus beruflichen Gründen nicht unterstützen sollten.

Noch erstaunlicher aber war für mich die Duldsamkeit unserer Strafverfolgungs- und Gerichtsbehörden. Pius hatte nämlich noch eine unbedingte Gefängnisstrafe zu verbüßen; ihm wurde die Gefängnisstrafe auf Bewährung ausgesetzt. Bei der ersten Bedrohung seiner geschiedenen Frau hätte ihm der Staatsanwalt klar und deutlich sagen müssen, noch eine solche Redensart und ich werde beim Gericht einen Beschluß über das Ende des Strafaufschubs erwirken lassen.

Pius ist ein anderer geworden, nicht durch die Strenge unserer Behörden, sondern durch die Liebe einer Frau. Er hat wieder eine Gefährtin gefunden, die jetzt für ihn sorgt, die all seine Schwächen kennt und seither ist es ruhig um ihn. Die Kollegen seines Betriebes setzen sich sehr für ihn ein; denn dort gibt es keine Klagen. Seine geschiedene Frau sagte nur aus, was nach der Ehescheidung geschehen war. Und sie vergaß auch nicht die guten Seiten, die sie in der 16jährigen Ehe kennengelernt hatte. Seine zierliche kleine Tochter, als Zeugin vor Gericht gerufen, machte von ihrem Recht, die Aussage zu verweigern, Gebrauch. Und nach der Verhandlung ging sie zu ihrem Papa hin und versöhnte sich mit ihm.

Konnte da das Gericht hart sein? Es gab ihm eine Strafe wegen seiner ständigen Bedrohung anderer mit einem Verbrechen und wegen Hausfriedensbruch in der Gaststätte, formal fünf Monate Gefängnis, aber bedingt, mit einer Bewährungszeit von zwei Jahren.

Das Gericht wäre gut beraten gewesen, wenn es auch eine Bindung an den Arbeitsplatz beschlossen hätte. In diesem Fall hätten von dort und auch aus dem Wohngebiet regelmäßg Berichte über das Verhalten von Pius eingereicht werden müssen. Und die Bewährungszeit würde dann bei schlechtem Verhalten auch ohne eine neue Straftat gestrichen.

Untreue

Die Geschichte dieser Verfehlung ist die Geschichte einer Ehe. Als die Zuneigung zerrann, da waren die Hemmungen, der Ehrgeiz, das Streben und die Lebensfreude weggespült.

Sie, Anna, heute allein geblieben und allein angeklagt, war die Seele vom Geschäft, das sagten alle. Eine tüchtige Frau; ihr Mann, Karl, blieb mehr im Hintergrund. Sie hatte auch richtig das Fach gelernt, die Wirtschaft, und sie konnte richtig wirtschaften. Seit 1957 führten sie beide die kleine HO-Gaststätte im Berliner Stadtbezirk Prenzlauer Berg an der breiten Ausfallstraße. Vorher waren sie schon drei Jahre lang erfolgreich in der HO-Gaststätte Weberwiese tätig gewesen.

Er machte den Objektleiter, sie den Stellvertreter. „Warum?“ fragte die Richterin, „nur Sie waren aus dem Fach.“ Da antwortete Anna: „Sie wissen ja, wie die Männer heute so sind. Er wollte der Chef sein.“

Und so ließ sie ihn den Chef spielen. Aber nur spielen. Die Arbeit machte sie. Es ist erwiesen, daß sie seit 1957 zwölf und 14 Stunden hinter der Theke stand. Jeden Tag. Und auch die Küche beaufsichtigte sie. Der Mann sollte die schriftlichen Arbeiten machen und die Besorgungen erledigen. Nicht einmal das tat er. Für die Abrechnungen, die der HO-Kreisbetrieb forderte, engagierte er einen Bekannten und zahlte ihm jedesmal 10 Mark.

Die Gaststätte florierte. So viele Urkunden über Wettbewerbsprämien, vom Verteidiger vorgelegt, habe ich noch nie zusammen gesehen. Frau Anna wurde zweimal als Bestarbeiter und einmal im Jahre 1960 sogar als Aktivist ausgezeichnet, wie es sonst nur Betriebsarbeitern zusteht. Die Gäste fühlten sich in der kleinen Bierstube wohl. Und auch das Hinterstübchen war oft belegt. Betriebe, Verwaltungen, Verlobungen, Hochzeiten. Mit den Kellnern, den Serviererinnen, der Mamsell, der Putzfrau und der Küchenhilfe war das Ehepaar richtig befreundet. Ohne daß sie es wußten, und ohne daß sie es so nannten: es war ein Kollektiv geworden.

Im siebenten Jahr aber geriet das alles aus den Fugen. Wer schuld daran war, kann heute keiner sagen, da jetzt Frau Anna allein dasteht und die Suppe auslöffeln muß.

Karl kaufte sich Ende 1962 ein Auto für 1500 Mark, einen alten Adler. Schon dazu mußte er sich Geld von seinen Angestellten pumpen. Aber ein so billiges Auto können sich eigentlich nur Millionäre leisten. Und Karl und Anna waren keine Millionäre. Zusammen hatten sie mit ihren Umsatzprämien netto etwa 1000 Mark. Das Auto aber stand mehr in Werkstätten als auf der Straße. Und Karl war mehr in fremden Gaststätten als in seiner eigenen. Frau Anna hingegen fühlte sich mehr zu einem Stammtisch von biederen Dachdeckermeistern hingezogen als zu Karl, dem, da oft angetrunken, also in jeder Weise fahruntüchtigen Gastwirt. Und so wurde ihm Anna mit einem aus der Runde untreu.

Mit den Kellnern und Serviererinnen rechnete Frau Anna jeden Tag sehr genau ab. Dafür gab es eine Registrierkasse, alles wurde gebont. Was aber an Zigaretten und Schnaps über die Theke verkauft wurde, ging über keine Kasse, wurde auch nicht gebont. Das verschwand in einer Schublade. Karl nahm daraus für sein Auto und für seinen Durst. Frau Anna, die das sah, sagte nichts, nahm auch.

Montag war in der Gaststätte Ruhetag. Oft, allzuoft fuhr das uneinige Ehepaar in ein Dorf fern von Berlin, und da der alte Adler für Autoreisen nicht geeignet war, wurde jedesmal ein Leihwagen gemietet. Das kostete 100 Mark und mehr.

Der gute Ruf der Gaststätte war im Kreisbetrieb aber unerschüttert. Überraschungsinventuren brauchten Karl und Anna nicht zu fürchten. Sie kannten die Intervalle. Bevor eine Inventurgruppe kam, machten sie schnell eine Inventur über den Daumen. Sie schätzten ihr Manko, und dann pumpten sie sich Geld von ihren Angestellten, von der Putzfrau, von der Mamsell. Die wußten als Zeugen vor Gericht nicht, wofür das Ehepaar das Geld brauchte. Aber sie ahnten es.

Anfang November 1963 wurde eine Inventur gemacht, und da fehlten zum ersten Mal in den Beständen Waren im Wert von über 500 Mark. Herr Karl tat, als ob er verzweifelt sei, fand es unerklärlich. Schon am nächsten Tag hatte er die fehlende Summe eingezahlt. Das machte den HO-Kreisbetrieb zum ersten Mal stutzig.

Er hätte schon eher stutzig werden müssen; denn direkt neben der Gaststätte hatte die Leitung des Handelsbereichs ihr Büro. Eine Instrukteurin wußte, daß Herr Karl immer häufiger betrunken war. Sie wußte, daß die Eheleute sich schlugen, daß Frau Anna sich nicht mehr nach Hause traute und bei der Mamsell übernachtete. Erstaunlich für mich war, daß das Gericht diese Instrukteurin nicht lud, obwohl in der Verhandlung Staatsanwältin und Verteidiger in seltener Übereinstimmung diese Ladung beantragt hatten. Es wäre bei der Vernehmung sicherlich einiges über die Mitverantworung des HO-Kreisbetriebes an der Verlotterung der Gaststätte ermittelt worden.

In der Silvesternacht hörten es die Kollegen vom betrunkenen Karl, der plötzlich lallte: „Wer soll bloß die 6000 Mark bezahlen, woher soll ich sie nehmen, ich laß mich deswegen doch nicht einsperren."

Am nächsten Tag schied Karl freiwillig aus dem Leben. Eine Inventur brachte ein Manko von über 5600 Mark.

Frau Anna gibt zu, etwa 2500 bis 3000 Mark selber veruntreut zu haben. Sie hätte es sich leichter machen können, wenn sie alle Schuld und alle Unterschlagungen auf Karl geschoben hätte. Aber sie scheint jetzt ehrlich zu sein und hat sich damit abgefunden, die Hälfte der Schuld zu tragen. Auch das ist über den Daumen gepeilt; denn es gibt keine Möglichkeit, zu überprüfen, wann und wieviel Frau Anna genommen hat.

Die sechs guten, fleißigen Jahre in derselben Gaststätte wiegen das schlechte nicht auf. Aber sie mildern es. Und so entschied das Gericht, es müssen wieder drei gute, fleißige Jahre folgen, dann braucht das eine Jahr Gefängnis für die Untreue gegenüber der HO im Jahre 1963 nicht abgesessen zu werden.

Die Geschichte dieser Verfehlung ist, wie schon gesagt, die Geschichte einer Ehe. Als die gegenseitige Zuneigung zerrann, da waren die Hemmungen, der Ehrgeiz, das Streben und die Lebensfreude weggespült. Eine andere Bindung für Frau Anna war nicht vorhanden, nicht an die Gesellschaft, nicht an die Kollegen oder an den Betrieb, in dem sie so viele Jahre erfolgreich und anerkannt war.

Der Adept ohne Fleiß

Der junge, lang aufgeschossene Scholar, blond, etwas blaß, von bescheidenem Auftreten, weiß mehr über die Dinge, die die Welt im Innersten zusammenhalten, als die meisten anderen Menschen. Er ist ein Adept der Kernphysik, eingeweiht in die Geheimnisse des Mikrokosmos, ein Kundiger mit den Kenntnissen über die gewaltigen Kräfte, die in den kleinsten Teilen der Materie verborgen sind. Nennen wir ihn also Wagner, ihn, den die Natur mit einer seltenen Begabung ausgestattet hat. Er stammt aus einem kleinen Dorf im Erzgebirge.

Wagner konnte sich ganz der Gelehrsamkeit widmen; er studierte in Berlin an der Humboldt-Universität Physik und wandte sich nach den ersten Semestern mit sehr viel Zwischenprüfungen der Atomphysik zu. Elf Semester hatte er absolviert, also fünfeinhalb Jahre, der Staat hatte ihm die Studiengebühren bezahlt und ihm außerdem ein sehr hohes Stipendium gewährt. Nur noch ein Semester fehlte, dann hätte er sein Studium mit einer Diplomarbeit beendet. Er wäre Diplomphysiker, Akademien, Institute und Laboratorien würden sich dann um ihn gerissen haben; in wenigen Jahren könnte er ein Einkommen erreichen, von dem die meisten Menschen kaum zu träumen wagen. Dazu hätte er neben seiner natürlichen Begabung nur eines haben müssen: Fleiß. Er brauchte sich nur im zehnten Semester um ein Thema für seine Diplomarbeit zu kümmern.

Es gab auch einige Schwierigkeiten für ihn. Er sagte dem Gericht, er sei nach einer Umorganisation der einzige Student der Kernphysik in Berlin geblieben, die anderen Kommilitonen seiner Fachrichtung studierten an der Technischen Universität in Dresden. Weil das alles ein bißchen unbequem war, konnte er nicht rechtzeitig ein Thema für seine Arbeit vorlegen, und so wurde er – diese Angaben sind nicht vom Gericht auf ihre Richtigkeit überprüft worden – wegen Verstoßes gegen die Prüfungsordnung aus der Liste der Studenten gestrichen, also exmatrikuliert. Ihm wurde aber gesagt, er habe die Möglichkeit, seine Abschlußarbeit als Externer vorzulegen.

Unser Scholar Wagner saß plötzlich auf dem Trockenen, das Stipendium lief aus, er verlor die Aufenthaltserlaubnis für Berlin. Er wollte seine Arbeit noch machen, aber das konnte er nicht zu Hause im Erzgebirge, er mußte die Bibliotheken einer Universitätsstadt benutzen können. Herr Wagner blieb also in Berlin.

Auf Empfehlung gab man ihm die Adresse des Zentralblatts für Kernforschung und Kerntechnik der Deutschen Akademie der Wissenschaften. Diese wissenschaftliche Zeitschrift hat ihre Redaktion in Caputh bei Potsdam; sie erscheint monatlich und bringt in kurzen Auszügen zusammengefaßt alle wissenschaftlichen Arbeiten aus der ganzen Welt über die Fragen der Atomphysik. Die monatlichen Hefte haben einen Umfang von über 300 Seiten. Unser Wagner wurde von der Chefredaktion sehr freundlich aufgenommen. Er erzählte, er arbeite jetzt als Externer an seiner Diplomarbeit; er wurde als freier Mitarbeiter beschäftigt. Seine Aufgabe war es, den Extrakt aus langen wissenschaftlichen Abhandlungen, die in Deutsch, Englisch oder Russisch erschienen waren, herauszuziehen und in kurzen sogenannten Referaten zusammenzufassen. Für jedes dieser Referate wurden ihm 10 Mark bezahlt; er bekam ungefähr 30 solcher Artikel, so daß für seinen Lebensunterhalt gesorgt war. Nach anfänglichen Schwierigkeiten war Wagner ein sehr beliebter, zuverlässiger Mitarbeiter der wissenschaftlichen Monatshefte geworden.

Auch seinen Berlin-Aufenthalt konnte er regeln. Er heiratete seine Berliner Freundin und bemühte sich, noch mehr Aufträge zu bekommen. Die Chefredakteurin machte ihm einen Vorschlag. Er möge für zwei Jahrgänge dieser Zeitschrift ein Namens- und Sachregister anfertigen. Das ist eine sehr komplizierte Fleißarbeit. Es wurde von ihm verlangt, aus all den in der Zeitschrift erschienenen Referaten die Fachgebiete herauszufinden und nach Stichworten zu ordnen. Die Zeitschrift schloß mit Wagner einen Vertrag, er solle sich zu Hause jeden Tag vier Stunden mit dieser Arbeit beschäftigen. Ein monatliches Fixum von 300 Mark wurde vereinbart und ihm monatlich per Post überwiesen.

Wagner ließ sich die schon erschienenen Hefte aushändigen, sie blieben unbearbeitet bei ihm liegen. Erst entschuldigte er das vor sich selbst: Ich schaffe das, wie immer, sowieso. Er arbeitete wohl gewissenhaft an dem anderen Auftrag, den zusammenfassenden Berichten, weil er hier nur Geld für wirklich Geleistetes bekam.

Er berichtete bei all seinen Besuchen in der Redaktion über den Fortgang seines Registers, erzählte auch, er brauche noch bestimmte wissenschaftliche Materialien für seine Diplomarbeit. Die Chefredakteurin bemühte sich sehr, ihm diese Unterlagen zu beschaffen, und ließ sogar Fotokopien anfertigen.

Eines Tages erschien Wagner und renommierte, er habe seine Diplomarbeit bestanden, und ließ sich feiern, mit Kaffee, Kuchen und Blumenstrauß; noch heute ist die Diplomarbeit ungeschrieben.

Dann erzählte er, er habe die Absicht, nun noch Mathematik zu studieren. Die Chefredakteurin war von dem wissenschaftlichen Eifer des jungen Adepten angetan, weil sie schon seit ihrer Jugend eine besondere Leidenschaft für diese Wissenschaft hatte.

Nach einem Jahr mußte das Register nun in Druck gegeben werden. Herr Wagner sagte, er sei fertig, es wurden schon Termine mit der Druckerei vereinbart. Der Wagen der Redaktion sollte das umfangreiche Material in Wagners Wohnung abholen. Der Chauffeur klingelte dort, ein junger Mann öffnete und bedauerte, Herr Wagner wohne gar nicht mehr hier. Erst nach vielfachem Hin und Her stellte sich heraus, daß der junge Mann, der die Tür geöffnet hatte, Herr Wagner selbst war. Jetzt erst lieferte er die Materialien ab. Bei der Durchsicht stellte die Chefredakteurin fest, so gut wie nichts war am Register gemacht. Vor Gericht als Zeugin meinte sie, Herr Wagner habe höchstens an sechs Tagen des Jahres gearbeitet.

Er hatte das in zwei Tagen geleistet, wie er selbst zugab. Dafür hat er im ganzen 3600 Mark bezogen. Die Deutsche Akademie der Wissenschaften stellte Strafantrag, und nur sehr zögernd erhob die Staatsanwaltschaft Klage wegen Betrugs.

Erstaunlich ist, was Herr Wagner jetzt leistet. Er ist im elektronischen Rechenzentrum eines Berliner Großbetriebes tätig. Pünktlich morgens um sieben kommt er zur Arbeit, leistet dort Überdurchschnittliches. Er wurde von dort aus sogar zu einem Lehrgang für elektronisches Rechnen nach Leipzig delegiert. Um für seine Arbeit eine Vertretung zu organisieren, arbeitete er sogar seinen Abteilungsleiter ein, der von ihm noch lernen konnte.

Das Gericht nahm dem so intelligenten Herrn Wagner den Betrug sehr übel. Es verurteilte ihn zu einer Gefängnisstrafe von einem Jahr und sechs Monaten und gab ihm eine sehr lange Bewährungszeit von drei Jahren.

Eines muß Herr Wagner lernen: Arbeitsdisziplin. Das, was ihm fehlt, um als Wissenschaftler Großes zu leisten, ist Ausdauer und Verantwortungsbewußtsein. In der gemeinsamen Arbeit wird er erst begreifen, was Goethe über die Arbeit am Theater und über jede Arbeit sagt: „Was heute nicht geschieht, ist morgen nicht getan./Und keinen Tag soll man verpassen."

Anemone und das adlige Fräulein

Niemand sagt ihr den Beruf, den sie so lange ausgeübt hat, ins Gesicht, der Barbara von Sowieso. Nur einmal reißt der strengen Richterin der Geduldsfaden, und da nennt sie ihn, den Beruf, beim richtigen Namen. So schrieb ich über „Das adelige Fräulein" im Jahre 1961 in der „Wochenpost". Sie wurde damals wegen einer ganzen Reihe von Verstößen gegen das Strafgesetzbuch zu 15 Monaten Gefängnis verurteilt, die alle mit dem damaligen Gewerbe des Fräulein Barbara zu tun hatten. Und diese Zeit hat sie im Gefängnis abgesessen. Es war in diesem Verfahren trotz aller großen Mühe kein gutes Haar unter ihren schwarzen Haaren zu finden, obwohl ich mir bei ihrer äußerlich so reizvollen Erscheinung die größte Mühe gab.

Damals hatte sie schon fünf Kinder zur Welt gebracht, von denen zwei am Leben blieben. Heute, da wir sie wieder vor dem Richter sehen, müssen wir ihr zur Geburt eines neuen Kindes gratulieren. Und ich finde jetzt doch schon einige gute Haare bei ihr, obwohl ein paar sehr sittenstrenge Leser mir diese Entdeckungsfreude manchmal bei jungen Damen richtig übelnehmen. Aber es ist etwas anderes. Heute lebt sie mit dem Vater des Neugeborenen schon wie eine Ehefrau zusammen, sie wollen heiraten, wenn sie eine Wohnung haben. Der Vater muß heute einen Arbeitstag versäumen und sich um das Kindlein kümmern.

Die ganze schlimme Zeit scheint vorüber zu sein, der Weg zu den Bars, auf dem sie einst als Animierdame die Grenzen des demokratischen Berlins, der guten Sitten und des Strafgesetzbuches überschritten hat, ist geschlossen. Sie hat, seit sie aus dem Gefängnis entlassen wurde, ständig gearbeitet. Sie ist beileibe keine Aktivistin, auch keine Bestarbeiterin, aber in einem Betrieb hat sie es über ein Jahr ausgehalten. Jetzt ist sie in einer kleinen privaten Schuhfabrik angestellt, im Augenblick aber macht sie noch den ihr zustehenden Urlaub als Wöchnerin.

Frau Barbara, so will ich sie jetzt nennen, ist durch staatlichen Zwang geändert worden, auch wenn ich ihr heute im Gericht begegnen muß als Angeklagte und Verführerin. Denn mit ihr und neben ihr sitzt Anemone, die Schwester ihres Freundes, ein schönes, schlankes Mädchen, mit auf der Anklagebank; sie, Anemone mit hochtoupiertem, künstlich erblondetem Haar und schwarz gefärbten Wimpern und einer stark rot betonten Unterlippe. Ein wirklich liebes, ordentliches Mädchen, elternlos geblieben nach 1945, bei der Großmutter aufgewachsen, arbeitsam, ein wenig keß wie eine echte Berlinerin. Sie ist bei der Reichsbahn beschäftigt, dort hat sie als Reinigungskraft angefangen, jetzt macht sie Schreibarbeiten, man ist zufrieden mit ihr.

„Sehr zufrieden?“ fragt der Richter.

„Nein, sehr zufrieden sind wir nicht, aber zufrieden. Guter Durchschnitt, sie ist verläßlich, sie arbeitet sogar in der FDJ mit.“

Dies aber war keine Glanzleistung. Mit diesen beiden war an dem Februarabend noch die Schwester von Barbara verabredet. Sie streifte fast die Anklagebank, nur die Geringfügigkeit ihrer Schuld verschonte sie, und sie darf heute hier als Zeugin erscheinen.

Diese drei äußerlich erstaunlich gut aussehenden Damen warteten in einer Kneipe auf Barbaras Verlobten, eben auf den Bruder von Anemone. Der kam später, als sich schon ein junger, kräftiger Mann von hoher Statur und mit wohlgebildeten Koteletten zu ihnen gesellte, ein Uckermärker.

Er kannte die Damen bereits, vor einem Jahr hatte er in derselben Kneipe Frau Barbara erklärt, er würde sie auf der Stelle heiraten; dies war um so verwunderlicher, als er weder ihren Namen noch sonst etwas von ihr kannte und selber mit einer Ehefrau und drei winzig kleinen Kindern ausgestattet war.

An diesem Abend aber, 1964, hatte der Uckermärker, auf einem Bauzug der Reichsbahn arbeitend und dort wohnend, ein

Portemonnaie voller Geld. Er erklärte, es käme ihm heute nicht auf einen 50-Mark-Schein an. Er reizte mit dem Reiz, den er persönlich für sehr wirksam hielt, mit Geld. Wer dies bei Damen tut und damit Erfolg hat, braucht sich über gar nichts zu wundern.

Barbara erlitt einen kleinen Rückfall in ihre alte Berufsgewohnehit. Sie animierte, auf gut deutsch, sie beseelte den schon seligen Uckermärker, sie hauchte ihm Mut, Hoffnung und Erwartung ein. Und Anemone hauchte, das muß leider berichtet werden, kräftig mit. Und diese Beseelung fänd Widerhall. Unser Uckermärker vergaß die Lieben daheim und die eheliche Treue und hoffte, statt das Lager im Bauzug mit bärtigen, rauhen Gesellen teilen zu müssen, sich auf Anemones Couch in ihren hochtoupierten, chemisch erblondeten Haaren zu verstricken.

Aber Anemones Keuschheit war unangreifbar; denn die Großmutter hatte, wie alle alten Leute, einen leisen Schlaf. Das war der einzige Grund, den sie für ihre Standhaftigkeit vor Gericht anführte. Anführen, das tat sie wirklich: den Uckermärker. Der eigentlich ihr Kollege von der Reichsbahn war. Barbara gab der losen Anemone einen Wink, sie möge das Portemonnaie des Uckermärkers aus seiner Manteltasche ziehen. Und das tat Anemone auch.

Auf der Toilette, auf der die beiden Damen nach alter Sitte gemeinsam verschwanden, verteilten sie die gefundenen 260 Mark. Anemone behielt 100, Barbara, die Seele dieser traurigen Geschichte, 150 Mark; sie steckten das Geld an eine schöne Stelle ... Der Schwester Barbaras gaben sie von der Beute hinterher 10 Mark, sie war nicht an der Tat beteiligt.

Kurz darauf verkrümelten sich die Damen einzeln und ließen unseren Uckermärker mit Liebeslust und Liebesschmerz allein. Der Arme war nicht einmal mehr in der Lage, die Zeche zu bezahlen.

Schon am nächsten Tag kam die Volkspolizei, ermittelte alles und nahm den Damen den größten Teil des Geldes wieder ab. Der Uckermärker hatte einige peinliche Stunden, und seine Frau war über die Erlebnisse ihres Mannes nicht gerade begeistert. Sie verlangte kategorisch die Änderung seines Lebensstils.

Er mußte das vagabundierende, aber ertragreiche Leben auf dem Bauzug aufgeben und ist jetzt als Reichsbahnarbeiter mit weniger Geld auf den soliden Gleisen der Uckermark tätig.

Barbara muß fünf Monate Gefängnis auf ihr schon belastetes Strafregister vermerken lassen. Bewährungszeit ist ihr für zwei Jahre gewährt, und ein Jahr darf sie ihren Arbeitsplatz nicht verlassen.

Anemone, die verführte Verführerin, konnte eine Bürgschaft ihrer Kollegen vorweisen, sie buchte nur zwei Monate Gefängnis, und sie braucht sich auch nur ein Jahr bei der Reichsbahn zu bewähren. Und dann müssen beide dem Uckermärker das noch fehlende Geld und drei Tage Lohnausfall bezahlen, denn so viel Zeit kostete sein versuchter Seitensprung.

Anemone, Windröschen, klimpere mit gefärbten Wimpern, wenn es sein muß, färb dir die starke Unterlippe so rot wie du kannst, wenn dein Herz daran hängt, erblonde dein Haar und toupiere es, aber düpiere nicht die Männer, worüber du dann beim späteren Erinnern erröten müßtest, Anemone, Windröschen, Röschen im Wind.

Vom Tau des Himmels

Das großgewachsene Mädchen Gisela mit dem überlangen Haar, das ungekämmt auf den blauen Nylonmantel fällt, ist eine Randerscheinung. Einmal, weil sie die letzte aus einer Gruppe von jungen Leuten ist, die vor einem Jahr verurteilt wurde, und zum anderen, weil sie ein Jahr am äußersten Rand unserer Gesellschaft gelebt hat.

Es hatte sich im Jahre 1962 ein Kern einer Unterwelt zusammengefunden, in der Mitropa, am Bahnhof Friedrichstraße. Dort lauerte man auf Opfer, fand sie und plünderte sie aus. Die Volkspolizei griff zu und verhaftete, und es gab hohe Zuchthausstrafen. Gisela, das hochgewachsene Mädchen, war spät zu dieser Truppe gestoßen. Sie wurde mit den anderen aufgegriffen. Weil aber ihre Tatbeteiligung sehr gering war im Vergleich zu den anderen, weil sie nicht vorbestraft war, wurde sie nach eingehendem Verhör freigelassen. Sie hatte sich verpflichtet, zu ihren Eltern, tüchtigen, angesehenen Genossenschaftsbauern im Bezirk Frankfurt (Oder), zurückzukehren.

Aber Anklageschrift, Eröffnungsbeschluß und Terminladung kamen von dort als unzustellbar zurück, Gisela war nicht auffindbar. Ihr Name wurde jetzt ins Fahndungsbuch eingetragen.

Erst im Juni 1964 taucht sie wieder auf. Und nun wird sie aus der Haft zur Gerichtsverhandlung vorgeführt.

Sie war durch das Mädchen Margit zu der Bande geraten. Die Jungens imponierten ihr. Sie zeigten ihre Anklageschriften und ihre früheren Verurteilungen herum wie andere ihre Empfehlungsschreiben und Zeugnisse. Gisela, so glaube ich, wollte auch etwas erleben. Ihre Schulbildung hatte sie mit der siebenten Klasse beendet, eine Tätigkeit als Küchenhilfe in der dörflichen Handelsorganisation hatte ihr wenig behagt. Sie wollte auch der strengen elterlichen Aufsicht entgehen; sie ging dann zur Reichsbahn als Wagenwäscherin. Das gefiel ihr, es war etwas Neues, vor allem, weil sie auf einem Berliner Bahnhof tätig war.

Aber auf die Dauer war ihr jede geregelte Tätigkeit zu langweilig. Und die Lust zur Arbeit erlahmte, als sie in den Bannkreis der Bande geriet. Zu ihrem Glück aber schloß sie sich ihnen erst an, als es mit der Truppe zu Ende ging. Gemeinsam mit der schwarzen Margit und zwei jungen Leuten wollte sie sich dem Zugriff der Volkspolizei entziehen. Margit schlug vor, sich in der Laube ihrer Eltern in der Nähe von Potsdam zu verstekken; und sie fuhren zu vieren. Margit, mit den Eltern verkracht, wußte, wo der Schlüssel lag, öffnete die Laube. Sie blieben einige Tage und lebten von den dort lagernden Konserven.

Als sie vermuteten, daß Margits Eltern zum Wochenende erscheinen würden, brachen sie eine andere Laube auf, aßen sie auch leer und schlachteten ein Karnickel. Dann beschlossen sie, mit Autos oder Motorrädern nach Burg zu fahren.

Zwei Autos und zwei Motorräder wurden von den Jungen aus fremden Garagen geholt, die Mädchen standen Schmiere. Aber es klappte nicht, die Motorfahrzeuge wollten den neuen Herren nicht gehorchen.

An diesen Einbrüchen und an diesem unbefugten Benutzen der Fahrzeuge ist Gisela beteiligt und deshalb angeklagt. Es ist im ganzen gesehen nicht sehr schwerwiegend im Verhältnis zu den Räubereien und Erpressungen der anderen.

Gisela hat dieses eine Jahr unangemeldet bei einem jungen Mann in Berlin gelebt. Sie hat nicht gearbeitet und sie ist auch nicht verhungert. Der junge Mann hat auch nicht gearbeitet – er sagt, er habe ein halbes Jahr Kohlen ausgetragen – aber seine Angabe über diese Arbeitsstelle ist fragwürdig.

In dem Verfahren gegen Gisela ist er als Zeuge geladen. Er kommt, schmächtig, sanft, gepflegt, mit einem kleinen Schnurrbärtchen, schneeweißer Hose und moderner Jacke aus braungestreiftem Popeline. Äußerlich ein sehr angenehmer Anblick.

Das Pärchen gibt mir viele Rätsel auf. Kennengelernt haben

die beiden sich in einem Berliner Krankenhaus, Nordmarkstraße, dort lag Gisela neben einer Freundin dieses weißbehosten Jünglings. Jeder Eingeweihte weiß, daß in diesem Krankenhaus gewisse „Berufskrankheiten“ behandelt werden. Es wird im Prozeß erwähnt, daß Gisela im Laufe dieses untergetauchten Jahres noch einmal in der Nordmarkstraße war. Und auch der Jüngling, der sehr böse ist auf Gisela wegen der Infektion.

Muß das Krankenhaus seine Patientin nicht polizeilich anmelden? Stand Gisela nicht im Fahndungsbuch?

Der Jüngling erklärt, sie hätten beide bei seiner Mutter gegessen. Die Mutter aber ist Rentnerin.

Als Gisela verhaftet wurde, ging dieser weißbehoste junge Mann zur Volkspolizei und zeigte sie wegen Diebstahls an. Sie habe seinen blauen Nylonmantel und ein Tuch mitgehen lassen. Auch zwei Hemden – aber das ist fragwürdig. Es ist der Nylonmantel, den Gisela jetzt vor Gericht trägt. Die Volkspolizei wird in dieser Diebstahlsaffäre aktiv, ja, sie macht sogar eine Gegenüberstellung.

Jeder im Raum vermutet, daß Gisela in diesem langen Jahr nicht vom Tau des Himmels gelebt hat. Und so verstehe ich auch das Urteil des Gerichts, das neben einer Gefängnisstrafe von insgesamt zehn Monaten wegen der alten Sachen und einer Haftstrafe von sechs Wochen wegen Landstreicherei auch verfügt, Gisela nach Verbüßung ihrer Strafe in ein Heim für soziale Betreuung einzuweisen.

Aber hat denn der weißbehoste Jüngling vom Tau des Himmels gelebt? Wie ist es möglich, daß die Volkspolizei bei soviel Verdachtsmomenten gegen ihn nicht wegen Zuhälterei ermittelt? Wie konnte ein Staatsanwalt diese Unterlassung übersehen?

Ohne diesen Knaben, ohne seinen Schutz und ohne seine Wohnung hätte Gisela sich nicht einmal acht Tage in Berlin herumtreiben können.

Ohne Zuhälter keine Prostitution. Aber auch ohne Ankläger keine Richter.

Die sogenannten Lehrjungen

Es geht um die drei Lehrlinge des VEB Feinstahlbau Berlin. Hier, vor Gericht, haben wir es nur mit zweien zu tun, dem Kleinen und dem Großen, wie ich sie nennen will. Der dritte hat mitgemacht, aber sein Tatanteil, seine Intensität sind wesentlich geringer als die unserer zwei. Und deshalb wird sein Tun vor der Konfliktkommission des Betriebes beraten.

Beide, hier angeklagt, haben das Glück eines sehr geordneten Elternhauses. Der Kleine, 16jährig, ist ein schmaler Bursche; er hat jedoch schon einmal seinen Eltern großen Ärger verursacht. Als 14jähriger hatte er sich einer Bande angeschlossen und war bei einem Einbruch gefaßt worden. Er bekam damals vom Gericht eine Strafe von einem Jahr Freiheitsentzug, ausgesetzt auf zwei Jahre mit Bewährung. Es fehlte nur noch ein Monat, dann wäre diese Strafe erledigt und getilgt gewesen.

Nach der Tat waren die Eltern damals sehr besorgt um ihren Jungen. Sie hielten den Kleinen sehr streng, berieten sich oft mit dem Referat Jugendhilfe. Ein halbes Jahr war der Junge im Jugendwerkhof, aber dort wurden seine Leistungen in der Schule viel schlechter. Er blieb sitzen. Die Eltern nahmen ihn in den Ferien mit nach Hause, arbeiteten sehr intensiv mit ihm. Es wurde eine Nachprüfung gemacht, und der Kleine wurde versetzt. In diesem Fall überzeugte sich das Referat Jugendhilfe, daß die Erziehung und Bildung im Elternhaus besser wirkte als die des Werkhofs. Und er blieb zu Hause.

Der Große ist schon fast 18 Jahre alt. Er ist wohl einen Meter neunzig lang, äußerlich ein Mann mit sehr buschigen, dunklen Augenbrauen. Er wirkt älter als er ist. Mit ihm hat es nie Kummer oder Schwierigkeiten in der Erziehung gegeben. Durch eine schwere Erkrankung, durch sein langes Fernbleiben vom Unterricht wurde er nicht in die neunte Klasse versetzt. Der Vater, ein hochqualifizierter Facharbeiter, aber sehr krank, drang darauf, daß der Junge eine Lehre bekam, aus Sorge, daß er vielleicht bald auf eigenen Füßen stehen müsse. So konnte der Große seinen Berufswunsch nicht erreichen. Er wäre gern Fernsehmechaniker geworden, aber dazu ist der Abschluß des zehnten Schuljahres notwendig. Nach langen Bemühungen fand der Vater eine Lehrstelle im VEB Feinstahlbau Berlin.

Dieser Betrieb war damals nicht berechtigt, Lehrlinge auszubilden. Es ist ein Betrieb, der im Aufbau begriffen ist. Die dort tätigen Facharbeiter sind alle sehr jung. Viele sehen jünger aus als der Große der beiden „Lehrjungen", wie sie bezeichnenderweise im Betrieb genannt werden. Die Ausbildung lag im wesentlichen bei der Betriebsberufsschule „Ernst Zinna", die für mehrere gleichartige Betriebe die Lehrlingsverträge abgeschlossen hat. Im ersten Lehrjahr waren die drei Lehrlinge nur auf der Schulbank und in der Schulwerkstatt und leisteten keine praktische Arbeit.

Aber schon im zweiten Lehrjahr wurden die Lehrlinge den Brigaden zugeteilt. Richtig verantwortlich für ihre Ausbildung war dort niemand. Die Lehrlinge wurden mit Nebenarbeiten beschäftigt; vor Gericht beschwerten sie sich, daß sie jetzt, am Ende des zweiten Lehrjahres, noch nicht unterrichtet wurden, wie man nach einer Bauzeichnung arbeitet. Sie sind davon überzeugt, daß sie in den Brigaden als billige Arbeitskraft nur mit langweiligen Arbeiten beschäftigt wurden. Außerdem gibt es heftige Spannungen zwischen der Berufsschule und den Brigadieren und Meistern. Leistungsnoten wurden von beiden Seiten willkürlich abgeändert.

Die Mitglieder der Brigaden aber verdienen viel Geld. Es gibt Kollegen, die mit 1000 Mark im Monat nach Hause gehen. Die Lehrlinge befürchten, daß sie bei Abschluß der Lehre die Prüfung nicht bestehen und dann nicht als Facharbeiter im Betrieb eingestellt werden. Sie kommen sich ausgebeutet vor. Sie kennen wohl das Jugendkommuniqué, aber sie haben nicht die Initiative und die Kraft, ihre Rechte durchzusetzen. Es gäbe da viele Möglichkeiten, zum Beispiel genügte ein Brief an die

„Junge Welt", und ich bin sicher, es hätte ein großes Donnerwetter gegeben. Oder eine Beschwerde an die Gewerkschaft.

Sie tun etwas anderes. Der Große, bisher immer ordentlich, fleißig, öffnet unbeobachtet den Garderobenschrank eines Facharbeiters und stiehlt dessen Armbanduhr. Der Kleine sieht die Uhr und weiß sofort, woher sie stammt, und sagt, ein anderer Facharbeiter hat noch eine schönere.

Der dritte Lehrling zeigt ihnen, eingeweiht, den Garderobenschrank. Auch der wird aufgeklemmt. Sie finden die Uhr nicht, aber einen Nylonmantel, den sie herauszerren. In ihm ist die ersehnte Uhr verborgen.

Der Kleine, nun mit Uhr und Mantel, muß beides vor seinen Eltern verstecken. Er hat wenig Gelegenheit, sich an den Dingen zu erfreuen. Nun werden noch zwei weitere Nylonmäntel und ein Kofferradio aus den Garderobenschränken geholt, und dann werden die Täter entdeckt. Der Wert der gestohlenen Dinge soll etwa 1000 Mark sein, aber alles kann den Besitzern zurückgegeben werden.

Ohne daß es die beiden dem Gericht erklären, scheint mir, daß ihre Diebstähle aus den Gegensätzen zwischen den Facharbeitern und den drei Lehrlingen, die sich benachteiligt fühlten, entstanden sind. Es kamen Untersuchungen, ein Staatsanwalt tauchte im Betrieb auf. Die Brigaden, schuldbewußt, übernahmen für beide die Bürgschaft, und der FDJ-Sekretär wurde dem Großen als Beistand beigeordnet.

Trotz erheblicher Bedenken wurde den beiden, auch dem Kleinen, noch einmal eine Bewährungszeit von zwei Jahren zugebilligt. Der Freiheitsentzug von acht Monaten wurde bedingt ausgesprochen. Das Gericht übte eine sehr harte Kritik an den Ausbildungsmethoden des Betriebes und der Betriebsberufsschule „Ernst Zinna".

Inzwischen hat sich einiges verändert. Es wurde im Feinstahlbau ein Lehrlingskombinat aufgebaut, das allerdings nur für die neuen Lehrlinge gedacht ist. Das Gericht besteht aber darauf, daß auch den dreien dort nicht nur eine gute Fachausbildung, sondern zugleich eine pädagogische Anleitung zuteil wird.

Erziehung ist Leitung sich entwickelnder Charaktere. Jede

Inkonsequenz, jedes Hü und Hott krümmt den noch weichen Wuchs. Das schlimmste für einen heranwachsenden Menschen ist der Widerspruch zwischen Wort und Tat, zwischen propagierter Theorie und erlebter Praxis. Ein kräftiger Mensch wird versuchen, durch eigene Kritik diesen Widerspruch aufzuheben. Schwache, leicht beeinflußbare Menschen aber kommen zur Fehlentwicklung. Daß durch unsere Gerichtspraxis diese Widersprüche aufgedeckt werden, ist der große Fortschritt gegenüber der alten, bürgerlichen Justizmethode, die nur dazu dient, Straftatbestände zu ermitteln und dann den Täter mit einer vom Gesetz vorgeschriebenen „angemessenen, aber ausreichenden" Strafe zu belegen.

Die Hand ins Feuer gelegt

Mit dem einfachen Rezept, das Abgleiten eines Jugendlichen liege an einem lieblosen Elternhaus, an schlechten Einflüssen aus seinem Freundeskreis, am intensiven Studium der Schmöker oder an seinen primitiven Interessen, mit all diesen so beliebten Erklärungen ist Achim nicht beizukommen. Seine schlimme Entwicklung hat andere Ursachen. Sie sind erkennbar. Es sind sicher auch Umwelteinflüsse, aber der Kern des Abgleitens liegt tiefer.

Achims Vater ist Schauspieler, seine Mutter Klubhausleiterin. Als das Kind drei Jahre alt war, wurde die Ehe geschieden, es blieb bei seiner Mutter. Die Mutter sagt: „Ich habe nie in einer kindlichen Form mit ihm geredet, ich habe ihm alle meine Sorgen und Nöte gesagt, auch als er noch ein kleines Kind war."

Sicher hat sich Achim schon damals als Stellvertreter des Vaters betrachtet. Die Mutter heiratete ein zweites Mal. Ihre Gründe erläuterte sie dem Gericht: „Ich habe wieder geheiratet, damit Achim einen Vater bekommt."

Einen Vater hat er nie bekommen; wohl aber ein kleines Schwesterchen, acht Jahre jünger, an dem er sehr hängt. Die Beziehungen zum Stiefvater sind schlecht, die Mutter erzählt dem Gericht eine der vielen Szenen. Achim habe mit acht Jahren Äpfel aus Nachbars Garten genommen. Der Nachbar war abends zur Familie gekommen; die Mutter wollte den Schaden wiedergutmachen. Der Nachbar winkte ab, darum ginge es ihm nicht. Sie wollte das schlafende Kind nicht stören, aber sie sagt, am nächsten Tag hätte sie Achim zur Rede gestellt. Da sei der Stiefvater zu Achim ins Schlafzimmer gegangen, habe ihn geweckt und ihn angeschrien: „Junge, du kannst ruhig weiterklauen, deine Mutter billigt das."

Die Ehe wird nach acht Jahren geschieden; wahrscheinlich hat Achim darauf gedrängt. Jetzt ist er wieder der einzige Mann im Haus. Er fühlt sich als der Vater der kleinen Schwester.

Der Junge gedeiht äußerlich gut. Heute ist er 15 Jahre alt, ein großgewachsener, hübscher junger Mann, dunkelhaarig, schon über dem Stimmbruch mit einem sehr angenehmen, tiefen Organ. Er hat den Ehrgeiz, wie sein Vater Schauspieler zu werden, er ist schon öfter am Rundfunk als Sprecher in einer Kindersendung beschäftigt mit einem kleinen Honorar, pro Sendung etwa 8 Mark.

Jedoch schon als Kind, noch nicht strafmündig, ist er manchmal auf Abwege geraten. Er hat mit einem Freund in einem Selbstbedienungsladen Süßigkeiten genommen. Und er wurde auch einmal bei einem Streifzug durch Westberlin dort von der Polizei aufgegriffen. Doch zu Hause ist er musterhaft. Die Mutter, oft bis in den späten Abend beschäftigt, unterstützt er. Er holt ein, pflegt die Wohnung, macht die Betten, hilft der kleinen Schwester bei den Schularbeiten. Er ist richtig ein guter kleiner Familienvater. Er liest auch viel und wirkt bei literarischen Schülerveranstaltungen mit.

Plötzlich läßt er in der Schule nach, versäumt Stunden, kommt zu spät. Die Klassenlehrerin spricht mit der Mutter. Aber die Mutter kann durch ihren Beruf, den sie vielleicht zu ernst nimmt, nicht helfen. Im neunten Schuljahr ist Achim versetzungsgefährdet.

Aber gleichzeitig wird in der erweiterten Oberschule, die neben Achims Schule liegt und Verbindungstüren hat, viel und oft gestohlen. In den Pausen verschwinden aus den Mappen, meist von Schülerinnen, Geldbörsen, auch aus den Mänteln, die auf dem Flur hängen. Es wird so schlimm, daß die Freie Deutsche Jugend in beiden Schulen einen Ordnerdienst einführt. Auch Achim, ein eifriger FDJler, macht mit, aber das Stehlen hört nicht auf. Es verschwindet Geld aus einem Schulhort, aus einer FDJ-Kasse. Schülerinnen, die das Fahrgeld für die Klasse, die zum Unterricht in der Produktion fahren soll, verteilen müssen, vermissen das Geld. Monatelang ist in beiden Schulen eine schlechte Atmosphäre, gibt es Verdächtigungen, Mißtrauen.

Von einem Lehrer wird Achim beim Stehlen ertappt, er reißt sich los, versteckt das Geld, kommt zurück und leugnet alles. In der Klasse aber ist bekannt, daß Achim immer mit seiner gefüllten Brieftasche prahlt, darin blättert. Er sagt, das stamme von seinem Vater, dem Schauspieler, von seinen Rundfunkhonoraren. Er hält die Kameraden oft frei, bezahlt sogar ein Taxi, wenn die Klasse gemeinsam ins Theater fährt.

Die Kriminalpolizei findet bei ihm zwei Kofferradios. Das eine, so behauptet er, habe er in der S-Bahn gefunden, das zweite, ein westdeutsches Fabrikat, habe ihm ein Westberliner Jugendlicher beim Deutschlandtreffen geschenkt.

Die Volkspolizei hat es mit ihm schwer. Einen Diebstahl gibt er zu, den anderen leugnet er und sagt, er lege seine Hand ins Feuer, dieses Geld habe er nicht gestohlen. Erst nach vielen Vernehmungen bekennt er, über 400 Mark genommen zu haben. Nur bei den Kofferradios bleibt er bei seinen Versionen, nicht bedenkend, daß er das gefundene Gerät hätte abliefern müssen. Das wird ihm als Fundunterschlagung angerechnet.

Die Mutter war im Anfang nicht einsichtig. Sie gab bei der Polizei an, das eine Kofferradio habe sie ihm geschenkt. Sie habe es, so sagt sie heute, in der Absicht gesagt, um von ihrem so geliebten Jungen allein die Wahrheit zu erfahren. Aber dann berichtigte sie ihre Aussage bei der Volkspolizei.

Achim wurde nicht versetzt, wegen seiner schlechten Leistungen und wegen seines hemmungslosen Stehlens mußte er von der Schule verwiesen werden.

Er hat sich als Vater der Familie gefühlt, aber es gab ein Mißverhältnis: er konnte plötzlich in der Schule nicht mehr der geistig Überlegene sein. Ich glaube, dieses mangelnde Erfolgserlebnis versuchte er durch eine dicke Brieftasche, durch Renommieren zu ersetzen.

Und nun kommt in die Geschichte eine wirkliche Tragik. Nachdem alles aufgedeckt war, will er in den Ferien Geld verdienen, um den vielen Geschädigten das Gestohlene wiederzugeben. Er wird in das Transformatorenwerk Oberschönweide vermittelt, ist eifrig und anständig, ja übereifrig. Man stellt ihn an eine Fräsmaschine, die nicht die gesetzlich vorgeschriebene sicherheitstechnische Vorrichtung hat und an der nur Jugendliche über 16 Jahren arbeiten dürfen. Nach acht Tagen Tätigkeit im Betrieb zieht er sich eine Handverletzung zu, die ihm in seinem Leben schwer zu schaffen machen wird. Ich bin überzeugt, daß gegen die Verantwortlichen für den Arbeitsschutz ein Strafverfahren eingeleitet wird.

Die Leitung des Betriebes, sehr schuldbewußt, hat sich verpflichtet, später für die berufliche Ausbildung Achims zu sorgen. Jetzt aber muß das Gericht sprechen. Es erteilt Achim die Weisung, in einem Spezialkinderheim mit Internatsschule unter Aufsicht von Psychologen und ganz besonders befähigten Pädagogen das Ziel der zehnten Klasse zu erreichen. Das ist kein Jugendwerkhof, sondern eine neue Einrichtung, geschaffen, damit gefährdeten Jugendlichen eine gründliche Schulausbildung vermittelt wird.

Diebstahl in der Bewährung

An diesem kühlen Oktobertag fielen mir seine karierten Beinkleider aus einem dünnen Baumwollstoff und seine etwas schiefgetretenen offenen Sandalen auf. Dieser Mann war, so schien es mir nach seiner Kleidung, etwas heruntergekommen. Seine Haltung war leicht nach vorne gebeugt, erstaunlich für einen Mann, der als Sportler einen Namen hat und als Boxtrainer mit einem kleinen Nebenverdienst beschäftigt wurde.

Dieser Mann von fast 30 Jahren tappt wie ein Blinder nach dem Glück; er ist nicht arbeitsscheu, sein Arbeitsbuch weist keine großen unerklärlichen Lücken auf, aber es ist fast ein Adreßbuch, eine Stempelsammlung von vielen Berliner Betrieben. Es scheint, der Besitzer dieses Buches hat wohl Lust zur Arbeit, aber keine Lust an irgendeinem bestimmten Beruf.

Er kommt aus überaus gutem Haus, seine Mutter und vor allem sein Stiefvater sind angesehene Menschen, tüchtig und beliebt. Sie machen sich Sorgen um ihren Sohn, den ich hier Ernst nennen will. Dabei ist er verheiratet, hat selber schon zwei Kinder und müßte sich um die Gestaltung und die Zukunft seines Lebens und seiner Familie Gedanken machen.

Zweimal ist er schon nach dem Westen ausgerissen, einmal mit seiner Frau und einmal von seiner Frau weg. Eine Lehre hat er wohl aufgenommen und zwei Jahre lang durchgehalten, als Fernmeldemonteur. Er hat dort gute Kenntnisse und Fertigkeiten mitbekommen. Aber er brachte die Lehre nicht zu Ende, der höhere Verdienst als ungelernter Arbeiter hat ihn weggelockt. So ist es in seinem ganzen bisherigen Leben geblieben. Fast überall ist er nur fünf, sechs, sieben Monate beschäftigt, immer hat er gewechselt, immer um angeblich höheren Lohn. Er war auch einmal bei der Transportpolizei, aber diese Tätigkeit fand ein abruptes Ende; über die Folgen wollen wir hier nicht sprechen, die Sache ist wirklich gelöscht und darf nicht zu seinen Ungunsten ins Kalkül gezogen werden.

Aber über eine zweite Sache muß hier gesprochen werden. Er wurde am 19. Mai 1962 wegen Diebstahls gesellschaftlichen Eigentums zu sechs Monaten Gefängnis verurteilt, bedingt mit einer Bewährungszeit von zwei Jahren. Im Mai 1964 war diese Bewährungszeit abgelaufen, und das Stadtbezirksgericht Berlin-Köpenick, das ihn damals verurteilt hatte, stellte durch Beschluß fest: Ernst gilt nicht mehr als vorbestraft.

Nach dieser Verurteilung im Jahre 1962 machte sich der Stiefvater Sorge, was aus Ernst nun eigentlich einmal werden soll. Er kümmerte sich sehr um ihn. Das ist nicht verwerflich, es ist sogar begrüßenswert. Er tat sogar mehr. Er besorgte ihm eine Arbeit. Der Stiefvater ist Abteilungsleiter für Sport und Körperkultur in einem Berliner Stadtbezirk. Dort wurde zu dieser Zeit ein Sportzentrum errichtet für Betriebssportgemeinschaften, für Schulen, für Studenten, für Hausfrauen, für alle Einwohner des Stadtbezirks. Der Stiefvater empfahl seinen Stiefsohn als künftigen Objektleiter. Die Kaderleitung stellte ihn ein, ohne die Kaderakten gesehen zu haben, nur auf das Wort des bekannten und angesehenen Staats- und Sportfunktionärs, sein Stiefsohn sei geeignet für dieses Aufgabengebiet. Mit dieser Stellung war eine sehr günstige Dienstwohnung verbunden bei einer billigen Miete; Heizung, Licht, Gas waren sogar frei. Es ist eine Vertrauensstellung. Kleine Reparaturen sollte der Objektleiter machen, im übrigen nur für Ordnung sorgen, Pförtner und Reinigungskräfte beaufsichtigen. Das Gehalt war nicht sehr groß, aber es gab Nebenverdienste.

Wer den Papst zum Vater hat, kann leicht Kardinal werden, sagt der Volksmund. Und solange wir eine Geldwirtschaft haben, werden wir das, was man Protektion nennt, so schlecht sie auch ist, nie ganz aus der Welt schaffen können. Aber eines darf und kann nicht sein. Niemand darf einen Verwandten oder Freund empfehlen oder gar anstellen, der fachlich oder persönlich gar nicht geeignet ist. Ich lege meine beiden Hände ins Feuer für eine Behauptung: Wäre ein Fremder zu dem Abteilungsleiter für Sport- und Körperkultur gekommen, hätte er sich um den Posten eines Objektleiters für das Sportzentrum beworben und hätte eine derartige Kaderakte vorgelegt mit etwa 15 Arbeitsstellen in zehn Jahren, vorbestraft wegen Diebstahls mit einer Bewährungszeit von zwei Jahren – der Abteilungsleiter hätte ihn entweder sofort vierkantig hinausgeworfen oder ihm gesagt: Mit dieser Akte suchen Sie sich eine Arbeit in einem festen Kollektiv, suchen Sie sich aber keine Stelle, wo Sie andere zu beaufsichtigen haben. Hier auf diesen Posten gehört ein Mensch, zu dem man ein ganz besonderes Vertrauen haben muß.

Fachlich war Ernst keineswegs ungeeignet. Er hat sogar in der ersten Zeit im Sportzentrum viele kleine Reparaturen gemacht. Aber moralisch?

Schon in seiner Bewährungszeit fing Ernst an zu stehlen. Er öffnete mit einem zweiten Schlüssel die Umkleideräume und stahl aus den Taschen, den Portemonnaies und den Hosen Geld. Immer nur Teilbeträge, nie das ganze Geld, damit es nicht so auffiel. Das Geld gab er für Zigaretten aus, er vertrank es in der Eckkneipe dicht neben dem Sportzentrum. Er war oft während der Dienstzeit völlig betrunken.

Viele am Sport Interessierte blieben weg, weil es sich herumgesprochen hatte, hier verschwindet aus den Kleidern, aus den Taschen Geld.

Nicht alle Sportler und Sportbegeisterten meldeten ihre oft kleinen Verluste bei der Volkspolizei. Aber 17 Geschädigte hatten im Laufe der anderthalb Jahre Anzeige erstattet. Der materielle Schaden, der geltend gemacht wurde, war relativ gering. Etwa 300 Mark. Der moralische Schaden aber ist nicht errechenbar.

Obwohl schon vor Ablauf der Bewährungszeit das Ermittlungsverfahren der Volkspolizei gegen Ernst eingeleitet worden war, obwohl Ernst mit seinen Diebereien schon im Juni 1963 begonnen hatte, also ein Jahr nach der Gewährung der Bewährungsfrist, informierte die Volkspolizei das damals zuständige Stadtbezirksgericht Köpenick nicht, daß Ernst sich in der ihm gesetzten Frist nicht bewährt habe. So kam es zu dem unsinnigen Beschluß, Ernst gilt heute nicht als vorbestraft. Dieser Beschluß müßte jetzt vom Stadtgericht in Berlin kassiert werden, damit die Bewährungszeit nicht zu einer Farce wird. Und gleichzeitig müßte meiner Ansicht nach auch die alte Strafe von sechs Monaten Gefängnis wieder aufleben, denn sie sollte ja nur dann nicht vollstreckt werden, wenn Ernst sich in den ihm zugemessenen zwei Jahren wirklich bewährt. Das hat er nicht getan.

Das Gericht verurteilte Ernst noch einmal zu einer bedingten Strafe von acht Monaten mit drei Jahren Bewährung und zwei Jahren Bindung an den neuen Arbeitsplatz. Es wich damit vom Antrag des Staatsanwalts und des gesellschaftlichen Anklägers, der im Namen der Mitarbeiter und Mitglieder des DTSB vom Gericht eine unbedingte Strafe gefordert hatte, ab. Ich halte diese Forderung für berechtigt. Ich glaube, zu oft hat Ernst vergessen, daß einmal mit ihm Ernst gemacht werden muß.

Lieblosigkeit

Ihr Profil, ihr freches Näschen und ihr verzogener Mund erinnern mich an eine Rokokodame, Madame de Pompadour, Madame Dubarry oder eine andere Dame aus dem galanten Zeitalter; nur ihr Format, körperlich und geistig, im Guten wie im Bösen, ist weit geringer. Sie kämmt auch ihre Haare so hoch wie jene, aber die sind nicht weiß gepudert, sondern chemisch weißblond. Und sie hat wie ihre unbewußten Vorbilder diesen sträflichen Schuß von Leichtfertigkeit.

Ginas Partner sind nicht Könige, Minister und Prälaten, sondern Schuhmacher, Kellner und ein Soldat der Volksarmee. Auch ist sie nicht wie jene geld- und machthungrig, sondern sie giert nach Abwechslung und Vergnügen.

Ihr erster Mann ist gelernter Schuhmacher. Ich sah ihn als Zeugen. Er macht einen glänzenden Eindruck, jung, frisch, solide. Er hat eines der gemeinsamen Kinder, den Älteren, zu sich genommen und betreut ihn wahrhaft väterlich. Auch um den zweiten Jungen, den Steffen, sorgt er sich. Er besucht ihn bei seiner geschiedenen Frau. Sie aber hat keinen Blick mehr für ihren ältesten Jungen. Der Vater hat ihr für Steffen vorausbezahlt. In einer Summe für zwei Jahre, um ihr aus einer finanziellen Klemme zu helfen. Er schweigt auch diskret über die Gründe, die zur Ehescheidung führten. Aber jeder im Saal weiß, daß der gewissenhafte Schuhmacher und die etwas zu leicht angelegte Madame Pompadour nie eine Lebensgemeinschaft bilden konnten.

Unsere kleine Dame blieb nicht lange allein, sie fand schnell einen neuen Freund, der zu ihr zog. Armin ist einige Jahre jünger als sie. Er ist der Sohn eines bekannten Berliner Gastwirts, die Eltern waren nicht sehr entzückt über seine Erwählte. Aber

Armin setzte seinen Kopf durch, blieb bei ihr, es kam ein Kind, und die beiden gingen nach einem Jahr Probeehe zum Standesamt. Aber war es eine Ehe?

Armin erlernte die Wissenschaft von der Kochkunst, Gastronomie genannt. Und auch Gina ist gastronomisch tätig. Hier liegen schon die äußeren Ursachen, die beinahe zu einem ganz bösen Ende geführt hätten. Sie trat erst als Reinigungskraft in eine Konsum-Gaststätte ein. Aber sie machte mehr Küchen- und Büfett-Dienst. Sie wohnen beide im Berliner Stadtbezirk Mitte, und auch Gina arbeitete zuerst in der Berliner Innenstadt. Aber dann sagte man ihr, sie müsse jetzt in Köpenick arbeiten. Das will sie nicht, weil sie zwei Kinder zu versorgen hat, und sie schlägt eine Halbtagsarbeit vor. Aber im Gaststättengewerbe kann man keine 4-Stunden-Kräfte gebrauchen. Die Konsumgenossenschaft schlägt Gina einen Aufhebungsvertrag vor. Gina, juristisch unerfahren, meint, sie sei in einer Zwangslage und ist jetzt bereit, acht Stunden in Köpenick zu arbeiten.

All das ist einmal arbeitsrechtlich bedenklich. Es ist aber ein viel größeres Vergehen gegen unsere Prinzipien. So kann man junge Frauen, Mütter von Kleinkindern, nicht behandeln. Denn der Weg von der Wohnung bis zur Arbeitsstelle beträgt fast anderthalb Stunden. Gina brauchte sich diesem sanften, unzulässigen Druck nicht zu beugen. Aber sie wollte im Gastwirtschaftsgewerbe bleiben.

Ihr Mann Armin arbeitete auch in Köpenick, und sie richteten ihre Arbeitszeit so ein, daß ihre Schichten nicht zusammenfallen. Beide sind in ihrer Arbeit tüchtig und beliebt, eine ganz besonders gute Beurteilung hat der heute 19jährige Armin.

Aber die lange Arbeitszeit, der lange Weg zur Arbeit und die getrennten Schichten zermürbten die junge Gemeinschaft. Er blieb oft auch noch länger aus; das merkte die kleine Frau, nahm es übel und reagierte darauf ganz falsch. Auch sie blieb oft weg, sie ging zu Gott weiß wem. Die beiden Kinder, der Junge Steffen, fünf Jahre alt, und die kleine Ute, eineinhalb Jahre alt, waren oft allein. Manchmal sprang Ginas Vater als Baby-Sitter in die Bresche. Intensiv hatte sich Gina nie um einen Krippenplatz bemüht. Obwohl sie fast schon 24 Jahre, also zeit ihres Lebens, im gleichen Haus wohnt, hat sie keinen Kontakt zu ihren Nachbarn. Nie hat sie sich bemüht, eine ältere Nachbarin zu finden, die sich um die beiden Kinder hätte kümmern können.

Dieses In-den-Tag-hinein-Leben, diese völlige Unbekümmertheit mußte zwangsläufig zu einem Unglück führen. Ein Zufall, daß es keine Katastrophe wurde.

An einem Tag im Februar mußte Armin für eine erkrankte Kollegin einspringen. Beide hatten also zusammen Spätschicht. Um 16 Uhr mußte Armin bei der Arbeit sein, Gina hätte etwa kurz nach 23 Uhr frühestens zu Hause sein können. Sieben Stunden also waren die beiden kleinen Kinder sich selbst überlassen. Gina hatte versucht, ihren Vater zu veranlassen, an diesem Tag zu kommen. Aber der konnte nicht. Und mit Armins Eltern war sowieso nicht zu reden, denn denen paßte die Ehe nicht. Armin hatte den geheizten Ofen sehr fest zugedreht, er wußte, Steffen, der Fünfjährige, spielte gern am Feuer, er hatte schon einmal seine Spielsachen verbrannt. Als Gina ihre Arbeit beendet hatte, ging sie nicht sofort nach Hause. Sie zog mit ihrem Chef, seiner Frau und einem Soldaten noch in andere Wirtschaften. Immer mit dem unguten Gefühl, was ist mit meinen Kindern. Aber die anderen Gefühle waren anscheinend stärker. Jetzt wurde ihrem Chef schlecht, er mußte nach Hause gebracht werden; danach ging Gina noch mit dem Soldaten in ein Restaurant. Und zufällig wurde sie nachts um 2 Uhr von ihrem Mann Armin überrascht. Der war auch nach Dienstschluß nicht sofort nach Hause gegangen. Er sah seine Frau mit einem anderen und war wütend.

Gegen 3 Uhr morgens kam Armin als erster nach Hause. Die Wohnung war voller Qualm, der Junge hatte den Ofen geöffnet und versucht, sein Spielzeug zu verbrennen. Ein Stuhl war angekohlt, auch der Teppich. Der Junge war bewußtlos, er atmete schon sehr schwer. Das kleine Mädchen schlief ruhig im Bett.

Nun kam Gina mit der Taxe und dem Soldaten auch nach Hause. Sofort schafften sie den Jungen ins Krankenhaus. Er hatte eine schwere Rauchvergiftung, sie war lebensgefährlich, aber die ärztliche Kunst rettete ihn. Er bekam zwar noch eine

Lungenentzündung, aber nach drei Wochen war er wieder hergestellt. Am nächsten Tag begann auch das kleine Mädchen zu fiebern, es wurde mit einer schweren Bronchitis ins Krankenhaus gebracht. Allerdings war nicht mit Sicherheit festzustellen, ob sie auch durch den Rauch verursacht war.

An diesem Abend zerbrach die Ehe ganz. Heute sind beide geschieden. Aber gemeinsam müssen sie sich noch wegen ihrer Versäumnisse vor Gericht verantworten. Für beide wurde eine bedingte Verurteilung ausgesprochen, für Gina sechs Monate, für Armin, dessen Versäumnis und dessen Verantwortung nicht so hoch eingeschätzt wurde, vier Monate. Zwei Jahre sollen sie sich bewähren. Durch die Amnestie des Staatsrates ist schon heute die Bewährungszeit erloschen.

Aber nicht erledigt ist das Problem der Liebe und der Lieblosigkeit.

Kinder, in Liebe empfangen, mit Schmerzen geboren, müssen mit Liebe und auch mit Entbehrung aufgezogen und erzogen werden. Wer das versäumt, verletzt die natürliche Forderung des Lebens.

Die verlegte Haltestelle

Es war schwer, zu einem Schuldspruch zu kommen, aber noch schwerer, hier freizusprechen. Die Hauptbelastung von Frau Erika war Mangel an Routine.

An ihrem Wesen, an ihrer Persönlichkeit ist kein Makel, alles bei ihr ist klar, lauter. Sie ist Anfang Dreißig, hat eine glückliche Familie, sie ist Mutter von vier Kindern. Diese tüchtige Frau hat trotz ihrer Belastung immer gearbeitet, seit 1952 bei der Berliner Verkehrsgesellschaft (BVG). Erst war sie bei der U-Bahn, aus familiären Gründen machte sie 1954 eine Pause und stieg dann noch im selben Jahr zur Straßenbahn um. Dort ist sie also jetzt seit zehn Jahren, man kennt sie, man schätzt sie, ich glaube sogar, man liebt sie. Sie ist tüchtig, hilfsbereit, gewissenhaft. Bis zu diesem Jahr war sie als Schaffnerin tätig.

Dann meldete sie sich zu einem Kursus und wurde als Triebwagenfahrerin ausgebildet. Als zielbewußte Frau lernte sie sehr schnell die technischen und theoretischen Dinge. Sie machte ihre Prüfung und fuhr nun seit etwa fünf Wochen selbständig Straßenbahnlinien vom Straßenbahnhof Nordend in Berlin-Niederschönhausen.

Am 20. Juni 1964 fing sie frühmorgens um 4.25 Uhr ihren Dienst an. Sie fuhr die Linie 46, die von Niederschönhausen in die Berliner Innenstadt bis in die Nähe des Bahnhofs Friedrichstraße geht.

Sie wußte, auf der Chausseestraße sind Straßenbauarbeiten im Gange, bis vor zwei Tagen war die Strecke sogar umgeleitet, aber jetzt ging sie wieder über die ursprüngliche Linie, obwohl die Straßenbauarbeiten noch nicht abgeschlossen waren. Frau Erika wußte auch, daß auf der Chausseestraße wegen der Bauarbeiten die ursprüngliche Haltestelle verlegt und nun durch ein bewegliches Behelfssignal gekennzeichnet war. Ihr war ferner bekannt, daß in der Regel jede Änderung der Strecke und der Haltestellen auf dem Schwarzen Brett im Straßenbahnhof angezeigt wird.

An diesem Morgen war sie schon einmal die Strecke ganz gefahren, eine Strecke, die sie durch ihre zehnjährige Tätigkeit als Schaffnerin sehr genau kannte.

Als sie nun bei der zweiten Tour, von Niederschönhausen kommend, über die Invalidenstraße in die Chausseestraße einbog, sah sie auch die ihr bekannten und geläufigen Warnschilder. Es waren dies das allgemeine Dreieckschild, das bedeutete: „Achtung, an der Straße wird gebaut", und das zweite, speziell für die Straßenbahn, mit der Aufschrift: „Achtung, Straßenbahn langsam fahren." Sie kannte genau seine Bedeutung, hier durfte die Geschwindigkeit höchstens zehn Kilometer in der Stunde betragen. Wohl war irrtümlich noch an der Oberleitung ein Schild angebracht, das ihr eine 20-Kilometer-Stundengeschwindigkeit erlaubte. Aber sie kannte ihre Vorschriften und wußte, daß hier jetzt das andere, strengere Verkehrszeichen Gültigkeit für sie hatte.

Nun gibt es in der Straßenbahn zwar keinen Tachometer – was sicherlich ein Mangel ist –, aber der Fahrlehrer hatte sie gelehrt, daß bei Einschaltung der verschiedenen Kontakte die gewünschte und erlaubte Geschwindigkeit erreicht wird. Wie schnell Frau Erika an diesem Morgen fuhr, ist nicht feststellbar. Sie suchte das Schild mit der Behelfshaltestelle, das noch bei der ersten Fahrt am Morgen an dem ihr vertrauten Platz gestanden hatte. Intensiv schaute sie nach rechts, es war ihre Gewissenhaftigkeit, möglichst vorschriftsmäßig im richtigen Abstand zu halten. Dabei beachtete sie nicht, daß auf der Strecke noch gearbeitet wurde. Das hat sie schon bei dem Einbiegen in die Chausseestraße gesehen, sich aber wahrscheinlich gesagt, daß dazwischen ja noch die Haltestelle liegt.

Ein Fahrgast sah das Unglück kommen, er klopfte sehr laut an die Scheiben und rief, und Frau Erika drehte sich noch zu ihm um. Aber da wurde schon der erste Arbeiter von der Bahn erfaßt; er konnte, weil er jung war, noch behende zur Seite springen, trug aber Prellungen davon, die ihn vier Wochen arbeitsunfähig machten. Jetzt bemerkte Frau Erika die Gefahr, sie bremste mit der Motorbremse, in ihrer Aufregung jedoch drehte sie – wie es in der Straßenbahnersprache heißt – alle Bremskontakte durch. Daher war die Bremswirkung nicht so stark, wie sie es beim langsameren Drehen der Kontakte gewesen wäre. So erfaßte der Zug leider auch noch einen zweiten, älteren Arbeiter; er erlitt schwere Knochen- und Rippenbrüche, so daß er wahrscheinlich noch Monate lang leiden wird.

Es kamen allerdings einige Momente hinzu, die die Bremswirkung ungünstig beeinflußt hatten. Der Sachverständige der BVG wies das Gericht darauf hin, daß auf dieser Strecke gerade neue Schienen verlegt worden waren, auf denen noch keine Spur eingefahren war. Und die gesellschaftliche Verteidigerin, selbst eine Triebwagenfahrerin, erläuterte dem Gericht eine sehr wichtige Tatsache: Auf der Strecke waren die Tiefbauarbeiter mit Teerarbeiten beschäftigt. Der heiße Teer aber erzeugt auf den kalten Schienen eine ölige Schicht, auf der gebremste Räder leicht ins Rutschen kommen. Der Bremsweg der Straßenbahn, der noch genau festgestellt werden konnte, ergab – bei Berücksichtigung aller ungünstigen Momente –, daß die Geschwindigkeit keineswegs überhöht war.

Der Hauptfehler aber, der zu diesem Verkehrsunfall beigetragen hatte, war die Verlegung der Behelfshaltestelle. Die Straßenbauarbeiter hatten das Signal weitergerollt. Ein Fahrdienstleiter der BVG hatte den neuen Standplatz mitbestimmt. Er postierte sich, wie es in solchen Fällen Vorschrift ist, an der vorangehenden Haltestelle und informierte alle Fahrer über die Veränderung. Unglücklicherweise war er vor dem Eintreffen von Frau Erikas Straßenbahn zum Diensttelefon geeilt, weil es geläutet hatte.

Natürlich wäre bei einem routinierten Fahrer der Unfall vermieden worden. Frau Erika aber ist der Vorwurf zu machen, daß sie bei ihrer Unsicherheit die Geschwindigkeit nicht auf ein Minimum ermäßigt hatte.

Die Tiefbauarbeiter hatten vom Gericht eine harte Bestrafung gefordert. Aber als der ältere, so schwer geschädigte Arbeiter erfuhr, wie es zu diesem Unfall gekommen war, als er ferner vernahm, daß Frau Erika eine sehr tüchtige, angesehene Kollegin, daß sie Mutter von vier Kindern ist, plädierte er in echter proletarischer Solidarität als Zeuge vor Gericht für eine Strafe, die bedingt ausgesprochen werden sollte. In einer Verhandlung im Kultursaal des Straßenbahnhofs Niederschönhausen wurden im Beisein von vielen Straßenbahnern die Umstände dieses Unfalls und die vielen mitwirkenden Begleiterscheinungen gründlich erörtert. Das Gericht sprach Frau Erika schuldig, es erkannte auf eine Strafe von sechs Monaten Gefängnis, die bedingt ausgesprochen wurde. Die Bewährung wurde sehr kurz bemessen, für ein Jahr. Und Frau Erika soll, wenn sie es sich selber wieder zutraut, weiter als Fahrer ihren Dienst tun.

Hirse, Baum oder Mensch

Haben wir diese drei ins Wasser gestoßen, ohne zu bedenken, ob wir ihnen das Schwimmen beigebracht haben?

Sie konnten nicht schwimmen im schönen tiefen Wasser des Lebens. Nun, da sie 18 und 19 Jahre alt sind, erklären wir sie für mündig, für voll verantwortlich und für schuldig. Schuldig sind sie, aber wie weit geht ihre Verantwortung?

Es muß im Rahmen dieser kurzen Abhandlung genügen, wenn ich mich mit dem Chef der kleinen Bande, dem Dietmar, mehr beschäftige als mit den beiden anderen. Das Beunruhigende jedoch ist, daß die Entwicklung dieser drei trotz ihres verschiedenen Aussehens und ihrer geistigen Unterschiede sehr viel Gemeinsamkeiten aufweist.

Sie alle sind Oma-Kinder, Dietmar zum Beispiel hat seinen Vater nie gekannt, und seine Mutter starb. Aber als die Mutter noch lebte, war die Großmutter – heute 77 Jahre alt – sein wichtigster Halt. Er fühlte sich – wahrscheinlich mit Recht – vernachlässigt, die Mutter hatte zum zweiten Mal geheiratet. Der Stiefvater kümmerte sich auch nach dem Tode seiner Frau nicht mehr um den lästigen, schwierigen Jungen. Dietmar kam schon als Kind, weil es die Oma nicht schaffte, in ein Kinderheim, danach in einen Jugendwerkhof. Nach der Schulzeit begann er dort eine Tischlerlehre, dann aber wurde die Tischlerei aufgelöst, er sollte woanders hin, und das wollte er nicht. Er setzte seinen Willen durch und blieb und begann dann eine Lehre als Maurer. Das machte ihm keine Freude, er ging zur Landwirtschaft.

Immer hatte er den Wunsch, nach Berlin zur Oma zurückzugehen. So besehen war die landwirtschaftliche Lehre wenig sinnvoll. War sie eine Verlegenheitslösung?

Dieses Herumzappeln bei der Heranbildung eines schon gefährdeten Jugendlichen läßt keine guten Schlüsse auf die pädagogische Zielstrebigkeit in diesem Werkhof zu.

Mit 18 Jahren wurde dieser junge Mann ohne fachliche Kenntnisse, ohne Leitbild, ohne Rückgrat in die Großstadt Berlin entlassen.

Er findet Arbeit in einem Möbel- und Ausstattungsbetrieb, aber er bleibt nur drei Tage. „Keine Lust." Sofort ist andere Arbeit da, bei der BEWAG, der Berliner Elektrizitäts-Gesellschaft. Er wird den Kabellegern zugeteilt, er verdient gut, aber nach drei Wochen ist es aus, er fängt an zu bummeln. „Keine Lust." Er kommt das erste Mal vor Gericht wegen einer Unterschlagung. Auch das läuft noch glimpflich ab. Einige Wochen Gefängnis mit Bewährung und Arbeitsplatzbindung an die BEWAG. Aber von dort geht er auch weg zu einem anderen Betrieb, und dann gibt er das Arbeiten überhaupt auf. Denn es ist leichter für ihn, Westzigaretten und Nylon-Mäntel zu verkaufen, die ihm ein Bekannter aus Westdeutschland herüberschmuggelt. Dort, am schwarzen Markt, trifft er auch die beiden anderen. Den einen kennt er schon von einem Kinderheim.

Dietmar und die anderen werden zu einer Gefahr. Unmöglich, hier alles aufzuschreiben, was sie anrichten. Er zum Beispiel stiehlt sogar seiner Großmutter die Rente, die sie unter dem Kopfkissen versteckt hat. Er stiehlt ihren Pelzmantel, und es gelingt ihm sogar, ihn mit einer gefälschten Vollmacht bei der städtischen Pfandleihe zu versetzen. Menschenkenntnis scheint dort in der Pfandleihe Mangelware zu sein.

Die drei brechen zusammen ein, einmal bei einem Mädchen, einer ehemaligen Verlobten des zweiten. Sie hatte ihre Schlüssel bei ihm verloren, und das nutzten die drei aus. Da es bei der Pfandleihe so leicht geht, kamen die drei auf einen neuen Trick. Sie gehen zu den Ausleihläden, jeder in einem anderen Stadtteil, und holen sich Staubsauger, Plattenspieler, Bandgerät, Fotovergrößerungsapparat. Sie entfernen die Markierung, und bei der leichtfertigen Darlehensgebung wird auch das nicht bei der Pfandleihe bemerkt. So wird das staatliche Eigentum vom städtischen Leihamt beliehen.

Sie brechen bei einer Frau ein. Dietmar hatte versprochen, ihr beim Umzug zu helfen. Wie ein alter Ganove hatte er alles ausgekundschaftet. Zwischendurch benutzen sie fremde Motorräder wie die eigenen, und zum Schluß zerbrechen sie noch in der Nacht ein Schaufenster und stehlen ein Radiogerät.

Der zweite dieser Clique war mit 18 Jahren aus einem Lehrlingswohnheim entlassen worden. Er hatte gar keine Angehörigen. Er bekam ein Zimmer, dort wurden die Pläne beraten, dort wurden – wie die Nachbarn sagten – auch ziemlich laute Feste gefeiert. Ohne Zweifel – die drei waren so etwas wie die Keimzelle für eine Verbrecherbande. Noch waren ihre Methoden nicht raffiniert. Aber daß es so weit mit ihnen gekommen war, ist beunruhigend. Diese drei jungen Leute, bei uns aufgewachsen und in unseren Kinderheimen und Jugendwerkhöfen erzogen, werfen, 18 Jahre alt, die ganze Erziehung ab wie unnützen Ballast.

Wenn das Gericht Dietmar mit zwei Jahren und drei Monaten Zuchthaus bestraft, den zweiten mit einem Jahr und sechs Monaten, den dritten mit einem Jahr und vier Monaten Gefängnis, können wir uns nicht beruhigt in unseren Lehnstuhl setzen.

Eines haben sie nicht gelernt. Die Liebe zum Leben, zu seiner Schönheit, zu seinen Qualen, nicht die Freude über den Lohn einer geleisteten Arbeit. Wenn bei einem eine solche Erziehung nicht anschlägt, mag das seine persönliche Schuld sein. Aber bei zweien, bei dreien?

Sicher, in Jugendwerkhöfen sammeln sich gefährdete Kinder aus gefährdeten Familien. Und die Erziehungsarbeit dort ist schwerer als die Arbeit in einem Bergwerk. Von den vielen schönen Erfolgen der Heimerziehung erfährt die Öffentlichkeit wenig. Sie wird nur aufmerksam gemacht, wenn es Fehlschläge gibt.

Was bei diesen dreien in den Jugendwerkhöfen unter viel leichteren Bedingungen nicht erreicht wurde, muß jetzt bei nominell erwachsenen, mündigen Menschen im Strafvollzug nachgeholt werden.

Ein altes chinesisches Sprichwort sagt: „Wenn du für ein

Jahr planst, mußt du Hirse anbauen, wenn du mit 20 Jahren rechnest, pflanze einen Baum. Wenn du für Jahrhunderte vorsorgen willst, mußt du Menschen erziehen."

In Heidelberg Student

Der junge Mann, Student der Medizin, ist der gewaltsamen Entführung angeklagt. Da er Enver heißt, der mohammedanischen Religionsgemeinschaft angehört und jugoslawischer Staatsbürger ist, hat die Geschichte fast romantisch opernhaften Charakter, so dachte ich. Entführung aus dem Serail, wollte ich eigentlich darüberschreiben. Szene und Tribunal aber liegen in Heidelberg, der feinen. So fein ist sie wiederum nicht. Seitdem Heidelberg Sitz des amerikanischen Hauptquartiers ist, hat ihr Name schon manchen Puff bekommen.

Es ereignete sich in einer lauen Sommernacht, und Enver – schwarz sein Haar und sein Schnurrbarthaar – war mit einem ihm bekannten Ehepaar ausgegangen. Der Ehemann, ein Landsmann aus Sarajewo, mit seiner deutschen Gemahlin Gudrun mit dem aschblonden Madonnenscheitel. Hinzugekommen war noch ein zweites Ehepaar, Jochen und Ingrid. Ingrid, eine etwas kühn geschminkte Dame, die ihr dunkles Haar durch einen kupferroten Brei modän gefärbt hatte. Ich möchte meinen, sie war weder das Schweigen im Walde noch die Unschuld vom Lande.

Die beiden Männer brauche ich nicht vorzustellen, sie spielen hier in dieser Geschichte gar keine Rolle; ich habe sie auch bei Gericht nicht gesehen. Die beiden Damen hatten sie, man kann nicht wissen, aber aus guten Gründen, um des lieben Hausfriedens willen, nicht mitgenommen. Der Hausfrieden wurde gerettet, denn es gibt noch deutsche Richter in Heidelberg.

Aber zurück zu jenem lauen Sommerabend, eine Stunde vor Mitternacht, in einem Café am Wasserturm. Fröhlich saßen sie zu fünft beisammen, sie erzählten sich Anekdoten, einmal unerhörte Abenteuer aus Bosnien und der Herzegowina und wiederum andere vom Rhein und von der Lahn, von Versen der Wirtin Wundermild und von dem deutschen Stammtischheiligen Bonifatius Kiesewetter. Orient und Okzident in voller Harmonie, vom lauten Kreischen der Damen oft unterbrochen.

Und als der bescheidene Anekdotenvorrat zur Neige ging, kam es zu einer höchst merkwürdigen Vereinbarung. Enver hatte sich erboten, die beiden Damen mit seinem Leihwagen, einem Opel „Rekord", zum Hauptbahnhof zu bringen. Dort wollte Gudrun ihren Wagen abholen, und die beiden Damen sollten von dort nach Hause fahren. Auch Ingrid wollte mit, unbedingt. Enver meinte, es habe schon dort oben im Café am Wasserturm unterm Tisch ein heimliches Einverständnis gegeben. Das bestritt die Kupferrote, so etwas sei ihr im Traum nicht eingefallen. Aber vielleicht im Wachen? Es soll schon jemand das Herz in Heidelberg verloren haben, manche sogar ihren Verstand.

Wo aber begann nun die Entführung? Entführung ist nach dem deutschen Strafrecht verboten, wenn sie mit der Absicht geschieht, Unzucht zu treiben, und wenn ein Strafantrag wegen Entführung vorliegt. Wo also begann die Entführung? Das hat das Schöffengericht unter Vorsitz des Oberamtsrichters Kostelenik nicht klar feststellen können. Denn im vollen Einverständnis brachte der Student Enver die beiden treudeutschen Damen nicht zum Bahnhof, sondern er fuhr mit ihnen über den Neckar zu einer kleinen Weinstube. Dort hielt er; Gudrun, die aschblonde Dame mit dem sanften Blick, stieg aus und setzte sich, vorläufig allein, an einen Tisch und bestellte sich einen Schoppen kühlen Weins.

Ingrid aber fuhr mit, weil Enver erst einen Parkplatz ausfindig machen wollte. War das nun der Beginn der Entführung?

Auf den Neckarwiesen war anscheinend genug Raum für den Opel „Rekord" und ... hier beginnt nun die Darstellung ein wenig auseinanderzugehen. Beide sind sich einig, Ingrid stieg aus, und Enver fühlte sich, allerdings nur einseitig, von ihr geküßt. War es eine Fata Morgana um Mitternacht am Neckarstrand? Ingrid aber sagt, er habe sie dann mit Drohung und List in den parkenden Wagen hineingelockt, dann habe er erst mit der einen Hand den Sitz umgelegt und dann mit der anderen Hand ...

Im altgermanischen Recht gibt es eine ganz einfache Vorschrift. Gewaltanwendung ist erst dann erwiesen, wenn die Dame ein zerrissenes Gewand vorzeigen kann. Das waren allerdings barbarische Zeiten, es gab damals noch keinen Opel „Rekord“, und die Sitze konnten nicht in Lager verwandelt werden. Die Gewalt, die Enver hier mit der einen Hand angewendet hatte, muß von so überzeugender Art gewesen sein, daß weder am Auto, am Körper noch an Ingrids Nylonwäsche auch nur die geringsten Spur von Gewaltanwendung nachzuweisen war. Kenner der Heidelberger Situation und Sitten vermuten, daß die Bewegung der anderen Hand durch einen weiten Bogen von der Brieftasche Envers bis zum Pompadourtäschchen Ingrids reichte. Das allerdings hat Enver nie behauptet, es würde ihm erstens nicht geglaubt, und zweitens hätte es das Gericht gegen ihn noch mehr eingenommen.

„Wo seid ihr beide so lange geblieben?“ fragte Gudrun ein wenig neugierig, ein wenig neidisch. „Was werden wir nur unseren Männern sagen?“ Und dann sagte es Ingrid:

„Er hat mich entführt, er hat mir Gewalt angetan, der böse schwarze Mann aus Sarajewo in seinem umlegbaren Opel ‚Rekord‘.“ Enver ahnte dunkel, was nun auf ihn zukam. Seine überzeugende Handbewegung wieder in die Brieftasche verfehlte ihr Ziel, das Handtäschchen tat sich nicht auf, denn Enver wußte nicht, daß seine Argumente nur ohne Zeugen durchschlagen würden. So nahm das Schicksal seinen Lauf.

Anzeige wegen Vergewaltigung und Strafantrag wegen Entführung folgten.

Der deutschen Frau Ingrid, Mutter von vier Kindern, die es schwer hat, durchzukommen, wurde geglaubt. Und als der Richter erfuhr, daß Enver auch zwei Kinder habe, allerdings außereheliche und dazu noch in Heidelberg, hatte er jede Sympathie und Glaubwürdigkeit verloren. Und dazu deutete der Staatsanwalt noch an, gegen Enver seien weitere Anzeigen wegen seiner triebhaften Neigungen eingegangen.

„Wir müssen unsere deutschen Mädchen und Frauen vor den

sexuellen Übergriffen Andersartiger schützen. Wenn wir auch in diesem Falle nicht von einer gewaltsamen Notzucht ausgehen können", so sagte er im schönen Juristendeutsch, denn man kenne ja die Tricks, mit denen diese dunklen Ehrenmänner aus dem Orient die deutschen Frauen gefügig machen, so sei doch die gewaltsame Entführung wider Willen erwiesen. Das Ziel der Entführung sei die Unzucht, darüber könne es beim Gericht keinen Zweifel geben. Und daß die Entführung wider Willen sei, das ergebe sich zweifellos aus dem Strafantrag der Geschädigten.

Hier vermißte ich das Bedauern des Richters, das Gesetz zum Schutze des deutschen Blutes und der deutschen Ehre nicht mehr anwenden zu können.

Mildernde Umstände gab es also nicht für Enver, und das Gericht schickte ihn für anderthalb Jahre ins Zuchthaus.

Wenn aber, so fragte ich beim Herausgehen einen Zuhörer, dieselbe Geschichte einem deutschen Studenten angelastet sei, was wäre dann geschehen? Wie hätte der Richter dann entschieden?

„Nach Treu und Glauben", antwortete er, „unsere Richter sind über jeden Zweifel erhaben. Er hätte dem Studenten geglaubt."

Kassette mit vier Kassen

Die Rollen waren wohl vertauscht. Mit Katja, angeklagt der Unterschlagung, sprach der Richter sehr ruhig, höflich, fast sanft. Auch die sehr energische Staatsanwältin, kaum älter als Katja, behandelte die zu Verurteilende wie eine besorgte, mütterliche Freundin.

Mit den zwei Zeugen aber, Werner und Alwin, wurde Fraktur geredet, eine deutliche, eckige, deutsche Sprache gegenüber den so höflichen, runden Umgangsformen, die das Gericht dankenswerterweise sonst an den Tag legt. Mit Alwin war Katja verheiratet, mit Werner war sie verheiratet gewesen – Plusquamperfekt – mehr als Vergangenheit. Es blieben ihr aus dem Zusammensein mit Werner zwei Kinder, für die er 130 Mark zahlen wollte, so vereinbart vor dem Scheidungsrichter. Und er hat gezahlt, nicht ganz regelmäßig, oft nur 80 Mark; er rückte einmal nach dem Westen aus, setzte dann auch mit seinen finanziellen Vaterpflichten aus. Er kam zurück und zahlte einige Monate nicht, bis er wieder, wie er sagte, Boden unter den Füßen hatte. Kann aber ein Vater von zwei Kindern solche Exkursionen machen? Heute hat er einen Rückstand von etwa 1200 Mark, für die Katja eine Lohnpfändung erwirkt hat. Und dazu kommen noch die monatlichen Verpflichtungen von 130 Mark.

Katja, Hauptperson dieses Verfahrens, ist sicher nicht gut gefahren bei der Wahl ihrer Lebensgefährten. Der erste, Werner, trank viel, und sie reichte 1959 die Scheidungsklage ein. Der zweite, Alwin, trank noch mehr und prügelte Katja. Und wieder reichte Katja, die Blasse, Zarte mit der durchscheinenden Haut und den so schmalen, etwas bitteren, rot geschminkten Lippen, die Scheidungsklage ein, obwohl sie jetzt ihr drittes Kind erwartete.

Sie ist eine Frau mit soliden Kenntnissen, sie hat Industriekaufmann gelernt, angestellt in einer Zweigstelle eines Baubetriebes, in der 130 bis 140 Kollegen beschäftigt sind. Sie war nach Vertrag als Stenosachbearbeiterin tätig, aber sie mußte nach und nach vier Kassen übernehmen.

Die erste ist die kleine Kasse der Zweigstelle. Sie enthält 100 Mark, von ihr werden kleine Ausgaben, Farben, Nägel und ähnliches gekauft, die sofort für die Arbeit gebraucht werden. Ist die Summe erschöpft und sind durch Quittungen die Ausgaben belegt, bekommt Katja von der Hauptkasse des Betriebes wieder 100 Mark.

Die zweite Kasse ist die des Essensgeldes, die Katja für die Kollegen der Zweigstelle führt. Sie muß wöchentlich abgerechnet werden.

Die dritte Kasse besteht aus dem Verkauf der Brausen, sie ist die kleinste. Im Sommer sind es mehr Einnahmen, im Winter etwas weniger.

Die vierte aber ist die größte: Material, das die Kollegen vom Betrieb kaufen können, muß bei Katja bezahlt werden. Die Einnahmen müßten eigentlich täglich an die Hauptkasse abgeliefert werden, da es sich oft um größere Summen handelt.

Katja hat für alle vier Kassen nur eine Kassette. Erst versucht sie, die vier verschiedenen Kassen in Tüten auseinanderzuhalten, aber auf die Dauer ist ihr das zu lästig. Sie legt alle Einnahmen zusammen in die Kassette.

Im Jahre 1963 wird ihre Beziehung zu ihrem zweiten Mann immer schlechter und schlechter. Das Geld reicht nicht aus, und deswegen gibt es Krach. Alwin verdient, er ist Kraftfahrer wie der erste Mann Werner, viel. Aber Katja, die wenig von dem vielen Geld erhält, kommt nicht aus; er wirft ihr vor, sie könne nicht wirtschaften.

Doch er verwirtschaftet das meiste. Und am Monatsende ist kein Geld mehr in der Familienkasse. Auch die Unterhaltsgelder für die Kinder Werners kommen, wie wir wissen, nicht regelmäßig ein. Sie sagt Alwin, daß sie Geld aus der Kassette „geliehen" habe. Das ist juristisch schon eine Unterschlagung.

Er hat nichts dagegen, sagt ihr, sie solle dafür sorgen, daß es am Gehaltstag wieder zurückgelegt wird. Aber zwei- oder dreimal, als wieder alles vertan ist, fordert Alwin sie direkt auf, sich Geld aus der Kassette zu leihen. Nach und nach merkt Katja, daß sie nicht mehr in der Lage ist, das „Geliehene“ zurückzuzahlen. Sie manipuliert meist mit dem Geld, das die Kollegen für die Materialeinkäufe zahlen.

Die Hauptkasse müßte darauf achten, daß es täglich überwiesen wird, und auch die Buchhaltung, aber beide lassen alles so laufen. Katja kann das Geld acht Wochen zurückbehalten. Als ihr eine Revision angekündigt wird, geht sie zu ihrem Abteilungsleiter und bekennt ihre Verfehlungen. Sie schätzt, daß sie etwa 1000 Mark unterschlagen habe. Tatsächlich sind es schon 2400 Mark.

Alwin hat in einem recht, Katja kann sicher nicht gut wirtschaften, und die beiden gescheiterten Ehen haben sie sicherlich zermürbt. Auch war im Betrieb niemand, dem sie sich anvertrauen konnte.

Zweimal war sie verheiratet, und beide Männer blieben abends nicht zu Hause: sie trugen das Geld, das die Familie brauchte, in die Kneipe.

Ist eine verräucherte Bierstube – eine Molle, ein Korn – wirklich soviel verlockender als ein Abend zu Hause bei einer charmanten Frau? Hat sie es nicht verstanden, es den Männern gemütlich zu machen, fehlte die Flasche Bier abends am Fernsehschirm? Oder hat sie sich geweigert, die Kollegen ihres Mannes einmal bei sich einzuladen?

Katja will in dem Betrieb bleiben; an einer anderen Stelle, wo sie nichts mit Geld zu tun hat. Sie will auch den Schaden zurückzahlen, und sie hat schon angefangen, von dem Unterhaltsgeld, das sie beim ersten Mann gepfändet hat, einen Teil an den Betrieb zu überweisen. Nur besteht jetzt die Gefahr, daß die Kinder dabei zu kurz kommen.

Der Betrieb behält sie. Eine viel jüngere Kollegin ist beauftragt, eine Bürgschaft für Katja beim Gericht abzugeben. Das Gericht nimmt die Bürgschaft an und verurteilt Katja zu 14 Monaten Gefängnis, auf zwei Jahre ausgesetzt. Es bezieht sich in dieser Entscheidung ausdrücklich auf das Eintreten der jungen Kollegin für die gestrauchelte Katja.

Wie schön wäre es, wenn die junge Kollegin, die so überzeugend die Bürgschaft für Katja abgab, ihr von Frau zu Frau einige Hinweise geben würde, wie Katja einem künftigen Mann – auf den Katja sicher nicht lange warten muß – die Abende zu Hause gestalten könnte, damit diese dritte künftige Ehe glücklich werde.

Jüterbog statt Prag

Hätte es vor 25 Jahren schon eine Schluckimpfung gegen spinale Kinderlähmung gegeben, wäre dieser junge Mann nicht straffällig geworden. Im Jahre 1939 erkrankte Horst als einjähriges Kind zum erstenmal. Er behielt eine schwere Lähmung zurück, und später brach die Krankheit noch einmal bei ihm aus. Heute fällt es Horst sehr schwer, sich an zwei Krücken fortzubewegen.

Dieser Körperschaden hat einen Einfluß auf sein Denken und sein Handeln, ja, auf sein Wesen. Menschen, die in späteren Lebensjahren von dieser Lähmung befallen wurden, konnten dieses Gebrechen mit großer Energie ausgleichen. Es ist bekannt, daß Franklin D. Roosevelt, der durch die gleiche Krankheit gelähmt war, von seinem Rollwagen aus den Wahlkampf um die Präsidentschaft geführt und gewonnen hat und als Präsident mit Elan die amerikanische Nation in der Depression und im Zweiten Weltkrieg geleitet hat.

Horst hat gute Anlagen. Seine geistige Beweglichkeit ist erstaunlich. Er hat ein angenehmes Äußeres, und unsere Gesellschaft versucht mit allen Mitteln, den von Natur aus Benachteiligten in seiner Entwicklung zu fördern. Nach seiner Schulzeit wurde ihm eine Lehre als technischer Zeichner vermittelt. Diese Arbeit sagte ihm nicht zu, da das ständige Sitzen für ihn ungünstig war, er sei zu dick geworden, und das habe sich auf seine schwachen Beine ausgewirkt. Eine kaufmännische Lehre wollte er nicht anfangen, erzählte er. Dann sei er in verschiedenen Berliner Brauereien im Abfüllkeller und als Expedient tätig gewesen.

Wer aber vermag dem ständigen Einfluß der Stammwürze des Bieres zu widerstehen. Horst nicht. Sicherlich machte ihm sein Zustand Kummer, und der gefällige, aber gefährliche Tröster war so nahe greifbar. Andererseits hat er erstaunliche Energie entwickelt. Er tritt einer Sportgemeinschaft bei, Kanusport; hier kann er sich auf die Muskelkraft seiner Arme stützen und sich auszeichnen. Dann hat er noch eine Leidenschaft, eine sehr schöne, gute, von der der Dichter sagt, daß sie fähig sei, den Menschen in eine andere, bessere Welt zu versetzen: die Musik. Er spielt Gitarre und ist Miglied eines Laien-Quintetts. Ganz laienhaft geht es dort nicht zu; jeden Sonnabend und auch manchmal unter der Woche spielt das Quintett zum Tanz, und an diesen zwei Tagen in der Woche verdienen die fünf Musiker fast genausoviel wie in ihrer regulären Sechstagewoche. Außerdem ist Horst noch aktiv in der Freien Deutschen Jugend.

Leider aber hatte diese Gebrauchsmusik bei Horst die umgekehrte Wirkung, die der romantische Dichter ihr zuerkannte. Gerade das Aufspielen zum Tanz erinnert ihn an seine Unfähigkeit, aktiv mitzumachen, und der Alkohol, der billige Tröster trauriger Seelen, war leicht zu beschaffen, bekam ihm aber gar nicht.

Das alles war der Freien Deutschen Jugend wohl nicht so bekannt. Dieser Horst, der sportlich und künstlerisch sein Leiden zu überspielen trachtete, imponierte den jungen Leuten, und sie schickten ihn auf ihre Bezirksschule. Nach Abschluß wurde er auf Vorschlag der Jugendorganisation als Leiter eines Jugendklubs vom Rat eines Berliner Stadtbezirks angestellt.

Am Anfang schien auch alles gutzugehen. Horst verlobte sich, er hatte Angst, die Geliebte würde ihn verlassen, sein Selbstvertrauen war nicht sehr groß; er machte ihr kostbare Geschenke. Seine Neigung zum Alkohol kam hinzu, alte Schulden, ein Gitarrenkauf spielten da eine Rolle. Und es begann wie in den meisten Fällen: erst „lieh“ er sich aus der Klubkasse Geld, von Eintrittsgeldern, die er sofort an den Rat des Stadtbezirks hätte abführen müssen; aber er verschleppte die Abrechnung, und die Abteilung Kultur beim Rat des Stadtbezirks war so säumig, das zu übersehen. Auch Geld, das der Jugendklub aus Bier- und Brauseverkäufen eingenommen hatte, aus dem Verkauf von Kommissionswaren der HO, eignete Horst sich an.

Dann kam etwas, das ihm erst günstig deuchte, das aber die Wiedergutmachung völlig unmöglich machte. In dieser Zeit wurde im Klubhaus eingebrochen, und die Instrumente einer dort gastierenden Kapelle – nicht die des Quintetts, in dem Horst Gitarre spielte – wurden gestohlen. Horst gab an, auch die Kassette mit den Eintrittsgeldern und dem Geld der HO sei von den Dieben mitgenommen worden. So konnte er gar nicht mehr, wie er ursprünglich beabsichtigt hatte, das Geld zurückgeben.

In dieser Zeit zerbrach auch die Verlobung, trotz der Geschenke, und Horst vernachlässigte seine Arbeit und trank immer mehr.

Er gab in Gaststätten Schecks auf ein Konto aus, das gar nicht mehr bestand. Vor Gericht meinte Horst, er könne sich wegen Trunkenheit an die Sache überhaupt nicht mehr erinnern.

Von der Leitung des Klubs wurde den Jugendlichen eine Reise nach Prag vorgeschlagen, wie sie schon von anderen Klubs vorbereitet worden waren. Horst veranlaßte einige junge Leute, bei ihm einzuzahlen, er quittierte mit dem Stempel des Klubs. Auch das Geld nahm er an sich. Leider fühlte sich die Abteilung Kultur beim Rat des Stadtbezirks für die Untaten ihres Klubhaus-Leiters nicht verantwortlich. Monatelang hat sie die jungen Leute, darunter einige Lehrlinge mit sehr schmalem Einkommen, hingehalten und ihnen das unterschlagene Geld nicht zurückgezahlt. Sie hatten aber das Geld nicht dem Jugendfreund Horst anvertraut, sondern dem Leiter des Jugendklubs.

Auch dieses Geld hat Horst vertrunken. Aus Angst, entdeckt zu werden, floh er, mietete sich in einem Hotel in Jüterbog ein, stürzte aber, durch Alkohol und Krankheit verursacht, und wurde in ein Krankenhaus eingeliefert. Hier wurde er, als er wiederhergestellt war, verhaftet.

Er gestand alle seine Unterschlagungen. Da es keinen Grund mehr für den Haftbefehl gab, wurde er entlassen. Er bekam Arbeit in einer volkseigenen Stanzerei.

Zuerst waren hier die Kollegen sehr zufrieden. Sie waren begeistert, wie schnell sich der körperbehinderte Kollege trotz der technischen Schwierigkeiten einarbeitete. Auch sein liebenswürdiges Wesen, seine geistige Beweglichkeit imponierten ihnen. Aber dann ließ sein Elan sehr schnell nach. Zweimal stürzte er nach einer durchzechten Nacht, zweimal mußte er wegen einer Gehirnerschütterung ins Krankenhaus.

Schwer war hier, die richtigen Maßnahmen zu finden. Die gesellschaftliche Anklägerin, vom Klubbeirat benannt, verlangte eine unbedingte Strafe. Die Höhe des Schadens, die Intensität der Unterschlagungen und der politische Schaden waren gewichtige Gründe.

Das Gericht aber berücksichtige in diesem Falle die körperliche Verfassung des jungen Mannes. Die Gefängnisstrafe von 16 Monaten war nicht gering bemessen, aber sie wurde bedingt ausgesprochen, die Bewährungszeit auf das Höchstmaß festgesetzt, auf drei Jahre. Für zwei Jahre wurde die Bindung an den Arbeitsplatz ausgesprochen und gleichzeitig vom Gericht angeordnet, daß Horst in einer Entziehungskur ärztlich behandelt wird.

Gerade dieser Fall zeigt, wie sehr die persönliche, körperliche und geistige Verfassung eines Menschen das Urteil eines Gerichts mitbestimmen muß, denn bei derselben Straftat eines völlig gesunden Menschen wäre das Urteil ganz anders ausgefallen.

Aufrechte Haltung

Können Sie Antwerpener oder Lütticher von Brüsselern unterscheiden? Wer, glauben Sie, hat die aufrechteste Haltung, den längsten Hals, die feurigsten Augen, die breiteste Brust, die größte Muskelkraft, den besten Orientierungssinn und das ungeduldigste, stürmischste Benehmen?

Sie haben sicher längst gemerkt, daß ich nicht von Belgien und Belgiern spreche, sondern von Tauben, jenen gurrenden, turtelnden, wandernden schönen Vögeln, die die Menschen einmal gerne verzehren, die sie aber auch gleichzeitig als das Symbol des Friedens, der Schöpfung, der Liebe und Zärtlichkeit, der ehelichen Treue und der Fruchtbarkeit, ja sogar der Seele und des Heiligen Geistes verehren. Und sie sind das Symbol der Post – nicht der Langsamkeit, sondern der Zuverlässigkeit wegen.

Mit Tauben, diesen zärtlichen, bunten Geschöpfen, beschäftigte sich in der Freizeit Herr Frido, nicht nur für sich allein, nein, als organisierter Sportfreund und Kamerad der Gesellschaft für Sport und Technik. Auch sonst hatte der kleine Mann Ende der 20er Jahre, mit den buschigen Augenbrauen, der breiten Brust und der großen Muskelkraft, den feurigen schwarzen Augen und dem stürmischen Benehmen, viel von seinen Lieblingen angenommen. Er ist ein treuer Ehemann, wie ein Täuberich sorgt er in vorbildlicher Weise für seine fünf Kinder... Wenn er nicht abwesend ist.

Leider ist er schon dreimal staatlich verhindert gewesen, sich um sein Nest, um seine Kinder, seine Taubenzucht und die Sektion der GST so zu kümmern, wie es sein Anliegen und seine Pflicht waren. Denn sein ungestümer, stürmischer Charakter verträgt leider gar keinen Alkohol. Aber er wie Tauben können der Verlockung des Korns nicht widerstehen. Und ihn reißt es völlig aus der Bahn.

Frido ist bei einem großen volkseigenen Transportunternehmen beschäftigt, und zwar beim Kohlentransport. Und dort hat er eine Beurteilung, wie ich sie selten gehört habe. Er gilt als zuverlässig, pünktlich, hilfsbereit, kameradschaftlich, immer bereit, eine Sonderleistung zu vollbringen, wenn Not am Mann ist. Er wird bei allen Prämienausschüttungen bedacht, aber auch ohne diese hat er ein Einkommen, um das ihn mancher Facharbeiter beneiden würde.

Es könnte sehr gut um ihn und seine Familie stehen, denn seine Frau ist berufstätig. Und wenn ich Ihnen jetzt sage, sie ist bei der Post, so mag das unglaublich klingen, es stimmt aber. Ehrenwort. Alles wurde jetzt zum vierten Mal wieder schlimm, weil die Monatsversammlung der Sektion Sporttauben und das Republikfest des Hauptpostamtes an ein und demselben Tag, und zwar an einem Sonnabend, gefeiert wurden. Wie ich in diesem Verfahren hörte, ist es bei der Monatsversammlung der Sporttaubenfreunde üblich, daß die im vergangenen Monat verflossenen Geburtstage, nicht die der Tümmler und der Pfauenschwanztauben, sondern ihrer Züchter, gefeiert und begossen werden. Und an diesem Oktobersonnabend waren wohl recht viele Geburtstage der Vogelfreunde nachzuholen, so daß Sportfreund Frido mit einer Ladung von zehn Kornschnäpsen und einigen Glas Bier um 12 Uhr mit seiner Frau fortging. Aber leider gingen sie nicht nach Hause.

Denn es stand noch die Republikfeier des Postamtes an, zu der Fridos Frau unbedingt mit ihrem Mann gehen wollte. Als die beiden um Mitternacht als letzte dort erschienen, gab es ein freundiges Hallo. Frido und seine Frau wurden sofort in trinkfeste Runden aufgenommen, und Runden wurden genommen. Das ging so bis 4 Uhr morgens. Es waren wieder mindestens zehn Schnäpse und einige Flaschen Bier.

Dann aber stellte das Büfett vor seinen Schalter das postalische Schild „vorübergehend geschlossen“. Und da wußten die Postler, daß nun jedes Pochen und Warten vergeblich sei. Die Kapelle spielte nun in der Küche, angeblich um die Köche zu laben, ich glaube aber auch, um sich von den Köchen erquicken zu lassen.

Ein junger Mann ging nun zu dem vorübergehend geschlossenen Schalter, es war ein kleiner, blonder, nicht kleiner als Frido, aber nicht so kräftig, und er verlangte sehr laut nach der letzten Runde Schnaps, die er schon vor dem vorübergehend schließenden Schild bestellt hatte. Dieses laute Verlangen ärgerte Frido. Er fragte in unsanften Worten, ob dieser junge Mann Lust habe, mit einem Kohlenträger Bekanntschaft zu machen. Der andere hatte keine Lust; einmal, weil er den kräftigen Frido gar nicht kannte und ihn und seine Frau auch während des ganzen Abends gar nicht bemerkt hatte. Da schlug Frido ihm ins Gesicht. Die Postler schlichteten den Streit, einen Streit um nichts. Der Geschlagene wollte nun schnell mit seiner Frau und seinem Freund das bisher so harmonisch verlaufene Fest verlassen.

Aber in der Garderobe trafen sie noch einmal auf den jetzt stark erregten Frido. Er stürzte sich auf den kleinen Blonden, schlug ihn mehrmals ins Gesicht und dann zu Boden, sein Freund wollte ihm beispringen, wurde erst von Fridos Frau daran gehindert, dann aber bekam er auch von Frido das Seine ab, und der schlug ihn so, daß seine Uhr in Scherben ging. Der kleine blonde Herr mußte nach diesem Fest 14 Tage das Bett hüten.

Wie bereits gesagt, schon dreimal war es bei Frido zu einem ähnlichen Krach und zu einer ähnlichen Schlägerei mit Körperverletzung und Gerichtsverhandlung gekommen. Nüchtern ist er freundlich und hilfsbereit, sanft wie eine Taube, aber wenn er angetrunken oder wahrscheinlich betrunken ist, steht es um ihn schlecht. Dreimal haben bei ihm unbedingte Gefängnisstrafen nichts genützt. Frido versicherte, nun habe er ein für allemal genug, und er gab die Verpflichtung ab, nie wieder einen Tropfen Alkohol anzurühren.

Das Gericht verurteilte ihn zu acht Monaten Gefängnis bedingt und drei Jahren Bewährung. Die Bürgschaft des Betriebes wurde angenommen. Dort arbeitet Frido mit einem Antialkoholiker zusammen, das ist alles gut, und da passiert auch nichts.

Aber wie wär's, wenn sich auch die Sektion Sporttauben Fridos annähme? Ist es eigentlich das einzige Ziel dieser Organisation, die besten Tauben zu züchten? Was nützen die aufrechteste Haltung, die größte Muskelkraft und der beste Orientierungssinn der Tauben, wenn bei der Beratung der Zuchtergebnisse die Menschen den aufrechten Gang und den Orientierungssinn verlieren?

Sportfreunde von der Gesellschaft für Sport und Technik, züchtet die besten Brüsseler, Lütticher oder Antwerpener Sporttauben, aber vergeßt nicht die ebenso liebevolle Betreuung eurer Sportfreunde und Kameraden.

Wenzel, der Fensterputzer

Unter den vier Buben war er der älteste, nicht dem Alter nach, sondern dem Rang. Kreuzbube oder Eichelwenzel, je nachdem, ob mit deutschen oder französischen Karten gespielt wurde. Wir haben es hier nur mit dem einen Wenzel zu tun, einem großen, gutaussehenden jungen Mann mit schwarzbraunen Haaren, einer prägnanten Nase und etwas neugierig vorstehenden Lippen.

Er gehört zur Zunft der Berliner Fenster- und Gebäudereiniger, von der das Gerücht umgeht, ihre Mitglieder hätten sagenhafte Einkünfte. Das war einmal, aber heute wird auch in diesem Gewerbe der Grand nicht mehr so hoch gereizt, sondern man spielt ganz gewöhnliche, aber sichere Solos, die immer noch lukrativ gewonnen werden.

Unsere vier Buben bildeten eine Gruppe des VEB Glas- und Gebäudereinigung, aber keine Brigade, und unser Wenzel war also kein Brigadier mit besonderen Rechten und Pflichten, sondern der erste unter gleichen; man nannte ihn dort den Kolonnenschieber. Von seinem Betrieb hatte er für sich und die drei anderen die schriftlichen Arbeiten zu erledigen. Berliner Betriebe und Institutionen sind beim VEB Glas- und Gebäudereinigung abonniert und werden regelmäßig von dort bedient. Bevor es mit der Arbeit losgeht, werden die Aufmaße genommen, wird festgelegt, wie viele Fenster, Wände und Lampen zu putzen und zu reinigen sind. Und die Kolonne bekommt eine Zeitvorgabe. Nach der geleisteten Arbeit wird dann der Lohn berechnet.

Die vier Buben reinigten eines Tages die Fenster der Kraftfahrzeugreparaturwerkstatt in Berlin-Friedrichsfelde. Unser Wenzel fand, daß es auch die Lampen nötig hätten, geputzt zu werden, denn eine Autoreparaturwerkstatt braucht nicht Aladins Wunderlampe, deren Wert darin besteht, ungeputzt zu sein, sondern die Leuchten dort sollen leuchten.

Für diese Ansicht legte Wenzel sich ins Zeug. Er wußte sogar die Autofachleute davon zu überzeugen, und er telefonierte mit seinem Betrieb. Ja, er solle nur reinigen und zählen. Und Wenzel zählte, reinigte und schrieb: 1013 Lampen, stark verschmutzt, mit 100prozentiger Erschwerniszulage; mit Säure gereinigt. Dann setzte er den Preis ein für Rasterlampen, das Stück zu 3,50 Mark.

Wenzel hatte sich überreizt, denn wenn er alle Stiche zusammenrechnete, wäre eine Rechnung von über 7000 Mark herausgekommen. Natürlich gab es sofort Kontra; einmal wurde festgestellt, es seien nur 700 Lampen da – bei einer nochmaligen Überprüfung waren es schließlich 900 –, von Rasterlampen zu 3,50 Mark war gar keine Rede, es hingen dort ganz gewöhnliche Lampen, die für 55 bis 70 Pfennig zu reinigen sind. Und mit Säuren wird kein vernünftiger Putzer an elektrische Anlagen gehen.

Der Staatsanwalt sah diese merkwürdige Rechnung als einen Betrugsversuch an. Aber es wurde festgestellt, Wenzel durfte gar keine Preise einsetzen, der Irrtum mit der Zahl der Lampen war verzeihlich und die Geschichte mit der Säure ja völlig unglaubwürdig; hier konnte er die Fachleute der Lampenputzerei gar nicht täuschen.

Wie ein Witz aber war die Geschichte, die Wenzel an der Schule der Volkspolizei einfädelte. Dort stand ein Billardtisch, und die vier Buben, die hier Fenster zu putzen hatten, übten sich in der Kunst der Karambolage, obwohl sie, wie ich es schon angedeutet hatte, sonst mehr dem Skatspiel zugeneigt waren. Da aber die vielen Karambolagen mit der Zeitvorgabe nicht in Einklang zu bringen waren, schrieb unser Wenzel auf den schon unterschriebenen Zettel über blankgeputzte Fenster noch 100 blankgeputzte Lampen hinzu, die er und die drei anderen Buben gar nicht gereinigt hatten.

Bei der Zigarettenfabrik in Berlin-Pankow endlich war ein Gebäude mit vielen Fenstern und vielen Stockwerken zu reinigen. Hier wurde richtig Skat gespielt, mit vieren, gespielt fünf, aus der Hand und schwarz. Schwarz blieben auch die Scheiben der Zigarettenfabrik in den zwei oberen Stockwerken. Ein Kraftfahrer aber unterschrieb, daß die bestellte Arbeit auftragsgemäß erledigt war, und dann wurde noch zum Schluß eine Bockrunde ausgespielt mit Kontra, Re, Sub und Hirsch. So also kam es zum Gericht und zum Gerichtsbericht.

Die drei anderen Buben, die so tapfer mitgedroschen und die sich von ihrem Kolonnenschieber so kräftig mit hatten schieben lassen, mußten sich vor der Konfliktkommission ihres Betriebes einige harte Wahrheiten sagen lassen. Unser Wenzel aber, der schon einmal im Gestrüpp kriminellen Unrechts gelandet war, mußte vors Gericht.

Wenn ich diesen Bericht nicht ganz mit dem sonst so üblichen sittlichen Ernst schreibe, so hat das seinen Grund. Denn Wenzel hat seine Farbe gewechselt. Er ist ein so gründlicher Glas- und Gebäudereiniger geworden, zuverlässig und beliebt bei den Kunden, daß einige Betriebe in der letzten Zeit die Glas- und Gebäudereinigung gebeten haben, ihnen künftig nur noch diesen Wenzel zu schicken. Und da das Skatblatt sich also günstig gewendet hat, kann ich das Urteil auch ruhig mit jener Großzügigkeit kennzeichnen, die man an den Tag legt, wenn man aus der Hand spielt. Und so glaube ich, das Urteil, drei Monate Gefängnis, ausgesetzt auf Bewährung, und die Bewährung bemessen auf ein Jahr, ist also ein Skat, den man gar nicht anzuschauen braucht, weil wir das Spiel mit dem einen Wenzel schon gewonnen haben.

Man beachte das kleine Wort „keine" oder Die Würde der Menschheit

Es geht alles sehr korrekt zu bei uns. Der Besitzer des Nachtklubs „Vie Parisienne" in München legt Wert auf gute Beziehungen zur Polizei und zu allen Behörden. Schon daß der Name seines Etablissements in einem Strafprozeß genannt wurde, war dem soliden Herrn äußerst peinlich. Nein, es gab keine Geheimtür, es war lediglich der Wirtschaftsausgang. Und weil das Mädchen Yvonne ihn benutzt hatte, würde er ihm nach Verbüßung seiner Gefängnisstrafe den weiteren Zutritt zu seiner „Vie Parisienne" verwehren.

Yvonne ließ sie sich nennen, die dezente Sünderin auf der Anklagebank. Ihre Haare hatten einen silbergrauen Hauch, ihre großen Augen einen feuchten Bella-Donna-Glanz von innen; ihre Wimpern waren kosmetisch vergrößert und tiefschwarz, ihre Beine makellos und leicht behaart, ihre Figur vielversprechend. Ihr Beruf: freiberuflich nächtlich tätig, so sagt sie mit abgrundtiefer, durch Whisky rauh und rauchzart getönter Stimme. Nein, so eine ist sie nicht. Eben weil sie so eine nicht ist, die mit jedem mitgeht, aber so tut, als ginge sie mit, und so aussieht, steht sie vor dem Schöffengericht, angeklagt, sie habe, um sich einen geldlichen Vorteil zu verschaffen, rechtswidrig natürlich, einen Irrtum und noch einiges mehr erregt und einen soliden Menschen an seinem Vermögen – finanziell, versteht sich – geschädigt.

In dieser korrekten Nachtbar „Vie Parisienne" war eines Abends Herr Frank Xaver, Bäckermeister aus Ingoldstadt-Nord, eingekehrt. Zu ihm hatte sich Yvonne, Gesellschaftsdame zu 20 Prozent (Umsatz-Provision), hinzugesellt. Unter spärlicher, aber farbiger Beleuchtung und in Begleitung heißer südamerikanischer Rhythmen hatten sich Damen tanzend ratenweise ihrer Textilien entledigt. „Oleh“, riefen die südamerikanischen Musiker. Das farbige Licht ging ganz aus, und danach wurde getanzt. Yvonne hatte Frank Xaver um Sekt gebeten und sofort bestellt, vor dem ersten Tanz, und mehr Sekt vor dem zweiten. Das Austrinken dieser Flasche ergab keine Schwierigkeiten, da immer einige Damen baten, mit Frank anstoßen zu dürfen. In allen Ehren, und „Oleh“ riefen die Jungens aus Südamerika dazu.

So hatte Frank Xaver ein wenig die Übersicht verloren, aber nicht die Ansicht und die Aussicht auf Yvonnes Körper.

Die Zeit rückte vor und die Moral zurück. „Kann ich heute bei dir bleiben?“ „Ja“, sagte Yvonne. „Aber dann bestell doch noch eine Flasche, die nehmen wir mit, und die trinkst du bei mir, Darling.“

Frank Xaver bestellte, und Yvonne sagte, sie müsse sich nur noch etwas auffrischen.

„Oleh“ riefen die Herrn mit den Schlaggitarren, und der Kellner brachte die Flasche, in zartem, buntem Seidenpapier verpackt. Man weiß im „Vie Parisienne“, was man seinen Gästen schuldig ist.

Was er denn schuldig sei, wollte Herr Frank Xaver wissen. Der Oberkellner im tadellosen Frack hatte die Rechnung bei der Hand. 847 Mark.

Das sei Nepp, richtiger Nepp, rief Frank Xaver aus Ingolstadt-Nord mit lallender Zunge. Als beredte Zeugen aber: sechs leere Sektflaschen neben des Bäckermeisters rotbeplüschtem Sessel, und als siebente stand, in buntes Seidenpapier verpackt, die Flasche auf dem kleinen Tisch.

„Wenn Sie sich bitte überzeugen wollen, hier geht alles ganz korrekt zu“, sagte der Ober, und er schlug die Weinkarte auf. Die Flasche Sekt, Hausmarke, extra trocken, kostet 110 Mark, dazu zehn Prozent Bedienungsaufschlag, wie üblich, das macht genau 847 Mark. Herr Frank Xaver legte 850 Mark bei. „Die drei Mark sind für Sie.“ Der Ober machte eine tadellose Verbeugung und verschwand.

Wo aber blieb Yvonne, die Silbergraue mit der rauchzarten Whisky-Stimme? Herr Frank Xaver wartete, bis die Putzfrau frühmorgens kam, die Stühle auf den Tisch stellte und die Rhythmen der Südamerikaner durch das Summen der Staubsauger ersetzt wurden. Dann ging er sofort ins Polizeipräsidium in der Ettstraße und erstattete Anzeige wegen Sachwuchers. „Wenn ich zwei Pfennig mehr für meine Brötchen nehme, erhebt sich in Ingolstadt-Nord ein Geschrei, als wenn die Welt untergeht. Hier aber verkaufen sie Sekt, der höchstens 5 Mark im Einkauf kostet, für 110 Mark und nehmen noch 10 Prozent Bedienung." Der Beamte im Betrugsdezernat zuckte die Achseln. Diese Klage war in der Ettstraße nichts Neues. „Da kann man halt nichts machen. Es ist das Recht der freien Preisbindung. Ähnliche Sektpreise finden Sie in allen 200 Münchener Nachtlokalen, das ist gang und gäbe. Wir achten streng darauf, daß die Weinkarte auf jedem Tisch liegt, und wenn kein anderer Preis berechnet wird, können wir nichts machen. Sie haben doch selber den Sekt bestellt."

„Nein, das hat das Luder, diese Yvonne, getan."

„In Ihrem Auftrag."

„Ja, sie sagte sogar, ich sollte mitkommen, und dann habe ich zum Schluß noch diese Flasche bestellt", und er zeigte die Flasche, die er wie ein Wickelkind in seinem Arm hielt.

„Sie haben also die Flasche bestellt in der Absicht, mit der Dame in nähere Beziehung zu treten?" (Der Beamte wählte dafür einige andere Worte.) „Ja." „Und die Dame war einverstanden?" „Ja." „Haben Sie die näheren Beziehungen ausgeübt?"

„Nein, das Luder war verschwunden."

Und so kam es, daß in die Backstube in Ingolstadt-Nord eines Tages eine Zeugenladung hineinflatterte vom Amtsgericht in München. Gegenstand des Verfahrens: Anklage wegen § 263. „Betrug", sagte Frank zu seiner Frau. „Die haben mich betrogen." Und er sagte nicht, daß er bezeugen mußte, daß er sie betrügen wollte. „Oleh."

So kam es zu dem Wiedersehen. Der Richter versuchte, dem schönen Kind Yvonne das Verwerfliche ihres Tuns und Treibens klarzumachen. „Vertrag und Vertragstreue sind die Grundlagen der freien Marktwirtschaft, Voraussetzung für die Würde der Menschheit. Mündliche oder schriftliche Verträge müssen eingehalten werden. Strafbar aber ist es, wenn finanzielle Vorauszahlungen dem Vertrag vorausgegangen sind und wenn der eine Partner die Absicht hat, diesen Vertrag gar nicht einzuhalten. Das nennen wir Betrug."

Vier Monate sieht nun Yvonne statt Sektkübel andere Kübel vor sich, weil sie den Bäckermeister Frank Xaver aus Ingelstadt-Nord – poetisch gesagt – nicht geliebt oder, juristisch ausgedrückt, mit ihm keine gewerbliche Unzucht getrieben hat. Bitte, man beachte das kleine Wort „keine".

Über die Filous

Den wohledlen, gestrengen, hochgelehrten, vorsichtigen, hoch- und wohlweisen Herren, den Reichsschultheißen, Bürgermeistern und Schöffen und dem Rat der löblichen Freien Reichswahl- und Handelsstadt Frankfurt am Main widmet der Stückhauptmann Daniel Elrich 1676 sein Werk über die vollkommene Geschütz-, Feuerwerks- und Büchsenmacherkunst. Dieses Werk hat sicher im Jahr 1676 das gleiche Aufsehen erregt wie heute ein Volks- und Handbuch mit dem Titel: „Wie bastle ich daheim eine zierliche Langstreckenrakete mit dem dazugehörigen Atomsprengstoff?"

Aber unser Stückhauptmann Daniel Elrich gibt seine militärischen Geheimnisse nicht ohne Sinn preis; und er sagt: „Wenn auch die hier dargestellte Geschütz- und Feuerwerkskunst in Schlachten und Belagerungen, ihre grausame Wirkung mit Schrecken und Entsetzen vorauszusehen ist, so erzeugt das Gegenteil bei heranbrechender Friedenszeit, bei königlichen und hochfürstlichen Beilagern, bei Kindtaufen und anderen hochansehnlichen Freudenfesten die Feuerwerkskunst über alle Maßen anmutige und liebliche Kunstfeuer. Hochsteigende Raketen, lustige Schwärmer, feuerspritzende Kugeln und tausend andere kunstzierliche Erfindungen sind hier dargestellt, die dem Zuschauer eine große Ergötzlichkeit und Freude verursachen. Die Feuerwerkskunst ist, kurz gesagt, der Inbegriff aller Künste und mechanischen Wissenschaften."

Mit anderen Worten, Daniel Elrich glaubt, die grausame Wirkung der Schießkunst würde durch ihre Zwillingsschwester, die Feuerwerkskunst, nicht nur aufgehoben, ja das Ziel eines grausamen Krieges sei schließlich und endlich nur das ihm folgende Friedensfeuerwerk.

Diese philosophische Betrachtung des alten Haudegens Elrich kannte der junge Mann, den wir hier Daniel nennen wollen, sicherlich nicht, als er als gelernter Chemiefacharbeiter in den volkseigenen Pyrotechnischen Betrieb Berlin-Buchholz eintrat. Er verließ seinen Lehrbetrieb, nachdem er dort seinen Facharbeiterbrief absolviert hatte, weil der Weg von Berlin-Buch, seiner Wohnung, nach Buchholz bequemer war als die Fahrt nach Berlin-Adlershof, wo seine Lehrwerkstatt stand. Der hübsche, zarte, hellblonde Bursche von 18 Jahren, dieser liebenswerte Junge, wurde gern in dem neuen Betrieb aufgenommen. Dort arbeiten meist Frauen. Er half, die schweren Kisten mit fertigen und halbfertigen Schwärmern, Filous, mit Gold- und Silberregen, mit Raketen und Feuerregen von der Werkstatt zur Aufbewahrung in den sicheren Bunker zu tragen.

Denn die Arbeit dort ist nicht ungefährlich. Wie schon Daniel Elrich sagt, beruhen die Schieß- und die Feuerwerkskunst auf demselben Grundprinzip und auf demselben Grundstoff, dem Schwarzpulver, das der Sage nach der Mönch Berthold Schwarz entdeckt haben soll, das aber in Wirklichkeit von den Chinesen vor Jahrtausenden zusammengestellt worden war. Allerdings nur aus pyrotechnischen und nicht aus militärtechnischen Gründen.

Unser neuer Chemiefacharbeiter Daniel hat die Dinge mit großem Interesse hergestellt, als Polytechniker und Pyrotechniker. Auch das Geheimnis, wie man mit Mineralzusätzen bunte Farben und gleichzeitig großen Lärm erzeugen kann, fesselte ihn. Er hat sich schon bei der Volkshochschule angemeldet, will sein Abitur nachmachen und später studieren. Noch ist es bei ihm nicht entschieden, was ihn mehr packen wird, die Frage, wie man Farben oder wie man Lärm macht. Auf deutsch: er ist noch nicht sicher, ob er Chemie oder Musik studieren will. Wie dem auch sei, so glaube ich, die Feuerwerksmusik von Georg Friedrich Händel gehört zu seinen Lieblingswerken, da sie seine beiden Gebiete auf das glücklichste und harmonischste vereint.

Daniel ist bei den Großeltern aufgewachsen, und beide sind

zu dem Prozeß mitgekommen. Sie haben ihn als Sohn aufgenommen, als ihre Tochter, seine Mutter, den Jungen kurz nach der Geburt allein ließ, um 1946 einem Mann nach Österreich zu folgen. Er meint, es gebe manchmal Schwierigkeiten mit den beiden alten Leuten, aber die Großeltern sprechen von ihm nur mit Liebe. Um so enttäuschter sind sie, daß sie jetzt wahrhaftig mit ihm ins Gericht gehen müssen.

Es waren die Filous, die es ihm angetan hatten, Feuerwerkskörper mit Glanz und Knall, für die zu Silvester ein ungeahnter Bedarf auftritt, der nie ganz gestillt werden kann. Erst steckte Daniel, der Filou, sich einige in die Tasche, dann nahm er aus dem Bunker einen Karton und dann einen zweiten mit. Und dann kam bei dem ersten geglückten Diebstahl die Überlegung, wie er schnell und mühelos das Geld zusammenbringen könne, um sich ein Motorrad zu kaufen.

Blitzknaller wurden mitgenommen, Fontänen aus dem Arsenal pyrotechnischer Kostbarkeiten schleppte Daniel nach Hause. Einige große Kästen warf er über den Zaun des Werkgeländes.

Jetzt aber muß ich ganz nüchtern beschreiben, was weiter geschah, und ich kann Stückhauptmann Elrich zitieren, was er im Vorwort zu seinem grundsätzlichen Werk über die Geschütz-, Feuerwerks- und Büchsenmacherkunst sagt:

„Es werden vermutlich viele naseweise Leute sich finden, welche an der Schreib- und Redeweise Mißfallen finden und sie tadeln werden. Sie aber sollen wissen, daß man nicht alles hoch und prächtig, sondern auch zuweilen schlecht und deutlich darstellen muß. Denn die Worte sind die Schlüssel der Sachen, und nach ihnen muß man seine Schreibweise einrichten, nicht aber die Sachen nach den schönen Worten.“

Also schlecht und deutlich: Daniel wurde erwischt. Im großväterlichen Keller fand sich eine ziemliche Menge recht gefährlicher explosiver Feuerwerkskörper im Werte von 380 Mark. Die Frauen seiner Brigade, die ihn erst so freudig begrüßt hatten, wollten nun von dem jungen Kollegen nichts mehr wissen, da er schon wenige Tage nach seinem Eintritt mit den Diebereien begonnen hatte.

Aber sie wurden überzeugt, daß ein junger Mann einmal einen Fehler begehen kann und daß es gut ist, ihm zu verzeihen. Sie haben das begriffen und ihn wieder aufgenommen.

Das Gericht verurteilte ihn zu einer bedingten Strafe von vier Monaten; ein Jahr wird seine Bewährung dauern. Und wenn wir im nächsten Jahr wieder wenig Filous haben werden, so wissen wir doch, daß diesmal Daniel nicht daran schuld ist, daß er dann schon unvorbestraft sein Abitur macht, sich wahrscheinlich auf dem Klavier Händels Feuerwerksmusik einstudiert und so scinc Ncigung zur Musik und zur Chemie auf das trefflichste vereint.

Und daß er Händels Musik so auffaßt, wie der Meister sein Werk aufgefaßt haben will und wie ich auch meine kleinen Artikel schreibe und wie sie verstanden sein möchten: „Ich würde es bedauern, wenn ich meine Zuhörer nur unterhalten hätte, ich wünsche sie besser zu machen.“

Der selbstlose Betrüger

Die Schriftsteller sollten ihm ein Denkmal setzen, die Ökonomen werden ihn verdammen, die Juristen ihn als Betrüger verurteilen; nur die Verleger werden etwas verlegen lächeln, wenn sie die Geschichte des Herrn Willi erfahren.

Eines Tages bekam ein Herr Alfred, ein sehr begeisterter, tüchtiger und wanderfroher Angestellter einer Reichsbahndirektion, wegen seiner guten Leistungen eine Reise in den Kaukasus als Prämie geschenkt. Herr Alfred wanderte dort nach Herzenslust und machte Aufnahmen. Er studierte Land und Leute und hielt alles fest.

Zurückgekehrt, ordnete er seine Aufzeichnungen und entwikkelte seine Filme. Da er anregend und spannend von seinen Abenteuern im fernen Georgien erzählen konnte, wurde Herr Alfred aus Kollegenkreisen wohl an die hundertfünfzigmal gebeten, über seine Erlebnisse einen Vortrag zu halten: „Auf grusinischen Heerstraßen".

Eines Tages sagte ihm ein begeisterter Zuhörer: „Warum schreibst du denn kein Buch? Du könntest deine Erlebnisse ja Zehntausenden von Menschen vermitteln."

Das leuchtete ein, und Herr Alfred betrat den Leidensweg eines jungen Autors. Er ging mit seinem Projekt vom Urania-Verlag zu Brockhaus, dort setzte man ihn wegen Profilierung zum Verlag Kultur und Fortschritt in Bewegung oder zum Verlag Volk und Welt. Und zum Schluß landete er, weil es sich ja um Touristik und Wandern handelte – nicht die Verlagssuche, sondern das Thema seines Buches –, beim Sportverlag.

Hier wurde er zu Herrn Willi geschickt, dem damaligen Sekretär des Buchlektorats. Herr Willi sagte nicht: „Ich bin nicht zuständig", obwohl er eigentlich nicht zuständig war. Er sagte:

„Wunderschön, ein Buch über Touristik! Machen Sie eine Exposé und schreiben Sie ein paar Seiten, wie Sie sich das vorstellen, machen Sie eine sogenannte Stilprobe."

Das tat Herr Alfred, und Herr Willi gab das weiter, einmal an das Komitee Touristik und Wandern und an einen literarischen Gutachter. Das Komitee sagte: Wunderbar, daß der Sportverlag endlich ein Buch über Touristik macht.

Die Fachleute für Literatur meinten, es stecke zwar in Herrn Alfred ein erzählendes Talent, aber es müsse eben noch viel gearbeitet werden. Das Kollektiv des Lektorats und vor allem die Chefredakteurin entschieden – es war im Jahre 1960 –: Wir werden das Buch von Herrn Alfred nicht herausbringen. Dieser Bescheid wurde Herrn Willi mitgeteilt, und er sollte die Arbeit an Herrn Alfred zurücksenden.

Herr Willi war aber nicht einverstanden. Er ist ein Mann in den vierziger Jahren und war ein kleiner Sportfunktionär in einer thüringischen Stadt jenseits des Rennsteigs, er spricht schon den fränkischen Dialekt. Er hat ein etwas knorriges Gesicht, er ist eigenwillig, aber ein wirklicher Menschenfreund. Schon lange ist er im Verlag der Vorsitzende der Betriebsgewerkschaftsleitung, und immer wieder wird er gewählt, weil er sich so sehr für die Belange der Mitarbeiter einsetzt. Es gibt zum Beispiel in der BGL einen Beauftragten für das Wohnungswesen, aber wenn wirklich etwas zu erledigen ist, geht jeder zu Herrn Willi.

Herr Willi fühlte sich als Leidensgefährte des Herrn Alfred. Auch er wollte einmal ein Buch schreiben über Sport. Aber die Fachleute schüttelten den Kopf, sie sagten: Unmöglich! Herr Willi kämpfte mit zäher Geduld, und wahrscheinlich mehr, um dem beliebten Mitarbeiter einen Gefallen zu tun, als aus Überzeugung wurde das Buch in den Verlagsplan aufgenommen und im Sportverlag herausgegeben. Es war ein Erfolg, es erlebte fünf Auflagen, 50000 Exemplare wurden verkauft. Neue, junge Autoren sollten gesucht werden. Herr Willi erinnerte sich an das Beispiel von Bruno Apitz. Sein Roman „Nackt unter Wölfen" war schon, wie er sagt, von fünf Verlagen abgelehnt worden, trotzdem wurde es schließlich der größte Bucherfolg in der DDR.

Deshalb sagte Herr Willi dem Herrn Alfred nicht die Wahrheit. Er teilte ihm mit, er solle weiterschreiben, er würde ihm helfen, die Unebenheiten aus dem Manuskript auszubügeln.

Und als nun 120 Seiten vorlagen, schickte Herr Willi dem Herrn Alfred einen Vorvertrag, der den Verlag wohl moralisch, aber noch nicht finanziell verpflichtete, das Buch „Auf grusinischen Heerstraßen" herauszubringen, und Herr Willi fälschte die Unterschrift seines Verlagsdirektors. Er schickte ihm einen zweiten Vorvertrag, auch mit einer falschen Unterschrift, und auf Drängen einen richtigen Verlagsvertrag. Da waren schon die Auflagenhöhe, Preis und Honorar für das Buch festgelegt.

Aber niemand wußte im Verlag etwas davon. Herr Willi hatte noch immer Hoffnung. Er erklärte, es käme manchmal im Verlag vor, daß ein geplantes Werk nicht rechtzeitig fertig würde, und dann wolle er als Retter in der Drucknot mit Herrn Alfreds Manuskript einspringen. Der wollte 1964 endlich Geld sehen, denn das stand ihm nach dem Vertrag zu. Er drohte Herrn Willi, er würde den Verlag verklagen. Da ging Herr Willi mit einer Zahlungsanweisung über 2000 Mark zum Hauptökonomen, der auch die Stelle des Hauptbuchhalters bekleidet. Er hatte auf dieser Anweisung die Unterschrift des kaufmännisch-technischen Direktors gefälscht und machte ein Teilgeständnis. Er habe, ohne berechtigt zu sein, mit Herrn Alfred einen Verlagsvertrag abgeschlossen.

Der Hauptökonom sah sich nicht einmal diesen Vertrag an, er sagte: Wir sind verpflichtet zu zahlen, und ließ das Geld überweisen.

Dann aber erschien eines Tages Herr Alfred im Verlag und wollte erfahren, wann er endlich die Korrekturfahnen sehen könne. Zufällig war Herr Willi nicht anwesend, und niemand wußte etwas von diesem Verlagsprojekt. „Das muß ein Irrtum sein", sagte Herr Alfred, „denn ich habe schon das Honorar bekommen."

Da fand man bei Herrn Willi im Schreibtisch das Manuskript, die Verträge mit den falschen Unterschriften.

Und nun erlebten wir den seltenen Fall, daß ein Mensch als Betrüger verurteilt werden muß, der nicht einen Pfennig von seinem Betrugserfolg für sich haben wollte. Und der, der der Nutznießer dieses Betruges ist, kommt sich noch als Geschädigter vor.

Es wurde zwar versucht, die Sache zu bereinigen, aber nach Prüfung des Manuskripts wurde entschieden, das Buch des Herrn Alfred kann nicht verlegt werden. Ihm wurde noch einmal eine Summe von 700 Mark überwiesen als Entschädigung. Aber für den ganzen Schaden muß Herr Willi aufkommen. Er hat jetzt schon 900 Mark an den Verlag zurückgezahlt.

Herr Willi arbeitet schon lange nicht mehr im Lektorat, sondern im Vertrieb. Dort leistet er Außergewöhnliches. Und die Kollegen, die er bisher so gut betreut hat als Vorsitzender der Betriebsgewerkschaftsleitung, ja, die unter seiner Leitung gearbeitet haben und heute noch unter seiner Leitung arbeiten, haben eine ausführliche Bürgschaft für ihn abgegeben. Das Gericht nahm diese Bürgschaft an und verurteilte ihn natürlich nur zu einer bedingten Strafe. Sechs Monate Gefängnis mit einer Bewährungszeit von einem Jahr.

Er hat versucht, seine Meinung durchzusetzen. Das ist respektabel und gerade im Verlagswesen so selten, aber mit falschen Unterschriften, mit Schädigung des Volkseigentums darf und kann man die Literatur nicht fördern. Höchstens die Kriminalliteratur.

Die Raten für das sinkende Schiff

„Seiner Eleganz gelten überall anerkennende Blicke. Er bewegt sich sicher auf jedem Straßenparkett, auch wenn manche Fahrbahn sich gelegentlich Unarten erlaubt. Er macht wenig Aufhebens von seiner Leistungskraft, sein starker 100-PS-Sechszylindermotor bleibt auch bei hoher Dauergeschwindigkeit ruhig und gesittet." Dieses Inserat übte auf Sven, den strebsamen Vertreter für Solinger Stahlwaren in Hamburg und Schleswig-Holstein, mit dem Sitz in Hamburg, einen magischen Reiz aus. Mit einem Opel-Admiral vorfahren, wie würde sich sein Sozialprestige heben. Was würden die Kunden sagen, die Konkurrenten, die man offiziell auch Kollegen nennt, die Nachbarn.

Direkt umsteigen vom Opel-Rekord auf den Opel-Admiral. Von der gehobenen Mittelklasse (55 PS) zum Reisewagen mit dem ungewöhnlichen Komfort (100 PS), mit dem er seine Passagiere verwöhnt – so heißt es in der Reklame von Adam Opel AG, in Rüsselsheim.

Ein Stahlwarenvertreter mit einem Admiral, vom Rekord den Kapitänsrang einfach überspringend, das mußte doch ein Mann von ungewöhnlichen Eigenschaften sein, stahlhart und tüchtig, dessen Verkaufserfolge bestehend sein mußten, und der Erfolg gebürt den Erfolg. Bestechend, so dachte sich Sven, wie ein Küchenmesser mit der Nirostaklinge.

Sein Freund, der Opelhändler, war auch sofort bereit, den schon etwas klapprigen Rekord in Zahlung zu nehmen und Herrn Sven einen stahlblauen Admiral in die Garage zu stellen, ohne Anzahlung, gegen bescheidene Monatsraten von 500 Mark. Svens Frau, die schlanke, schwarze Grit mit dem Madonnenscheitel und dem tiefen Nackenknoten, war etwas skeptisch. Können wir uns das leisten? – „Ich werde mehr umsetzen, der Wagen muß sich eben selbst bezahlt machen."

Sven war davon nicht abzubringen, er rechnete mit einer großen Umsatzsteigerung.

Aber die blieb aus. Er mußte mit Erschrecken feststellen, daß seine Konkurrenten, Verzeihung, seine Kollegen, genauso dachten und handelten wie er, als sie sahen, daß der pfiffige Sven mit einem Admiral bei den Kunden vorfuhr. Acht Tage darauf erschien der eine mit einem silbergrauen Mercedes 220 SE, der dritte kam danach schon mit einem schweren amerikanischen Straßenkreuzer angerollt.

Aber die Hausfrauen kauften trotz der anfeuernden Werbung und der neidvollen Blicke auf den glänzenden Lack der Autos kein Messer mehr, als sie brauchten. Und der Bart der Herren wuchs auch trotz des gestiegenen Sozialprestiges der Stahlwarenvertreter nicht schneller. Es blieb ihm, dem Bart, völlig gleich, ob die Rasierklingen oder die Trockenrasierer mit Rekord oder Admiral angeboten wurden.

Sven und Grit kamen in arge Bedrängnis. Das Zurücksteigen auf den alten Rekord war nicht mehr möglich; die Kundschaft, die Konkurrenten, die Nachbarn? Außerdem, Sven liebte seinen neuen Wagen zärtlich, er entdeckte täglich neue Reize an ihm, seine Frau betrachtete er nicht mit dem gleichen Stolz, sie war ja auch nicht mehr fabrikneu, sie hatte keine Geheimnisse mehr. Aber für andere? Wenn ich den Wagen nicht abschaffen kann, so rechnete er, muß Grit anschaffen. Und er änderte Opels Reklameslogan um: „Ihrer Eleganz gelten überall anerkennende Blicke. Sie bewegt sich auf jedem Straßenparkett, auch wenn sie manchmal gelegentlich Unarten erlebt."

Grit war nicht abgeneigt. Sie meinte, sie könne die Zeit, da sie allein bliebe, ebenso angenehm wie nützlich ausnützen. Und da sie sich ein wenig fürchtete, weihte sie ihren Bruder, der zur richtigen Arbeit nie so rechte Lust hatte, in ihren neuen Wirkungsbereich ein. Sie setzte sich in die kleinen Caféhäuser und erwiderte dezent die anerkennenden Blicke der Herren. Erst kam man sich am Tisch näher, dann geistig, dann ging man zusammen essen und später in eine Bar. Und Grit sagte nicht nein, wenn die Herren unbedingt in ihrer Wohnung noch ein Täßchen Kaffee trinken wollten.

So ging es auch mit Herrn Edmund, einem soliden Knäckebrotfabrikanten aus Hildesheim. Zuvor hatte Grit ihm erzählt, ihr Mann sei auf Reisen, und Edmund behauptete, als Grit ihn fragte, auch er sei verheiratet. Das hatte Edmund nur so dahergeredet, wahrheitswidrig, er glaubte, das gäbe ein besseres Vertrauensverhältnis. Und da hatte er nicht unrecht. So tranken sie Kaffee in der Wohnstube und gingen ein Zimmer weiter und so weiter.

Als sie am frühen Morgen aufwachten, war Grit ein wenig traurig. Sie schäme sich so, sagte sie. Warum denn, Liebling, war es nicht schön?

„Ja, nicht, was du so meinst, lieber Schatzi, sondern ich bin traurig wegen des Milchmanns. Ich wollte nur rasch herunterspringen und frische Milch holen für den Morgenkaffee. Aber der Wagen meines Mannes kostet so viel, und Geld haben wir nicht im Hause. Könntest du mir nicht ganz diskret 50 Mark unters Kopfkissen schieben?"

„Was?" Edmund war entgeistert. Er hatte geglaubt, er sei zum ersten Mal in seinem Leben um seiner selbst willen geliebt worden. Nein, log er, das sei er nicht gewohnt, dafür zu zahlen.

„Aber, Schatzi, vielleicht 20 Mark, weil es so schön war."

„Nein", sagte Edmund.

Da klopfte Grit ein wenig an die Wand, und nun erschien in der Kammer ein blonder, junger Mann mit einer Kamera in der Hand. Der Knabe sagte unbekümmert, obwohl er seine Schwester mit einem fremden Mann im Bett sah: „Ich habe sie gerade wieder repariert. Soll ich sie jetzt einmal ausprobieren?"

Da nahm Edmund seine Hose, die er sorgsam auf den Stuhl gelegt hatte, griff zu seiner Brieftasche und nahm einen Zwanzig-Mark-Schein- Er schob ihn nicht diskret unter das Kopfkissen, sondern warf ihn protestierend auf die Steppdecke, zog sich an, verschwand und ging zur Polizei. Edmund, der Knauser, zeigte die Dame und ihren Bruder wegen Erpressung an; denn Edmund war seit fünf Wochen geschieden und hatte nichts zu befürchten.

Das Gericht sprach nur Grits Bruder für schuldig, sechs Monate Gefängnis. Grit aber wurde freigesprochen. Das Klopfen an der Wand sei keine Anstiftung zur Erpressung gewesen, stellte das Gericht fest. Vielleicht war es ein natürlicher Reflex, die Verzweiflung einer einsamen Frau, die sich zwar sicher auf jedem Straßenparkett bewegen könne, die sich gelegentlich auch einige Unarten erlaubt, die sich aber in verständlicher Erregung – wegen des Milchmannes – befand.

Wenn aber jemand glaubt, Grit und Sven und der Bruder mit der Kamera würden Hand in Hand arbeiten, um den Admiral abzustottern, so sind das eben nur Übertreibungen von böswilligen Leuten, die gewohnt sind, in Zusammenhängen zu denken.

Grit ist eine durchaus anständige Frau, Sven fleißig und solide, dem es Ernst ist, die Raten für sein sinkendes Admiralsschiff anzuschaffen. Und in Zukunft schaut Grit in den Personalausweis, um festzustellen, ob der Herr, der die Milchmädchenrechnung am frühen Morgen zu bezahlen hat, auch wirklich verheiratet ist.

Haut es in der Familie hin?

Sein gelblich-braunes Gesicht sieht aus, als ob es durch die unerbittliche Wüstensonne ausgemergelt sei, und auch seine tiefschwarzen, etwas öligen Haare erinnern mich an einen edlen Beduinenscheich aus dem fernen Jemen, der würdevoll seiner Kamelkarawane auf einem Esel voranreitet und die schweren Lasten seinen Frauen aufbürdet. Und der lieber im Caféhaus sitzt, an seiner Wasserpfeife nuckelt und blauen Dunst oder Philosophie in die Welt bläst, als selber Hand anzulegen.

Er ist auch dem Café- und Wirtshausleben sehr verbunden; Ewald, der Berliner mit dem beduinischen Aussehen und dem litauischen Namen, war erst einmal Kellner und später nur noch Gast. Er war auch einmal richtig verheiratet, doch über diese Verbindung wird uns nicht viel mitgeteilt, 1948 trennte man sich, und Kinder waren nicht vorhanden.

Mehr aber erfahren wir von und über Ewalds zweite und dritte Frau; nennen wir sie ruhig seine Frauen, obwohl sie in einem sittenstrengen Gewerkschaftsheim kein gemeinsames Zimmer hätten teilen dürfen, da ihrer Verbindung das staatliche Siegel fehlte. Aber die Volkseigenen Wohnungsverwaltungen sind, Gott sei Dank, in dieser Hinsicht nicht so prüde, und Ewald teilte mit seiner zweiten und teilt mit seiner dritten Frau unangefochten Tisch und Bett.

Mit Frau Trautchen lebte er vom Jahre 1948 bis zum Jahre 1951. Und zwei süße kleine Mädchen zeugten davon, wie innig diese Liebe einst war. Heute sind die beiden Kinder schon fast erwachsen, sie lernen sehr interessante Berufe, auch die Mutter ist eine tüchtige Frau, angesehen bei ihren Kollegen. Und sie hat die Töchter ganz, ganz allein großgezogen, und dazu noch ihren Jungen aus ihrer ersten Ehe.

Aber der Vater der Töchter, Ewald, ergab sich, nachdem er und Frau Trautchen beschlossen hatten, nicht mehr zusammen zu bleiben, etwas dem Schieben. Er bekam auch damals eine harte Strafe, anderthalb Jahre war er von der Außenwelt abgeschieden. Es soll heute keine Belastung mehr sein, die Strafe ist längst gelöscht. Wenn wir sie erwähnen, nur, um Rechenschaft über die verlorenen Jahre zu geben und sein späteres Handeln zu erklären.

Nach der Haftentlassung verzog Herr Ewald nach Westberlin, und für Frau Traute war der Vater ihrer zwei Töchter nicht mehr auffindbar und pfändbar. Den sehr bescheidenen Unterhaltsbeitrag für jede der Töchter, 33 Mark, konnte sie nicht eintreiben, weil die Westberliner Polizei- und Jugendbehörden ihr die Adresse von Herrn Ewald nicht mitteilten. Die tapfere, tüchtige Frau aber schaffte es ganz allein.

Über Ewalds wirtschaftliche Tätigkeit in Westberlin ist wenig bekannt. Er fing später ein bescheidenes Bratkartoffelverhältnis im demokratischen Berlin an mit Annelie, auch einer sehr tüchtigen, strebsamen Frau, der Mutter zweier Söhne. Und als im Jahre 1961 das Hin- und Herwechseln – von Menschen, Waren und Geld – unmöglilch wurde, da, als ein Kind bei Frau Annelie an die Pforte des Lebens pochte, blieb Herr Ewald bei uns und bei Frau Annelie. So tief wurde die Liebe, daß jedes Jahr sich ein neues Kindlein anmeldete, so daß Frau Annelie jetzt im ganzen für sechs Kinder, Herr Ewald auch für sechs Kinder (davon zwei bei Frau Trautchen) zu sorgen hätte.

Das ist für einen gesunden und fleißigen Vater schon eine ganz hübsche Belastung. Für Herrn Ewald aber?

Er hat sich jahrelang nicht um die beiden Mädchen von Frau Trautchen gekümmert. Zufällig wurde er von einer Freundin von Frau Trautchen im demokratischen Berlin gesehen, das Referat Jugendhilfe und die Volkspolizei verhalfen der Mutter zu Ewalds Adresse. Notgedrungen und meist auf Pfändungen zahlte Herr Ewald etwas von seinen Unterhaltsschulden im Jahre 1962 und 1963. Sie sind nach Schätzung von Frau Trautchen auf etwa 10000 Mark angelaufen.

Herr Ewald hatte mit Unterbrechungen bei einem Berliner

Großbetrieb gearbeitet. Aber er war an vielen Tagen krank. Sein amtsärztliches Zeugnis bescheinigt ihm, daß er ein Darmleiden, ein Schilddrüsenleiden und ein Herzleiden hat. Aber erst als die Lohnpfändung da war, wurde ihm die Arbeit in diesem Großbetrieb zu schwer.

Amtsärztlich sollte er zu einer Genesungskur verschickt werden, und das lehnte Herr Ewald ab. Er blieb statt dessen oft zu Hause, um auf die sechs Kinder – von denen vier auch die seinen waren – von Frau Annelie aufzupassen. Denn Frau Annelie in ihrer resoluten Berliner Tüchtigkeit hält den ganzen großen Haushalt im Schwunge und leistet sich keinen Fehltag. Krankheit und Haushaltssorgen aber hindern Herrn Ewald nicht, bei aufkommendem Durst ins Wirtshaus zu gehen, und der Durst kommt häufig auf.

Unbewußt lustig bemerkte der Richter, unsere Gesellschaft lege Wert darauf, daß es auch in der Familie hinhaue. Es oder leider er haute leider oft hin, und Frau Annelie mußte schon einige Male die Volkspolizei alarmieren. Einmal traute sie sich danach in der Nacht nicht nach Hause. Als Zeugin vor Gericht nahm sie das meiste als gute, wenn auch nicht angetraute Frau des Herrn Ewald wieder zurück. Sie bemerkte, es sei doch auch ganz hübsch, einmal nachts einsam durch Berlin spazierenzugehen.

Für seine vier Kinder, die er mit Frau Annelie hat, sei gut gesorgt worden. Ob er für jedes immer 50 Mark im Monat bezahlt hat – so viel Unterhalt legte das Gericht fest –, konnte Frau Annelie nicht mit Sicherheit bestätigen. Aber sie meinte: „Wir leben ja, als ob wir verheiratet seien, und es kommt alles in einen Topf, was wir beide verdienen."

Doch für die beiden Mädchen von Frau Trautchen sorgte er schlecht, weil er oft nur Schwarz- oder Grauarbeit macht. Jetzt ist Herr Ewald als Lagerarbeiter beim Großhandelskontor Obst und Gemüse tätig. Er hat eine leichte Arbeit, aber er nimmt sie auch allzusehr auf die leichte Schulter. Wenn er dort arbeitet, so arbeitet er gut, er sei ein lieber und angenehmer Kollege. Aber die Liste seiner Fehltage „entschuldigt", „unentschuldigt" oder „krank geschrieben" ist gewaltig. Und im Jahre 1963 hat er keinen Pfennig für die Kinder von Frau Trautchen bezahlt. Erst zwei Tage vor dem Termin machte er schnell eine kleine Überweisung.

Es war hier das einzig Sinnvolle, eine bedingte Strafe für die Verletzung der Unterhaltspflicht auszusprechen. Aber sie soll nominell eine lange und harte Strafe sein, acht Monate. Während der Bewährungszeit gibt es eine Bindung an den Arbeitsplatz, denn es geht nicht, daß ein Mann bei uns in unserer Ordnung wie der legendäre Beduinenscheich herumläuft oder im Caféhaus sitzt, sich mit Giften in eine Traumwelt versetzt und dabei seine Gesundheit ruiniert und blauen Dunst in die Welt bläst, aber die Bürde des Lebens und der Familie seinen Frauen auflädt.

Menschen und Blei

Es geht hier um einige Kilo Bleischrott. Ich glaube, wir können sie verschmerzen, auch wenn Blei bei uns noch knapp ist.

Es geht aber nicht nur um das gestohlene Blei, es geht um drei sehr verschiedene Menschen. Sie können wir nicht verschmerzen; sie müssen wir gewinnen, sie müssen mit allen Mitteln der Staatskunst in glückliche Menschen verwandelt werden. Wir wollen's ihnen leicht machen – warum machen sie es uns so schwer?

Der erste könnte mit seiner lustigen, überschnellen Berliner Sprache, mit seinem jungenhaften, etwas dicklichen Aussehen ein Kabarettist sein. Nennen wir ihn Wolfgang. Aber er spielt nicht den Dummen. Er ist es leider. Seine Bildung ist mangelhaft, nur bis zur fünften Klasse hat er es gebracht. Dem achtjährigen Sohn seiner Frau, für den er der Vater ist, kann er jetzt schon nicht mehr bei den Schularbeiten helfen. Seine Frau ist energischer und klüger. Sie hat Wolfgang jetzt in die Hand genommen und dafür gesorgt daß er im selben Betrieb wie sie arbeitet. Es ist eine kleine private Fischräucherei. Dort, so sagt er, gefällt es ihm, es schnauzt ihn keiner an. Er ist auch für seine Verhältnisse gewissenhaft und pünktlich und hat sich in knapp drei Monaten zu einem fast selbständigen Fischräucherer emporgearbeitet.

Aber in der Zeit, da er bummelte und kein Geld hatte, gab er den Tip. Er kannte vom gemeinsamen Nichtstun einen gewissen Heino, einen ebenso dicklichen, aber blonden jungen Mann, über dessen Einkünfte auch bei Gericht noch ein ziemliches Dunkel herrscht. Er konnte nicht erklären, wovon er lebt. Wenn es schneit, so sagte er, schippt er bei der Berliner Straßenreinigung den Schnee. Aber an warmen Tagen lebt er auch, und ich glaube, nicht schlechter.

Im kühlen Mai des vergangenen Jahres gab es keinen Schnee. Da traf unser lustig beredter, aber unbeschäftigter Wolfgang den blonden, mittellosen Heino. Und da sie beide über den Mangel an Geld klagten, erzählte Wolfgang, er wisse von seiner Mutter, die eine Hauswartstelle versorge, von einer leerstehenden Wohnung, in der Bleirohrschrott lagere. Den könne man abholen und mit gutem Gewissen verkaufen. Aber mitmachen könne er, Wolfgang, nicht, er wolle die Stelle seiner Mutter nicht gefährden.

Heino war sofort bereit. Aber wie das Blei abtransportieren? Heino kannte einen anderen jungen Mann, der einige leere Koffer besaß, außerdem auch leere Taschen, weil auch er gerade nicht arbeitete.

Dieser junge Mann Karl aber ist eine wirkliche Gefahr. Er sieht energisch, streng, ja fast soldatisch aus, im Gegensatz zu seinen etwas weichlichen, dicklichen Mittätern. Er ist auch der älteste der drei, fast dreißig Jahre. Seit seinem zwanzigsten Lebensjahr war er länger in Strafanstalten als in Freiheit. Und auch jetzt wird er aus der Strafhaft vorgeführt, er hat ein Urteil über vierzehn Monate Zuchthaus wegen schweren Diebstahls und Verletzung der Unterhaltspflicht in der Tasche.

Das Erstaunliche ist bei Karl: Er ist ein Facharbeiter. Ein Kaderleiter aus einem großen Berliner volkseigenen Betrieb sagt von ihm, er ist ein qualifizierter Revolverdreher, wenn er nur wolle, könne er eine feste, gute Stelle haben und viel Geld verdienen. Aber jeden Arbeitsplatz verliert er, meist ist es fristlose Entlassung wegen Arbeitsbummelei. Er will anscheinend nicht für sein Kind aus einer gescheiterten Ehe sorgen.

Diesem Karl schließen sich gern schwächliche, asoziale Menschen an. Er ist eine Gefahr. Um ihn könnte sich leicht eine Keimzelle der Unterwelt bilden.

Hier leiht er dem blonden Heino seinen Koffer; der bricht die Wohnung auf, packt von den Bleirohren ein, soviel er schleppen kann, verkauft sie bei einem Schrotthändler, den Erlös von fünfundvierzig Mark teilen sich die drei. Da Heino nicht das ganze Blei auf einmal wegschleppen konnte, gehen Karl und Heino noch ein zweites Mal zusammen hin. Aber jetzt werden die beiden mit den verdächtig schweren Koffern von einem Angestellen der Kriminalpolizei auf der Straße gestellt.

Gerichtsverhandlung und Urteil werden als härteste Kritik unserer Gesellschaft an ihren Mitbürgern betrachtet. Und über die Kritik der Gesellschaft gilt das, was Lessing einmal über die Kritik gesagt hat. Er hatte damit allerdings die Kunstkritik, die Theaterkritik im Auge. Die Kritik, so sagt Lessing, sei eine Krücke. Sie könne einem Lahmen wohl helfen, sich von einem Ort zum anderen zu bewegen, aber zu einem Läufer könne sie ihn nicht machen. Wenn man mit Hilfe der Kritik etwas zustande bringe, so koste es viel Zeit.

Genauso ist es mit der gesellschaftlichen Kritik an Gesetzesbrechern. Heino muß sieben Monate ins Gefängnis, unbedingt und sofort, und erhält außerdem 50 Mark Geldstrafe. Bei ihm wird es die Gesellschaft schwer haben, ihm durch diese „Krücke" zu einem sinnvollen Leben zu verhelfen. Aber etwas anderes als die Haftstrafe haben wir bei ihm nicht. Noch schwerer ist es bei Karl. Für seinen Tatbeitrag wird er zu sechs Monaten Gefängnis, die umgewandelt in vier Monate Zuchthaus, zu seiner jetzigen Strafverbüßung hinzugerechnet werden, und 20 Mark Geldstrafe verurteilt.

Nur bei Wolfgang kann die Kritik mehr in der Strafandrohung als in der Strafe selbst wirksam werden. Drei Monate Gefängnis braucht er nicht zu verbüßen, es wurde eine Bindung an seinen Arbeitsplatz von zwei Jahren ausgesprochen.

Dieses Urteil, diese gesellschaftliche Kritik ist sicher auch bei ihm, dem in der Arbeit so Lahmen eine Krücke, da Sichbewegen auf dem Boden eines sinnvollen Lebens zu erlernen.

Wird er in den zwei Jahren schon ein Läufer werden? Bei ihm sind die Voraussetzungen am besten von den dreien.

Der Sektraub

Die Halle ist in Berlin ein eigenes Milieu. Hat man in der alten Markthalle an der Liebknechtstraße einen Stand oder ist man einmal als Lastfahrer, Beifahrer, Verkäufer oder nur als Reinigungskraft dort tätig gewesen, gehört man dazu. Dann weiß man mehr als die Außenstehenden, die Nur-Kunden. Man kennt sich, man duzt sich. Und wenn man sich trifft in einer Kneipe, trinkt man sich zu. Die Halle hat – ganz im Vertrauen und, bitte, nicht darüber sprechen – ihre eigenen Gesetze.

Herr Wilhelm, Beruf Einzelhändler, gehört dazu. Ganz feste sogar. Er hat einen Stand für Obst und Gemüse, er hat sogar eine Verkäuferin und einen Wartburg-Kombi. Er rechnet, wenn auch nicht zu den Königen, so doch zu den profiliertesten Fürsten der Halle.

Es war an einem Sonnabend, am späten Nachmittag. Des rüstigen Mittfünfzigers Wilhelm junge Frau war abwesend, und zu Besuch gekommen war Herrn Wilhelms energische, leicht angegraute Nichte aus der nüchternen Gegend um Jüterbog. Es war auch zu Besuch des Einzelhändlers hübsche, rundliche, einzige Verkäuferin Ruthild. Sehr gemütlich war es bei dem jetzt nicht mehr einzelnen Einzelhändler, und Herr Wilhelm fragte die Damen, ob er nicht eine Flasche Sekt holen solle.

Hätten die beiden Damen nein gesagt, vieles wäre vielen erspart geblieben. Aber leider, wie zu Don Juans und Sir Falstaffs Zeiten, können Damen schwer einer Sekteinladung widerstehen, obwohl ich mir habe sagen lassen, daß mindestens zu Sir Falstaffs Zeiten der Sekt nicht das schäumende Getränk war, das er heute ist, denn er war damals noch gar nicht erfunden.

Herr Wilhelm setzte sich also seinen Hut auf den durch wenig Haarschmuck erhellten Kopf und ging in die nächstliegende

Kneipe. Nun ist es entweder nicht üblich, nur eine Flasche Sekt zu fordern, zu bezahlen und wegzugehen, oder Herr Wilhelm hatte sich überlegt, daß seine Damengesellschaft durch Liegen- und Wartenlassen nur besser werden könne. Aus welchem Grunde auch immer, Herr Wilhelm stellte sich an die Theke und bestellte sich einige sehr harte Schnäpse.

Ein junger Mann erkannte ihn als einen der profiliertesten Fürsten der Halle, da er selber einmal Beifahrer für Obst und Gemüse gewesen war, und der Kontakt war bald hergestellt, obwohl Herr Wilhelm bei ruhigem Nachdenken sich an die Tätigkeit dieses jungen Mannes in der Halle gar nicht mehr erinnern konnte.

Dieser junge Mann, Klaus, 1939 geboren, ist ein schlimmer Trinker. Vor Gericht ist er immer einsichtig, leider ist er sehr oft einsichtig gewesen – vor Gericht. Vor der Theke setzt er sich über alle Vorsätze hinweg, noch viel häufiger als vor Gericht. In meinem Betrieb hätte ich jede Entwicklungsmöglichkeit gehabt, das sagt er selbst. Aber alle Bemühungen scheitern bei ihm. Schade, gerade an diesem Tag hätte er bei der Bewag, der Berliner Elektrizitätsgesellschaft, eine neue Arbeit beginnen sollen als Facharbeiter in einem neuen Heizkraftwerk. Auf Jahre hat er nun verspielt mit einem Verbrechen, das so dumm war, daß man eigentlich gar nicht darüber schreiben sollte.

Mit Klaus ist ein junger Mann gleichen Alters und gleichen Kalibers in der Kneipe, Viktor, der allerdings nie in der Halle tätig war. Er hat wohl eine richtige Maurerlehre hinter sich, und arbeitet auch auf dem Bau, aber durch Alkohol ist er völlig demoralisiert und an diesem Abend stark umnebelt, so daß er ohne Sinn und Verstand den Weg und das Verbrechen mitmacht, alles, was Klaus ihm vorschlägt. Obwohl also beide Arbeit haben, der eine ist krank geschrieben, obwohl beide sogar noch Geld in der Tasche haben, beschließen sie auf Klaus' Vorschlag, hinter Herrn Wilhelm herzugehen, weil Klaus gesehen hat, daß der einzelne Einzelhändler einen Packen Geld in der Tasche hatte.

Als Herr Wilhelm, angeregt durch Schnäpse und durch die bevorstehende Konsumtion der Flasche Sekt beflügelt, durch die dunklen Straßen nach Hause geht und den Hausflur betritt, da folgen ihm die beiden, und Klaus rempelt den älteren, leicht beschwipsten Herrn an: „Was poussierst du mit meiner Frau?“

Herr Wilhelm ist ehrlich empört. Er hatte ja diesen Klaus gar nicht wiedererkannt, außerdem beteuerte er vor Gericht, er sei glücklich mit einer jungen, charmanten Frau verheiratet und auf Abenteuer nicht erpicht, eine Bemerkung, die völlig überflüssig war; wir wollen sie auf ihren reinen Wahrheitsgehalt nicht unter die kritische Lupe nehmen, denn es ist ja erwiesen, daß Klaus diese Beschuldigung aus der alkoholschwangeren Luft der Kneipe gegriffen hatte, um überhaupt mit dem friedlichen Obst- und Gemüsehändler in Händel zu geraten.

Klaus gab Herrn Wilhelm einen Schlag auf den Kopf, der versuchte sich zu wehren, was wenig sinnvoll war, da Klaus ihm an Jahren weit unterlegen und an Kräften überlegen ist, außerdem kam dem Räuber Klaus noch sein Spießgeselle Viktor zu Hilfe. In dem nun folgenden Handgemenge fiel das Wort: „Zieh ihm die Matte.“ Dieser Begriff Matte hat nichts mit Mathematik, aber viel mit Rechnen zu tun, es war damit die Brieftasche gemeint.

Die beiden kamen in des Wortes wahrer Bedeutung nicht mehr zum Zuge. Herr Wilhelm rief um Hilfe, und die beiden Damen, die im ersten Stock des Hauses so sehr auf die Rückkehr und die Flasche Sekt des Herrn Wilhelm gewartet hatten, kam heruntergeeilt. Einer der Räuber zog dann noch rasch die ominöse Flasche Sekt aus Herrn Wilhelms Tasche, und beide liefen weg.

Die junge Verkäuferin Ruthild wollte den Räubern nacheilen, aber sie wurde durch ihre hohen Absätze und ihre untrainierte Figur daran gehindert. Doch die etwas angegraute Nichte aus dem kargen Landstrich um Jüterborg nahm beherzt und behende die Verfolgung auf, und mit Hilfe eines hinzugeeilten Volkspolizisten gelang es ihr auch, die beiden Räuber zu fangen. Herr Wilhelm hatte sich von den schweren Schlägen ein wenig erholt, er war in die Kneipe zurückgegangen und hatte dort schon Name und Adresse der beiden Räuber feststellen können.

Nun mag man über die Begleitumstände dieses vollendeten Sektraubes lächeln, aber die Geschichte ist doch sehr, sehr ernst. Raub im Herzen Berlins, ausgeführt von zwei jungen Leuten, die gesund und kräftig sind, die in geordneten Verhältnissen leben könnten, die Arbeit haben, dafür kann es kein Verständnis geben. Und kein Leser wird dieses Urteil wegen seiner Milde schelten können. Klaus der Anstifter, muß drei und ein halbes Jahr ins Zuchthaus, Viktor, der so bereitwillig alles mitmachte, zwei und ein halbes Jahr.

Gesundheit und Leben jedes einzelnen Bürgers sind das höchste Gut, was wir schützen, und es wird energisch geschützt. Nicht, weil wir es, wie es so häufig gesagt wird, für den Aufbau des Sozialismus brauchen, sondern weil der Sozialismus da ist, um das Leben und die Gesundheit aller Bürger zu schützen.

Erwerben und ersparen

„Eine jegliche Person in der Ehe soll ihr Amt tun, was ihr gebührt. Der Mann soll erwerben, das Weib soll ersparen."

Dr. Martin Luther sprach so über die Ehe in einer seiner vielen großen Tischreden; hier führt er prägnant den bürgerlichen, ja den spießbürgerlichen Sinn der Ehe aus.

Ich glaube nicht, daß Oswald die Tischreden von Luther je gelesen hat, aber er hat fast wörtlich danach gehandelt. Es gibt auch einige unbedeutende Unterschiede zwischen Luther und Oswald. Oswald würde den Vorwurf, spießbürgerlichen Ansichten zuzuneigen, entschieden zurückweisen. Er würde sich als überzeugten Sozialisten bezeichnen. Aber es kommt ja nicht darauf an, was einer von sich selber glaubt, sondern wie er handelt. Und zum anderen könnte er darauf hinweisen, daß auch seine Frau Hanna miterworben hat. Ja, sie war seit 1961 sogar da tätig, wo das von Luther so sehr angestrebte „Ersparen" berufsmäßig betrieben wird, in der Sparkasse der Stadt Berlin.

Eine gute Stellung hat Herr Oswald, und er ist das, was man einen treusorgenden Familienvater nennt. Er hat viel Geld verdient, und seine Frau Hanna hatte monatlich 1200 Mark Wirtschaftsgeld. Davon mußte sie den Haushalt, die Miete, Kleidung, die Nahrung für Mann, Frau und die beiden Kinder bestreiten, also alle Anschaffungen. Und außerdem mußten nach dem eisernen Gesetz von König Oswald 3- bis 400 Mark monatlich gespart werden, eingetragen in ein Sparbuch.

„Wie du das machst, liebe Hanna, das ist absolut deine Sache, das kümmert mich gar nicht." Herr Oswald hatte großes Vergnügen an theoretischen Finanzplänen und -problemen. Er stellte jeden Monat neue Berechnungen an, wie Frau Hanna noch besser mit den sicherlich reichlichen 1200 Mark manipulieren könne. So errechnete er auch, daß 1000 Mark für eine elektrische Eisenbahn übrig seien, die nach Wunsch und Willen des Herrn Oswald für den achtjährigen Jungen angeschafft werden müsse. Auch eine Waschmaschine war schon im Haus und bezahlt, der Kühlschrank bestellt und stolz trug Herr Oswald die Anmeldung für einen „Trabant“ in seiner Brieftasche. Jeden Monat ergötzte er sich an dem Sparbuch, das er sich von seiner Frau Hanna vorzeigen ließ und auf das die so tüchtige Frau neben all dem guten Essen, den feinen Sachen und den vielen elektrischen Glücksbringern immer 400 Mark einzahlte.

Die Illusion zerbrach, als eine Meldung kam, der Kühlschrank, den Herrn Oswald bestellt hatte, sei da und könne geliefert werden. Frau Hanna war gar nicht so tüchtig und so sparsam, wie ihr das Herr Oswald immer unterstellt hat. Sie hatte alles Geld, eben die 1200 Mark, immer völlig ausgegeben, die Eintragungen im Sparbuch hatte sie fingiert, sie hatte sie gefälscht. Nun mußten nach Anweisung des kühlen Finanztheoretikers Oswald 1350 Mark für einen Kühlschrank von einem Sparkonto abgeholt werden, auf dem tatsächlich so gut wie nichts darauf war.

In einer kleinen Betriebszweigstelle der Sparkasse war sie beschäftigt als Kassiererin. Sie wußte, ein Kunde war auf einer langen Auslandsreise. Sie hob von dessen Konto die 1350 Mark ab, sie verstand es, die Vertrauensseligkeit in dieser Zweigstelle auszunutzen und eine zweite Unterschrift unter den Auszahlungsschein von einer Kollegin zu erschleichen. Sie verlor jede Hemmung. Jetzt kam sie auch nicht mehr mit den 1200 Mark aus, sie leerte das Konto völlig, 5000 Mark, und fing auf einem anderen Konto, dessen Inhaber auch verreist war, mit denselben Manipulationen an.

Leider war die Leiterin der kleinen Sparkassenzweigstelle durch Familienmißhelligkeiten auch manchmal in Geldschwierigkeiten. Mit ihrer Kassiererin Frau Hanna vereinbarte sie eine kleine Unkorrektheit. Die Gehaltszahlungen wurden einige Tage vorverlegt. Als plötzlich der Inhaber eines der angezapften Konten in der Sparkasse erschien und eine Unstimmigkeit feststellte, bemerkte die Leiterin, daß ihre Kassiererin Hanna von dem Konto unberechtigt und betrügerisch abgehoben hatte. Sie stellte sie wohl zur Rede und verlangte, daß sie sofort das Geld zurückzahlte, aber pflichtwidrig machte sie keine Meldung. Die sonst so fleißige, tüchtige Frau mußte sich deshalb mit als Angeklagte vor Gericht verantworten. Sie kam aber mit einer bedingten Strafe davon wegen ihrer sonst so guten Führung, und wegen ihrer Reue erhielt sie eine sehr kurze Bewährungszeit von einem Jahr. Und nach Ablauf dieser Zeit gilt sie dann als nicht vorbestraft. Das vorweg.

Frau Hanna wußte nun, daß es höchste Zeit war, die angezapften Konton wieder aufzufüllen. Sie nahm sich einen Auszahlungsschein für den Freizügigkeitsverkehr. Dann machte sie sich einen großen Verband um den Arm, ging zu einer Post und bat eine Frau, die sie gar nicht kannte, ihr beim Ausfüllen des Scheines behilflich zu sein. Sie sagte, sie sei eine Frau Sowieso aus Leipzig und wolle 18 400 Mark abholen. An einem Tage, als gerade viel Betrieb in ihrer Sparkassenzweigstelle war, erschlich sie sich von einer vertrauensseligen Angestellten eine zweite Unterschrift. So ließ sich Frau Hanna das Geld auszahlen, benutzte die Summe, um die angezapften Konten wieder aufzufüllen, und dann ging sie zu einer alten Dame, erzählte ihr eine Räuberpistole und veranlaßte sie, für sie 13 000 Mark in einer Türfüllung einzugipsen.

Nach einigen Tagen kam der Beleg über den Freizügigkeitsverkehr aus Leipzig zurück: „Gefälscht, Name fingiert, Konto nicht vorhanden." Nun wurde untersucht. Frau Hanna als Kassiererin, die diese große Summe ausgezahlt hatte, gab eine sehr genaue Beschreibung eines Ehepaars, das angeblich mit diesem Schein das Geld betrügerisch bei ihr abgehoben hatte. Und jetzt kamen anonyme Briefe, in denen die Filialleiterin beschuldigt wurde, sich dieses Betrages bemächtigt zu haben. Als sich aber der Verdacht gegen Frau Hanna immer mehr verstärkte, blieb sie zu Hause, stürzte dort Tische und Stühle um und ließ sich von der alten Dame, die schon das Geld eingegipst hatte, wieder durch eine Märchenerzählung mit Krawatten knebeln und fesseln und wollte der Polizei, die bald bei ihr zu Hause erschien, weismachen, sie sei von dem Ehepaar aus Leipzig bedroht und gefoltert worden.

Die Schulden, die nicht mehr gutgemacht werden konnten, belaufen sich auf 8048,26 Mark. Zwei Jahre und einen Monat Zuchthaus wegen Betrugs zum Schaden des Volkseigentums im schweren Falle und dazu der leichte Fall, Vortäuschung einer Straftat.

Nur planen in der Ehe ist eben nicht genug, man muß auch dem anderen helfen. Das hat Oswald heute noch nicht begriffen, und er hat die Ehescheidung eingereicht. Und beide haben nicht erkannt, daß die Ehe keine Arbeitsteilung ist, sondern ein Zusammenleben und Zusammendenken und daß Vertrauen besser ist als ein Rechenstift. Denn mit Vertrauen, so sagt ein kluger Franzose, ist die Ehe ein Hafen im Sturm und ohne Vertrauen ist sie ein Sturm im Hafen.

Eine kleine Studie über eine kleine Sünderin

Sie spricht sehr leise. Wie ein Mensch, der aus einer schweren Krankheit auf dem Weg der Genesung ist. Auch die ständigen Ermahnungen der Richterin nützen nichts. Nach einer energischen Aufforderung, doch endlich lauter zu sprechen, wird der erste Satz wohl kräftiger und bestimmter vorgetragen, aber dann fällt sie schon wieder zurück in ein Flüstern wie ein Beichtkind, das seine Sünde nur dem Priester erzählen will; die Umwelt soll nichts davon erfahren.

Achtzehn Jahre alt ist Christine, und die erste schwere Krise in ihrem Leben hat sie hinter sich, wahrscheinlich auch die erste große Liebe, die sie völlig aus der Bahn geworfen hat, so sehr, daß sie schuldig wurde und nun Beichte ablegen muß, nicht unter der Verschwiegenheit des Beichtgeheimnisses, sondern in einer öffentlichen Verhandlung vor drei Richtern, einem Staatsanwalt, einer Protokollführerin; und auf den Bänken im Zuhörerraum sitzt der Vater, sitzen die Kollegen aus dem alten und die Kollegen aus dem neuen Betrieb und an einem provisorischen Pressetisch außerdem noch ein neugieriger Reporter.

Christine ist kein schönes Mädchen, nicht einmal das, was man gemeinhin hübsch nennt. Sie ist groß und gut gewachsen, aber nicht graziös, dafür sind ihre Füße etwas zu groß. Markant an ihr sind die starken Backenknochen, und sie trägt eine große, dunkel eingefaßte Brille. Ich bin überzeugt, dieses etwas ungewöhnliche Äußere hat das Mädchen in ihren Entwicklungsjahren belastet. Sie wäre lieber eine Blonde, Blauäugige, Langbeinige geworden, eine, der alle Jungen voll Begierde nachblicken. Doch im Vertrauen, so wie sie ist, sieht sie interessant aus. Ich glaube, und das ist ihr Fehler, sie weiß das nicht. Nur eine Andeutung gab es, daß sie sich geistig ihrem Äußeren entsprechend entwickelt. Sie war in ihrer FDJ-Funktion für Kulturarbeit verantwortlich. Aber hat sie mehr getan als nur Theaterkarten organisiert?

Sie hat ein vorbildliches Elternhaus. Für sie wurde nach der Schulzeit eine gute Lehrstelle bei der Reichsbahn besorgt. Sie sollte dort Stenographie lernen, hatte aber mit der Rechtschreibung einige Schwierigkeiten. Eine Krankheit war der willkommene Anlaß, die Lehre aufzugeben; die ältere Schwester sorgte dafür, daß sie bei der HO Lebensmittel als Hilfsverkäuferin anfangen konnte mit dem Ziel, später den Facharbeiterbrief zu bekommen.

In dieser Zeit geriet sie in einen Kreis von Jugendlichen. Sie lernte dort ihren ersten Freund kennen. Das soll ein leichtsinniger junger Mann gewesen sein. Sie liebte ihn, sie wollte ihn für sich gewinnen. So ließ sie sich für ihn ihr schönes braunes Haar blond färben, kaufte sich teure Kleider, ein Paar Schuhe aus dem Exquisitladen für annähernd 100 Mark. Sie wollte etwas sein, was sie nicht sein konnte, leichtfüßig und leichtlebig.

Als Hilfsverkäuferin hatte sie ein Nettoeinkommen von 256 Mark. 100 Mark mußte sie zu Hause abgeben, für 156 Mark konnte sie sich kaufen, was sie wollte. Alle vierzehn Tage mußte das Haar nachgeblondet werden, und zweimal in der Woche traf sie sich mit ihrer Clique in einem Jugendklub draußen an der Peripherie der Berliner Großstadt. Und Christine bestellte fleißig Wein. Und sie kaufte Kinkerlitzchen, wie sie es selber sagte; die jetzt blonde Christine, die imponieren wollte, sich aber nur ramponierte.

Zu Hause war sie auch nicht immer ganz ehrlich gewesen. Sie hatte der Mutter schon einmal gespartes Geld für einen Fernsehapparat weggenommen, auch dem Vater, der Schwester. Aber Diebstahl unter Verwandten ist nur dann strafbar, wenn von den Geschädigten ein Strafantrag gestellt wird.

Nun sind erblondete Haare, teure Kleider, exquisite Schuhe und viele Kinkerlitzchen, zweimal in der Woche Wein und Tanz im Kreis fröhlicher junger Leute alles zusammen eben Dinge, die man unbestreitbar mit 156 Mark im Monat nicht bestreiten kann. Und außerdem fiel in diese Zeit noch ihr 18ter Geburtstag; den feierte Christine mit 18 jungen Leuten und gab dafür 40 Mark aus.

Christine griff, wenn sie allein war im Laden, in die Kasse. Es fing mit fünf Mark an, das war Geld, das sie einem ihrer Freunde schuldete, der auf Bezahlung drängte. Aber diese fünf Mark Fehlbetrag wurden nicht bemerkt, und es ging wie in der Liebe und beim Wein, der Appetit wuchs beim Essen. Sie nahm immer wieder, sie nahm auch einmal 35 Mark, die eine Kundin irrtümlich in dem Laden hatte liegenlassen und die von Christines ehrlichen Kolleginnen in einer Kassette für die Kundin aufbewahrt wurden.

Jetzt wurden die Kolleginnen der Verkaufsstelle aufmerksam, und die Volkspolizei hatte es nicht allzu schwer, Christine als diejenige zu ermitteln. Im ganzen hatte sie 265 Mark genommen, die sie jetzt zurückerstatten will, zurückerstatten muß.

Wohl aus Scham blieb Christine nicht mehr in der HO. Sie wurde in einem großen Werk der Elektroindustrie in der Produktion angenommen, und als in der Technologie eine Schreibkraft fehlte, meldete sie sich, um ihre schon erworbenen Kenntnisse in Stenographie anzuwenden. Dort ist man mit ihr zufrieden, die FDJ-Gruppe und eine ältere Kollegin, für die sie und mit der sie zusammen arbeitet, sind bereit, die Bürgschaft zu übernehmen und dafür zu sorgen, daß sie sich auf Abendschulen weiterbildet. Ich glaube, sie hat das Zeug dazu, bei einigem Fleiß eine sehr tüchtige, gewissenhafte Sekretärin zu werden.

Sie wird auch in der FDJ wieder mitmachen und, wie schon erwähnt, Kulturarbeit leisten. Ihr Haar ist wieder dunkel, aber zu tief schwarz und zu künstlich schnell gefärbt, und vielleicht deuten die hellrosa Fingernägel auf die Zeit, in der sie blond und leicht und leichtsinnig sein wollte und mit ihren etwas zu großen, aber elegant beschuhten Füßen auf kriminelle Abwege geriet.

Die innere Wandlung bei ihr ist deutlich, vielleicht auch ein wenig dick aufgetragen wie die schwarze Haarfarbe. Der öffentliche Tadel, bei dem es das Gericht bei ihr bewenden ließ, wird alles wieder ins rechte Lot bringen.

Käse nach Aussehen

„Was sollte ich tun als kleinstes Licht! Er hatte ein so bestimmtes Auftreten, und ich konnte mich da nicht durchsetzen.“ Das waren Worte, die eine schmale Frau, Waltraud, in einem Prozeß sagte und die mich sehr nachdenklich stimmten. Ich hätte Verständnis für diese Äußerung, wenn Frau Waltraud Reinigungskraft in einem Werk für Fernsehelektronik gewesen wäre. Wenn sie dort in der Konstruktion Mängel bemerkt hätte und wenn man ihr dann, später vor Gericht, wegen ihres Schweigens Vorwürfe machen würde.

Aber Frau Waltraud war Reinigungskraft in einer Konsumfiliale, einer Doppelfiliale. Ein Teil ist ein Selbstbedienungsladen für Lebensmittel und der andere eine Obst- und Gemüseverkaufsstelle. Solche Geschäfte sind auch für Laien völlig übersichtlich, vor allem für Hausfrauen wie Frau Waltraud eine ist. Sie kannte den Laden von innen auch sehr genau, denn sie arbeitete vier bis fünf Stunden jeden Tag, und nicht nur als Reinigungskraft, sondern sie half auch Ware mit abnehmen. Auch kannte sie diesen Laden als Kundin, sozusagen von außen, weil sie jeden Tag in diesem oder einem gleichgelagerten Laden ihre Einkäufe macht.

Herr Fred war der Verkaufsstellenleiter; er ist ein sympathisch aussehender junger Mann von etwa 30 Jahren, der einmal Fachschullehrer werden wollte. Er hat aber sein Berufsziel nicht weiter verfolgt aus Gründen, die wahrscheinlich in seiner Persönlichkeitsstruktur liegen. Ich vermute, es wurde ihm abgeraten. Da er aber Bäcker gelernt und ein gründliches Studium in der Nahrungsmittelbranche absolviert hatte, das fast abgeschlossen war, wurde er von der Konsumgenossenschaft Berlin-Weißensee als Verkaufsstellenleiter beschäftigt.

Seit 1962 war er also Chef der oben beschriebenen Verkaufsstelle. Herr Fred ist ein Einzelgänger, und bei den Verkäuferinnen, die meist älter waren als er und die schon jahrelang im selben Geschäft arbeiteten, hatte er wenig Sympathie. Er hatte wohl bei Beginn seiner Tätigkeit den bedenklichen Vorschlag gemacht, täglich wolle er zweimal für das ganze Personal Kaffee kochen. Beliebt war er aber trotz dieses Vorschlags nicht, denn er war faul, und er regierte mit Dekreten. Seine Anweisungen gab er nicht mündlich, sondern schriftlich bekamen die Verkäuferinnen ihre Aufträge, und das ärgerte sie ständig.

Der Kaffee aber, den man gemeinsam trank, wurde offiziell aus den Eierverkaufsprämien finanziert, die alle Kolleginnen zusammenlegten. Wenn das noch nicht genug sei, so wolle Fred, der Filialleiter, aus seiner Quartalsprämie etwas hinzutun. Wie der Kaffee, den Herr Fred braute, bezahlt wurde, das hatte keine der Verkäuferinnen je gesehen. Vermutungen gab es wohl, und im Prozeß gab es Gewißheit, denn Herr Fred kaufte grundsätzlich losen Kaffee für den Selbstbedienungsladen und wog ihn selber ab, immer mit kleinem Untergewicht, beutelte ihn und verschloß die Tüten mit Heftklammern. Grundsätzlich gab es wohl in der Konsumgenossenschaft Weißensee die Anordnung, in Selbstbedienungsläden darf nur fabrikmäßig verpackter Kaffee geführt werden. Aber das paßte Herrn Fred nicht.

Einige Kunden bemerkten, daß der Kaffee aus der Konsumfiliale Untergewicht hatte. Sie meldeten das leider nicht, sondern wanderten in andere Geschäfte ab. Und die Verkäuferinnen hatten das sicher auch bemerkt. Sie, die so gerne den zum Plaudern anregenden Kaffee tranken, schwiegen über die manipulierten Kaffeetüten. Sie sahen auch, daß Herr Fred immer von allen Waren sehr reichlich bestellte, und das blieb auch dem Vorstand der Genossenschaft nicht unbekannt.

Er hätte durchschnittlich ein Warenlager von 35 000 Mark haben dürfen, aber überschritt diese Grenze meist um 10 000 Mark. Der Handelsbereichsleiter glaubte, Herr Fred bestelle zuviel Spirituosen und Tabakwaren. Nach acht Wochen ungefähr mußte umgelagert werden.

Tatsächlich aber bestellte Herr Fred auch leicht verderbliche

Lebensmittel immer mehr, als er brauchte, vor allem Käse, Kuchen, Keks, auch Torten. Ganze Torten blieben lange liegen, sie wurden einer Verkäuferin zu einem lächerlichen Preis als Hühnerfutter verkauft, weil sie verdorben waren. Und die Reinigungsfrau fand manchmal verkommenen Käse im Mülleimer. Über all diese nicht mehr verkäuflichen Lebensmittel wurden Protokolle angefertigt. Nur kamen diese Protokolle nie dem Vorstand der Konsumgenossenschaft zu Gesicht. Um diese Verluste nun auszugleichen, wurden Überpreise genommen, zum Teil auf sehr schwer festzustellende Weise.

Backwaren wurden von zwei verschiedenen Lieferanten bezogen, von der Konsumbäckerei und vom VEB Aktivist. Zwischen beiden gab es geringfügige Preisdifferenzen, zum Beispiel bei Spritzkuchen. Der eine lieferte für 29, der andere für 30 Pfennige. Dafür war bei anderen Backwaren der andere billiger als der eine. Herr Fred ordnete an, daß das Gebäck beider Lieferanten zum selben Preis, dem Höchstpreis, verkauft werden sollte. Die Preise für Schnittkäse wurden noch stärker erhöht, nach Aussehen. Wenn Eier im Preis gesenkt wurden, wurden sie in dieser Filiale einige Tage länger zum alten Preis weiterverkauft. Auch der Zucker wurde zum höheren Preis als angeordnet an die Kunden abgegeben. Bei Obst und Gemüse wurde grundsätzlich manipuliert. B-Qualität wurde zum Preis der A-Sorte verkauft. Manchmal bei Erdbeeren wurden A- und B-Qualitäten gemischt und zum A-Preis an den Mann bzw. an die Hausfrau gebracht. Die Waagen wurden alle etwas schief gestellt.

Reklamierten die Kunden die Preise oder das Untergewicht, dann wurde ihnen später das zuviel gezahlte Geld mit Entschuldigungen zurückgegeben.

Ob Herr Fred oder jemand anderes Geld aus einer Kasse entnommen hat, wurde nicht festgestellt. Wohl ist erwiesen, daß der Kaffee, der getrunken wurde, nie ganz bezahlt worden war.

Wozu aber wurden Kunden betrogen, warum bestellte man immer mehr, als verkauft werden konnte, warum wurden die Protokolle über den Verderb nicht an den Vorstand weitergeleitet? Weil Herr Fred auf jeden Fall immer die volle Quartalsprämie haben wollte. Durch die überreichlichen Bestellungen, die höher als der Bedarf waren, hoffte er den Umsatzplan überzuerfüllen. Wenn er keinen Verderb hatte in der Filiale, ja wenn er selbst das Handelsrisiko, das ihm bei Obst und Gemüse zustand, nicht ausnutzte, dann war die volle Quartalsprämie nicht gefährdet.

Es gab wohl einige Stimmen, vor allem die Vorsitzende des Verkaufsstellenausschusses, die machten den Vorstand auf einige Mißstände in der Filiale aufmerksam. Auch sagte die Reinigungskraft Frau Waltraud vor Gericht, sie habe in der Gewerkschaftsversammlung Andeutungen gemacht. Aber niemand hörte auf diese Stimmen, niemand beachtete Frau Waltraud: „Was sollte ich tun als kleinstes Licht?"

Für den Vorstand der Konsumgenossenschaft Weißensee war Herr Fred ein vorbildlicher Filialleiter. Er erfüllte den Umsatzplan, er hatte keinen Verderb; nur eine Kleinigkeit war zu bemerken, daß er alle acht Wochen einen Überplanbestand von etwas 10 000 Mark hatte.

Und es gab noch einige Kleinigkeiten. So war dem Vorstand der Konsumgenossenschaft bekannt, daß Herr Fred faul war, daß er meist nur sechs Stunden arbeitete. Der Vorstand wußte auch, daß es ständig Mißhelligkeiten zwischen dem Filialleiter und den Verkäuferinnen gab.

Aber das waren ja alles Kleinigkeiten, der Umsatzplan wurde erfüllt, das Handelsrisiko nicht ausgenutzt, und es gab keine Protokolle über Warenverderb.

Untreue gegenüber der Konsumgenossenschaft, Betrug gegenüber der Bevölkerung, das war's, was die Konsumgenossenschaft Weißensee jahrelang bei Herrn Fred nicht bemerkte, was aber das Gericht zu einem Urteil, unbedingte Gefängnisstrafe von einem Jahr, veranlaßte.

Es gab noch mehr Mißstände in der Filiale, die dem Vorstand unbekannt blieben. Die Verkäuferinnen kauften in der Filiale selbst auf Kredit. Sie schrieben ihre Einkäufe in eine von ihnen so genannte „Freßkladde".

Wenn der Vorstand der Konsumgenossenschaft Augen und Ohren gehabt hätte, ja wenn er nur eine Nase gehabt hätte, wenn er sich nur einmal die Mühe gemacht hätte, sich mit den Verkäuferinnen zu unterhalten. Oder ist es zuviel verlangt, daß er sich den Hut auf den Kopf setzt, den Schreibtisch verläßt und in die Filiale geht? Wenn das zuviel ist, dann allerdings muß man den Kopf zum Denken benutzen und dann müßte man sich, auch vom Schreibtisch aus, die Frage stellen: Was ist das für eine merkwürdige Verkaufsstelle, sie hat ständig einen Überplanbestand von 10000 Mark, aber sie hat keinen Pfennig Verderb?

Illusionist und Drahtseilakt

Nicht nur hinter die Kulissen hat er gesehen, er hat sie auch selber fleißig und tüchtig angefertigt. Wie ein Rokokogarten im Winter sich dem Publikum darbietet, weiß er genau, und er kennt auch dieses Gebilde von hinten, aus Pappe, Farbe, Gips, Stoff und Latten. Erich-Adolf ist noch in einem anderen Milieu sehr heimisch; einem ohne Illusionen, einem, gefertigt aus nüchternem, preußischem Backstein, aus Beton und mit eisernen Stäbchen vor den Fenstern. Elfmal hat er in seinem fast fünfzigjährigen Leben dort Einkehr gehalten, in die nüchternen Zellen, und immer wieder ging er von dort aus zurück in die Welt der Illusionen, in die des „als ob", als Dekorateur und Bühnenfacharbeiter, beginnend bei der anekdotenumwobenen Berliner Scala und später beim Metropol und jetzt zuletzt beim Friedrichstadt-Palast in Berlin.

Dieser große, hagere Herr streicht sich nervös über sein etwas öliges, glattes, aschblondes Haar, rückt seine Hornbrille zurecht; von ihm weht der Hauch des Revuetheaters, er ist der elegante Weltmann, der nette Bühnenanekdotenerzähler, der gute Gesellschafter: „Als noch Rastelli mit sechzehn Bällen, als noch Grock mit seiner kleinen Violine, als noch die Tiller-Girls – Sie wissen, die dritte von links – allez hopp!" Er hat eben seine Theaterbeziehungen, er findet überall Freunde, und jeder glaubt, man könne bei ihm eine Freikartenquelle anzapfen.

Auch ist er der Onkel mit den Puppenlappen. Immer prahlt er damit, er könne aus dem Friedrichstadt-Palast – als Chefdekorateur selbstverständlich – Seide und Samt besorgen, nicht benutzt, leicht beschmutzt, zu verbilligten Preisen. Er läßt sich Anzahlungen geben. Einige Damen haben diesen Samt und diese Seide nie gesehen, und sie schreien: Herr Erich-Adolf hat uns betrogen. Er hat uns Samt und Seide vorgetäuscht, uns irregeführt, er könne das besorgen. Wir haben unsre letzten Notgroschen herbeigeschafft, und er hat sich daran bereichert.

Mit diesen Samt-und-Seide-Geschichten hat Herr Erich-Adolf sich auf einen etwas komplizierten Drahtseilakt begeben. Mühsam hält er sich auf dem zitternden Draht der Ehrlichkeit aufrecht, jeder unbedachte Schritt läßt ihn nach rechts in den Betrug, nach links in das Diebstahls- und Unterschlagungsdelikt hinabgleiten. Er kann für sich in Anspruch nehmen, daß er einigen Damen Samt und Seide besorgt hat; der Staatsanwalt läßt zwei kleine, sehr junge, leicht görenhafte, etwas rüde Fräuleins mit rauhen Stimmen als Zeugen aufmarschieren. Sie bestätigen, der Herr Chefdekorateur habe sie gemeinsam in seine Wohnung eingeladen, nach berühmtem Muster von „Im Winde verweht" seine Übergardinen vom Fenster gerissen und ihnen die Dekoration geschenkt, damit sie sich künftig in glitzernde Atlasseide kleiden können. Außerdem kaufte er ihnen noch je ein Paar Schuhe zu etwa 40 Mark. Auch schickte er sie zum Friseur – wahrscheinlich eine nicht ganz sinnlose Ausgabe bei den Wuschelköpfen dieser etwas rauhbeinigen Schönen, wenn er etwa vorhatte, eine Szene aus „Schloß Gripsholm" mit ihnen nachzuspielen.

Hat Herr Erich-Adolf diese Seiden nun gestohlen? Mitgenommen hat er sie, das steht unbestreitbar fest, gebraucht war diese Seide auch als Dekoration. Wenn sie dem Friedrichstadt-Palast gehörte, dann durfte er das nur mit schriftlicher Genehmigung; aber der Bühnenmeister, sein Vorgesetzter als Zeuge, war in seiner Aussage nicht ganz genau; es könne sein, daß einige Dekorationsstoffe von anderen Veranstaltern liegengeblieben seien, ein Eigentümer konnte also nicht mit Sicherheit festgestellt werden.

Betrogen hat er zweifellos einen Lehrling, dem er ein Moped zu verbilligten Preisen besorgen wollte. Er nahmm 1250 Mark von ihm und dann war das Geld weg. Herr Erich-Adolf beteuerte, er habe nach einem fröhlichen Abend einige Herren mit in die Wohnung genommen, und die hätten wahrscheinlich das Geld gestohlen.

Kein Mensch im Gericht hat ihm diese Geschichte geglaubt mit den beiden Herren, und ein jeder dachte an die etwas rauhbeinigen jungen Damen, die damals so wohlbeschuht und so fein frisiert mit Herrn Erich-Adolf mitgegangen waren. Gestohlen hatten die beiden das Geld zweifellos nicht, aber einen Teil davon sicherlich vernascht.

Betrug war auch, wie er einer alten Dame, Mutter eines Artisten, 500 Mark für die Anfertigung einer Polstergarnitur herauslockte, wie er dann wieder bei ihr erschien und erzählte, die Garnitur sei bald fertig, und noch einmal 500 Mark mit diesem Märchen absahnte, um in Wurzen einen Teppich in Anthrazitfarbe zu bestellen ... Wie er einer anderen Dame eine Couch neu zu beziehen versprach, den alten Stoff herzlos herunterriß, 250 Mark nahm und sich dann nicht wieder sehen ließ.

So schwindelte er sich durchs ganze Leben. Nie kann er und will er zwischen Illusion und Wirklichkeit, Schwindel und Ehrlichkeit unterscheiden.

Das Vortäuschen einer Landschaft, mag sie noch so phantastisch sein, mit Zuckerguß und Schneegestöber, ist ihm zur zweiten Natur geworden. Ohne böse Absicht erzählt er Bekannten beim Glase Wein, er besäße zwei Ozeandampfer, die er verkaufen wolle, und eine Bar, in der es hoch herginge. Er hat kein Gefühl dafür, was erlaubte liebenswürdige Lügengeschichte und strafbarer Betrug ist.

Nicht eingehend auf den etwas schwankenden Drahtseilakt zwischen Betrug auf der einen und Diebstahl und Unterschlagung auf der anderen Seite, gab ihm das Gericht wegen fortgesetzten Betruges im Rückfall eine Zuchthausstrafe von zwei Jahren und 50 Mark Geldstrafe. Und zum erstenmal erlebte ich, daß ein Angeklagter für sich Aufenthaltsverbot für Berlin vom Gericht verlangte und bekam; denn, so glaubt Herr Erich-Adolf, diese Theaterwelt sei ein Malheur. Er will heraus aus der Großstadt, aus dem Beruf des Dekorateurs, des Bühnenfacharbeiters. Er glaubt, wenn er sich von der Kulisse löst, dann käme er auch von seinem Hang zum Täuschen weg.

Flucht ins Nichts

Dem Manne Stefan müßte ein Rückgrat eingezogen werden, aber da das medizinisch nicht geht, weiß ich bei ihm keinen Rat. Er ist heute 39 Jahre alt und hat es zu nichts gebracht. Mit 40 Jahren wird es eigentlich Zeit. Da sollte ein Mann festen Boden unter den Füßen haben. Seine Voraussetzungen sind gar nicht einmal schlecht, er ist Mechaniker und kann immerhin eine Tätigkeit im größten Berliner Betrieb von neun Jahren nachweisen. Sein Äußeres ist angenehm, eine kleine, sehnige Statur hat er, eine gütige Natur hat sie ihm geschenkt; schwarzes, dichtes Haar fällt über seine klare Stirn.

Die neun Jahre im gleichen Betrieb wurden leider manchmal unterbrochen, denn von Zeit zu Zeit verschwindet der kleine Mann Stefan, und später landet er regelmäßig in den Strafanstalten. Der Betrieb hat ihn aber immer wieder aufgenommen, nur nach seinem letzten Verschwinden nicht mehr. Er gilt als ein durchschnittlicher Arbeiter, man sagt, allerdings arbeitet er ganz ohne eigene Initiative, er tut nur das, was man ihm aufträgt. Genauso wird er im neuen Betrieb eingeschätzt, dem Aufzugsbau. Er findet keinen Kontakt zu seinen Kollegen, er setzt sich in der Pause allein hin, ißt still sein Essen in sich hinein. Er ist unzufrieden mit seiner Frau. Sie kann nicht wirtschaften, sagt er. Schon vor Jahren hat er einmal ein Scheidungsverfahren eingeleitet. Er wurde aber nicht geschieden, im Interesse seiner Kinder, wie es damals hieß.

Dieses staatlich erzwungene weitere Beieinanderbleiben hatte einen Erfolg: noch zwei Kinder. Jetzt wachsen vier Kinder in einer unharmonischen Umgebung auf. Die Behörden mußten leider feststellen, die Beschwerde des Mannes Stefan über seine Frau hat einen realen Kern. Die Wohnung zeigt Verwahrlosungserscheinungen, die Kinder werden nicht saubergehalten, und ihre Erziehung und Betreuung ist mangelhaft. Hier zeigt es sich, daß es im Interesse der Kinder gelegen hätte, wenn diese unglückliche Ehe damals schon geschieden worden wäre.

Acht Wochen ist Stefan im neuen Betrieb als Montagehelfer im Aufzugsbau, da ist für ihn die häusliche Misere so unerfreulich, daß er ausreißen will. Es ist eine Flucht ins Nichts, denn bei ruhigem Nachdenken müßte er sich sagen, diese Reise dauert höchstens drei Wochen, dann endet sie wieder für lange, lange Monate im Gewahrsam. Aus einem falschen väterlichen Gefühl für seinen ältesten Jungen klaut er, wie er sich widerspruchsvoll ausdrückt, ein herrenloses Damenfahrrad, das angeblich am Bauzaun herumstand. Am Lohntag bittet er seinen Meister um eine Bohrmaschine, die er leihweise mit nach Hause nehmen möchte. Das wird ihm nicht gestattet.

Aber trotzdem packt er sie ein. Da sieht er seine Frau kommen, es ist Lohntag gewesen, sie will ihn und das Geld vor allem in Empfang nehmen. Er hat einen Vorwand, geht in den Neubau zurück, legt die eingepackte Bohrmaschine weg und springt zum Fenster hinaus, um seiner Frau zu entgehen. Später kommt er noch zurück, aber inzwischen hat der aufmerksame Wächter die Bohrmaschine gefunden. Jetzt muß Stefan in der Pförtnerloge eine eidesstattliche Erklärung unterschreiben, daß er die Genehmigung hat, die Maschine mit nach Hause zu nehmen. Mit der Maschine fährt er los, es ist eine sinnlose Reise, eine sinnlose Flucht vor der häuslichen Misere.

Zuerst macht er in Erfurt Station, verkauft dort die Bohrmaschine, wieder gibt er eine eidesstattliche Erklärung ab, daß ihm die Maschine gehört. Er nimmt sich durch die Zimmervermittlung ein Zimmer, erspäht eine Möglichkeit, um ohne zu bezahlen zu verschwinden. So pendelt er weiter nach Gotha, nach Greiz, nach Reichenbach, nach Plauen, nach Suhl.

In Waltershausen hat er ein Liebesabenteuer. Eine Frau nimmt ihn auf, schließt ihn tagsüber ein wie einen kostbaren Schatz, denn sie will ihn vor den Nachbarn verstecken. Später, als er verhaftet ist, sagt er auf der Polizei, er habe dieser Frau 280 Mark gestohlen. Da er aber den Namen nicht nennt oder nicht weiß, kann diese Frau nicht gefunden werden, und im Gericht nimmt er die Selbstbezichtigung zurück.

In den Hotels erspäht er mit großer List, ob er ohne Bezahlung verschwinden kann. Meist gelingt es ihm. Manchmal sogar gelingt ihm mehr. Einmal stiehlt er einem Mitbewohner eines Doppelzimmers einen Anzug, den er dann sofort verkauft. In einem anderen Hotel werden abends die Schlüssel an die Zimmer gesteckt. Stefan bemerkt das, schließt die Zimmer auf und stiehlt. In einem zweiten Hotel nimmt er in einem unbewachten Augenblick die Schlüssel vom Wandbrett. Seine Beute sind ein Fernglas, ein Fotoapparat, ein Radio, ein Anzug.

Welche Energie, welchen Verstand wendet er auf für diese dummen Verbrechen. Er weiß genau, in wenigen Wochen wird er von der Volkspolizei geholt, denn überall hat er sich mit seinem richtigen Namen, mit seinem richtigen Ausweis und seiner Adresse eingetragen. Und so erreicht ihn in Ronneburg sein Schicksal. Bei ihm ist alles doppelt schlimm. Denn im Betrug und im Diebstahl ist er ein Rückfalltäter. So muß er für zweieinhalb Jahre ins Zuchthaus gehen.

Und danach? Wird er zu seiner ungeliebten Frau und seinen vier Kindern zurückkehren? Wird er dann wieder fliehen? Ins Sinnlose?

Für alle, auch für die Kinder, auch für die Gesellschaft wäre es besser, wenn diese Ehe aufgelöst würde.

Es gingen die Blusen, die Kleider

Vor vier Dingen hat man in München und leider, ach, nicht nur in München, immer Respekt: vor einer geheimen Mission, vor einem Ausweis, vor einem adligen Namen und vor einer Uniform. Und wenn der adlige Name noch behängt ist mit dem Zusatz Hohenzollern, wenn der Geheimauftrag vom spanischen Informationsminister kommt und wenn er mit einem Presseausweis beglaubigt wird, wenn die Uniform nachtschattenblau, der Rang Oberst und diese Uniform eine flotte Dame enthält und umhüllt, dann muß der Empfangschef des exklusiven Münchner Hof in München sofort ein Zweizimmerappartement mit Bad und Fernsehapparat zur Verfügung stellen. Dieser geheimnisvolle weibliche Oberst. Marietta von Schrenk-Hohenzollern, war mit umfangreichen aber erheblich leerem Gepäck vorgefahren.

Im Speisesaal nahm die Dame, die ihre geheime Mission so diskret behandelte, daß sie, um nicht aufzufallen, durch eine dunkelblaue Fantasie-Uniform mit goldenen Litzen und zwei Ordensspangen sich tarnte, also im Speisesaal nahm diese diskrete Dame ein bescheidenes Frühstück ein, sie verzehrte dazu einen Pikkolo, was in Münchner Hotelkreisen kein Kellnerlehrling und keine kleine Flöte, sondern eine Viertelflasche Sekt ist. Sie begann mit dem jungen italienischen Ober leutselig ein Gespräch, aber als er sich bei der uniformierten Dame erkundigte, ob sie Stewardeß bei der äthiopischen oder pakistanischen Fluglinie sei, wurde die leutselige Dame ungnädig und beschwerte sich über die zudringliche, plump vertrauliche Art des Hotelpersonals. Die Direktion war so eingeschüchtert, daß der amtierende Geschäftsführer vergaß, sie um Barzahlung ihres Frühstücks zu ersuchen, sondern das Essen stillschweigend auf die Hotelrechnung und damit in den Schornstein schreiben ließ.

Dann begab sich Frau Oberst Marietta von Schrenk-Hohenzollern auf ihre geheime Mission. Sie verließ das Hotel mit einer ziemlich großen Tasche, in der wichtige Staatspapiere vermutet wurden. Aber sie wandte sich nicht an die Ministerien und geheimen Dienststellen, auch nicht zum Gelände des Geheimdienstes des General Gehlen, sie ging in die Kaufhäuser und Geschäfte. Sie ließ sich alles zeigen, kaufte nichts, aber sie erwarb einiges. In ihrer bodenlosen Gier und ihrer bodenlosen Tasche nahm sie mit, was ihr in den Weg kam. „Erst kamen die Blusen, die Kleider, dann die Fichous voller Plie dann die Dessous und so weiter, und dann und dann und dann *kam sie.*“ So ungefähr heißt es in einem zauberhaft frechen Chanson aus Kaiser Wilhelms besten Tagen.

Aber unsere Geheimagentin von dem spanischen Informationsminister hatte nicht nur einen Hang zu teurer Garderobe und schönen Flatterhemdchen, sie nahm auch härtere Ware. In ihrer Tasche mit dem auswechselbaren Boden verschwanden Radios und Küchenmaschinen, Trockenrasierapparate und Porzellanelefanten, Standuhren mit reinem Glockenklang und sogar ein ganzer Handwerkskasten mit Säge und Hobel. In einem Laden für Büroartikel nahm sei eine Reiseschreibmaschine und in einem Nachtklub einen ziemlich häßlichen Gobelin und von einer Versicherungsgesellschaft den Inhalt eines Garderobenschranks, der der Chefsekretärin zu eigen war.

Natürlich nahm sie den Handwerkskasten und die Schreibmaschine nicht mit ins Hotel, sondern versetzte all diese kostbaren Dinge in vielen Leihhäusern, und sie war so vorsichtig, jedes Leihhaus nur einmal zu betreten.

Marietta war einst Soubrette gewesen, in Landshut hatte sie ihr Debüt gehabt. Die „Frau von Format“ wollte sie spielen, aber ihr Stimmchen reichte nicht einmal aus für die kleinste Rolle eines Stubenmädchens und bestimmt nicht für das Stubenmädchen Adele in der „Fledermaus“. Wie gerne hätte Marietta wie Adele „eine Dame von Paris, Gattin eines Herrn Marquis“ gespielt. Das aber wagte sie nicht in München, allzuviel wirkliche Franzosen sind dort zu Gast, und wenn man eine Frau Marquis französisch fragt, erwartet man, daß sie auch französisch antworten kann.

Ein kleiner fünfjähriger Seppl stolperte in einem Kaufhaus am Stachus und brachte Marietta zu Fall. Denn er riß die Tasche der Frau Obristin um, und heraus fielen all die schönen Dinge, auf die Marietta so versessen war, sie zu besitzen oder zu versetzen.

Achtzehn Monate wird Marietta nun nicht singen; wenn ich den allzu billigen Witz des Gefängniswärtes Frosch aus der „Fledermaus" wiederholen würde, könnte ich sagen, sie wird achtzehn Monate brummen.

Marietta, Geheimnisträger ohne Geheimnis, dein falscher Adel sagt genausoviel und sowenig aus wie der echte, ererbte, Marietta, Sängerin ohne Stimme, Presseausweisbesitzerin ohne Zeitung, Obristin ohne Oberst und ohne Armee, soviel Fantasie, soviel Energie, soviel Charme, soviel Routine. Marietta, nachtschattenblaue Pflanze einer übernächtigten Gesellschaft.

Zwei Häsinnen mußten sterben

Das ist keine Ostergeschichte, obwohl zwei Häsinnen hier eine wichtige Rolle spielen. Sie mußten plötzlich und unerwartet ihr junges Leben lassen, das keineswegs sehr freudig war. Denn welches Rassekaninchen wohnt schon gerne lebenslänglich in einem kleinen Holzverschlag auf einem ziemlich düsteren Kohlenplatz in der Berliner Innenstadt? So treten sie postum an das helle Licht der Öffentlichkeit, werden berühmt, und ihr Tod wird uns helfen, ein bisher wenig beachtetes soziales Problem kritisch zu beleuchten.

Des besseren Verständnisses wegen nehme ich nur den Haupttäter, den Anstifter, den Kaninchenmörder Robbi aufs Korn, den kleinen zwanzigjährigen, lebhaften jungen Mann mit dem etwas rötlich strahlenden Apfel. Sein Mittäter ist ein ältlicher, etwas willenloser Mensch, immer bereit zum Guten und zum Bösen, vor allen Dingen zum Umtrunk. Er hat ohne Haß, ohne Zorn, ohne Sinn und ohne Reue mitgemacht, aber Robbi hat Haß, Zorn und hat Reue, ja er behauptet sogar, seine Tat hätte einen Sinn gehabt.

Robbis Leben und Lieben überschlägt sich, es entzieht sich fast einer Darstellung, die knapp gefaßt sein muß. So liebt er sehr früh ein kleines Mädchen und hat mit ihr ein Kind. Er heiratet eine andere, und diese Ehe ist nicht ohne Folgen. Dann aber läßt er sich scheiden und nimmt die Mutter seines ersten Sohnes als zweite Frau.

Ähnlich kompliziert hält er es mit den beiden deutschen Staaten. Vom Jugendwerkhof geht er weg, geht nach Westdeutschland, wollte zur See fahren, kommt dann auf Bitten seiner Mutter zurück. Am 13. August ist er wieder bei uns, aber verwirrt geht er wieder ’rüber am 15. August und kommt dann reumütig zurück. „Im VEB fühl ick mir wohler", ist seine primitiv ehrliche Begründung. Seine Schulbildung ist mangelhaft, er hat gerade das Ziel der sechsten Klasse erreicht.

Im Kabelwerk Oberspree hat er einmal richtig gut gearbeitet, sogar einen Qualifizierungsvertrag gab man ihm dort. Aber die Ordnung seines etwas durcheinandergeratenen Liebes- und Ehelebens erfordert viel Zeit. Er versäumt seine Arbeit und traut sich nicht mehr zu seinen Kollegen zurück, mit denen er so gerne und so gut zusammengearbeitet hat. Von nun an ist er bei Kohlenhändlern tätig. Er sorgt für seine drei Kinder, und er wird auch für das vierte sorgen, das unterwegs ist und das die Ursache ist, daß die Richterin es abgelehnt hat, das Verfahren gegen Frau Robbi zu eröffnen; denn sie hat – leider – auch mitgemacht.

Robbi hat Wut auf einen Kohlenhändler. Er nennt ihn den Schotten; das ist unrecht, denn dieser Herr stammt nicht aus dem Vereinigten Königreich Großbritannien, sondern aus Ostpreußen. Er träg auch kein kariertes Röckchen, sondern eine mit Kohlenstaub durchsetzte Montur. Er bläst auch nicht den Dudelsack aus Liebhaberei, sondern züchtet die anfangs erwähnten Schwarzwälder Rassekaninchen. Die Bezeichnung „Schotte" bezieht Robbi ohne Zweifel auf eine Charaktereigenschaft; ich halte das für ein sowohl für die Schotten als auch für den Kohlenhändler unzulässiges Vorurteil.

Bei diesem Schotten also hat Robbi im Sommer vier Wochen gearbeitet. Der Kohlenhändler wollte ihn nicht fest anstellen, denn er hatte vor, im Juli Ferien und so seine Bude dicht zu machen. Robbi aber ärgert sich über ihn. Einmal durfte er nicht mit dem Sohn des Kohlenhändlers gemeinsam auf einem motorisierten Dreirad die Kohlen austragen, sondern er mußte allein einen Handwagen ziehen. Dann bekommt er keine genaue Abrechnung, und Robbi meint, es sei ihm zuwenig Geld ausgezahlt worden. Am meisten aber empörte ihn, daß der Kohlenhändler seinem Sohn in der heißen Jahreszeit beim Ausladen einiger Waggons auf dem Güterbahnhof Brause bestellte, ihn aber nur mit einfachem Wasser abspeiste. Und dann trug der Kohlenhändler die Beschäftigung der vier Wochen nicht in seinen Versicherungsausweis ein.

Im September arbeitete Robbi noch einmal drei Tage bei diesem Kohlenhändler, und wieder glaubte er, von ihm übervorteilt zu werden. Er hörte auf, ging zu einem anderen, bei dem er heute noch arbeitet. „Ich bin gewohnt, hart zu arbeiten", sagt er, und das sagt eigentlich auch das Zeugnis des neuen Chefs.

Die Wut auf den kaninchenzüchtenden Kohlenhändler ist geblieben. Als er eines Tages mit seiner Frau und einem Kollegen im Kino war, überkommt ihn aufs neue der Zorn, und es kommt ihm ein Gedanke. „Ich räche mich!" – „Ich stehle ihm die Kaninchen."

Er holt den Kollegen, der schon zu Hause ist, wieder ab. Beide klettern über den Holzzaun und holen den Stolz, die stolze Pracht des Kohlenhändlers, die beiden Schwarzwälder Häsinnen aus dem Käfig.

Nach viel Überwindung schlachtet Robbi die unschuldigen Tierchen, und sie werden von den dreien mit Behagen verzehrt.

Aber so sehr hat es dem Robbi doch nicht geschmeckt, vor allem nicht seiner Frau, sie läßt ihm keine Ruhe, und Robbi wird jetzt endlich ein Mann und stellt sich selbst der Volkspolizei.

Das Gericht tut jetzt das Vernünftige, es spricht die beiden jungen Leute schuldig. Wegen der Reue und der Geringfügigkeit sieht es von einem Strafausspruch ab. Aber es verpflichtet die beiden, dem Kohlenhändler den Schaden wiedergutzumachen.

Diese Geschichte gibt viel zu denken. Einmal einige Gedanken über Robbi und dann einige über den Kohlenhändler, den Robbi zu Unrecht den Schotten nennt.

Robbi weiß nicht, wie er sich gegen Ungerechtigkeit, unzureichenden Lohn, gegen schlechte Arbeitsbedingungen wehren soll, wehren kann. Es kommt ihm nicht der Gedanke, zur Gewerkschaft zu gehen, er geht eben den Weg über den Zaun als Rächer der Enterbten, er geht nicht den Weg des organisierten Arbeiters. Und dann einige Gedanken über den Kohlenhändler. Er stellt einen Kohlenträger für vier Wochen ein – ein zeitlich begrenztes Arbeitsrechtsverhältnis –, das ist zulässig; aber unzulässig ist, daß er keine schriftliche Vereinbarung abschließt.

Er rechnet auch nicht genau ab. Der Arbeiter muß wissen, was ist der Lohn für seine Leistung, was ist Erschwerniszulage, wieviel wird ihm für Steuern und für Sozialversicherung abgezogen. Und dann trägt der Kohlenhändler das Arbeitsverhältnis nicht in den Versicherungsausweis ein.

Leider ist das hier kein Einzelfall. Das versäumen nicht nur private Kohlenhändler, das machen auch bedauerlicherweise volkseigene Betriebe, die Gelegenheitsarbeiter beim Verladen und Ausladen von Kartoffeln, Gemüse und Kohlen an den Bahnhöfen für Tage oder Wochen einstellen. Und gerade die Kollegen, die diese Arbeit machen – es ist gesellschaftlich notwendige und nützliche Arbeit –, müssen den vollen Versicherungsschutz genießen, denn sie sind oft die geistig Schwächsten. Und die wirtschaftlich Schwächsten. Für sie muß sich die Gewerkschaft, auch wenn sie nicht organisiert sind, einsetzen, damit sie für die Gewerkschaft und für die Gesellschaft gewonnen werden.

Der Tod der beiden Häsinnen lenkt die Aufmerksamkeit der Öffentlichkeit auf eine bisher so wenig beachtete Frage.

Der stille, bescheidene Mann

Der Fahrstuhlführer Walter war pünktlich und fleißig, ein ruhiger, blasser Mann mit schmalen Lippen. Er fiel durch nichts auf, nur wandte er immer den Mitfahrenden den Rücken zu, er sah sie nicht an. Der Leiter der Fernkabelproduktion im Kabelwerk Oberspree in Berlin kannte ihn gar nicht, obwohl er sicherlich in der Woche mehrmals mit ihm in seinem Aufzug in der neuerbauten Spreehalle gefahren war. Herr Walter sprach mit niemandem im Betrieb, niemand sprach mit ihm, Versammlungen mied er. Es schien so, als sei er ein Stück Inventar, totes Inventar. Aber das war er nicht, das kann kein Mensch sein und soll es auch nicht.

Das Verhalten jedes Menschen wird bestimmt durch seinen Verstand, durch seine Erziehung und Umgebung, durch seine Erfahrungen, Wünsche, Veranlagungen. Der Verstand ist bei Walter nicht sehr stark entwickelt, die geringe Kapazität wurde nie besonders beschäftigt, nie trainiert. Er wuchs in einem Waisenhaus auf, seine Schulbildung reicht bis zur vierten Klasse. Mit zwölf Jahren mußte er schon arbeiten, er nennt seine Kindheit völlig freudlos. Er ist heute einundsechzig Jahre alt. Noch während des ersten Weltkriegs kam er zu einem Bauern. Dort, sagte er, zerlumpte er völlig. Später wurde er Hausdiener bei einem Tierarzt, ging zurück nach Berlin und wurde Bote bei Siemens, dann Fahrstuhlführer. 1925 oder 1927, das weiß er nicht genau, war es mit seiner Tätigkeit aus. Er war arbeitslos bis zum Jahre 1937. Wen wundert es, wenn dieser dumme, völlig verelendete, haltlose Mann den Nazis auf den Leim ging. Sie gaben ihm eine Uniform und sogar ein Ansehen. Bei ihnen wurde er Blockwalter. 1937 hat er, wie gesagt, wieder Arbeit als Fahrstuhlführer, aber dieses Glück für ihn endete 1940, in den Krieg.

1945 hätte für ihn der Beginn des Neuen werden können. Erst war er auf dem Bau, dann ging er zur Reichsbahn. Hier konnte er endlich etwas Nützliches lernen, er qualifizierte sich sogar, Rangierer, Schrankenwärter, Weichenwärter, bis zum Jahre 1960. Dann passierte in seinem Arbeitsbereich ein Unfall, der Fahrstuhlführer kam in den Verdacht, schuld daran zu sein, aber die Ermittlungen verliefen ergebnislos. Doch er behielt die Angst zurück, er will keine Verantwortung tragen, das ist nichts für ihn. „Das war mir zu riskant." Er ging in einen anderen Betrieb als Arbeiter, und dort fing er an zu stehlen; nicht viel, es gab wohl kein Verfahren, aber er schied nicht sehr ruhmvoll aus diesem Betrieb aus.

Vier Wochen vor der Schließung der Grenze wurde er rasch noch ein Grenzgänger. Immer war er gern in Westberlin, war Mitglied eines Männergesangvereins, er war auch dort im Westen gewerkschaftlich organisiert. Und dann, 1961, wurde er wieder Fahrstuhlführer, jetzt beim Kabelwerk Oberspree.

Zweimal hat er in seinem Leben geheiratet. Die erste Ehe war sehr kurz, seine zweite Frau starb 1963. Seither ist er völlig isoliert, nur mit seinem Stiefsohn hat er einen ganz losen Kontakt. Dieser, als Zeuge vor Gericht, hat an seinem Stiefvater nichts Auffälliges bemerkt.

Vielleicht ist der Keim für seine Verbrechen schon in frühester Jugend gelegt worden. Fahrstuhlführer Walter, erzählt, er sei einmal in einem Asyl, in einem Ledigenheim, als junger Mann von einem Homosexuellen verführt worden. Jetzt, da er ganz allein ist, findet er Anschluß an einige junge Männer. Zum Teil weiß er von ihnen, daß sie die gleiche Neigung haben. Aber er machte sich auch an andere heran, sogar an einen 13jährigen Jungen. Er lud ihn zu Kaffee und Kuchen ein, hielt ihm einen sogenannten Aufklärungsvortrag. Häufig kommt der Junge zu ihm, und er wird schlimm mißbraucht. Aber das Treiben wird beobachtet. Die Volkspolizei erfährt von den verdächtigen Besuchen.

Vorsichtig nimmt die Kriminalpolizei ihre Ermittlungen auf, vielleicht etwas zu vorsichtig. Sie erkundigt sich erst bei den Nachbarn, sie fragt im Betrieb. Von mehreren Stellen erfährt Walter Berg, daß man ihn verdächtigt.

Hinterher ist man klüger; warum – das ist jetzt natürlich leicht zu sagen – hat die Kriminalpolizei ihn nicht beim ersten Verdacht vorgeladen? Ich bin überzeugt, er hätte sehr schnell alle seine Verfehlungen eingestanden, und jeder Haftrichter hätte einen Haftbefehl ausgestellt. So aber blieben Walter etwa zwei Tage, zwei Tage Angst und Schrecken, er muß jeden Augenblick mit seiner Verhaftung rechnen.

Angst ist bei einem geistig schwachen Menschen, einem Menschen mit schwerer Schuld, ein miserabler Ratgeber. Herr Walter hatte folgenden Gedanken: Er wollte die Kriminalpolizei von seiner Spur ablenken, sie anderweitig beschäftigen. Der Richter fragte ihn, ob er ernsthaft glaube, daß die Berliner Kriminalpolizei etwa nur zwei Angehörige habe. Herr Walter konnte darauf keine Antwort geben. In dieser Nacht nach dem zweiten Tag fährt er mit seinem Fahrstuhl unbeachtet in den Keller, dort zündet er vier Säcke mit Kunststoffmaterialien an. Er tut es, obwohl er weiß, daß in der Spreehalle nachts etwa 50 bis 70 Menschen arbeiten. Als Grund sagt er, das mit dem Jungen sollte vertuscht werden, in die Länge gezogen, es sollte in Vergessenheit geraten. Aber er war auch, wie er selber sagt, böse auf den Betrieb, weil er selten, nur zweimal Prämien bekommen hat.

Die neuerbaute Spreehalle des Kabelwerks Oberspree brannte nicht völlig ab, nur im Keller und im Parterre entstand sehr erheblicher Sachschaden. Am schlimmsten war der Ruß, der viele Materialien unbrauchbar machte. Der Brandschaden: über eine Million Mark; Produktionsausfall: etwa 400 000 Mark, der aber durch sofortige Umstellung der Produktion auf andere Gebiete wieder eingeholt werden konnte.

Nach dem medizinischen Gutachten war der Fahrstuhlführer Walter nur sehr bedingt zurechnungsfähig. Neun Jahre Zuchthaus gab das Stadtgericht Walter für seine schweren Verfehlungen jungen Männern und einem Kind gegenüber und wegen der vorsätzlichen schweren Brandstiftung, die Menschenleben gefährdete. Danach soll er in eine Heil- und Pflegeanstalt eingewiesen werden und erst dann wieder die Freiheit genießen, wenn er keine Gefahr mehr darstellt für Kinder und Jugendliche.

Der Griff in den Rücklauf

Es ist schwer, dieses Gesicht im Gedächtnis zu behalten. Wenn ich ein Normalantlitz beschreiben sollte, ohne besondere Kennzeichen, das einem Mann von etwa fünfzig Jahren gehört, so könnte ich kein geeigneteres Objekt finden. Er ist nicht groß und nicht klein, nicht dünn, aber auch durchaus nicht dick, die dunkelbraunen Haare sind ordentlich gescheitelt; eine bescheidene Hornbrille sitzt auf seiner Nase, die weder besonders ausdrucksvoll noch besonders klein ist.

Solche Menschen wie Albert flößen Vertrauen ein. Und Albert hatte Vertrauen. Er war seit 1950 im Großhandelskontor tätig, vorher war er zwei Jahre lang bei der Transportpolizei und in Ehren ausgeschieden. Er ist verheiratet, hat keine Kinder, irgendwelche unerlaubte Liebschaften sind von ihm nicht bekannt. Er beteiligt sich am Nationalen Aufbauwerk nicht besonders viel und nicht wenig und er besucht regelmäßig die Gewerkschaftsversammlungen.

Langsam, aber stetig kam Albert weiter. Schließlich wurde er Abteilungsleiter mit einem Gehalt von brutto 750 Mark. Schon lange war er in der Gewerkschaftsleitung und seit 1960 ihr Vorsitzender.

Seine Frau, die nicht arbeitet, sehr häuslich und sparsam sein soll, hält ihn knapp. Er hatte ein Taschengeld von 25 Mark im Monat. Da Albert gewöhnt ist, täglich eine Schachtel Casino oder Real zu verbrauchen – zu verrauchen – und da er einen Stammtisch im nahegelegenen Wirtshaus hatte, reichte das Taschengeld nicht. Es wurde allerdings durch schöne Prämien aufgeforstet, vor allem durch die großzügig bemessene Quartalsprämie.

Der Stammtisch war mit einigen Freunden besetzt; ihnen saß

das Geld lockerer, Mitarbeiter des Fernsehfunks und der Mitropa. Sie hatten bei Albert den Ruf, sie könnten über unheimlich viel Geld verfügen; denn Lagen wurden dort gegeben und genommen – und Albert wollte immer mithalten.

1963 aber gab es eine neue Prämienordnung. Das Taschengeld wurde knapp. Albert wollte das seinen vielen spendablen Freunden nicht erklären, er wollte nicht sagen, ich kann eure Touren nicht mithalten. Er wollte so tun, als ob. Albert, der Vorsitzende der Betriebsgewerkschaftsleitung griff in die Gewerkschaftskasse. Erst dachte er, die 20 Mark, die er sich heimlich nahm, seien eine Anleihe. Aber er konnte sie nicht zurücklegen. Er nahm immer mehr.

Viele der Gewerkschaftskollegen hatten zu dem bescheidenen, fleißigen, manchmal nach Alkohol riechenden, aber sonst soliden Albert volles Vertrauen. Sie ließen ihre Gewerkschaftsbücher bei ihm in der Kassette liegen. Und so lagen dort auch einige Gewerkschaftsbücher von Kollegen, die längst den Betrieb und die Republik verlassen hatten. Aus diesen Büchern löste Albert die alten Marken aus und klebte sie den anderen Mitgliedern hinein. Bei einigen nutzte er die Talonmarken, die eigentlich auf die Kontrollkarte gehörten.

Albert kaufte auch im Kreisvorstand des FDGB die Beitragsmarken. Dort mußte er 50 Prozent der Summe bar einzahlen, die andere Hälfte blieb dem BGL-Vorsitzenden als Rücklauf. Über diese Summe kann die BGL im Rahmen des vorher festgelegten Plans verfügen. Um aber die Revisionskommission über die Höhe des Rücklaufs zu täuschen, heftete Albert den Durchschlag der Quittung über die Marken nicht immer ab.

Durch die verschiedenen Möglichkeiten, die Unterschlagungen zu verschleiern, konnte Albert manchmal ein Loch stopfen, wenn er ein neues aufriß. So mag er tatsächlich im ganzen etwa 3000 Mark unberechtigt aus der Kasse entnommen haben. Schon bevor die Sache entdeckt wurde, hatte er sich privat 80 Mark geliehen und einen Teil des Schadens gutgemacht. Der tatsächliche Schaden war genau 1120 Mark. Inzwischen hat Albert in den zwei Monaten schon 100 Mark wieder zurückgezahlt; denn er ist im Betrieb geblieben, natürlich nicht als Abteilungsleiter, sondern als Disponent mit wesentlich kleinerem Gehalt von 520 Mark. Aber er ist fleißig und willig, und er übernimmt neben dieser Planstelle noch eine zusätzliche Arbeit in einer Außenstelle. Zwanzig Kolleginnen und Kollegen haben sich für ihn verbürgt.

Die Strafe, die das Gericht ihm zumaß, war ein Jahr und drei Monate Gefängnis; mit Rücksicht auf seine tadellose Haltung nach Aufdeckung der Tat, wegen seiner guten Arbeit und der Bürgschaft der Kollegen wurde ihm die Strafe bedingt gewährt, bei einer Bewährungsfrist von zwei Jahren.

Leider sind Unterschlagungen von Gewerkschaftsgeldern im Berliner Stadtbezirk Friedrichshain keine Seltenheit; das erwähnte der Richter, der diese Verhandlung leitete.

Es gibt einige einfache Maßnahmen, die einige der begünstigenden Ursachen für diese häufigen Unterschlagungen beseitigen. Mann solle sich überlegen: In Zukunft muß der Kassierer die Marken beim Kreisvorstand zu 100 Prozent bezahlen. Der Rücklauf – die 50 Prozent, über die die BGL verfügt – wird vom Kreisvorstand auf ein Bankkonto der Betriebsgewerkschaftsleitung überwiesen, über das nur zwei Kollegen gemeinsam verfügen können. Die Kasse des Kreisvorstandes fertigt noch eine Kopie über die Markenverkaufsquittung aus. Diese wird automatisch dem Vorsitzenden der Revisionskommission der BGL übersandt, damit die Revisoren jederzeit und unabhängig einen Einblick in das Konto der BGL haben. Kein Gewerkschaftsbuch darf beim Kassierer liegenbleiben.

Vielleicht haben andere Gewerkschaftskollegen noch bessere Vorschläge?

„Wie man sich bettet . . .“

Eine barocke Erscheinung ist die schlanke, große Sybill. Ihr prächtig in großen runden Locken auf die Schultern fallendes Haar erinnert mich ein wenig an den Kriegsherrn aus dem Barockzeitalter, von dem ich lernen mußte, er habe bei Fehrbellin die Schweden aufs Haupt geschlagen; seitdem zog er als der Große Kurfürst in die preußisch-deutschen Geschichtsbücher ein.

Jedoch ist die erstaunliche Lockenpracht unserer Sybill nicht weiß, sondern ziemlich rötlich-braun getönt, wiewohl am Scheitel einige grauweiße Haarwurzeln bemerkbar sind. Ein Beweiß, daß die Besitzerin und Trägerin dieser großangelegten Sichtwerbung nicht immer das Geld hat, Farbe nachlegen zu lassen.

Im Gegensatz zu der natürlichen Alterserscheinung im Pigment der Haare steht das kindliche Puppengesicht, mit dem kirschroten Kußmäulchen. Die schon erwähnte große, mannequinhafte Erscheinung ist in ein hellgrünes, todschickes, nagelneues Frühjahrskomplet gekleidet, das sogar von dem sehr kühlen, sachlichen Richter als äußerst bemerkenswert erwähnt wurde.

Eine feste Bindung ist Sybill nie eingegangen. Mit ihren 34 Jahren steht sie allein auf ihren langen Beinen. Ähnlich sieht es mit ihrer Beschäftigung aus. Auch im Berufsleben hat sie eine Scheu vor klaren Rechtsverhältnissen; zur Arbeit hat sie eine Art Gschpusi-Beziehung.

„Ich bin krank“, sagt sie zur Erläuterung, „Herzklappenfehler und Sehnenscheidenentzündung.“ Aber leider ist die schöne Sybill bei keinem Medizinmann in Behandlung. „Das kann ich ja nicht, bin ja nicht versichert, weil ich ja kein festes Verhältnis zur Arbeit habe.“ Ihre Logik verwechselt Ursache mit Wirkung, sie gleicht der Katze, die versucht, sich in den Schwanz zu beißen.

Sie lebt vom Stricken, und gelegentlich arbeitet sie aushilfsweise bei der Post. Auch jetzt, da sie angeklagt ist, Behörden getäuscht und ein Radio unterschlagen zu haben.

Die Post ist mit der Arbeit unserer Sybill zufrieden. Schon seit vielen Jahren springt sie an den großen Feiertagen dort ein. Aber niemand hat Sybill bisher gefragt, ob sie nicht ganz dort tätig sein wolle. Zugegeben, der Hauptfehler liegt bei Sybill. Sie hat keinen Kontakt zu ihren Kollegen. Sie ist kühl, abweisend, eine barocke Perle unter einer etwas schiefen Oberfläche.

Sie ist kein ganz schlechtes Mädchen. Das schließe ich aus einer negativen Tatsache: Für ihre Wohnung im 4. Stock, Stube und Küche, zahlt sie einfach keine Miete. Und die ist billig, 23 Mark im Monat. Wäre sie eine Schlechte, hätte sie sehr viel Geld und würde natürlich bezahlen. Aber so ist sie leider auch kein ganz gutes Mädchen. Sie sagt wohl, sie hätte keine Miete gezahlt, weil der Ofen nicht heizbar sei, weil das Fenster in der Küche zerbrochen ist. Mittlerweile soll sie 800 Mark Mietschulden haben.

Inzwischen aber wurde das Haus renoviert, und die anderen Mieter haben dafür gesorgt, daß die Wohnung bei Sybill nicht in Ordnung gebracht wurde, weil sie nicht einsehen, daß ihre Mietgelder für jemand ausgegeben werden, der selber nicht zahlt. Hier beißt sich die Katze zum zweitenmal in den Schwanz.

Sybill zahlt aber auch kein Geld für Strom und Gas, und da der elektrische Strom nicht mehr strömt, spielt auch ihr Radio nicht mehr. Deswegen lieh sich Sybill vom „Haus der Dienste" gegen mäßige Gebühr ein kleines Transistorgerät R 100. Und das gefiel ihr sehr.

Weil sie es behalten wollte, ging sie zur Volkspolizei und erstattete Anzeige. Man habe ihr das Wunderkistchen gestohlen, wahrscheinlich seien es die Maurer gewesen, die das Haus renovierten. Sie aber ging, um das Radio aus dem Hause zu schaffen, zur Pfandleihe, versetzte es, nachdem sie vorher mit einem nassen Lappen die Kennmarke abgewischt hatte.

So einfach geht das. Sind inzwischen eigentlich die „Häuser der Dienste“ etwas klüger geworden? Prägt man jetzt endlich den Eigentumsvermerk in den Kunststoff oder in das Metall ein?

Sybill behauptet, die Idee zur irreführenden Anzeige habe ihr ein Herr gegeben, ein höherer Behördenangestellter. Mit diesem war sie – übrigens ein Mann von Format und guten Leibes- und Umgangsformen – vor einigen Jahren befreundet. Aber die Freundschaft ging in die Brüche. Denn dieser wohlproportionierte und wohldotierte Herr ist verheiratet.

Sybill ist ihm böse, weil er sie verlassen hat. Sie hat kleine Flugblätter geschrieben und ihm an die Tür geheftet. Den genauen Text kann ich hier nicht wiederholen, wegen der Sittlichkeit. Angegriffen wurde auch die völlig unschuldige, aber glücklichere Ehefrau.

Trotzdem, so behauptet Sybill, habe der Herr sie noch zweimal besucht und ihr diesen Tip mit der Anzeige gegeben. Der Herr, als Zeuge gehört, beteuert, seit Jahren nicht mehr zu Sybill gegangen zu sein, er habe sie nicht einmal mehr gegrüßt auf der Klement-Gottwald-Allee und Unter den Linden.

Die Sache mit der Anstiftung glaube ich Sybill nicht. Besonders, weil sie, in ihrem Schlußwort, nicht allzusehr gegen ihre Bestrafung plädierte, sondern sehr energisch vom Gericht forderte: Ins Gefängnis mit dem ungetreuen Liebhaber!

Ich glaube der schönen Sybill nicht. Denn: Wie man sich bettet, so lügt man.

Diese ganze Geschichte ist eigentlich Sybills großes Glück. Das Radio, das nie bei ihr spielte, ist längst wieder im „Haus der Dienste“, die Strafe, vier Monate Gefängnis, steht nur im Strafregisterpapier. Wenn sie sich ein Jahr straffrei führt und – gewissenhaft arbeitet, wird sie auch dort wieder verschwinden.

Denn das Gericht hat dafür gesorgt, daß ihre Liaison mit der Post ein festes Verhältnis wird. Sie hat für die Zeit der Bewährung eine Bindung an den Arbeitsplatz zugesprochen bekommen.

Leiste etwas, Sybill, dann kannst du dir etwas leisten. Dann zahlst du Miete, dann raucht dein Schornstein, dann wird dein

Haar auch jede Woche fein nachgefärbt. Dann kannst du zum Arzt gehen, und dann wird auch dein Radio spielen. Und du wirst Freunde haben, die dich grüßen, auf der Klement-Gottwald-Allee und Unter den Linden.

Der verspätete Weihnachtsmann aus Angst

Kennen Sie den Nußknacker aus Seiffen im Erzgebirge? Bitte, stellen Sie sich ihn vor ohne die bunte Uniform, etwas unrasiert, aber sonst ohne Schnurrbart und Bart und vor allem ohne sein wichtigstes Attribut, ohne Zähne, dann wissen Sie ungefähr, wie unser 65jähriger Karl aussieht.

Er lebt seit 1918 in Berlin, stammt vom Lande und ist in der langen Zeit kein Berliner geworden. Wenn er sich einmal festgelegt hat, bleibt er dabei, sicher wie sein Vater, der ein Schäfer war und auch von seinen uralten Methoden und Mitteln nicht abgehen wollte.

Er hat meist mit Kohle zu tun gehabt, als Austräger, als Lastkraftwagenfahrer und jetzt zuletzt als Heizer. Nach dem Vorfall wurde er Bademeister in einem chemischen Großbetrieb und muß dafür sorgen, daß der Staub der Elektrokohle von seinen Kollegen abgespült wird. Vom Spülen hält er viel. In diesem Manne Karl steckt ein Kind, das will spülen – mit Alkohol. Er bekommt eine Medizin zum Einreiben und spült damit den trockenen Gaumen. Ein anderes Präparat ist für die Nase, und auch diese Flüssigkeit geht den Weg durch die Kehle, die unseren alten Karl in den holden Wahn und Rausch versetzt, den er so liebt. Karls Frau mag diese Leidenschaft nicht. Obwohl sie krank ist und oft im Bett liegt, soll sie ihm bittere Vorwürfe machen und ihm auch manche Ohrfeigen verpassen.

So sind seine Arbeitsstellen nie von langer Dauer. Er ist Heizer in so unterschiedlichen Betrieben gewesen wie im VEB Kühlbetrieb und im VEB Wärmeversorgung. Auch beim Bahnpostamt war er ein Siebenmonatskind. Er wurde einmal dabei gesehen, wie er ein Päckchen unter seiner Jacke verborgen hielt. Er habe es auf dem Hof gefunden, und da er gleichzeitig einen

Sack mit Spänen in den Heizungskeller transportieren sollte – der Sack habe ein Loch gehabt –, mußte er den Sack eben mit beiden Händen zuhalten; er habe keine andere Möglichkeit gehabt, das Päckchen offen zu transportieren. Die Bahnpost entließ unseren Karl daraufhin. Der Staatsanwalt sah in diesem Falle von einer strafrechtlichen Verfolgung ab.

Nun wurde Karl Heizer in einem Gebäude der Berliner Innenstadt, das der Kommunalen Wohnungsverwaltung gehört. In diesem Hause aber befindet sich ein Staatlicher Großhandel von Lederwaren aller Art. Im Keller werden die großen Kisten und Pakete ausgepackt, sortiert, mit dem Fahrstuhl in die verschiedenen Lagerräume und Etagen gefahren und dort aufbewahrt, bis ein Ladengeschäft sie anfordert.

Nur der Fahrstuhl in diesem Gebäude ist die dünne Schnur, die den Heizer – angestellt bei der Kommunalen Wohnungsverwaltung – und den Großhandelsbetrieb für Lederwaren verbindet; denn der Fahrstuhlführer ist verpflichtet, die Asche und die Schlacken des Heizers an das Tageslicht zu befördern.

Ein schlankes Fräulein war einmal dem Heizer Karl im Lagerkeller des Großhandelsunternehmens begegnet, und wieder hielt er mit beiden Händen seine Jacke fest, und unter der Jacke zeichnete sich irgendein Paket ab.

„Ich suchte den Fahrstuhlführer und habe mich vor dem Fräulein geniert, weil meine Jacke keine Knöpfe hat. Darunter war nichts als meine Brust verborgen."

Eines Tages aber erschien bei der Polizei ein Herr und gab eine große Reisetasche, eine Aktentasche und zwei Collegetaschen ab. Dieser Herr erzählte, er habe früher einmal mit Herrn Karl zusammen gearbeitet. Und gestern sei dieser Herr Karl bei seiner Frau erschienen, habe gesagt: „Ich bin der verspätete Weihnachtsmann" und ihr die große Reisetasche als Geschenk überbracht. Als seine Frau die Tasche öffnete, waren darin noch eine Aktenmappe und eine Collegetasche verborgen. Auf der Straße habe er dann noch den Herrn Karl getroffen, und der habe ihm noch eine Collegetasche geschenkt. Als er nach oben kam, habe er die drei anderen Taschen gesehen, und das sei ihm verdächtig erschienen. Er sei zu Herrn Karl in die Wohnung gegangen und habe ihm dort bestellen lassen, entweder hole er morgen die vier Taschen wieder ab, oder er würde zur Polizei gehen. Der Herr Karl sei aber nicht gekommen.

Nun ist der Herr Karl des Diebstahls angeklagt. Er ist entrüstet. „Ich habe diese Taschen nicht gestohlen. Ich habe sie gefunden an einer Haltestelle der Straßenbahn, an der ich ganz zufällig vorbeikam. Nein", sagt er, als die Richterin ihn fragt, „ich habe nicht hineingeschaut, ob Geld oder Personalausweise in den Taschen waren. Das interessierte mich nicht. Ich liebe überhaupt keine Aktentaschen."

„Und warum", fragte die Richterin, „haben Sie Ihre Frau nicht mit der Reisetasche beglückt?"

„Was soll ich meine Frau beglücken? Ich wollte sie meinem ehemaligen Kollegen eben schenken. Er hat mir einmal einen Koffer geliehen, und ein Zollangestellter hat damals das Futter aufgeschnitten."

Das mit dem geliehenen Koffer stimmt, nicht aber die Geschichte mit dem aufgeschnittenen Futter.

Merkwürdig, gerade eine Reisetasche, zwei Collegetaschen und eine Aktenmappe wurden in der Großhandelsgesellschaft an demselben Tage vermißt auf dem Weg vom Keller zu den Lagerräumen. Die vier Taschen, die der Herr bei der Polizei abgab, stammen ohne Frage aus eben diesem Großhandelsunternehmen.

Jeder hier im Gericht weiß, Herr Karl hat in der Mittagspause den Keller aufgeschlossen und sich die Taschen genommen, aber er hat dann keinen Mut mehr gehabt, die Sachen mit nach Hause zu nehmen. Die Taschen stehlen, ja, aber was soll er mit den Taschen, wenn er sie mit nach Hause nimmt? Er liebt wirklich nicht Taschen und Täschchen, aber Flaschen und Fläschchen.

Den Diebstahl will er nicht zugeben, wohl eine Fundunterschlagung, obwohl das im ganzen gesehen das gleiche ist.

Die Staatsanwältin glaubt ihm nicht, niemand glaubt dem armen Karl. Sie beantragt wegen des Diebstahls sechs Wochen Gefängnis, aber bedingt, weil der relativ geringe Schaden auch schon wieder gutgemacht ist; weil Herr Karl 65 Jahre alt ist und trotz seines Hanges zum Alkohol immer gearbeitet hat, dewegen nur ein Jahr Bewährung.

„Na ja", so beginnt Herr Karl seine Verteidigungsrede, „das wird ja auch einmal verfallen. Im übrigen", meint Herr Karl, „will ich dem Gericht keine Vorschriften machen." Am Nachmittag nimmt er das Urteil in Empfang, das dem Antrag der Staatsanwältin entsprach. Verurteilt wegen Diebstahls, das kommt davon, wenn man etwas nimmt, was man nicht liebt, was einem nicht gehört, etwas Ungehöriges.

Nimm, nimm, so schrie es in ihm, getrieben von der Vorstellung, hast du was, dann bist du was. Aber die Angst, was wird Mutti dazu sagen. Armer Nußknacker ohne Zähne, verschmitzt, nein, verschnitzt, verholzt.

Diskussion um Gretas Schicksal

Nach der Verhandlung gab es eine heftige Diskussion, an der sich die Vorsitzende, die Schöffin, der Staatsanwalt und einige Studenten der Rechtswissenschaft, Praktikanten genannt, beteiligten. Diese Aussprache litt unter einer etwas unglücklichen Voraussetzung. Stimmte das alles, was die Angeklagte Greta ausgesagt hatte?

Wenn ich jetzt den Lebenslauf der 28 Jahre alten, kleinen, mehr voll als schlanken, sehr unordentlichen Greta schildere, dann findet der Leser in ihrem langen, blonden, ziemlich ungekämmten Schopf wenig gute Haare; und viele werden sagen, lohnt es sich denn überhaupt, um so eine sich den Kopf zu zerbrechen. Soll sie doch erst einmal beweisen, daß sie ordentlich arbeitet wie alle anderen jungen Frauen.

Diese Greta hat ein gutes Elternhaus. Ihre Mutter wohnt in Westberlin, sie steht auf der Seite der Freunde der DDR. Ihre Tochter hat sie bei uns zur Schule geschickt und dafür gesorgt, daß sie sich in einem großen volkseigenen Betrieb Fachkenntnisse auf elektronischem Gebiet aneignet. Aber seit 1954 ist es mit Greta ziemlich bergab gegangen. Durch ein anderes Mädchen wurde sie verleitet sich mehr den Freuden der Liebe als der Mühe der Arbeit hinzugeben. Und dazu kommen kleinere Unterschlagungen und Betrügereien, später dann Verschieben von Lebensmitteln.

Auch heiratet sie einmal, und sie hat zwei Kinder. Mit ihrem Mann wird sie wegen Kuppelei verurteilt, sie als Hauptschuldige. Von ihren beiden Kindern hat eines die Großmutter in Westberlin in Pflege, das andere ist in einem Kinderheim bei uns im demokratischen Berlin. Ist Frau Greta in Haft, arbeitet sie vorbildlich, bekommt sogar viele Prämien und sorgt dann dafür, daß ein Teil der Unterhaltskosten für das Kleinste von ihrem Verdienst beglichen wird.

Aber die Freiheit bekommt ihr gar nicht. Sofort beginnt sie mit ihrem Lotterleben. Mit ihrem Mann ist sie völlig auseinander. In ihrem fünften Strafverfahren wurde ihr Aufenthaltsbeschränkung für Berlin auferlegt; nach Verbüßung ihrer Haft sollte sie in Naumburg Wohnung und Arbeit bekommen. Und sie fuhr hin, meldete sich beim Rat des Kreises, Abteilung Innere Angelegenheiten. Dort soll ein Angestellter sie mit den Worten empfangen haben: „Wie kommen Sie ausgerechnet nach Naumburg? Auf Sie haben wir gerade gewartet!"

Ob Greta das richtig wiedergegeben hat, das weiß ich nicht, aber es scheint mir nicht unmöglich zu sein. Richtig ist solch ein Empfang sicher nicht. Ein Mensch, dem man berechtigterweise eine Aufenthaltsbeschränkung auferlegt hat, der dann seine Strafe für ein Vergehen verbüßt hat, muß in einem anderen Kreis unserer Republik, der für ihn völlig fremd ist, neu anfangen. Die Behördenangestellten sind durch Gesetz verpflichtet, ihm dabei zu helfen. Das ist ihr Amt, zugegeben, ein sehr schweres, ein sehr undankbares. Und wenn die Angestellten fünfzigmal durch ihre Sorgenkinder enttäuscht werden, der einundfünfzigste Schützling darf das nicht merken.

Leider waren die Arbeitsstellen, die die Abteilung Inneres beim Rat des Kreises Naumburg Greta vermittelte, nicht nach ihrem Geschmack. Erst war sie im Altstoffhandel tätig, und als es ihr dort gar nicht gefiel, wurde sie zur Straßenreinigung vermittelt.

Über diese beiden Arbeitsstellen kam es in unserer Diskussion nach der Verhandlung zu der schärfsten Auseinandersetzung. Alle waren sich darüber einig, daß beide Tätigkeitsgebiete schwer sind und sicher nicht die angenehmste Arbeit darstellen. Alle waren sich einig, daß keine Arbeit schändet. Einige der Diskussionsteilnehmer meinten, gerade bei dieser schweren Arbeit könne Greta sich bewähren.

Ich glaube, die Arbeitsvermittlung entlassener Strafgefangener und ganz besonders die Arbeitsvermittlung von Menschen, denen eine Aufenthaltsbeschränkung auferlegt worden ist, muß sehr sorgsam vorgenommen werden. Es ist wichtig, daß diese Menschen, deren Strafe ja abgesessen ist, in einen Kreis qualifizierter Arbeiter kommen.

Greta fühlte sich nicht wohl, sie sagte, sie sei ständig gehänselt worden, auch seien dort bei der Straßenreinigung meist ältere Kollegen und Kolleginnen. Sie hatte Arbeit, wie sie sagt, im benachbarten Weißenfels in der Banner-Schuhfabrik, aber diese Arbeit wurde ihr nicht genehmigt, so sagt sie. Ob das wahr ist?

Wahr ist aber, daß sie von Naumburg ausriß, illegal in Berlin lebte und ihr Lotterleben weiterführte, Betrügereien und Diebereien machte. Sie wurde aufgegriffen und nach Naumburg gebracht, für eine Reihe von Delikten, darunter auch Rückfallbetrug, wurde sie zu einer Zuchthausstrafe von mehr als zwei Jahren verurteilt.

Bei der Amnestie unseres Staatsrates wurde sie Ende 19 entlassen. Bei dem Entlassungsgespräch in der Haftanstalt sagte sie, sie möchte überallhin, nur nicht nach Naumburg. Sie hat in der Haftanstalt eine Frau kennengelernt, die war aus Neubrandenburg. Greta aber wußte, man entläßt Strafgefangene möglichst nicht in denselben Ort, und deswegen log sie und sagte, sie möchte nach Neubrandenburg zu ihrer Großmutter. Man gab ihr nach dort eine Überweisung. Doch der Rat des Kreises Neubrandenburg merkte bald, daß Greta gelogen hatte, es war keine Großmutter aufzufinden.

Leider, leider machten sich auch hier die Mitarbeiter des Rates des Kreises, Abteilung Innere Angelegenheiten, die Arbeit sehr leicht. Sie sagten: „Sie haben uns belogen, Frau Greta, nun müssen Sie also zurück nach Naumburg."

Greta aber wollte nicht, auf keinen Fall. Und wieder begann ihr fehlerhafter Kreislauf. Wieder fährt sie nach Berlin. Silvester 1964/65 trifft sie einen jungen Mann, mit dem zieht sie zusammen, meldet sich nicht bei der Polizei, fälscht ihren Sozialversicherungsausweis, um Arbeit zu bekommen, hat aber dann Angst vor einem Entdecktwerden und arbeitet nur zwei Tage. Wieder macht sie törichte kleine Diebereien, kleine Betrügereien.

Wieder ist eine Unzahl von Strafvorschriften verletzt, der entstandene Schaden aber ist relativ gering. Für die soziale Gesundung dieser Frau Greta aber ist in der ganzen Zeit nichts geschehen.

Staatsanwaltschaft und Gericht in Berlin sind wesentlich milder als die Justizbehörden in Naumburg. Im Ganzen gibt es fast für die gleichen Delikte hier nur ein Jahr und drei Monate Gefängnis.

Die Diskussion um Gretas Schicksal ist damit nicht beendet, sie fängt an. Ein jeder an seinem Arbeitsplatz, auf seiner Dienststelle muß sich verantwortlich fühlen für die soziale Gesundung dieser Gretas. Und die Kollegen der Abteilung Innere Angelegenheiten in Naumburg und Neubrandenburg sollten ihre Arbeitsmethoden doch einmal überdenken, auch wenn Gretas Bericht nicht in allen Einzelheiten wahr ist.

Gegenbesetzt

Häufig beschweren sich Leser, ich würde die Übeltäter zu gründlich, ja zu menschlich darstellen. Sie meinen, die schmutzige Seele müsse auch in einer schmutzigen Hülle wohnen. Diese Kritiker erinnern mich an gewisse Prälaten, die von den Malern verlangten, sie müßten Judas immer abstoßend häßlich, mit roten Haaren und einem Geldbeutel darstellen, damit jeder ihn sofort erkennt. Und diese Prälaten gibt es nicht nur in der Kirche und im Mittelalter.

Nur die Natur richtet sich nicht nach diesen weisen Malvorschriften. Der junge Mann Werner zum Beispiel erinnert mich an einen lieben Arbeitskollegen aus der Emigration, einen jungen Menschen, der sehr viel erlebt hatte in seiner Kinderzeit in Polen, der sich aber durchgekämpft hatte, der tüchtig und ein fleißiger Facharbeiter geworden war, mit viel Humor. In allen seinen Lebenslagen wußte er Gleichnisse aus zahllosen ostjüdischen Legenden zu erzählen. Ich hatte jahrelang an diesen sympathischen Arbeitskollegen nicht mehr gedacht, bis ich diesen Angeklagten jetzt vor mir sah.

Er ist groß und kräftig, stark. Sein braunes Haar ist leicht gewellt, die Stirn gerade, die Nase prägnant, der Mund ausgeprägt, die Lippen weich. Kurz, ein Mann, wie ein Mann sein soll. Geistig ist dieser Werner aber nicht voll entwickelt, die Schule hat er mit Schwierigkeiten durchgemacht; auch die Maurerlehre konnte er nicht bestehen. Praktisch war er, wie er sagt, nicht schlecht, aber theoretisch kam er nie mit. Dieser junge Mann hat drei Jahre lang gut als Spritzlackierer gearbeitet, aber dann bekam seinem Magen das Einatmen der Farbe nicht. Seither arbeitet er als Kohlenträger, leider wechselt er dauernd die Firmen. Die schwere Arbeit schafft er dort spielend. Er verdient mehr als mancher Facharbeiter, ich schätze, daß er monatlich an die 1000 Mark mit nach Hause bringen könnte, wenn er fleißig ist, und die Trinkgelder fließen in seinem Beruf reichlich. Trotzdem hat Werner eine Reihe von Diebereien, Einbruch und auch andere Rückfalldelikte verübt. Fünfmal stand er schon vor dem Richter, und diesmal sieht es ganz bös aus.

Er stiehlt völlig unmotiviert. Plötzlich kommt ihm ein Gedanke. Diesmal mußte er nachts in den Betsaal einer kleinen christlichen Gemeinde einbrechen, in den Betsaal, den seine Großmutter häufig aufsuchte. Seine Großmutter, die ihn erzogen hat. Was er dort sucht, er weiß es selber nicht. Er steigt ein und stemmt die Schränke auf. Er findet dort den Meßwein und trinkt eine Flasche aus; zwei nimmt er mit. Und ein Tonbandgerät mit zwei Tonbändern, bespielt mit frommen Chorälen. Und einen Damenschirm, einen Damenknirps. Noch am selben Abend versucht er, in einer Kneipe die Dinge an einen alten Herrn zu verkaufen. Aber der sagt nein – so stellt es Werner dar. Er hat kein Interesse an dem Wein, dem Tonbandgerät, und sicher gar kein Interesse an dem Damenknirps. Ihm imponiert nach Werners Darstellung dessen schöne Gestalt.

Obwohl also Werner genau weiß, was dieser Herr von ihm will, obwohl er die Absicht gemerkt hat, verläßt er mit ihm das Lokal. In einem Ruinengelände schlägt er mit der Weinflasche auf den Mann ein und läßt ihn liegen. Ein Raub ist nicht beabsichtigt, denn Werner weiß, der Mann hat sein letztes Geld vertrunken.

Ganz schlimm aber ist eine andere Geschichte mit einem anderen alten Mann. Zwei Freunde hatten sich eines Morgens verabredet, der Nachtwächter Kurt und sein schmächtiger Freund Willi, der Rentner. An einem Tage, an dem Willi frühmorgens seine Rente abgeholt hatte. Ein Lokal in der Berliner Innenstadt öffnete schon um acht Uhr morgens die Pforten. Dort sitzen die beiden alten Herren, der eine müde von der Nachtschicht, der andere angeregt, weil er gerade von der Post die Rente abgeholt hat. Und sie erzählen viel von den schweren Tagen von gestern und ein wenig von der Last des heutigen Tages. Jetzt kommt

Werner ins Lokal, setzt sich zu den beiden Alten und redet mit. Er wird sogar zu einem Umtrunk von Willi eingeladen. Und dann geht der Rentner Willi leicht beschwipst weg. Werner läuft ihm nach. Er sieht, wie der Alte in seiner Wohnungstür verschwindet, und Werner klopft:

„Willi, mach auf. Einen schönen Gruß von Kurt, du möchtest noch einmal zurückkommen."

Der alte Mann macht auf. Werner gibt ihm einen Schubs, Willi fliegt durch den Korridor, und dann stößt er ihn in die Küche und schlägt ihn nieder. Ob er ein Messer in der Hand hatte? Willi behauptet es. Er habe ihm damit gedroht und auf ihn eingestochen. Werner bestreitet es. Tatsächlich sind bei dem ungleichen Kampf in der Küche einige mit Rotkohl gefüllte Einweckgläser zu Bruch gegangen. Ob der Rentner dadurch die Schnittwunden im Gesicht bekommen hat? Auf jeden Fall raubte Werner dem alten Mann die Rente, es waren etwas mehr als 100 Mark, die er noch bei sich hatte.

Werner läßt keine Gelegenheit aus. Einmal trifft er in der Kneipe den Heizer einer Schule. Sofort wittert er eine Möglichkeit. Der Heizer, ein junger Mensch von geminderter Intelligenz, hatte Mitleid mit dem angeblich wohnungs- und stellungslosen Werner, und er läßt ihn im Heizungskeller übernachten. Er lädt ihn auch noch zu einigen Schnitzeln ein, die von der Schulspeisung übriggeblieben waren. Werner nimmt sich den Schlüsselbund und geht in die Klassenzimmer. Er durchforscht die Räume, bricht Schränke auf und findet eine Kassette mit Gewerkschaftsgeldern und Gewerkschaftsmarken. Die Marken wirft er aus lauter Übermut ins Feuer.

Eine Rentnerin, die Mutter einer früheren Freundin, bestiehlt er einmal bei einem Besuch. Er nimmt ihr die Geldbörse.

Alles, was er erbeutet, sind kleinere Beträge, Summen, die er in wenigen Tagen als Kohlenträger verdient hätte. Er hat bestimmt nicht mit einer so harten Strafe gerechnet. Sieben Jahre Zuchthaus, zum Schutz der Bürger. Denn Raub kann nicht geduldet, kann auch nicht entschuldigt werden.

Aber bitte, beschweren Sie sich diesmal nicht, daß ich Werner so nett, so treuherzig beschrieben habe. Das Leben ist eben kein DEFA-Film. Der Gute sieht oft böse aus, der Böse gut. Das Leben liebt „Gegenbesetzung“.

Liebschaft oder Bürgschaft

Es bereitet Entzücken, Ingelein anzuschauen. Wie ein Engel, von Botticelli gemalt. Ihr wirklich natürlich blondes Haar ist mit einem grünen Seidenband zu einem Krönchen zusammengefaßt. Ihre pfirsichroten Sommeräpfelwangen werden bei jeder peinlichen Frage dunkelrot wie die einer Sternrenette. Sie trägt nicht dick auf, auch ihre Lippen sind fast ungeschminkt, der Odem der Jugend verschönt eben ohne Farbe.

Daß dieses Kind von knapp 22 Jahren lieb zu Kindern ist, wer wollte daran zweifeln? Sicherlich wäre sie auch gut zu den eigenen, und welcher Mann würde sich schon weigern, ihr bei dem Wunsche, solche zu besitzen, mit seinen besten Kräften beizustehen. Und in der Tat. Ingelein hat den schönen und schweren Beruf einer Krankenschwester gewählt. Leider ist sie mit ihrem Studium nicht ganz fertig geworden und ist jetzt in einem Krankenhaus als Hilfsschwester auf der Kinderstation tätig. Aber ob sie dort bleiben kann? Leider steht unser Ingelein mit der Wahrheit in einem etwas gespannten Verhältnis, genaugenommen hat sie gar keine Beziehung zu dieser schönen Tugend.

Bei ihrem Einstellungsgespräch in diesem neuen Krankenhaus hat sie wohl ihre Tätigkeit in einem anderen Krankenhaus angegeben, auch gesagt, daß es dort mit ihr einige Mißhelligkeiten gegeben habe. Sie habe sich einmal etwas Bettwäsche ausgeliehen, das sei aufgefallen, aber nun habe sie den Schaden wieder gutgemacht. Das sei ihr passiert, als sie sich verheiratet habe mit einem jungen Mann, den sie damals sehr liebte. Dem sie ein gemütliches Zuhause schaffen wollte. Aber leider sei die Ehe von ihm aus zerstört worden und geschieden. Der Mann habe sie bitter enttäuscht, von ihm habe während der Ehe eine andere

Dame ein Kind bekommen, und er hätte ihr dann auch noch zugemutet, das Kind zu adoptieren.

Die Oberin und die Oberschwester der Station waren gerührt von der traurigen Geschichte; auch sie waren dem treuherzigen Ingelein sehr zugetan. Sie wurde eingestellt. Aber jetzt mußte die Frau Oberschwester, als Zeuge zu diesem Verfahren geladen, von ganz anderen Dingen Kenntnis nehmen. Es stimmte so gut wie nichts, was Ingelein erzählt hatte.

Die Bettwäsche hatte sie regelrecht gestohlen, und niemand hatte etwas davon bemerkt. Ingelein hatte tatsächlich geheiratet und danach ihre Stellung im Krankenhaus aufgegeben. Sie zog mit ihrem Mann in eines der neuen großen Häuser in dem Berliner Stadtteil Neu-Friedrichsfelde. Dort übernahm sie in einem der Neubauten die Stellung eines Hausmeisters. Die neuen Mieter waren von der charmanten Hausmeisterin vollauf begeistert. So jung, so schön und so hilfsbereit.

Wie es so ist in einem Neubau, waren die Handwerker noch nicht mit den letzten Kleinigkeiten fertig. Die Mieter aber waren alle berufstätig und überließen dem Hausmeister Ingelein gern ihre Wohnungsschlüssel, damit sie den Fortgang der Arbeiten beaufsichtige. Erst sah sich Ingelein die schön eingerichteten Wohnungen alle an, voller Staunen, und dann nahm sie meist aus den Wäscheschränken von unten, damit niemand das sofort bemerken konnte. Schöne Wäsche vor allen Dingen, Dederon, ‚Flatterhemden und jene zarten Gebilde aus Spitzen und Tüll mit Gummizug, die sich nur Damen obenrum anschnallen. Und vor allem gefielen ihr Volkskunstdecken aus Rumänien, Polen, Ungarn und Bulgarien. Sie sammelte diese Decken richtig. Und Babywäsche.

Babywäsche? „Ja, für das Kind meines Mannes, das er vor unserer Ehe mit einer anderen Frau hatte." Sie wollte es doch adoptieren. Das sagte sie, als sie auf der Polizei gefragt wurde, was sie mit der Babywäsche wollte. Als man ihr sagte, daß sie gar nicht die Absicht gehabt habe, das Kind zu adoptieren, und daß es dabei zu heftigen Auseinandersetzungen gekommen sei, sagte sie, sie habe die Babywäsche eben vorsorglich genommen für ein Kind, das sie einmal bekommen würde.

„Alles habe ich für ihn getan, ich liebte ihn ja so. Ich wollte ihm alles so schön machen, ich wollte ihm zeigen, daß ich mit den bescheidenen Hausmitteln gut wirtschaften kann und daß es mir möglich ist, auch schöne Volkskunstsachen zu kaufen."

Aber Ingelein hatte vergessen, daß die Scheidungsakten auch beim Gericht lagen. Die Liebe zu ihrem Mann, die alles verständlich und verzeihlich machen sollte, die war nicht so groß. Sie hatte die Scheidungsklage eingereicht. Kein Wort, das Ingelein mit ihrer zarten Stimme der Richterin vortrug, konnte als wahr hingenommen werden.

Sie hatte sogar jeden Diebstahl von vornherein geplant. Einigen neuen Mietern hatte sie nur zwei Schlüsselbunde ausgehändigt, den dritten hatte sie für sich behalten. Sehr zögernd gab sie das zu, was ihr nachgewiesen wurde. Erst eine Haussuchung brachte auch die im Krankenhaus gestohlene Wäsche zutage.

Dieser Fall wirft ein juristisches Nebenproblem auf, das mir zu denken gibt. Ingelein wurde für die Diebstahlsfälle im Haus wegen schweren Diebstahls, also wegen Einbruchdiebstahls, bestraft, weil sie (in ihren Händen) falsche Schlüssel benutzt hatte, um die Wohnungen zu öffnen. Zehn Monate bedingt, Bewährungszeit drei Jahre.

Einige Mieter waren aber gegen Einbruch versichert. Und jetzt weigert sich die Volkseigene Versicherungsgesellschaft, den Schaden zu ersetzen, da der Diebstahl ja nicht durch Einbruch im klassischen Sinne erfolgt war, sondern die Hausmeisterin mit den richtigen Schlüsseln geöffnet hatte. Ich glaube, daß unser Straf- und unser Zivilrecht von denselben Begriffen ausgehen muß. Man darf die Gesetze nicht nach Belieben auslegen, wie es einem in den Kram paßt. Das macht einen peinlichen Eindruck.

Und jetzt, was soll aus Inge werden? In dem Krankenhaus, in dem sie jetzt arbeitet, wurden im Schwesternzimmer einer Kollegin aus der Tasche zwanzig Mark gestohlen. Tut man Inge Unrecht, wenn auf sie der Verdacht fällt?

Sie hat ja über ihre schlimmen Taten die Oberin und die Oberschwester im unklaren gelassen. „Weil ich mich so schämte, weil ich Angst hatte, man würde mich, mit all diesen

Dingen behaftet, nicht einstellen, und ich will doch ein neues Leben anfangen."

Wie schwer macht es uns die blonde Schwester Inge. Sie lieben – viele täten es sicher gern. Für sie bürgen aber – auf gar keinen Fall.

An der Bar: bar oder Scheck?

Früh aufstehen oder gar in drei Schichten arbeiten schmeckt Herrn Peter nicht. Alles, nur das nicht! Dafür nimmt er lieber jahrelang die Haftanstalt in Kauf. Seit 1959 hat er sich nicht mehr um Arbeit bemüht. Nur im Gefängnis arbeitet er – notgedrungen. Nicht einmal jetzt vor Gericht ist er ein reuiger Sünder. Er denkt nicht daran, das Gericht um gut Wetter zu bitten. Auch Besserung gelobt er nicht. Mit seinen 23 Jahren trotzt er der Gesellschaft wie ein zwölfjähriges Kind.

Aber er ist kein Kind. Das letzte Mal, als er vor Gericht stand, hat er seine Frau so schwer verprügelt und mißhandelt, daß er neun Monate lang eingesperrt werden mußte. Seine Frau hat sich scheiden lassen, ihr konnte der große, gutgewachsene Mann mit der kleinen Nase, der etwas lüstern vorstehenden Oberlippe und den angeölt liegenden schwarzen Haaren nicht mehr imponieren.

Als Herr Peter entlassen wurde, hat man ihm eine neue Wohnung zugewiesen, er bekam Überbrückungsgeld und einen Arbeitsplatz bei der Bewag. Aber diese Arbeit war mit Frühaufstehen und eben mit Arbeit in drei Schichten verbunden. Nichts für Peter. Wohl schon in der Haftanstalt hatte er von einem Kumpanen ein System ausbaldowert, wie er einige Tage und leider auch einige Wochen lustig leben konnte. Richtig in Saus und Braus. Und es klappte, es ging sogar erstaunlich lange gut. Heute ist das, und das sei vorweggesagt, nicht mehr möglich. Diesen Beitrag hat, ehe er veröffentlicht wurde, der Stellvertretende Minister für Finanzen gelesen, und der hat dafür gesorgt, daß man jetzt nicht mehr so einfach die Gelder unseres Staates schröpfen kann. Also, bitte, dieser Beitrag soll nicht als Anleitung zum Handeln verwandt werden. Es geht eben nicht mehr, und wer es trotzdem jetzt versuchen sollte, landet ohne Saus und Braus, ohne Sekt und Flip wegen versuchten Betruges im Gefängnis.

Herr Peter ging zur Sparkasse, Niederlassung in Berlin NO 55, Dimitroff-, Ecke Greifswalder Straße, und sagte dort, er habe Arbeit und möchte ein Gehaltskonto einrichten. Sofort, ohne daß er einen Pfennig einzahlen mußte, bekam er ein Konto und ein Scheckbuch ausgehändigt. Am 21. November 1964. Am selben Tage eröffnete er noch ein zweites Konto bei der Sparkasse in Berlin N 113, Schivelbeiner Straße. Dort war er großzügig und zahlte sofort fünf Mark ein, wahrscheinlich, weil man es dort von ihm verlangte.

Keine dieser beiden Sparkassen (soviel ich weiß) verlangte von ihm den Nachweis, daß er beschäftigt sei. Er hatte sich allerdings bei einem Kohlenhändler ein Rechnungsformular gestohlen (bei diesem war er vor langer Zeit einmal tätig gewesen) und hatte sich auf der Rückseite dieser Rechnung selbst bescheinigt, daß er dort als Kohlenträger beschäftigt sei und daß er monatlich soundso viel Geld verdiene. Das hatte er sich in einem unbewachten Augenblick abgestempelt. Es kann sein, daß er diesen Beleg bei der Sparkasse vorgelegt hat. Ob er es getan hat, wurde bei Gericht nicht erörtert. Mit dieser Bestätigung hatte er aber auch eine Angestellte des Sozialamtes täuschen können, die ihm, dem entlassenen Strafgefangenen, auf den zu erwartenden, später auszuzahlenden Lohn einen Vorschuß von 24 Mark gab.

Aber diese Urkundenfälschung und dieser Betrug sind von untergeordneter Bedeutung. Wichtiger ist, was er mit den Scheckheften der beiden Sparkassenkonten anfing. Noch am selben und auch am folgenden Tag ging Herr Peter zu mehreren Postämtern in Berlin und holte sich im Scheck-Freizügigkeitsverkehr je 500 Mark ab. Von beiden fiktiven Konten holte er sich in wenigen Tagen von Postämtern in Berlin 5200 Mark in bar; ich muß sogar mit Erstaunen bemerken, daß Peter am selben Schalter des Postamts N 54 in der Wilhelm-Pieck-Straße an ein und demselben Tag zwei Schecks auf dasselbe Konto bei derselben Sparkasse vorlegte und insgesamt 1000 Mark abholen konnte. Aber damit war Herr Peter nicht zufrieden. Wußte er, daß eine Bar – ob „Koralle“ oder „Pinguin“ – ihren Namen nicht von der Barzahlung herleitet, die die Kunden zu leisten haben, sondern von dem altfranzösischen Wort Stange – Barre, eine Stange, die den Gastraum vom Mixraum trennt? Er wußte es anscheinend, denn er hat in all diesen Bars nicht bar bezahlt – oder nur einmal.

Peter hatte einen Bekannten getroffen, einen aus dem Gefängnis, und der war Kellner. Ihm hatte er erzählt, er habe von seiner Oma eine hübsche Erbschaft gemacht und die wolle er im Kreise lustiger Gesellen und Gesellinnen vertrinken. Das sprach sich in der Gegend herum, und eine größere Gesellschaft fand sich bereit, Omas kleines Häuschen mit der ersten und der zweiten Hypothek in wenigen Nächten bis auf die Grundmauern zu versaufen. Das erste Mal zahlte Peter für einige Sekts und Flips 400 Mark in bar, beim zweiten Mal zahlte er nur noch mit Schecks in Höhe von 400 und 500 Mark, und bei der „Pinguin“-Bar zahlte er dreimal mit Schecks; hier genügte das Wort seines Kellner-Freundes über die große Erbschaft. Herr Peter ließ sich sogar von den Geschäftsführern noch bares Geld für das Nachhausetaxi herausgeben. Das allerdings mußten die beiden Geschäftsführer der HO ersetzen, weil das nicht erlaubt ist. Kleinere Schecks gab Herr Peter auch im Café Nord in Zahlung. Im ganzen hatte er HO-Betriebe um 2200 Mark geschädigt.

Aber vieleicht wäre es ratsam, daß in Zukunft Nachtbars nur gegen bar ihren Sekt und ihre Flips und ihre Cocktails verkaufen. Wenn ein Mensch unbedingt das Bedürfnis hat, dort viel auszugeben, bitte sehr, soll er am Tag vorher das Geld bei der Sparkasse abholen, wenn er nüchtern ist, dann hat er nämlich mehr Zeit und mehr Verstand, zu überlegen, ob er sich das leisten kann. Wenn dadurch etwa der Umsatz in unseren Nachtbars zurückgehen sollte, so glaube ich, das könnte unsere Gesellschaft gut und gerne verkraften.

Wer wird aus diesem Verfahren Lehren ziehen? Bei Peter habe ich die geringste Hoffnung, auch die zwei Jahre und zwei Monate Zuchthaus haben auf ihn wenig Eindruck gemacht. Indem durch entsprechende Maßnahmen bei den Kreditinstituten und der Deutschen Post die so begünstigenden mitwirkenden Umstände beseitigt werden, das Betrugsdezernat der Volkspolizei bei Scheckbetrügereien etwas schneller und gründlicher arbeitet und sich auch die Nachtgaststätten der HO nach meiner Anregung richten, wird es diesem Herrn Peter und denjenigen, die ihm nacheifern wollen, schwerer gemacht, und so erleichtern wir durch diesen Prozeß und seine Veröffentlichung Herrn Peters soziale Gesundung.

Der verzeihliche Formfehler

Das Gericht machte einen Verstoß gegen die Strafprozeßordnung. Ich möchte hier behaupten, dieser Verstoß war verzeihlich. Die Ehefrau des Angeklagten wurde als Leumundszeugin gehört, und ihr wurde nicht gesagt, daß sie das Recht hat, die Aussage zu verweigern.

Die Richterin, so glaube ich, hatte die Vorstellung, sie leite eine Jugendgerichtsverhandlung gegen einen etwas ungezogenen Jungen. Dort ist es üblich, die Eltern zu laden, meist kommt die Mutter, und die muß dann Auskunft geben ohne das übliche Zeugnisverweigerungsrecht, wie der ungeratene Bursche sich zu Hause benimmt, wieviel er von seinem Lehrlingsgeld abgibt, ob er beim Kohlentragen oder beim Abtrocknen hilft und wann er abends nach Hause kommt. So ungefähr wurde auch die Ehefrau des Stefan von der Richterin vernommen.

Der Angeklagte ist allerdings schon 30 Jahre alt. Der Soldatenkönig würde ihn zu den Langen Kerls eingezogen haben; er sieht intelligent und energisch aus, sein krauses, dunkles Haar sitzt auf einer hohen Denkerstirn, und ein spitzer Giebel ziert sein Gesicht. Aber er ist unselbständig und kindlich wie ein 14 oder 15-jähriger. Seine Frau, obwohl von Geburt etwas älter, sieht jünger als er aus, rundlicher, die Zuverlässigkeit in Person – auch ihr Beruf als Kassiererin bestätigt das –, sie ist lieb, ruhig, angenehm. Und die Vorsitzende behandelt und befragt sie so, als ob sie Stefans Mutter und Erziehungsberechtigte sei. Als Angeklagter hätte ich mich sehr geniert, und Stefan war gar nicht wohl dabei.

Diese äußerlich so eindrucksvolle Persönlichkeit ist leider innerlich nicht reif. Gelernt hat er nichts Richtiges, aber er hat gute Arbeit oft schon gehabt und immer wieder verloren. Entweder durch Aufhebungsvertrag oder durch Kündigung wegen Unzuverlässigkeit. Stefan liebt zu trinken; allerdings nicht viel. Er kann aber fast gar nichts vertragen. Und wenn er am Tage getrunken hat, so geht er am nächsten Morgen nicht zur Arbeit. So zieht sich der Vermerk „Unzuverlässigkeit" durch seine ganze Kaderakte.

Am schlimmsten war es für ihn, als er Beifahrer im Großhandelskontor Tabak und Spirituosen war. Dort mußte er sich in jeder Kneipe einen Schnaps anbieten lassen, und er konnte nicht nein sagen. Damals nahm ihn sein Vater an die Hand und brachte ihn in „seine" Gummifabrik. Dort, wo er die Aufsicht über den Sohn hatte. Der verdiente glänzend, aber länger als ein Jahr hielt er es auch dort nicht aus. Die Leitung des Werkes mußte sich von Stefan trennen.

Einzig und allein bei der Armee und der Volkspolizei blieb er länger. Der äußere Zwang und die strengen Vorschriften waren Stefan gut bekommen. Nur sein niedriger Rang bei der Entlassung zeigt, daß seine geistigen Fähigkeiten auch hier keine schnelle Beförderung möglich machten.

Jetzt ist er auf einem volkseigenen Gut als Landarbeiter tätig. Dort ist sein Verdienst nicht mehr so reichlich, aber es gefällt ihm, und Fehltage gibt es nicht mehr, seit diese Sache mit dem Radio passiert ist. Auch der Alkohol spielt keine Rolle mehr, denn die Frau hat mit der Scheidung gedroht. Sie wäre mit ihrem kleinen zweijährigen Töchterchen weggegangen, wenn das so weitergegangen wäre. Und das hat Eindruck kauf ihn gemacht.

Aber vorher mußte dieser Bummelant Stefan auf den dornenvollen Weg des Unrechts geraten. Als er einmal wegen eines Leberleidens bei einem Vertrauensarzt war und dort weitere vierzehn Tage krank geschrieben wurde, kehrte er in einer Kneipe ein und feierte seinen Urlaub mit Schnaps und Bier, obwohl zweifellos das Leberleiden vom vielen Trinken herrührte.

In einem unbedachten Moment hatte Stefan einem Mittrinker 50 Mark weggenommen, und die verschwanden durch ein Loch in der Tasche in sein Mantelfutter.

Aber der Kumpan merkte den Verlust, und er rief sofort die

Verkehrspolizei. Man fand in Stefans Futter wohl das Geld, aber er behauptete steif und fest, es gehöre ihm. Erst am nächsten Morgen, wahrscheinlich auf Zureden seiner Frau, ging er selbst zur Volkspolizei und gab den Diebstahl zu.

In dem Volksgut, in dem er arbeitete, gab ihm eine Kollegin ein Radio, das er mit nach Berlin nehmen sollte, um es zur Reparatur zu bringen.

Und wieder kehrte Stefan in einer Kneipe ein. Ein Mann am Tisch sah das Radio und bot ihm 70 Mark. Der Käufer, ein Angehöriger der Volkspolizei, muß wohl Bedenken gehabt haben. Er ließ sich Stefans Adresse geben und sagte ihm, falls etwas faul sei an der Sache, müßte er ihn benachrichtigen.

Am nächsten Tag reute Stefan die ganze Sache, aber er hatte nicht den Mut, zur Polizei zu gehen und sein Vergehen einzugestehen. Er vertröstete die Kollegin, bestellte sie, versetzte sie, zum Schluß forderte er 40 Mark für die Reparatur, und die Frau gab ihm 20 Mark.

Aber die Ausreden waren dumm und durchschaubar. Als die Kollegin sah, wie Stefan aus einem Lokal verschwand, als sie zu einer Verabredung mit ihm dort hinkam, da zeigte sie ihn bei der Volkspolizei wegen der Unterschlagung an.

Der Volkspolizist aber, der das Radio von Stefan gekauft hatte, sah die Anzeige und vermutete mit Recht, daß es sich um sein Radio handelte. Er ging zu Stefan, forderte seine 70 Mark zurück, und er wollte versuchen, die Sache aus der Welt zu schaffen; denn er befürchtete einen Verweis wegen seines leichtsinnigen Kaufs. Aber es war zu spät, und nun kam noch dazu der Betrug mit den 20 Mark.

Der Volkspolizist hat seine 70 Mark zurück und die Kollegin ihr Radio. Auch die 20 Mark wird sie wiederbekommen. Das Urteil: Sechs Monate Gefängnis bedingt, ausgesetzt auf zwei Jahre Bewährungsfrist, und Bindung an den Arbeitsplatz.

Bei Gericht wurde die ganze Sache sehr ausgiebig durchgesprochen und vor allem Vergangenheit, Gegenwart und Zukunft von Stefan. Er will und er soll im volkseigenen Gut bleiben. In der Verhandlungspause hat er sich mit seinem Meister unterhalten. Er will Geflügelzüchter werden. Das Verfahren war peinlich für ihn. Trotz seiner körperlichen Größe stand er da sehr klein vor seiner Frau.

Man soll die Verhandlung wegen des Formfehlers nicht noch einmal wiederholen. Er war, wie ich schon sagte, verzeihlich, fast verständlich.

Die Silberhochzeit

Der Richter kämpft mit der Seele des Angeklagten. Er sagt ihm in einer Diskussion, die sich an das Schlußwort des Angeklagten knüpft. „Ich will kein Urteil fällen, mit dem Sie nicht innerlich einverstanden sind."

Das ist eine schwere Aufgabe, es ist das Bemühen, dem Angeklagten zu sagen: Säßest du hier an meiner Stelle und würdest du über diesen Fall zu entscheiden haben, so müßtest du zu dem gleichen Ergebnis kommen.

Der Mann ist 60 Jahre alt, er ist nicht vorbestraft, aber irgendwie fühle ich, da war doch früher mal etwas, es ist sicherlich schon längst verjährt, vergeben und vergessen und verziehen. Der Mann ist überdurchschnittlich intelligent, aber er kommt mir wie ein Gebrochener vor, einer, der das Gefühl hat, das Ziel, das er sich gesteckt hat, nicht erreicht zu haben. Selten habe ich einen Angeklagten so betont sprechen hören, seine Ausdrucksweise ist fast gewählt. Er ist ein schmaler, kleiner Herr mit silbergrauen Schläfen und einer randlosen Brille. Die Arbeitskollegen mögen ihn, er ist beflissen, höflich, pünktlich. Aber sie meinen, er wirkt ein wenig sonderbar, wäre schwer zu durchschauen.

Er ist Maschinenschreiber in einem großen Betrieb. Das ist eigentlich gar keine Stellung für einen Mann mit dieser Intelligenz und dieser Lebenserfahrung. Er war bei einem Rechtsanwalt in der Lehre, und man merkt, er ist erfahren im Umgang mit der Justiz. Er hat mit eisernem Fleiß in langen Abendstunden dann sein Abitur nachgearbeitet. Er hat gute Kenntnisse in vielen Sprachen. Er war auch einmal als Sprachlehrer tätig. Später hat er eine chemische Fachschule besucht. Viele Jahre arbeitete er als Laborant, chemisch-technisch, dann ist er umgewechselt in das reiche und abenteuerliche Gebiet der Geologie. Und dann wieder zurück zur Chemie, in einem großen Berliner Werk war er in der Abteilung für die Entwicklung von Mitteln für den Pflanzenschutz. Ab 1960 hat er diese Tätigkeit aufgegeben, er ging zur Post, und jetzt ist er also Maschinenschreiber in einem großen Unternehmen, in demselben Betrieb, in dem auch seine Frau arbeitet.

Es ist erstaunlich, daß er seine Erfahrungen und Kenntnisse nicht besser verwertet. Ich glaube, das ist es, was ihn wurmt, was ihn innerlich ärgert. Und noch etwas ist bei ihm erwähnenswert. Der Mann war in seiner Jugend Mitglied der Kommunistischen Partei. Er war auch in der Nazizeit in ein Hochverratsverfahren verwickelt und hat einige Monate in Untersuchungshaft gesessen. Nach 1945 ist er wieder in die Kommunistische Partei eingetreten, aber bei der Vereinigung mit der Sozialdemokratischen Partei ist er ausgeschert, das hat ihm nicht gepaßt. Er habe Bedenken gehabt. Er sehe wohl ein, daß seine Bedenken grundlos waren. Aber er ist und bleibt ein eifriger und beliebter Gewerkschaftsfunktionär.

Seine Frau, die wir leider nicht zu sehen bekamen, freut sich auf die silberne Hochzeit. Schon vor Monaten hat sie ihre Kolleginnen eingeladen und sie gebeten, sich für diesen Tag frei zu halten. Der Mann aber hat über die Feier und den Verlauf andere Vorstellungen. Warum, das sagt er nicht. Vielleicht hält er heute den Schritt, den er vor 25 Jahren getan hat, für einen Fehler, aber er ist zu stolz und schweigt darüber. Er gibt nichts zu. Er möchte, so sagt er, diesen Tag mit seinem Sohn aus erster Ehe begehen, den er aus Westdeutschland erwartet. Doch der ist nicht erschienen.

Die drei Kolleginnen der Frau kommen mit Blumen und Geschenken, aber sie sind überrascht, enttäuscht, vorbereitet war nichts. Der Tisch ist nicht gedeckt, die Frau sitzt allein da und sagt, ihr Mann habe sich etwas schlafen gelegt. Sie ist beschämt. Die Kolleginnen wollen gehen, aber sie werden genötigt zu bleiben. Der Mann wird gerufen, er kommt, verschlafen, wie ein Gespenst, im Nachthemd. Dann kehrt er zurück, kommt wieder, notdürftig bekleidet mit einer Hose, aber in einer solchen

Fasson, daß die Damen entsetzt sind. Die Frau ruft ihn zur Ordnung, endlich zieht er sich an, holt einige Flaschen Schnaps und etwas Bier. Und er fängt an, unsinnig zu trinken. Die Gäste, verärgert, bleiben nur mit Rücksicht auf die Frau. Die Arme, werden sie gesagt haben.

Er ist bösartig an diesem Abend, er provoziert seine Gäste, er wird zutunlich, er faßt und grapscht. Ich glaube, weniger aus Lust, ich glaube mehr aus Unlust, nur um seine Frau zu ärgern. Aber er ärgert auch die eingeladenen Damen.

Eine geht weg, die anderen bleiben, wehren sich, sträuben sich. Jetzt wird er handgreiflich und auch beleidigend nicht nur mit Worten. Er schlägt nach allen Seiten. Es wird so schlimm und es entsteht ein solcher Krach, daß die Nachbarn den Funkwagen holen müssen. Er hat die eine Frau noch wegen ihrer Zugehörigkeit zur Arbeitspartei beleidigt.

Der Mann sieht ein, und das ist nicht sehr schwer, daß er sich unmöglich benommen hat, ja strafbare Dinge getrieben hat, Körperverletzung, daß er entgleist ist aus Ärger über sich, über sein Leben, das nicht seine Erwartungen erfüllt hat. Und wahrscheinlich auch aus Ärger über die Ehe. Er wehrt sich gegen den Vorwurf der Staatsverleumdung, weil er eine der Damen beschimpft hat. Er kann sich nicht erinnern; seine Blutprobe mit 2,1 Promille könnte ihm recht geben. Und öffentlich, so sagt er, habe er auch nicht geschimpft, das sei privat gewesen. Es ist auch meiner Meinung nach mehr eine persönliche Beleidigung, eine Beleidigung, die genauso schlimm ist, privat wie öffentlich, einem Gast gegenüber, einer Kollegin seiner Frau in seiner eigenen Wohnung. Und tatsächlich ist das Urteil für all das, was er seinen Gästen angetan hat – zehn Monate Gefängnis mit einer Bewährung von zwei Jahren und Bindung an den Arbeitsplatz – so, daß es der intelligente Mann als gerecht empfindet. Und das ist für den Richter der schönste Lohn.

Der Weg-Gang der Uhr

Mit 16 Jahren waren beide Botinnen bei Späth gewesen, der Baumschule am Baumschulenweg in Berlin-Treptow. Später trennten sich ihre Wege. Noch später heirateten beide. Und wurden geschieden. So trafen sie sich einmal wieder und wurden Freundinnen. Das sind sie noch heute, beide über 30 Jahre alt.

Nur eine Wolke hat diese Freundschaft gestört. Es war nicht einmal etwas Männliches, es war rein sächlich, es waren Sachen.

Sie gingen zusammen aus -- und sie schliefen nicht gern allein. So kam es, daß Hilde oft bei Rita und Rita manchmal bei Hilde schlummerte. Einmal sollen auch, das räumt Hilde ein, zwei Herren mitgegangen sein. Nur ein einziges, einziges Mal. Wovon sie in diesen vielen, langen Monaten gelebt haben? Nur Hilde wird danach gefragt, die Angeklagte. Von der Mutter, die eine schmale Rente zu verzehren hat und außerdem die beiden Kinder Hildes betreut. Wovon Rita, die Zeugin gelebt hat, die viel wendigere, klügere, die rothaarige, modern zerzauste, das wird nicht gefragt und darf auch nicht gefragt werden. Wer fragt schon die unschuldige Lilie auf dem Felde, auf welchem Boden sie blüht. Heute ist Rita wieder verheiratet und arbeitet mit ihrem Mann im selben Betrieb und in derselben Schicht. Sie ist gerettet und braucht nicht gerichtet zu werden.

Hilde aber, die viel unbeweglichere, schwerfällige, hat diese glückhafte Wende noch nicht ganz erreicht. Sie hat immer die Freundin beneidet. Sie hat ihr immer nachgeeifert. Die Freundin Rita besaß so viel mehr, so herrliche Nylonblusen, die mehr sehen lassen, als sie verbergen, und die schwarze Strumpfhose, die das Bein so schlank macht. Den Pulli mit dem Ochsenkopf –

Stierkopf, ich will keine Fernsehpolitik machen –, billige Kostbarkeiten, die, wie Hilde vermutete oder auch wußte, von fernen Gestaden herübergeweht waren. Von Kavalieren, die so gern hier tanzen, hangen, bangen und kosen, und die um Mitternacht wieder ihr Ränzlein geschnürt haben müssen. Die manchmal etwas liegenlassen in den umfassenden Armen von tiefschürfenden Damen. Und dann der weiße Pulli mit dem echten Karl-May-Sioux-Indianer, der Hilde so sehnsuchtsvoll anschaute, wenn sie, alleingelassen, sich in Ritas Wohnung langweilte. Er wollte eingepackt werden, und sie packte ihn ein. Jedesmal etwas von den Herrlichkeiten von dem, was sie nicht selbst durch Sichliegenlassen erwerben konnte, nahm sie der erfolgreichen Freundin weg.

Vielleicht tue ich der rotschopfigen, modern zerzausten Rita unrecht. Vielleicht stammen alle diese, gewissen Damen so beglückenden Herrlichkeiten nicht von dämlichen Herren, sondern von der sooft strapazierten Tante aus Neukölln oder Alt-Köln, die fleißig Pakete schickt, damit das nichtstuende Nichtchen, bevor sie sich niederlegt, etwas Ansprechendes und Entsprechendes auszuziehen hat.

Rita merkte, daß die schönen Sachen, an denen ihr Herzchen hing, langsam, aber sicher weniger wurden. Und da wir ja hörten, daß nur Hilde bei ihr des Nachts zu Gast war, wußte Rita auch sofort, wo die Pullis, die Badeanzüge und die Strumpfhosen zu suchen seien. Als dann aber noch aus einem Kästchen ihre fein vergoldete Armbanduhr verschwand, wurde Rita rebellisch. In einer kleinen Bar, als Hilde gerade tanzte, öffnete Rita das Täschchen ihrer Freundin und stahl ihr die Uhr, die ja Ritas Uhr war, heraus. Das ist kein Stehlen im juristischen Sinne; denn die Wegnahme war ja nicht rechtswidrig. Über den Gang der Uhr, die vor lauter Schreck stehengeblieben war, wurde zwischen beiden nicht gesprochen. Es sollte für Hilde eine Warnung sein, sagte Zeugin Rita vor Gericht.

Hilde aber verstand die Warnung nicht, sie stahl weiter, und nun zeigte Rita die Freundin bei der Volkspolizei an.

Diese ganze Geschichte wäre nicht des Erwähnens und des Schreibens wert, wenn es sich nicht gezeigt hätte, wie die Vorladung zu einem früheren Termin auf Hilde gewirkt hatte.

Sie kam einfach nicht und veranlaßte auch Rita, dem Termin fernzubleiben. Bei der nun neu angesetzten Hauptverhandlung sagte Hilde, sie sei damals nicht gekommen, weil sie sich schämt. Sie hatte noch keine Arbeit aufgenommen. Und sie hatte auch deshalb ihre Freundin Rita veranlaßt, nicht zu kommen. Aber heute und hier könne sie endlich einen Arbeitsplatz nachweisen und stelle sich nun der Gerechtigkeit. Früher hatte sie immer eine Arbeit, die in wechselnden Schichten zu leisten war, abgelehnt; weil sie doch Mutter von zwei Kindern sei, ginge das ja nicht.

Eine dünne Ausrede bei einer jungen Frau, die abends und nachts tanzen geht und dann noch bei der Freundin übernachtet.

Jetzt hat sie sich vielleicht und wahrscheinlich aus Angst vor dem Urteil des Gerichts zur Schichtarbeit entschlossen. Ihre Kinder sind ja sowieso bei ihrer Mutter gut untergebracht. Die Überlegung: eine Frau, die einen Arbeitsplatz hat, wird anders beurteilt als eine Müßiggängerin. Sie hat den ersten Schritt zur sozialen Gesundung Hildes geführt. Und so paradox es klingt: In der Mißachtung der ersten gerichtlichen Vorladung lag in diesem Fall der erste Ansatz einer gesellschaftlichen Erziehung.

Am selben Tage, als diese Hauptverhandlung war, hat Hilde mit der Arbeit begonnen, eine Bindung an den neuen Arbeitsplatz konnte nicht ausgesprochen werden. Drei Monate Gefängnis, bedingt. Bewährungszeit: Ein Jahr.

Und zusammen gehen beide, Diebin und Bestohlene, nach Hause, versöhnt mit sich, versöhnt auch mit der Gesellschaft, die in ihren etwas unklaren Lebensabschnitt nicht mit der Strenge einer 1000-Watt Glühbirne hineingeleuchtet hat. In den Lebensabschnitt der beiden ehemaligen Botinnen der Baumschule Späth, die sich überlegen sollten, daß mit 30 Jahren ein Baum und ein Mensch Wurzeln im festen Grund schlagen sollten. Das ist schon spät, aber nicht zu spät.

Ein Urteil der praktischen Vernunft

Die Wahrheit über Menschen, ihre Umgebung, über ihr Leben, ihre Taten und Untaten zu berichten, das ist meine Aufgabe als Gerichtsberichterstatter. Aber als Gerichtsberichterstatter bin ich auch gehalten, die Normen unserer Gesetze zu beachten. So darf ich zum Beispiel eine Vorstrafe, die gelöscht ist, die von unserem Staat laut Gesetz vergeben und vergessen ist, nicht erwähnen. Diese Strafe muß sogar aus der Kaderakte entfernt werden. Aber wie kann ich das mit der Aufgabe, wahrheitsgetreu zu berichten, in Einklang bringen?

So sind die vier Jahre Gefängnis, die dieser schmale, kleine, fast möchte ich sagen liebenswürdige Mann in seiner frühesten Jugend einmal abgesessen hat, aus seinem Gedächtnis, aus seiner Lebensgeschichte, ja aus seiner Persönlichkeit nicht gelöscht, nicht vergessen. Vier Jahre Gefängnis für Jugendsünden aus einer wirren Nachkriegszeit. Ich muß es erwähnen, sicher nicht als Belastung, eher als Entlastung. Denn vier Jahre in der Abgeschiedenheit einer noch so gut geführten Haftanstalt machen manchmal einen jungen Menschen nach seiner Entlassung lebensfremd, lebensuntüchtig.

Damals, vor seiner Inhaftierung, hat er eine junge Frau geliebt; sie hatten zusammen ein Kind, ein Mädchen. Als er damals für lange Jahre verschwunden war – es sollten ursprünglich fünf Jahre sein –, wollte die junge Frau nicht auf seine Rückkehr warten. Sie heiratete. Er erkannte die Vaterschaft über das Mädchen an, und in einer Verhandlung vor dem damaligen Jugendamt erklärte er sich bereit, monatlich 40 Mark für seine Tochter zu zahlen.

Er ist haltlos geworden nach seiner Entlassung, er wandert von einer Arbeitsstelle zur anderen. Er geht auch einmal hinüber nach Westberlin, kehrt aber dann schnell wieder zurück. Er hat auch eine andere Frau getroffen, sie ist sehr ordentlich, sie hat auch einen guten Beruf. Auch sie bekommt von ihm ein Kind. Ans Heiraten, so sagt sie, haben beide nie gedacht. Sie wäre vielleicht die Richtige, der ruhende Pol in seinem etwas unsteten Leben geworden. Aber diese Freundschaft zerbrach, als der kleine Mann nach Westberlin gegangen war. Er kam auch manchmal abends zu ihr, klopfte nachts an ihre Tür, sie öffnete nicht, wenn sie merkte, daß er nicht nüchtern war. Den Unterhalt, auch hier wurde er ohne Gerichtsverhandlung im allseitigen Einverständnis auf 40 Mark festgesetzt, zahlte er nicht. Die junge, blonde Frau mit der tiefliegenden dunklen Stimme, sie verdient Beachtung – leider verdient sie sonst nicht viel. Sie führt sehr genau Buch über das ihr zukommende, das ihr fehlende Geld. Über 2000 Mark stehen in ihrem Buchwerk noch offen, zahlbar von dem kleinen Liebhaber, Vater ihrer fast elfjährigen Tochter.

Vier Monate hat der kleine Mann überhaupt nicht gearbeitet. In seiner letzten Stellung hat er sich mit dem Brigadier verkracht, er ist weggegangen und hat sich einfach nicht mehr um die Arbeit bemüht.

Die Lohnpfändung, die beide Frauen gegen ihn über das Referat Jugendhilfe eingeleitet haben, war vergeblich. Ohne die Hilfe der Behörden wäre der Lebensunterhalt für seine beiden Kinder gefährdet. Dewegen gibt es jetzt ein Verfahren wegen böswilliger Verletzung der Unterhaltspflicht.

Inzwischen hat der kleine Mann in einem Metallbetrieb Arbeit bekommen. Er ist geschickt, ja er ist sogar fleißig. Wir wollen von einer Krankheit absehen, der Kaderleiter hat ihn bei einem Hausbesuch nicht angetroffen, und deswegen schwingt in seinem Leumundszeugnis, das er vor dem Gericht abgibt, ein kleiner Rest Mißtrauen mit; aber im allgemeinen ist er mit der Arbeit des kleinen Mannes zufrieden. Er lobt ihn sogar, daß er Bummelstunden nachgearbeitet hat. Im Gericht schlägt er vor, der kleine Mann möge einen Kursus als Schweißer machen, damit er mehr Geld verdiene, damit auch die Kinder zu ihrem Geld kommen, damit daran gedacht werden kann, den Rückstand langsam abzuzahlen.

Die Mutter des elfjährigen Töchterchens, die charmante Buchhalterin, hat schon die neuen Richtsätze für die Unterhaltsgelder mitgebracht. Leider muß ihr der Richter sagen, sie könne jetzt nicht den Unterhalt, wie es in den Richtlinien steht, auf 55 Mark festsetzen lassen. Sie wird darauf aufmerksam gemacht, daß sie erst eine Abänderung für ihren Unterhaltssatz einreichen kann, wenn das Einkommen des kleinen Mannes sich wesentlich geändert hat. Sonst bleibt es nach einer Entscheidung des Obersten Gerichts vorläufig bei dem alten Satz. Sicherlich, 40 Mark sind sehr wenig für den Unterhalt eines elfjährigen Kindes. Aber wäre es klug, jetzt den Unterhaltssatz abzuändern? Verliert dann der Vater nicht die Lust, sich anzustrengen, mehr zu verdienen? Das mag ungerecht erscheinen, ist aber eine Überlegung der praktischen Vernunft.

Bei dieser Verhandlung wirkte kein Staatsanwalt mit. Der Richter fragte den Angeklagten, welches Urteil er nach der Erörterung der Schuldfrage und nach einer Diskussion über den Strafrahmen (einen Tag bis fünf Jahre Gefängnis) und nach den Möglichkeiten aus dem Strafrechtsergänzungsgesetz für gerecht halten würde. Der Angeklagte empfahl in Vertretung des Staatsanwalts für sich eine bedingte Strafe, eine kurze Bewährungszeit und in diesem einen Jahr Bindung an den Arbeitsplatz. Auch das war das Urteil der praktischen Vernunft im Interesse des Mannes, der Kinder, der Mütter, der Gesellschaft. Damit also gerecht.

Dreiecksverfahren ohne echtes Dreieck

Lichtenberg, nicht der Berliner Stadtteil, sondern der Göttinger Naturwissenschaftler, würde über die Männlichkeit von Herrn Alex gesagt haben: „Er trägt immer Sporen, reitet aber nie." Das ist bei einem 70jährigen alten Herrn bestimmt nichts Ehrenrühriges, und es gibt sehr viele Liebenswerte, die durch Geist, Charme, kurz durch jene Altersweisheit den nur zu natürlichen Schwund ihrer Männlichkeit ersetzen, und keine fühlende Frau, die Jahrzehnte mit ihm Glück und Not geteilt hat, wird ihm das verargen. Herrn Alex' Altersweisheit aber ist, großzügig ausgedrückt, auf ein Minimum gesunken; sarkastisch könnte man sagen, sie gleicht einem ausgeblasenen Ei, dem die Schale fehlt.

Seien Frau Carola, selber mehr dem tätigen Leben als der Kontemplation, der ruhigen Betrachtung, zugewandt, führt einen höchst intensiven täglichen Kleinkrieg gegen den stets nagenden Zahn der Zeit. Ihr gelingt es wohl, das ehrwürdig graue Haar hellblond zu färben, aber der rote Lippenstift kann die Falten auf der Lippe der Dame nicht mehr verdecken. Sie hat nicht die gemütlich runden Formen der mütterlichen Frau, ihre Eitelkeit hat sie zu einer Kostverächterin gemacht, so daß tatsächlich ihre Figur von weitem das Aussehen einer wenig entwickelten Abiturientin hat.

Man wäre geneigt zu glauben, daß dieses tiefinnerlich verfeindete Ehepaar als Prozeßgegner auftritt in einer Auseinandersetzung um Tisch und Bett. Das ist etwas vorgegriffen, dieses Verfahren wird kommen, und große Ereignisse, wie ein Scheidungsbegehren nach jahrzehntelanger Ehe, werfen eben Schatten voraus. Der Rechtsfall, über den hier zu berichten ist, ist ein solcher Schatten. Dieses verfeindete Ehepaar steht also gemeinsam auf der einen Seite der Barrikade, das heißt auf der einen

Seite des großen Tisches, der zur Durchführung dieses Prozesses im Gerichtssaal aufgestellt wurde. Frau Carola hat sich, um aus diesem Verfahren schon ihren Honig für das kommende Scheidungsverfahren zu saugen, das ihre wirklich vollkommen zerrüttete Ehe trennen soll, eines berühmten und angesehenen Rechtsanwaltes versichert. Sein Name, Wolff, so glaubt Frau Carola, sei Gewähr genug, daß es sich bei diesem Herrn um einen gerissenen Advokaten handele. Ein Irrtum.

Kläger aber ist Frau Regina. Sie ist beleidigt worden. Diese Frau hat all das, was Frau Carola eben fehlt, die Ruhe des Gemüts, die Mütterlichkeit der Seele, die Rundlichkeit der Form, das Ungeschminkte ihres Wesens, ihrer Lippen und ihrer Wangen, den natürlichen Glanz ihres Haares.

In den langen Nächten, in denen Alex und Carola nebeneinander lagen, begann Herr Alex von Frau Regina zu sprechen. Sie waren zusammen in einem Betrieb der Filmbranche tätig. Mag sein, daß Herr Alex durch den ständigen Umgang mit den Produkten der Traumfabrik, der Welt des Scheins, des Als-ob ein wenig verwirrt worden war. Vielleicht war er überhaupt nicht mehr in der Lage, zwischen Wunsch und Wahrheit, Traum und Wirklichkeit, Wollen und Können zu unterscheiden. Er sprach in diesen Nächten davon, wie sehr ihm Frau Regina nachstelle, wie sie ihn an allen möglichen und fast unmöglichen Orten umarme, wie sie sich als Schwester von Frau Carola ausgegeben habe, um bei einem Schlosser den Wohnungsschlüssel des Ehepaares zu bekommen. Mit dem sei sie nun, da sie gehört habe, Frau Carola sei verreist, in die Wohnung eingedrungen. Zu Herrn Alex. Und daß sie dann dem wehrlosen, völlig überraschten Herrn Alex Gewalt angetan habe, eine schwere, sittlich belastende Beschuldigung, von der ich bisher nur in umgekehrter Rollenverteilung gehört habe.

Frau Carola, nicht von der schwindenden Mannes- und Geisteskraft ihres Alex überzeugt, griff diese Beschuldigung auf wie ein Löschpapier nasse Tinte. Sie verbreitete sie in Wort und Schrift, nicht ohne Kommentar. Und der Kommentar war nicht von Pappe. Sie erzählte die haarsträubenden Dinge jedem der es wissen, und auch denen, die es nicht wissen wollten. Sie ersparte nichts, sie war empört, daß Frau Regina das so reichlich genoß, wovon sie jahrelang ausgeschlossen war.

Bei der Konfliktkommission des Betriebes suchte Frau Regina ihr Recht, aber Herr Alex schied wegen Altersschwäche aus der Filmbranche aus. Der Schiedsmann konnte keine Einigung herbeiführen, da Herr Alex immer neue Einzelheiten auftischte. So kam der Streit als Privatklage vor das Gericht. Ein Dreiecksverfahren, dem es nur am Wesentlichsten fehlte, an der Liebesfähigkeit des Umstrittenen.

In der ersten Verhandlung brachte Frau Carola sogar das Kopfkissen ihres Ehebettes mit, als Beweisstück für ihr geschändetes Familienglück. Herr Alex benannte Zeugen, die bekunden sollten, wie seine Mannesehre durch ein brutales und schamloses Weibstück in den Dreck gezogen worden war.

Die junge, sehr real denkende Richterin vertagte.

Eine Reihe von Zeugen war aufmarschiert, zur Aussage bereit, da erhob sich ganz am Anfang der zweiten Verhandlung Herr Alex und nahm alle Behauptungen und Beleidigungen gegen Frau Regina mit dem Ausdruck des Bedauerns zurück. Frau Regina, die Beleidigte, war damit einverstanden, wenn diese Ehrenerklärung im Betrieb bekanntgemacht wurde.

Nur Frau Carola bebte innerlich. Sie wollte nichts zurücknehmen. Sie hätte gerne jeden Zeugen gehört und jeden Zeugen befragt, aber ihr Rechtsanwalt wollte da nicht mitmachen. Sie wisse doch nicht aus eigenem Erleben, sie habe doch nur den Erzählungen ihres Mannes Glauben geschenkt.

Sehr lange dauerte es, bis sie mit einem gequälten „Ja“ die Zustimmung zu dem gerichtlichen Vergleich gab. „Aber ich unterschreibe nicht, daß ich mich entschuldige!“ Das brauche sie nicht, sagte die Richterin, ihr Ja genüge dem Gericht.

Böse waren die Zeugen und die zahlreichen Zuhörer. Sie stürmten auf das Gericht zu, Frau Carola hätte eine Strafe verdient, sie habe eine immer ruhige, anständige Kollegin beschimpft. Es herrschte eine Aufregung wie bei dem Freispruch einer Mörderin.

Die Kosten des Verfahrens übernimmt Herr Alex – als Rentner ist er kaum zahlungsfähig und nicht pfändbar. Diese

Bereitwilligkeit zu zahlen ist genauso zu werten wie die Erzählungen über seine Abenteuer. Platonisch. Ideen, Traum, nicht Wirklichkeit. Ein Dreieck ohne Ecken.

Frau Babette oder „die Pachulke“

Verachtung spürte ich in der Aussage des alten Herrn. Er sprach von Babette Pachulke – der Name ist wie immer in diesen Fällen frei erfunden – nur von der Pachulke. Das ist preußischer Amtsstil, manchmal begegnet man ihm auch leider noch in den Protokollen unserer Behörden. Wenn hier der Richter den zitternden alten Herrn nicht zurechtwies, so glaube ich, tat er es, weil zu befürchten stand, daß bei einer Erregung die etwas starren Gefäße des Herrn Zeugen den Blutkreislauf plötzlich sperren könnten. Denn den ersten Schlaganfall hatte der Herr Zeuge gerade überwunden. Jetzt, nachdem die Aufregung des Prozesses vorbei ist, möchte ich diesen Ausdruck rügen.

Dieser Verachtung begegnet die Pachulke, Verzeihung, Frau Babette, sicherlich sehr häufig. Und das ist der Grund, warum sie sich in dauernder Abwehrstellung befindet. Sie gilt als frech und schnippisch in ihrem Haus. Und auch vor Gericht gibt sie sich nicht von ihrer besten, liebenswürdigsten Seite.

Die Verachtung, das Vorurteil, mit dem Frau Babette zu kämpfen hat, ist uralt. Frau Babette hat vier Kindern das Leben geschenkt, sie alle großgezogen. Keiner der vier Väter hat ihr dabei geholfen. Daß sie bis jetzt nicht verheiratet ist, machen ihr sicher ältere Menschen zum Vorwurf. Sie ist 1928 geboren, also sie trifft weder Schuld am Ausbruch des männermordenden Krieges noch an seinen Folgen. Wer kann einer Frau das Recht auf Liebe, auf Kinder, auf Glück verwehren? Jetzt lebt sie mit dem Vater ihres vierten Kindes zusammen, und hoffentlich ist diese Verbindung endlich von Dauer.

Nicht immer haben wir es ihr leicht gemacht. Sie sagt, und ich glaube es ihr, es sei schwer, für das kleinste Kind einen

Krippenplatz zu bekommen. Oft hatte sie deswegen keine ständige Arbeit, oft mußte sie die Arbeit aufgeben.

Das ist ein harter Vorwurf, der uns bei unserer so regen, aber auf diesem Gebiet noch nicht ausreichenden Bautätigkeit trifft. Jetzt ist das kleinste Kind untergebracht, und sie arbeitet erfolgreich in einem Werbebüro. Seit langem kann sie endlich ihre künstlerischen Fähigkeiten an den Mann bringen, ja, sie kann sogar ihre, wie sie sagt, durch den Klapperstorch so oft unterbrochene Ausbildung in der Gebrauchsgrafik zu Ende führen.

Der alte Herr, der so zitternd – nicht aus Angst, sondern aus Altersschwäche – vor dem Gericht stand und seine Aussagen über „die Pachulke" machte, ist der Großvater des zweiten Kindes, ihrer 13jährigen Tochter. Der Vater dieses Kindes lebt im Westen und kümmert sich nicht um sein Kind. Nie hat er etwas gezahlt, leider hat sie ihn auch nie an den Wickel bekommen.

Der Großvater und die Großmutter aber kümmerten sich, sie gaben Frau Babette nach einer Pause von zwei Jahren monatlich 80 Mark und betrachteten die Kleine als ihre echte Enkelin. Man sprach vom Testament, mit dem die Kleine bedacht werden sollte. Der Großvater ist wohlhabend, er besitzt ein ziemlich rentables Mietshaus.

Die Großmutter starb, und aus der Hinterlassenschaft erbte Frau Babette einiges, darunter eine Nähmaschine. Bei dem „Bedanke-mich-Küßchen auf Babette" erwachten in dem alten Herrn – von ihm selber zugegeben – mehr als groß- oder stiefväterliche Gefühle. Es wurde gesprochen, daß doch alles ganz anders zwischen ihnen sein könnte und daß dann bei Babette alle Finanzsorgen verschwinden könnten. War mit dem „ganz anders" Babettes Zärtlichkeit gemeint, die Zärtlichkeit einer vollschlanken Weiblichkeit mit Stupsnäschen, mit einem rötlichbräunlichen, strahlenden Wipfel, oder galten die Gefühle des alten Herrn der 17jährigen ältesten Tochter Babettes? Wie dem auch sei, Frau Babette war, wie sie sagt, nicht angetan, hier eine böse Kupplerin zu spielen. Großväterchen aber sagt, das sei gar nicht gemeint gewesen, es habe ihm nur an ihr gelegen.

Kurz darauf mußte Großvater ins Krankenhaus. Es stand mit ihm sehr schlecht. Frau Babette hatte die Wohnungsschlüssel.

Sie suchte und sie fand ... viel Geld in einem Koffer. Sie nahm wohl die Hälfte, sie schätzt es auf 1400 Mark. Großväterchen glaubt, es fehlten 2000 Mark. Sie nahm es in der tröstlichen, aber falschen Erwartung, Großväterchen würde nie mehr in seine Wohnung zurückkommen. Aus Zuneigung wurde Todeswunsch.

Bevor aber Großväterchen ins Krankenhaus gegangen war, hatte er für sein Enkelkind noch ein Sparbuch angelegt. 4000 Mark hatte er eingezahlt mit der Maßgabe, Frau Babette solle ab Januar 1965 jeden Monat 80 Mark abholen für die Kleine. Der alte Herr wollte noch einen Sperrvermerk bei der Sparkasse eintragen, aber der wurde leider nicht gemacht.

Frau Babette holte in vier Monaten das ganze Geld ab. Es wurde im Haushalt verbraucht. In dieser Zeit der Geldschwemme arbeitete Frau Babette nicht. Sie begründete das mit der vom Gericht nicht zu widerlegenden Behauptung, sie habe keinen Krippenplatz für ihr kleinstes Kind bekommen.

4000 Mark hatte der Großvater seinem Enkel geschenkt. Was Frau Babette mit dem Geld gemacht hatte, war – juristisch gesehen – Untreue, denn sie hatte das Sorgerecht und die Sorgepflicht, sie mußte die Vermögensinteressen ihres Kindes wahren.

Wo das Geld geblieben sei? Sie sagt nichts darüber, sie weiß es vielleicht auch nicht. Ihr Haushalt war wahrscheinlich völlig ausgedörrt. Ein Haushalt mit einer Mutter und vier Kindern, in dem wenig und nicht regelmäßig verdient wird. Der neue Freund steuert auch nicht viel zu. Nicht viel für Frau Babette und nicht viel für das gemeinsame Kind, weil er auch noch für eine geschiedene Frau und für andere Kinder, die aus anderen Fenstern gucken, zu sorgen hat.

Ein Jahr Gefängnis für Frau Babette wegen Diebstahls und wegen Untreue, bedingt mit einer Bewährungszeit von zwei Jahren.

Frau Babette steht in Abwehrstellung gegenüber dem Gericht und der Gesellschaft. Sie ist wie die aggressive Mutter, die ihr Nest verteidigt, die alles heranholt, um es in die hungrigen Mäuler zu stopfen, die nur an den Tag denkt, nicht an Morgen. Sie ist sicher keine gute Mutter, aber eine schlechte Mutter ist sie auch nicht.

Sie verdient nicht die Anrede „die Pachulke“.

Tristan und Isolde

Vergleiche hinken – meist auf beiden Beinen. Aber vergleichen heißt nicht gleich sein. In grauer Vorzeit war Tristan ein edler Ritter, mein Tristan aber ist nicht minder edel, jedoch Gerichtsvollzieher in einer mittleren Stadt in Sachsen. Der alte König Mark hatte meines Wissens kein uneheliches Kind und war auch nicht zweimal geschieden. Herr Mark dagegen konnte mit alledem aufwarten. Aber es geht in unserem Falle wie in der Geschichte von Tristan und Isolde um die eheliche Treue und die sündige, ehebrecherische Liebe der schönen Isolde zum jungen Tristan.

Die alte Geschichte endet mit wenig Streichern und viel Bläsern in Isoldes Liebestod, die moderne mit einem Scheidungsbegehren der zierlichen Isolde vor dem Kreisgericht irgendwo in Sachsen 1965. Schon der Ausklang zeigt den Unterschied, dort tragisch, musikdramatisch, hier prosaisch, etwas ironisch, dort Wagner mit pompös musikalischem Aufwand, hier nur der Zeuge in dieser Sache.

Herr Mark ist groß, Hornbrille, ein kleiner Schnurrbart zieren sein ausdrucksvolles Gesicht. Alles an ihm ist gerade, korrekt, sein Blick ist nach vorn gerichtet, seine Rede wohlgesetzt. Nichts ist unüberlegt. Isolde, das schöne, schlanke, stupsnäsige Kind von 25 Jahren, mit dem etwas männlichen Haarschnitt, verheiratet mit Herrn Mark seit sieben Jahren, ein kleiner Junge von sechsen ist das Pfand ihrer Liebe, ihrer gewesenen Liebe.

Sie strebt von Herrn Mark weg. Die Ehe sei zerrüttet, sagt sie, seit sie erfahren, daß Herr Mark mit einer anderen Dame Umgang gehabt während ihrer Ehe und ein Kind von ihr habe, und daß er seither sie über sein Einkommen getäuscht habe. Nun habe sie einen anderen Mann kennengelernt in einer Eisdiele, den Namen wolle sie nicht nennen.

Herr Mark gab einiges zu, auch den kleinen seitlichen Sprung im Meißener Porzellan der Ehe. Auch bekenne er sich zu dem hieraus entsprossenen Kindlein. Natürlich habe er Frau Isolde über sein Einkommen täuschen müssen, um für das unschuldige Würmchen zu sorgen.

Aber das sei alles ein paar Jahre her, Isolde sei ja wieder versöhnt gewesen, er habe Beweise ihrer Liebe empfangen, und die Geschichte mit Tristan nehme er ja gar nicht ernst. Er sei auf jeden Fall bereit, alles zu vergeben und zu vergessen. Frau Isolde konnte die kleinen Beweise ihrer ehelichen Pflicht- und Kürübungen nicht leugnen, aber sie habe sie doch nur widerwillig gewährt. Gezwungen sozusagen.

Ich mußte an einen alten Witz denken. Herr Meier sollte eine große Vertrauensstellung bekommen, und man gab ihm einen Fragebogen. Eidesstattlich sollte er versichern, wahrheitsgetreu alles zu beantworten. Auf dem Fragebogen stand eine Frage: Trinken Sie? Herr Meier überlegte: schreibt er wahrheitsgetreu „ja“, bekommt er bestimmt die schöne Stellung nicht. Antwortet er mit „nein“, so sagt er die Unwahrheit und muß mit noch schlimmeren Folgen rechnen. Also schreibt er: Ja, aber mit Ekel.

Der Richter wollte nicht scheiden. Erst müsse er die Zerrüttung der Ehe augenscheinlich betrachten. An den Tristan aus der Eisdiele glaubte er nicht so recht. Sollte doch Isolde ihm Name und Adresse nennen, sonst würde seine Realität am hellen Gerichtstag einfach wegschmelzen. Zudem wollte Herr Mark durch einen Freund des Hauses das Nichtzerrüttetsein seiner Ehe bestätigen lassen. Es wurde vertagt.

Nun aber erschien er, Tristan, der einundzwanzigjährige Gerichtsvollzieher. Kritisch betrachtet, könnte er der Sohn des 42jährigen Herrn Mark sein, die gleiche Haarfarbe, eine ähnliche Statur, nur sein Gesicht ist faltenlos, etwas rundlicher, voller. Isolde hatte nur ihren Typ verjüngt wiedergefunden. Sie seien sich einig. Isolde hatte bei dem zufälligen Treffen in der Eisdiele ihr kleines Herz über ihre schlechte Ehe ausgeschüttet, dann trafen sie sich häufig. Erst nachdem Isolde beim Gericht die Klage einreichte, vollzog unser Tristan auch das, was nicht des Amtes eines Gerichtsvollziehers ist, sondern das, was ihm der sittenstrenge Richter in der mittleren sächsischen Stadt verübelte und ihm einen dicken Tadel einbrachte; ihm vielleicht noch manchen Ärger bei seiner Behörde verursachen wird. Er hätte, so meinte der Richter, in Keuschheit das Urteil des Gerichts abwarten müssen. Schade, daß der Richter diese Grundsätze dem echten Tristan und der echten Isolde nicht sagen konnte.

Auch über eine weitere Besonderheit dieses Verfahrens habe ich gestaunt. Der Zeuge des Herrn Mark, der beste Freund, der eng mit der Familie verbunden war, sagte über das Glück dieser Ehe aus. Er war mit Herrn Mark in der gleichen Partei, er saß mit ihm am gleichen Stammtisch und bestätigte, Herr Mark sei immer früher als die anderen aufgestanden, nur um zu seiner lieben, zierlichen Isolde zu eilen. Nie habe er etwas von einer Verstimmung, ja von einer Zerrüttung der Ehe gemerkt. Entschieden stellte es der Zeuge in Abrede, daß Herr Mark Vater eines unehelichen Kindes sei. Das sei gänzlich ausgeschlossen und sei sicherlich nur eine Verleumdung. Es herrsche Harmonie in der Ehe von Isolde und Mark.

Die Zeugenaussage war längst bedeutungslos geworden. Der edle Tristan war aus der Anonymität der Eisdiele an das helle Tageslicht getreten – bei der moralischen Einstellung des sächsischen Richters kann ich diese Zurückhaltung durchaus begreifen. Aber die Liebe war stärker, und da willigte schon vor der Verhandlung Herr Mark in die Scheidung ein. Die Wohnung und die Hausratsangelegenheiten konnten bereits vor der Verhandlung geklärt werden, wie es bei vernünftigen und modernen Menschen nicht anders erwartet werden kann. Auch das Sorgerecht für den Jungen mußte seufzend Frau Isolde an den Herrn Mark abtreten, das war der Preis für seinen Verzicht.

Kann überhaupt ein Freund des Hauses etwas über die wirklichen Beziehungen zweier Eheleute aussagen? Hier sind der Wahrheitsforschung, der Wahrheitsfindung Grenzen gesetzt. Nur ein Hausfreund könnte es. Aber der Unterschied zwischen einem Freund des Hauses und einem Hausfreund ist eben der Unterschied zwischen Tag und Nacht.

Fast ein Amazonengericht

Ein Jahr Gefängnis steht drohend vor ihm. Offensichtlich waren es ganz schlimme Betrügereien gewesen, denn die Bewährungszeit war damals auf ihr Höchstmaß festgesetzt: drei Jahre und dabei Bindung an einen Arbeitsplatz für zwei Jahre. Nichts hat ihn halten können. Das eine Jahr Gefängnis hat ihn nicht abgeschreckt, er ist dem Arbeitsplatz untreu geworden. Außerdem hat er sich nicht bewährt. Was jetzt auf ihn zukommt, das hätte er sich an den fünf Fingern einer Hand ausrechnen können. Aber er rechnete nicht.

Nur Frauen klagen ihn an und richten über ihn, eine Vorsitzende, zwei Schöffinnen, eine Staatsanwältin. Von den Betriebskollegen ist noch eine gesellschaftliche Anklägerin bestimmt worden; eine Justizangestellte für das Protokoll, und eine junge Wachtmeisterin sorgt für Ordnung im Gerichtssaal. Es scheint, als ob die Gleichberechtigung hohe Wellen schlägt, sie schlägt fast um. Fast, so kommt es mir vor, sitze ich in einem Amazonengericht.

Wenig Gnade, ja gar kein Verständnis findet der gutgewachsene, hübsche, blonde junge Mann trotz seiner beneidenswerten 25 Jahre vor ihren Augen. Ihnen imponiert nicht der tadellose Anzug, die braunen, spitzen Boxcalfhalbschuhe mit dem Krokodilledereinsatz. Nur eines mag sie ein wenig rühren. Seine Ehe ist entzwei, seine Frau scheint nicht viel getaugt zu haben, sie hat ihn mit den beiden Kindern alleingelassen; zweieinhalb Jahre das älteste, 15 Monate das kleinste. Er mußte gezwungenermaßen manche Woche zu Hause bleiben, um die Kinder zu versorgen, mußte vom Sozialamt Unterstützung annehmen. Aber jetzt sind die Kinder im Heim, sonntags geht er hin, holt sie ab und kümmert sich um sie.

Das ist aber auch das einzig Positive, das über ihn zu berichten wäre. Er war beim Postfuhramt, dorthin stand auch seine gerichtliche Arbeitsplatzbindung. Er sollte da seine Fahrerlaubnis machen, und das hat er auch getan. In der ersten Zeit war er nicht einmal durchschnittlich pünktlich, aber in eine Brigade konnte er nicht aufgenommen werden; die Kollegen weigerten sich. Dieser unzuverlässige Mensch, der einen Tag kam, den anderen Tag wegblieb, gefährdete den Prämienzeitlohn. Er konnte nur als einzelner, als Springer dort eingesetzt werden.

Er hatte einen Zusammenstoß mit seinem Wagen, es kam zu einer Konfliktkommissionssitzung; dort wurde sein Verschulden festgestellt, er soll den Schaden wieder gutmachen, allerdings in bequemen Raten von monatlich zehn Mark. Man nahm Rücksicht auf seine Verpflichtungen, die er der Familie gegenüber hat. Aber schlimmer als dieser Schadenersatz war für ihn die Versetzung in die Werkstatt. Er ging einfach gar nicht mehr zur Arbeit.

Als erstes verkaufte er ein Radio, das er gegen Abzahlung in der HO gekauft hatte – er hatte nur eine Anzahlung geleistet. Dann lieh er sich vom HO-Ausleihdienst ein Fernsehgerät. Da er schon mit dem Radioverkauf die Grenze der Ehrlichkeit wieder überschritten hatte, wurde er skrupellos. Er verkaufte das Fernsehgerät für 500 Mark. Bei einem anderen Ausleihdienst besorgte er sich dann ein Kofferradio; auch das verkaufte er nach wenigen Tagen für 20 Mark. Die Eigentumsvermerke konnte er mühelos entfernen.

Zwei Herren aus einer kleinen Stadt erzählte er in einem Eisenbahncoupé, daß es im Berliner Exquisitladen graue Nylonsteppjacken gäbe. Er würde ihnen telegrafieren, wenn er sie dort wieder sähe, und dann sollten sie ihm das Geld schicken.

Das Telegramm sandte er, das Geld kam, aber die beiden Herren waren die 600 Mark los. Sie hörten nicht wieder von dem freundlichen jungen Mann.

Durchs Gefängnistor muß er nun eintreten, er muß nicht nur für die jetzigen Straftaten ein Jahr dort zubringen, hinzu kommt noch das eine Jahr Gefängnis, das auf Bewährung ausgesetzt war. Mich erstaunt seine Gleichgültigkeit, ja sein Gleichmut, mit dem er dieses Urteil auf sich zukommen sieht, über sich ergehen läßt. Er hat es voraussehen können, er hat es voraussehen müssen.

Er trägt es wie ein böses Mißgeschick, von höheren Mächten ihm zugedacht. Es ist ihm bis heute nicht klar, daß die zwei nun verlorenen Jahre verloren wurden durch eigenes Verschulden. Am Rande allerdings sei auch vermerkt, daß die so nützlichen Ausleihdienste leichtsinnig handeln. Sie haben aus vielen bösen Erfahrungen noch nichts gelernt. Es dürfte doch ein leichtes sein, die Eigentumsvermerke bei einem Fernsehapparat in das Holz zu ätzen oder bei einem Kofferradio in das Gehäuse zu gravieren. Das ist schon häufig in der Presse kritisiert worden, aber die Abteilung Handel und Versorgung beim Magistrat von Groß-Berlin scheint Kritiken grundsätzlich nicht zu lesen.

Das Magnetfeld der tröstenden Dame

Er hat Kontakte gesucht und gefunden, dieser leidenschaftliche Hilfselektriker und Bastler. In ihm wirken positive und negative Impulse, und die Kontrollampe seines Lebens leuchtet unregelmäßig.

Er ist in vornehmes Blau gekleidet, hochgewachsen, hat volles, dunkles Haar, sorgsam gekämmt und gescheitelt, er trägt eine stark umrandete Hornbrille, hat eine undeutliche Aussprache, man könnte ihn direkt für einen Dichter halten. Zugegeben, er hat zu diesem Beruf eine gewisse Begabung, die wichtigste Voraussetzung, Phantasie, besitzt er, aber ihm fehlt völlig der kritische Verstand, die Wirkungen seiner Phantasien zu übersehen. Deshalb finden wir seine phantastischen Erzählungen nicht im Literaturteil unserer Zeitung, sondern auf diesem etwas makaberen Platz.

Aus Gründen, die wir nicht kennen, wuchs Rainer bei seinen Großeltern auf. Beide Eltern aber lebten und leben zusammen, doch er, der Kontakfreudige, hat zu ihnen keine Beziehung. Merkwürdig, wenn wir hören, daß Rainers Vater Lehrer irgendwo in Mecklenburg ist.

Rainer hat sich zuerst in der Landwirtschaft versucht, die Schule hat er selbstverständlich gut hinter sich gebracht und auch seine Ausbildung als Rinderzüchter abgeschlossen. Aber er hat einen unwiderstehlichen Drang zu dem, was er die höheren Dinge des Lebens nennt, ja, zur Hochstapelei. Das führte ihn schon einmal in eine Anstalt, in die man auf diese Art ziemlich leicht Einlaß findet, deren Ausgangstür aber nur durch einen behördlichen Beschluß geöffnet werden kann. Achtzehn Monate sollte er dort zubringen, aber nach einem Jahr wurde ihm diese Pforte wieder aufgetan.

Ein zweites Mal stand er schon nach dem erstinstanzlichen Urteil wieder in dieser Anstalt. Ein gnädiges Berufungsgericht wandelte diesen unbedingten Beschluß in ein bedingtes Urteil um. Drei Jahre soll sich Rainer bewähren, eine Arbeitsplatzbindung gab es auch. Aber nach wenigen Monaten muß man dieses hier von ihm berichten:

Nach seiner landwirtschaftlichen Tätigkeit kam er vom Blütenweiß-Wäscher über das Gaswerk zum schwarzen Beruf des Heizers in einer Berufsschule. Erst jetzt ist er am Ziel seiner Träume angelangt, er arbeitet in einem Großbetrieb der Elektrobranche, um die Geheimnisse des elektrischen Stroms zu ergründen. Die Möglichkeit der Arbeitsplatzbindung verstand Rainer gut für sich auszunutzen. Er hat diese Stelle mit Genehmigung des Gerichts gewechselt.

Um ihn aber verbreitet sich ein mit Spannung geladenes Feld. Er erzählt von sich, er sei Ingenieur der Elektrotechnik, ein anderes Mal verbreitet er, er studiere Medizin und stehe im letzten Semester. Von seinem Vater weiß er noch erstaunlichere Dinge zu berichten. Einmal ist er Staatssekretär, dann aber befördert er ihn schnell zum stellvertretenden Ministerpräsidenten, und gar manches Mal ist er auch Mitglied des Staatsrates.

Er hat Glück im Stromkreis der Liebe, auch in der staatlich gebundenen Form. Seine Frau ist 13 Jahre älter, drei Kindlein brachte sie in die Ehe ein, ein Kindchen ist der sichere Beweis, daß der Kontakt zwischen beiden nicht immer gestört war.

Aber es gab zahlreiche Störungen in der Leitung, eine Kurzschlußhandlung erwähnt Rainer: Seine Frau habe ihn vom Betrieb abgeholt, und in der spannungsgeladenen Atmosphäre bekam er von ihr eine Ohrfeige. Da war eine Kollegin. Sie tröstete ihn und er ließ sich trösten. Wenn jemand aber glauben sollte, diese Kollegin Rainers hätte noch den ersten Schmelz der Jugend, an dem es seiner Frau so mangelte, der täuscht sich. Sie war damals fast doppelt so alt wie er, und er war für Trost nicht undankbar bis zu dem Moment, als er erfuhr, daß allzu intensives Trösten Lebenserwecker sein kann.

In dem darauffolgenden Gerichtsverfahren, angestrengt, um dem neugeborenen Erdenbürger ein materiell gesichertes Dasein zu verschaffen, behauptete Rainer, zu der fraglichen Zeit nicht im Magnetfeld der tröstenden Dame gewesen zu sein. Er untermauerte seine spezielle Feldtheorie mit einem Schreiben der Volkshochschule (in der er gerade als Heizer tätig war). Und in dem Schreiben war geschrieben, Rainer habe sich in den fraglichen Wochen in Halle auf einem Lehrgang befunden. Erstaunlich war an dieser Bescheinigung nicht nur die unleserliche Unterschrift; sie war gestempelt mit dem Namenszug der Oberschule „Georg Friedrich Händel". Ein etwas ahnungloser Rechtsanwalt – statt nur einen kritischen Blick auf dieses seltsame Dokument zu werfen und seinen Mandanten vor einer Straftat zu schützen – reichte es zu den Gerichtsakten ein. Dort war man kritischer und bemerkte auf den ersten Blick die Fälschung. Gleichzeitig mit diesem Attest hatte Rainer sich noch ein zweites Schreiben angefertigt, an die hohe Post- und Telegrafenbehörde gerichtet. Er bescheinigte sich damit, wieder unleserlich unterschrieben und vom Stempel der Oberschule beglaubigt, daß er stellvertretender Direktor der Volkshochschule sei. Sein Vater aber sei stellvertretender Ministerpräsident und müsse oft nachts mit ihm, dem stellvertretenden Direktor, telefonieren. Zu diesem Zweck möge man ihm dringlich einen Telefonanschluß einrichten.

Auch dieses Dokument gelangte leider zu den Gerichtsakten. Beide zusammen ergaben eine Anklage wegen Urkundenfälschung. Das Kollektiv des neuen Betriebes war geladen, es wirkte positiv. Und obwohl von den drei Jahren Bewährung des alten Urteils noch nicht ein halbes Jahr verstrichen war, glaubten Staatsanwaltschaft und Gericht noch nicht an seine Überbelastung der kriminellen Spannung bei Rainer.. Nur die Strafe von drei Monaten muß er – als Warnung – unbedingt verbüßen, die 14 Monate bleiben bedingt auf Bewährung.

Im Wechselstrom des Lebens ist Rainer unter starke Spannungen geraten. In seiner Seele aber sind bisher nicht jene Windungen entwickelt worden, die wir elektrotechnisch „Widerstand" und psychologisch „Hemmungen" nennen. Was er braucht, ist ein starkes Kollektiv von Schwachstromingenieuren der Seele.

5000 Wimpernbürsten

Als dräge bezeichnet man im Rheinland einen trockenen Menschen ohne Witz und Humor. Ein Drogist muß nicht unbedingt langweilig sein, obwohl seine Berufsbezeichnung aus diesem Wort stammt; denn die Franzosen haben sich dieses niederdeutschen Wortes bemächtigt und aus ihm die Drogerie gemacht. Im Amerikanischen ist der Drugstore daraus entstanden, in dem weit mehr Flüssiges als Trockenes verkauft wird.

Daß Drogist etwas mit dem altdeutschen Drog gleich Trug gleich Betrug zu tun hat, behaupten nur ganz hinterhältige Menschen. Dieser Theorie soll in unserer ernsthaften Zeitung kein Raum gegeben werden.

Friedhelm ist Drogist seit mehr als dreißig Jahren, und wer ihn sieht, ist überzeugt, daß diese Berufsbezeichnung von dem Dröge, dem Trockenen, herstammt. Er ist sehr adrett gekleidet, graumeliert, korrekt gescheitelt. Wenn man ihn mir als einen Präsidenten eines berühmten Gerichtshofes vorgestellt hätte, hätte ich ihn ohne viel Federlesens als Herr Präsident tituliert. Wie schon gesagt, seit mehr als 30 Jahren besitzt Herr Friedhelm eine Drogerie in einer großen Geschäftsstraße in Berlin, klein aber mein, wie er sicher immer gesagt hat. Er hat sie nach allen Seiten versucht auszudehnen, ja, er hat sogar Feuerwerkskörper und herrlich farbige Girlanden in seinem Sortiment.

Trotz dieser vertikalen, in die Breite gehenden Ausdehnung war sein Umsatz bescheiden, und noch bescheidener sein Verdienst. Er hat weniger versteuert als den Lohn einer Reinemachefrau. Wahrscheinlich war die Kapitaldecke zu gering oder noch wahrscheinlicher, Herr Friedhelm hatte sein bescheidenes Vermögen aus spekulativen Gründen in einigen ausgefallenen Waren einfrieren lassen und war nicht mehr in der Lage, es aufzutauen. Es wurde uns zum Beispiel mitgeteilt, daß er Wimpernbürsten für über 1000 Mark auf Lager hatte, das Stück im Einkauf zu 22 Pfennig, also fast 5000 Stück, haarsträubend in des Wortes doppelter Bedeutung.

Herr Friedhelm griff mit beiden Händen zu, als die HO ihm einen Kommissionsvertrag anbot. Alle vorhandenen Waren wollte die HO übernehmen und übernahm sie auch. Er durfte nach Herzenslust einkaufen, sein Warenbestand sollte nicht höher als 37 000 Mark sein, er bekam 11,1 Prozent vom Umsatz als Verdienst und brauchte davon nur die Telefongebühren und die Schaufensterdekoration zu bezahlen. Alle anderen Unkosten, auch die Miete, zahlt die HO. Er mußte eine Kaution von 5000 Mark stellen. Jedes halbe Jahr sollte mit Hilfe der HO der Warenbestand aufgenommen, also eine Inventur gemacht werden.

Der Umsatz stieg, und es stieg auch das, was Herr Friedhelm als Einkommen zu beziehen hatte. Es gab nur eine Unzulänglichkeit, man erlaubte ihm nicht mehr, Feuerwerkskörper zu lagern und zu kaufen, wegen der Gefahr. Dadurch, so behauptete er, seien auch seine Papiergirlanden und die schönen Willkommensschilder liegengeblieben wie Blei. Er sammelte sie im Keller, und da Papier im Gegensatz zu Wein nicht durch Lagern besser wird, muß man sich um den Wert dieses Papierlagers einige Sorgen machen.

Wenn er jedoch sorgfältig gearbeitet hätte, hätte er ein schönes, sorgenfreies Leben gehabt. Aber er kümmerte sich nicht so sehr um seine unverkäuflichen Warenbestände, er hätte sicher die Wimpernbürsten an andere HO-Geschäfte verteilen können, aber er ging alldem aus dem Weg. Er überzog seinen Warenbestand bis auf 48 000 Mark.

Herr Friedhelm hatte außerdem ein Mietshaus und nebenan noch ein Wochenendgrundstück. Plötzlich konnte er die Reparaturen an dem Mietshaus nicht mehr aus seinen Erträgnissen bestreiten. Herr Friedhelm griff einfach in die Ladenkasse, als ob dort sein eigenes Geld sei. Er war dazu gar nicht gezwungen, er hätte gut und gern einen Teil seines Grundstücks für die Werterhaltung seines Hauses verkaufen können.

Seine Tat entsprang einer Überlegung: Er wußte, die HO beteiligte sich an den Inventuren nicht. Außerdem war ihm eine Vertragsänderung durch eine Broschüre bekanntgemacht worden, es sollte nur noch einmal im Jahr Inventur gemacht werden. Aber wichtiger war, der Warenbestand wurde nicht gemeinsam gezählt und überprüft, die HO machte nur Stichproben. Die Pakete im Keller mit den Papiergirlanden wurden nie aufgeschnürt. Herr Friedhelm war ein guter Rechner, und er wußte jedes Jahr ungefähr, wieviel er aus der Kasse entnommen hatte, unberechtigt, und er schrieb in gleicher Höhe Waren doppelt auf. Das machte er zum ersten Mal im Jahre 1961, und das ging steigernd weiter bis zum Jahre 1965.

Endlich fiel der HO auf, daß der in der Inventur ausgewiesene Warenbestand immer viel höher war, als er sein sollte, endlich entschloß man sich, eine eigene Inventur der HO-eigenen Warenbestände zu machen, und da stellte man mit Betrübnis und Erstaunen fest, daß für über 9000 Mark Waren fehlten. Herr Friedhelm hatte in jedem Jahr über 2000 Mark einfach hinzugeschrieben.

Jetzt gestand Herr Friedhelm auch seiner Frau, die ihm vertrauensselig im Laden mitgeholfen hatte, seine Verfehlungen. Aber sie verließ ihn nicht, sie half ihm, sie verkaufte den „Trabant", den sie aus einer Erbschaft angeschafft hatte, und heute ist der Schaden schon bis auf etwa 1000 Mark wieder gutgemacht. Und dieses Geld ist ja auch durch die Kaution der HO sicher, so daß nichts zu befürchten ist. Und die HO hat auch den Kommissionsvertrag mit Herrn Friedhelm nicht gekündigt.

Wegen Untreue der HO gegenüber muß Herr Friedhelm aber verurteilt werden. Vier Monate Gefängnis, bedingt, die Bewährung ist auf zwei Jahre festgesetzt.

Ungestraft, aber nicht ungetrübt bleibt die Leitung der HO Industriewaren im Berliner Bezirk Mitte. Auch ihr obliegt es, fremde Vermögensinteressen, die des Volkseigentums, wahrzunehmen. Diese Pflicht hat sie genauso verletzt wie Herr Friedhelm, dadurch sind der HO Nachteile zugefügt worden. Weil sie nicht, wie sie sich vertraglich verpflichtet hatte, jedes Jahr oder jedes halbe Jahr eine Bestandsaufnahme ihres Vermögens machen ließ. Man mag einwenden, daß die Leitung der HO das nicht vorsätzlich unterlassen hat, sondern grobfahrlässig, und das ist auch der einzige Grund, weswegen die Verantwortlichen der HO für Kommissionsverträge nicht mit Herrn Friedhelm auf der Anklagebank sitzen mußten.

Totschlag oder Mord?

Eine Kollegin, die mit zur Verhandlung gekommen war, sagte, sie hätte Angst, diesem Manne Heinz Schreiber nachts zu begegnen. Ich hatte dieses Empfinden nicht, ich konnte nichts Auffälliges, nichts Verbrecherisches – äußerlich – an ihm finden. Ich hätte ihn für einen harmlosen Mitbürger gehalten, einen gutaussehenden, schmalen, blassen Mann mit braunem Haar, 32 Jahre alt, zugegeben, etwas ungepflegt. Aber vielleicht bin ich durch den jahrelangen Anblick von Räubern, Mördern, Dieben, Totschlägern abgehärtet, während meine Kollegin durch den ersten Anblick eines Menschen, der getötet hat, jene Schauer empfand, die ich als Kind hatte, wenn ich an unserem städtischen Gefängnis vorbeikam. Ich erinnere mich, daß ich mich wunderte, wie viele Scharfrichter in einer Stadt wie Krefeld beheimatet waren; denn ich las die Schilder dort, „Gerichtsvollzieher" stand an den Hauseingängen in der Nähe des Amts- und Landesgerichts, und hielt sie alle für Beamte, die die Urteile zu vollziehen hatten, also für Scharfrichter.

Heinz Kleiber, so nenne ich diesen Angeklagten, über den es zwei so verschiedene Meinungen gibt, ist sicherlich asozial. Ein Mann, der nicht mit sich und nicht mit dem Leben fertig geworden ist. Er hat nicht die Energie und vielleicht nicht die Fähigkeit, sich anzupassen. Natürlich ist ein erwachsener, geistig normaler Mensch imstande, ein schlechtes Elternhaus – der Vater war Trinker – zu überwinden. Natürlich ist es möglich, daß ein Mensch seine Schulbildung, die durch die Kriegsjahre mangelhaft ist, noch ergänzt. Kleiber ist 1933 geboren. Er kam 1939 zur Schule und verließ sie 1945. All das sind Momente, in denen die Ursache für ein späteres Versagen mit gesehen werden kann, aber die nicht zwangsläufig den betroffenen Menschen zum Asozialen machen müssen.

Schon als Kind und als Jugendlicher wurde Kleiber hin und her getrieben. Er hatte während des Krieges seine Eltern aus den Augen verloren, er kam 1947, als die Eltern in Westdeutschland auftauchten, nach dort. Da er nach 1945 überhaupt nicht mehr zur Schule ging, arbeitet er auf dem Lande, er fühlt sich nicht seßhaft, er ist nirgendwo glücklich. Er hat in seinem Leben schon zweimal Selbstmordversuche gemacht. Er tritt in die paramilitärische Einheit ein, die die englische Besatzungsmacht als Vorläufer der Bundeswehr in Westdeutschland gegründet hatte. Aber auch diese Tätigkeit in einer Sanitätskompanie sagt ihm nicht zu, er läuft mit mehreren weg und kommt in die DDR. Er wird Arbeiter in einer Spinnerei, bestiehlt dort seine Hauswirtin, geht nach Berlin, pendelt dort zwischen Ost und West und wird mehrmals wegen Diebstahls verurteilt.

Es kommt dann zu einer harten Zuchthausstrafe wegen Zuhälterei in Berlin, ein Jahr und sechs Monate. Nach Verbüßung wurde er durch Gerichtsbeschluß in ein Heim für soziale Betreuung eingewiesen, auf Rügen, dort arbeitet er frei auf dem Lande, er muß nur abends in sein Heim. Hier lernt er seine Frau kennen, er heiratet sie, sobald er das Heim für soziale Betreuung verlassen hat, sie war schon von ihm schwanger; 1960 war das.

Er bleibt dort auf Rügen, und in seinem Leben beginnt eine Zeit, in der er tatsächlich arbeitet. Leider aber wird er nicht seßhaft, einmal arbeitet er auf dem Bau, dann geht er wieder in die Landwirtschaft über. Er vermutet sein Glück in der Stadt, aber auch dort auf dem Bau findet er nie eine echte Beziehung zu seinen Kollegen. Es gibt immer mit ihm Streit, immer wieder wird ihm die Arbeit zuviel, immer wieder zieht er um. Einmal will er auch nach Schwedt, kommt aber dort nicht an.

Berlin ist für ihn der Anziehungspunkt, und er wird von einer alten Bekannten aufgenommen. So pendelt er mehrere Monate zwischen den beiden Frauen; die eine, die auf Rügen sitzt, hat von ihm drei Kinder, er läßt sich von ihr scheiden, nachdem er sich für die Berliner Frau entschieden hat. Nach der Scheidung kommt noch das vierte Kind an. Er wird wegen Vernachlässigung seiner Unterhaltspflicht vom Kreisgericht Bergen zu einer bedingten Strafe verurteilt. Es wird eine Bindung an den Arbeitsplatz ausgesprochen.

Heinz Kleiber aber will in Berlin bei der anderen Frau bleiben. Er gibt den Arbeitsplatz auf, schreibt an das Gericht, man möge seine bedingte Strafe in eine unbedingte umwandeln, weil er dort nicht mehr arbeitet. Diesem seltsamen Wunsch kann nur in einer Gerichtsverhandlung entsprochen werden. Er wird, da er nicht freiwillig zum Gericht auf Rügen geht, aus Berlin vorgeführt, und die Strafe wird in eine unbedingte umgewandelt, aber er kann die Haft noch nicht sofort antreten.

In Berlin heiratet er nun diese Frau, aber die Zuzugserlaubnis bekommt er nicht. Danach ist es ihm nicht möglich, im Stadtgebiet von Berlin Arbeit aufzunehmen. Er macht nur Gelegenheitsarbeiten bei einem Gärtnereibesitzer in Oranienburg. Sonst wird er von seiner Frau ernährt, die als Reinigungskraft arbeitet.

Seine Frau und er trinken viel. Er war an dem Nachmittag mit ihr in einer Kneipe gewesen, er hatte etwa 13 Biere und 13 Schnäpse getrunken, dann gingen sie gemeinsam zu einem befreundeten Ehepaar, brachten denen noch zwei halbe Flaschen Weinbrandverschnitt und zwei Flaschen Bier mit. Aber kurz danach, gegen 21 Uhr, kam es zu einem Streit zwischen Heinz Kleiber und seiner Frau. Er ging wütend weg, nahm eine der halben Flaschen Weinbrand mit. Er streifte dann durch zwei Lokale und wollte an diesem Abend mit einer Frau zusammensein. Er machte, wie er sagte, einen Versuch, kam aber nicht zum Ziel.

All das, was er jetzt berichtet, wissen wir nur durch ihn. Ob wir es glauben? Seine Erzählungen sind so, wie es ihm am günstigsten erscheint. Er hat nämlich einmal bei der Volkspolizei erzählt, er sei mit dieser einen Frau aus dem einen Lokal zusammen gewesen, aber das gilt dem Mediziner als Beweis, daß er nicht sinnlos betrunken gewesen sein konnte. Vielleicht ist er deswegen von dieser Version abgerückt und hat sie fallenlassen.

Nachts aber gegen ein Uhr klingelt er bei einer Bekannten seiner Frau, sie ist 33 Jahre alt, sie wurde von dem Ehepaar immer Mutter M. genannt. Ihr Ruf soll nicht sehr gut gewesen sein, man erzählt sich von ihr, sie haben „Partys“ veranstaltet, auf denen es allzu leicht und allzu leicht bekleidet herging.

Eines aber ist erwiesen: Der 32jährige Heinz Kleiber war mehrmals mit ihr intim zusammen. Die alte Frau ließ ihn nachts um ein Uhr ein, sie war im Nachthemd und lag schon im Bett, und sie legte sich wieder hin. Kleiber erzählte dem Gericht, sie hätten gemeinsam die halbe Flasche Weinbrandverschnitt ausgetrunken, er davon am meisten, die alte Frau etwa zwei Glas. Und dann erzählt er, die alte Frau habe erst seine Frau mit den übelsten Worten beschimpft. Das habe ihn schon wütend gemacht. Dann habe sie ihm Vorwürfe gemacht, weil er sich nicht um die vier Kinder sorgt.

Das habe ihn so aufgeregt, daß er mit der Hand nach ihrer Gurgel faßte und sie würgte. Da ihm die Hand schmerzte, habe er erst einen Nylonstrumpf genommen, um sie zu töten, dieser zerriß, dann nahm er den zweiten. Nachdem die alte Frau tot war, nahm er ihr noch zwei Paar neue Strümpfe weg, eine Uhr und ein Feuerzeug. Er zog das Laken heraus, das blutig geworden war, und legte die Frau so hin, als ob sie eines ruhigen Todes gestorben wäre. Er machte das alles so geschickt, daß er sogar die Verwandten und einen Arzt täuschen konnte. Erst eine Sektion im gerichtsmedizinischen Institut der Humboldt-Universität stellte die Erdrosselung der Frau fest.

Ich halte die Geschichte, die Heinz Kleiber vor der Volkspolizei und vor dem Gericht vorbringt, nicht für glaubhaft. Er ist nicht der Typ, der sich nachts an das Bett einer Frau setzt und mehrere Stunden mit ihr streitet und philosophiert. Es ist noch erwiesen, daß das Grammophon gespielt wurde. Ich kann den Verdacht nicht loswerden, hier geschah ein Mord, eine Tötung in sexueller Erregung. Bei der toten Frau wurden gebrochene Rippen gefunden, sie beweisen allerdings nichts für diese meine Theorie. Es gibt für meinen Verdacht keine Befunde, es gäbe nur einen einzigen Beweis, das Geständnis des Täters, und das ist nicht vorhanden. Vielleicht glaubt Heinz Kleiber, ein Geständnis über die wahren Motive brächte ihm eine härtere Strafe. So wie er die grausige Tat darstellt und begründet, wird sie von der Justiz als ein Totschlag bezeichnet. Darauf steht Zuchthaus von fünf Jahren bis zu lebenslänglich.

Obwohl ihm der Gerichtsmediziner auf Grund seiner alkoholischen Beeinflussung verminderte Zurechnungsfähigkeit zubilligt, die das Gericht anerkennt, wird er zur Höchststrafe, die das Gesetz für Totschlag kennt, zu lebenslänglichem Zuchthaus verurteilt.

Nach dem bei uns gültigen Strafgesetzbuch ist Mörder, wer aus Mordlust, zur Befriedigung des Geschlechtstriebs, aus Habgier oder sonst aus niedrigen Beweggründen heimtückisch oder grausam oder mit gemeingefährlichen Mitteln oder um eine andere Straftat zu ermöglichen oder zu verdecken, einen Menschen tötet. Wer aber einen Menschen vorsätzlich tötet, ohne Mörder zu sein, also wer aus anderen Motiven, wie aus Eifersucht oder weil er von dem Opfer gereizt wurde, tötet, wird als Totschläger mit lebenslangem Zuchthaus oder mit Zuchthaus nicht unter fünf Jahren bestraft.

Pfänder-Spiele?

Kein Mensch lebt für sich allein, wir leben miteinander, voneinander und in dreifachem Sinne, durcheinander auf diesem Stern und in diesem Land. Wer sich gegen die allgemein anerkannten und gesetzlich festgelegten Normen des menschlichen und staatlichen Zusammenlebens vergeht, der muß sich einer gerichtlichen Untersuchung und Bestrafung unterziehen.

Bei der kritischen Betrachtung solcher Vorgänge sind zwei Faktoren immer wieder interessant. Der eine, der subjektive: Wer ist der Übeltäter? Warum stellt er sich gegen die Gesellschaft? Und der andere, der objektive Faktor: Welche Umweltbedingungen haben die Übeltat veranlaßt, ermöglicht oder erleichtert? Nicht immer sind die subjektiven und objektiven Ursachen streng voneinander getrennt, Eigenschaften, Ehe, Familie, Umgebung wirken auf den Charakter, gesellschaftliche Bedingungen färben auf die Persönlichkeit ab, die objektiven Bedingungen verändern das Subjekt, den Menschen.

Ich gebe zu, bei Holger, dem 29jährigen, sind die subjektiven Ursachen sehr kompliziert. Er ist begabter als die meisten seiner Mitmenschen, er hat in der ersten Zeit seines bewußten Lebens eine, fast möchte ich sagen, nicht außergewöhnlich negative Entwicklung genommen. Er ist gelernter Schneider, er war verheiratet, er ist Vater von vier Kindern. Dann aber hat er sich von seiner Frau und seiner Familie abgewendet, sein Wesen scheint sich verändert zu haben, auch seine Neigungen. Er sagt von sich selber: „Ich bin nicht mehr seßhaft."

Mit Erfolg erlernte er einen zweiten Beruf, Kellner. Das kommt seinem unruhigen Sinn entgegen. Er arbeitet in Leipzig, in Magdeburg, an der Ostsee, Abstecher macht er zu einem Freundeskreis nach Berlin.

Der wendige kleine Mann mit dem schwarzen Pullover und der Brechtfrisur auch Kranführer in der Neptunwerft in Rostock. Am Feierabend hat er dann noch Versicherungsgelder kassiert, und für sich verbraucht. Das Kreisgericht Rostock verurteilte ihn zu einer Gefängnisstrafe von anderthalb Jahren. Die Strafe wurde rechtskräftig, er sollte sie sechs Wochen nach der Urteilsverkündung antreten.

Holger hatte seine Arbeit aufgegeben, und nun lohnte es sich für ihn nicht mehr, eine neue zu suchen. Ich glaube, hier liegt ein Mangel der Umwelt, ein verbrechenbegünstigendes Moment. Ist das Urteil rechtskräftig, gibt es keine anderen zwingenden Gründe und hat der Verurteilte keinen festen Arbeitsplatz, auf den er auch nach der Haftentlassung zurückkehren kann, dann sollte er sofort nach Rechtskräftigwerden seines Urteils in Strafhaft genommen werden. Kann man von einem Menschen, einem labilen Menschen zumal, noch erwarten, daß er sich um einen Arbeitsplatz bemüht und gleichzeitig sagt, in sechs Wochen muß ich sowieso aufhören, ich gehe dann in Strafhaft. Ich zweifle sogar, ob es leicht wird, einen Betrieb zu finden, der ihn – für sechs Wochen – dann beschäftigt.

Holger fährt also für diese sechs Wochen nach Berlin, und er verschafft sich Geld. Er geht in das Einrichtungshaus am Frankfurter Tor, rollt sich einen handgeknüpften bulgarischen Teppich, eine Brücke, zusammen. Dann schlendert er mehrere Etagen gemütlich nach unten, geht noch in die Betriebsküche und erkundigt sich nach den Arbeitsbedingungen, geht dann zum städtischen Leihhaus und versetzt den gerade gestohlenen Teppich.

Ich frage mich, was dachte sich der Angestellte dieser städtischen Einrichtung, als er einen nagelneuen Teppich, an dem noch das Etikett vom Einrichtungshaus hing, von einem jungen Mann, der einen Ausweis aus Rostock vorwies, belieh? Täte das ein privater Pfandleiher, er wäre ohne jeden Zweifel wegen Hehlerei verurteilt worden und hätte seine Konzession verloren. Aber wir haben keine privaten Pfandleihen mehr, wir haben nur eine städtische Pfandleihe in Berlin, die soll gemeinnützig und ohne Gewinn arbeiten. Dafür aber scheidet bei ihr jedes Risiko aus, bei ihr müssen sogar die rechtmäßigen Eigentümer die Dinge, die ihnen gestohlen und von den Dieben versetzt werden, wieder einlösen, Zinsen und Spesen dazu noch bezahlen.

Weil es so gut ging, machte Holger noch einen Einbruch, also einen schweren Diebstahl. Ein Freund, der ihm einmal nicht geöffnet hatte, war der Eigentümer dieser Wohnung. Nachdem Holger wußte, daß in diesem Augenblick niemand in der Wohnung war, brach er durch ein Hinterfenster ein, stahl ein Kofferradio, ein Fernglas, einen Fotoapparat, einen Sakko und einen Pullover. Und alles, alles versetzte er wieder in dem städtischen Pfandhaus.

Holger gab noch einige andere Straftaten zu. Teils lagen sie in der Zeit vor der ersten Verurteilung in Rostock, andere wieder fielen in die Zeit zwischen der ersten Verurteilung und dem Strafantritt. Die müssen nun jetzt in Berlin mit abgeurteilt werden. Wegen des Einbruchs muß er ins Zuchthaus. Alle anderen Strafen sind Gefängnisstrafen, sie mußten nach einem sehr komplizierten Schlüssel in Zuchthaus umgewandelt werden. Das ist ein ziemlich unverdienter Rabatt, denn faktisch gibt es in der Strafvollstreckung bei uns keinen Unterschied mehr zwischen Gefängnis und Zuchthaus. Unsere Kategorieeinteilung eins, zwei und drei erfolgt nach anderen Gesichtspunkten. Also insgesamt wurde mit der Rostocker Strafe eine Gesamtstrafe von zwei Jahren und sieben Monaten Zuchthaus gebildet.

Das Leihen auf Pfänder ist uralt, es war jahrhundertelang ein Betätigungsfeld für Wucherer und Hehler. Um den Mißbräuchen auf diesem Gebiet entgegenzutreten, gründete 1462 ein Franziskanermönch Bernhardin das erste gemeinnützige Pfandhaus in Perugia. Aber solche Einrichtungen, auch wenn sie mit den besten Absichten begründet werden, können sich ihrer Eigengesetzlichkeit nicht entziehen. Und ich frage mich, hat sich bei uns das Pfandhaus nicht überholt? Es ist dazu da, um Leuten aus einer momentanen finanziellen Klemme zu helfen, und zum anderen, das wird einem unter Diskretion gesagt, damit der Volkspolizei bei der Aufspürung des Diebesgutes geholfen wird. Aber in diesem und in vielen anderen Fällen ist die Existenz des Pfandhauses ein Anreiz zum Diebstahl.

Ich weiß, das werden die Angestellten des Pfandhauses nicht gern hören. Keine Institution sagt von sich selber, sie sei überflüssig. Natürlich kann es jedem passieren, daß er plötzlich Geld braucht für wichtige Dinge. Aber dafür sollte es heute bei uns ganz andere Möglichkeiten als ein Pfandhaus geben. Es gibt in vielen Betrieben Kassen der gegenseitigen Hilfe; auch die Sparkassen können einem Menschen, der ein geordnetes Leben führt und der eine Arbeitsstelle als Referenz nachweisen kann, unbürokratisch schnell einen Personalkredit einräumen. Einrichtungen wie Pfand- oder Leihhäuser, auch wenn sie von städtischen Behörden und gemeinnützig betrieben werden, gehören auf den Kehrichthaufen.

Angst und Menschlichkeit

Welches der beiden Gefühle, das der Angst oder der Menschlichkeit, ist in einer Konfliktsituation stärker? Günter hat in einem solchen kurzen Augenblick nicht überlegt, er ist weitergefahren. Heute, nüchtern und am hellen Tage, versteht er seinen damaligen kurzen Entschluß nicht mehr. Aber er muß ihn verantworten vor seinem Gewissen und auch vor den Richtern des Stadtbezirksgerichts Friedrichshain.

Er ist ein energischer, zielbewußter junger Mann, angenehm anzuschauen mit seinen kurzen, borstigen Haaren, sportlich; er ist Labormechaniker, ein erfinderischer Kopf. Lassen wir einige Jugendtorheiten unerwähnt, wer macht sie nicht mit 17, 18 Jahren? Er hat Aussichten weiterzukommen, denn er liebt seinen Beruf und ist immer dabei, wenn für ein neues chemisch-technisches Problem neue Apparate erfunden werden müssen. Und hilfsbereit ist er auch, er springt ein in einer anderen Schicht, wenn Not am Mann ist. Keiner kann also seine gesellschaftlich gute Rolle leugnen, auch wenn er bis zu dem Unfall nicht einmal Mitglied der Gewerkschaft war.

Privat ist er auch hilfreich zu seiner alleinstehenden Mutter; er ist verlobt. So zuverlässig gilt er in seinem Bekanntenkreis, daß ihm eine Dame gestattet hat, jederzeit ihren „Wartburg“ zu benutzen, wenn er ihn dafür pflegt. Und das will in einer Zeit, in der das Auto bei vielen der Güter höchstes ist, viel heißen.

An einem Sonnabend hatte Günter schon nachmittags getrunken, obwohl er sonst kein Trinker ist. Drei Flaschen Budweisser. Und als diese Sorte in dem Restaurant aufgetrunken war, versuchte er noch ein halbes Glas normales Bier. Abends trank er noch ein paar Bier, und dann holte er leider den Wagen, der ihm zur Verfügung stand, aus der Garage.

Er fuhr damit zu einer Arbeitskollegin und nicht, wie man annehmen sollte, zu seiner Braut, und lud sie ein, mitzukommen in die Stadt. Sie aßen in dem Restaurant „Sofia", dort gefiel es ihnen nicht, sie gingen in die „Melodie". Da setzten sich noch zwei Freundinnen der Arbeitskollegin an den Tisch. Günter bestellte für die Damen Sekt. Er will, so sagt er, nur daran genippt haben, er hätte nur Selters getrunken, acht bis neun Flaschen Selters, sagt er. Um Mitternacht wollte die Arbeitskollegin nach Hause gebracht werden, sie war völlig vom Alkohol umnebelt. Sie schlief sofort im Wagen ein und kann über den tragischen Unfall keine Bekundungen machen.

Es ist mit Sicherheit wie selten erwiesen, daß Günter die Höchstgeschwindigkeit in der Karl-Marx-Allee, 60 km/h, nicht überschritten hat, denn er überholte kurz vor der Ecke Bersarinstraße eine Zugmaschine mit zwei Anhängern. Dieser aufmerksame Fahrer konnte das Tempo des „Wartburgs" sehr genau abschätzen. Die Straße war zu dieser Zeit fast menschenleer und verkehrsarm. Aber an der Ecke Bersarinstraße, dort hat das Fahrzeug auf der Karl-Marx-Allee Vorfahrt und braucht seine Höchstgeschwindigkeit von 60 km/h nicht zu mäßigen (sollte es aber vielleicht doch tun), dort an der Bersarinstraße lief dem „Wartburg" eine junge Frau in den Weg. Günter versuchte auszuweichen, aber leider erfaßte der Wegen die junge Frau und schleppte sie etwa 34 Meter mit. Kurz danach hielt der Wagen und Günter sah, was geschehen war. Er ahnte die Verletzungen der jungen Frau. Er wußte aber von sich, er war nicht nüchtern, er wußte, daß der Wagen durch den Aufprall beschädigt war, und er wußte, er war mit einer Kollegin unterwegs, wovon vor allem seine Braut nichts erfahren durfte.

Das Gefühl der Angst übermannte ihn, das Gefühl der Menschlichkeit wurde niedergetrampelt, er fuhr weiter, ohne sich um die Verletzte zu kümmern, ohne zu warten, bis die Volkspolizei kam.

Der Treckerfahrer aber hatte alles bemerkt, er koppelte seinen Anhänger los und versuchte, hinter dem „Wartburg" herzufahren, doch der war schneller. Er machte einen Funkwagen auf den fliehenden Fahrer aufmerksam.

Am Bahnhof Lichtenberg, also etwa drei Kilometer vom Unfallort entfernt, hielt Günter noch einmal an. Er wollte sehen, welche Beschädigungen der Wagen mitbekommen hatte. Der Funkwagen hatte Meldung erstattet, und von der entgegengesetzten Seite kam ein anderer Funkwagen und hielt Günter vorläufig fest. Er sagt heute und er sagte damals, er habe sich besonnen und wollte umkehren, um sich um die Verletzte zu kümmern.

Aber festgestellt wurde: Günter hatte einen Blutalkoholspiegel von 1,7 Promille. Alle Hilfe aber für die junge Frau kam zu spät, sie wäre, auch wenn Günter sich um sie gekümmert hätte, zu spät gewesen. Sie kam von einer Betriebsfeier und stand in der Gesellschaft ihrer Kollegen an der Ecke Bersarinstraße. Sie hatte selber sehr viel getrunken. Ihr Blutalkoholspiegel; 2,8 Promille. Die Freunde wollten ihr eine Taxe bestellen, sie wollte nicht, sie wollte sparen. Sie riß sich von der Gesellschaft los, rannte über die Straße und wurde so von dem „Wartburg" erfaßt.

Günter wurde in Untersuchungshaft genommen. Die Volkspolizei, der Staatsanwalt, der Verteidiger und Günter selbst gingen noch einmal zum Unfallort, um das Tatgeschehen zu rekonstruieren. Es stellte sich heraus, daß die Verunglückte, als der Wagen etwa 17 Meter von der Kreuzung entfernt war, plötzlich anfing, über die Straße zu laufen. Eine Schrecksekunde muß jedem Fahrer, auch einem nüchternen Fahrer, zugebilligt werden. Und bei dem erlaubten Tempo von 60 Kilometern pro Stunde wäre in dieser einen Sekunde der Wagen um etwas 16,5 Meter weitergefahren. der Unfall wäre vermutlich also auch geschehen, wenn der Fahrer völlig nüchtern gewesen wäre. Den Tod der jungen Frau hat Günter nicht zu verantworten, und so wurde Günter nur wegen Trunkenheit am Steuer und wegen Fahrerflucht angeklagt. Deshalb konnte er mit einer bedingten Strafe davonkommen. Ein Jahr Gefängnis, eine Bewährung von zwei Jahren wurde ihm gewährt.

Die Fahrerflucht ist sicher das schwerere Vergehen. Es geht ja nicht nur darum, die Ermittlungen der Volkspolizei bei einem Unfall zu erleichtern. Meist aber kann durch einen sofortigen

Transport in eine Klinik das Leben des Verunglückten gerettet werden. Nur in diesem Falle wäre auch das vergeblich gewesen.

Der Angst nachgeben ist das Falscheste, was der Mensch in einem solchen Fall tun kann. Menschlich zu handeln, die eigene Angst zu überwinden, das ist hier das Problem. Ich gebe zu, es ist eine moralische Frage, und sie ist schwer mit dem Strafgesetzbuch durchzusetzen. Wieviel fürchterliche Dinge sind geschehen aus Angst, „ich verbrenne mir nicht die Finger", „ich habe doch auch Familie", „ich will meine Haut nicht zum Markte tragen", „jeder ist sich selbst der Nächste", tausend solcher schlechter Redensarten sagen die Menschen, um ihre Angst zu bemänteln, um sich vor der Verantwortung zu drükken.

Braucht der Mensch Ellenbogen?

„Wer nach Verlust seines bisherigen Unterkommens binnen der ihm von der zuständigen Behörde bestimmten Frist sich kein anderweitiges Unterkommen verschafft hat und auch nicht nachweisen kann, daß er solches der von ihm angewandten Bemühungen ungeachtet nicht vermocht habe, wird mit Haft bis zu sechs Wochen bestraft."

Das klingt etwas altertümlich, ist es auch, diese Vorschrift stammt aus dem Jahre 1871. Gemeint ist wohl: Hat der Wohnungslose sich bemüht, nach seinen Kräften und seinen Möglichkeiten eine andere Wohnung zu bekommen, ist er schuldlos und kann nicht bestraft werden.

Was trifft nun auf Axel zu? Wäre er nicht wohnungslos geworden, dann hätte er gearbeitet, dann hätte er auch nicht dieses kriminelle Kleinholz gehackt, das ihm außer der Wohnungslosigkeit noch angelastet wird.

Dieses Sorgenkind der Justiz ist kein Kind mehr, er hat sogar schon ein Kind, doch der hellrotblonde, energisch aussehende junge Mann hat nicht die Energie und nicht die Ellenbogen, die man braucht, um sich durchzusetzen. Braucht man bei uns Ellenbogen?

Mit seinen 26 Jahren ist er schon ein wenig herumgekommen und heruntergekommen. Zweimal hat er es in Westdeutschland versucht, aber die Arbeit im westdeutschen Kohlenbergbau war schwer und ihm zuwenig ertragreich. Axel kehrte zweimal zurück. Er zog in eine Gemeinde des Potsdamer Landkreises, die durch zahlreiche Villen bekannt ist. Dort lebte er, dort heiratete er. Bei den Jungen Pionieren hatte er Musik gelernt, Klavier spielen und auch Akkordeon, und er spielt manchmal bei Veranstaltungen als Alleinunterhalter. Er arbeitet auch als Bote,

Transportarbeiter, Beifahrer. Zwei Jahre lang war er verheiratet. Er bastelt gerne und hatte auch einen Freund, der mit ihm bastelte. Und dieser Freund bastelte auch da mit, wo man seinen besten Freund nicht sehen will, im Ehegemach. Das wurde Axel auf die Dauer zuviel, er reichte Scheidungsklage ein. Die Ehe wurde geschieden, der Frau wurde das Sorgerecht für das kleine Kind zuerkannt und mit dem Sorgerecht auch die eheliche Wohnung, in die der Bastelfreund hineinheiratete.

Axel zog aus und bemühte sich, bei der Wohnraumlenkung beim Rat der Gemeinde ein anderes Zimmer zu bekommen. Eines wurde ihm vermittelt, das war aber, so behauptete Axel, schon von einem anderen Wohnungssuchenden belegt. Wie oft er sich darum bemüht hat, wie sehr sich die Kollegin von der Wohnraumlenkung um ihn bemüht hat? Axel sagt, er sei zum vereinbarten Termin ins Amt gekommen, aber der Pförtner habe ihn nicht eingelassen, da an diesem Tag kein Behördentag gewesen sei.

Axel aber gab, müde geworden, das Rennen um dieses Zimmer auf. Er blieb wohnungslos erst in der Gemeinde, später ging er zu seinem Vater nach Berlin. Der besorgte ihm wohl Arbeit als Hilfsheizer beim Rat des Stadtbezirks Friedrichshain, aber Unterkunft, nein, Unterkunft gab es für Axel nicht. So arbeitete er einige Zeit, flog, wie er auf dem Gericht sagte, aus der Stelle hinaus, weil er in Berlin keinen Zuzug hatte, so wurde er endgültig, wie man verächtlich sagt, ein Penner, schlief bei der Mitropa, wohnungslos, arbeitslos, bis er aufgegriffen wurde und in Haft kam. In dieser Zeit hatte er einige Leute und einige Betriebe geschädigt. Ein betriebseigenes Akkordeon, es ist inzwischen zurückgegeben, hatte er sich angeeignet, ein Fernglas aus einer Ausleihstation hatte er verkauft, einige Unterschlagungen und ein kleiner Betrug, im ganzen etwa 200 Mark.

Bei der ersten Gerichtsverhandlung erschienen dem Richter die Erzählungen von Axel so unglaublich, daß er beschloß, Axel einem Nervenarzt vorzustellen, und er gab ihm auch auf seinen Antrag einen Verteidiger.

Gesund ist Axel. So kam, was wirklich nicht kommen mußte, Axel saß sechs Monate in Untersuchungshaft.

In der erneuten Verhandlung vor dem Berliner Stadtbezirksgericht Friedrichshain stellte die Verteidigung den Antrag, die Kollegin von der Wohnraumlenkung zu hören, ob Axel mit oder ohne Verschulden wohnungslos geworden sei. Sie stellte aber auch den Antrag, ihn aus der Untersuchungshaft zu entlassen.

Das Gericht kam in Verlegenheit. Sechs Monate waren für die Vergehen, die ihm vorgeworfen waren, schon ein sehr hartes Maß. Es mußte vertagt werden, aber ihn jetzt entlassen, wohin?

Der Reporter stellte sich zur Verfügung. Er war bereit, Axel am nächsten Morgen um acht Uhr aus der Untersuchungshaft abzuholen, wenn der Haftbefehl aufgehoben würde und die Untersuchungshaftanstalt rechtzeitig informiert werde. Der Reporter kam um acht Uhr in Berlin-Rummelsburg an, erst nach zwei Stunden öffneten sich die Gitter. Es scheint selbst mit Bescheinigung schwerer zu sein, diesen sehr festen Wohnsitz verlassen zu können, als einen festen Wohnsitz in der Gemeinde im Landkreis Potsdam zu erwerben.

Der stellvertretende Bürgermeister der Gemeinde – vom Gericht informiert – hatte schon ein Zimmer in Aussicht, aber es war leider noch nicht geräumt.

Der Kollege stellvertretende Bürgermeister bemängelte, Axel hätte sich vorher brieflich anmelden sollen. Axel aber behauptete, er habe einen solchen Brief an seine Heimatgemeinde geschrieben, dieser sei jedoch von der Haftanstalt nicht abgeschickt worden.

Wohin? fragte der stellvertretenden Bürgermeister, wohin? fragte auch der richtige Bürgermeister. Die Gemeinde ließ sich nicht lumpen, der Bürgermeister wies das Sozialamt an, Axel einen Kredit von 50 Mark für ein Hotelzimmer einzuräumen.

In der Diskussion über die Gründe, die zu Axels Wohnungslosigkeit geführt hatten, machte der Bürgermeister Axel einige Vorwürfe.

Der Reporter meinte, Axel habe wahrscheinlich nicht solche Ellenbogen wie der Reporter im Umgang mit Behörden. Da sagte der Bürgermeister, diese Bemerkung würde er sich merken und an geeigneter Stelle vorbringen. In unserem Staate, so meinte der Bürgermeister, und in seiner Gemeinde brauche man keine Ellenbogen im Umgang mit Behörden. Der Reporter erwiderte freundlich, wie sehr er Menschen und Behörden schätze, die über jede Unterhaltung Aktennotizen anfertigen.

Nachdem aber Bürgermeister und Reporter sich geeinigt hatten, ihren Streit zu begraben, wurden beide wieder sachlich. Zufällig war im Gemeindeamt gerade ein alter, guter Genosse anwesend, Leiter eines volkseigenen Baubetriebes, der Axel auf der Stelle in seine Transportbrigade einreihte, und Axel war von dem ihm angebotenen Lohn sehr erfreut.

Nachdem man noch – sogar in Potsdam-Babelsberg – ein Hotelzimmer gefunden hatte, konnte der Reporter erleichterten Herzens wieder nach Hause zurückkehren. Aber in diesem Hotel durfte Axel wiederum nicht schlafen, weil er laut Ausweis im selben Kreis seinen Wohnsitz hat. Und er ließ sich wegschicken. Tatsächlich war Axel auf dem besten Wege, wieder wegen Obdachlosigkeit eingesperrt zu werden.

Es scheint doch, so widersinnig das ist, manchmal muß man auch bei uns Ellenbogen haben, um sich durchzusetzen – mit Ausnahme der hier erwähnten Gemeinde mit ihren vielen schönen Einfamilienhäusern im Landkreis Potsdam.

Schulden und Schuld

In diesem Fall sind die Grenzen etwas verwischt. Auf den ersten Blick glaubt man, das ist ja Betrug, was Herr Roman da in vier Fällen getan hat; oder sind es nur Unterschlagungen? Aber immer mit der gleichen Tour, da glaubt man, es steht doch gleich die Absicht dahinter, den anderen zu schädigen, da wird Bereitwilligkeit vorgetäuscht, zu helfen. Dann aber erfährt man im Laufe dieses Prozesses, daß Herr Roman in einigen und wahrscheinlich auch in vielen Fällen geholfen hat. Er ist da seinen Verpflichtungen nachgekommen. Also lag vielleicht doch nicht die betrügerische Absicht vor. Oder sind es etwa nur Schulden ohne strafrechtliche Schuld?

Er ist ein Herr, der auf der harten Anklagebank im Maßanzug sitzt, dezent, aber nicht auffallend angezogen, mit grauen Schläfen und guten Umgangsformen, ein Mann in den vierziger Jahren, gebildet, ein Ingenieur mit großen Erfahrungen. Aber vier Monate ohne Arbeit. Schuldlos, sagt er, und das wird auch bewiesen. Herr Roman war leitender Ingenieur in einem halbstaatlichen Fertigungsbetrieb. Er ist dem Alkohol und den Klängen der Elektrogitarre einer intimen Bar nicht abgeneigt. Dort aber, im halbstaatlichen Betrieb, gab es einen dunklen Ehrenmann, der manchmal mit Herrn Roman ausging in eben diese Bar. Der war in dem halbstaatlichen Betrieb so etwas wie ein kaufmännischer Leiter und, man höre und staune, auch gleichzeitig Vorsitzender der Betriebsgewerkschaftsleitung. Dieser starke Mann in dem halbstaatlichen Betrieb wollte Herrn Roman veranlassen, die Kosten dieser gemütlichen Abende in der intimen Bar mit dem Elektrogitarrenschlag durch Firmenschecks zu begleichen. Das lehnte Herr Roman lobenswerterweise ab.

Der starke Mann war böse. Er veranlaßte durch Verleumdungen, daß der Komplementär, also der private Teilhaber und Geschäftsführer dieses Betriebes, Herrn Roman nahelegte, einen Aufhebungsvertrag zu machen. Der Vorsitzende der BGL war, wie wir wissen, damit einverstanden, und gab seine Zustimmung. Es war eine Intrige, nur so lange trübe und undurchschaubar, bis die schmutzigen Geschäfte des dunklen Ehrenmannes ans Tageslicht kamen.

Inzwischen war Herr Roman durch diese Aufregungen drei Monate lang nervenkrank und einen Monat sogar ganz ohne Arbeit. Erst durch das Amt für Arbeit wurde ihm eine neue, ähnliche Stellung in einem anderen halbstaatlichen Betrieb vermittelt. Dort arbeitet er zwar erst seit einem Monat, aber so hört man, er gäbe sich große Mühe, der Betrieb sei ziemlich heruntergewirtschaftet, und er verstehe etwas von der Technik und wisse auch, mit den Menschen umzugehen und sich durchzusetzen. Er scheint eine erstklassige Kapazität zu sein, und es besteht Aussicht, daß er bald dort Technischer Direktor wird.

Es ist nicht allein der Hang zu der intimen Bar und der elektrischen Gitarrenmusik, der Herrn Roman zu Dingen trieb, die ein Ehrenmann einfach nicht macht und die sich einordnen lassen unter die Strafbestimmungen des Gesetzbuches. Auch seine Ehe wurde brüchig und mußte geschieden werden, die Gründe wurden in diesem Strafprozeß nicht erörtert, aber wahrscheinlich läßt sich die Liebe zu elektronischer Gitarrenmusik und intimer Barbeleuchtung nicht mit den Freuden und Pflichten eines ordentlichen Familienvaters vereinigen. So muß Herr Roman im ganzen 200 Mark noch für Unterhaltszahlungen aufbringen. Die beiden Kinder aus dieser Ehe wollen beköstigt und bekleidet werden, und ein Kindlein aus einer Unehe will auch noch versorgt und gefüttert werden. Die Entstehung dieses Erdenbürgers wurde Herrn Roman erst nach neun Jahren zur Kenntnis gebracht; in dieser Beziehung schient er ein echter Kavalier und Ehrenmann zu sein, der sich sofort zu einer vor neun Jahren entstandenen Vaterschaft bekennt. So muß er noch für diese neun Jahre alles nachzahlen. Ich glaube, in den nächsten Jahren wird Herr Roman sich den Weg zu den elektrischen

Gitarren und der schummrigen Beleuchtung verkneifen müssen.

Es fing in dieser Bar auch an. Der Meister der nachhallenden Gitarre ließ sich von Herrn Roman erst einmal seine Mikrofonanlage reparieren. Und da der Kapellmeister im Begriffe war, sich ein erstklassiges Fernsehgerät zu kaufen, bat er Herrn Roman, die beste und exklusivste Allkanal-Antenne zu errichten. Dafür gab der Kapellmeister dem Herrn Ingenieur Roman 250 Mark, um die notwendigen Teile zu besorgen.

Nie wurde dieses Projekt ausgeführt. Herr Roman sagte, er habe zwar einen Stab und einige Kabel gekauft, aber der Kapellmeister mußte sehr, sehr lange warten, Monate, und dann riß ihm das Geduldskabel, den Antennenbau übernahm ein richtiger Fachmann.

Ähnlich sah es in einem zweiten Fall aus. Auch hier ging es um eine Fernsehantenne mit allem Pipapo. 228 Mark bekam Herr Roman, aber der arme Mann würde heute noch vergeblich in die Röhre schauen, wenn er auf Herrn Romans Antenne angewiesen wäre. Auch hier hatte Herr Roman wieder einige Dinge gekauft, so daß ihm das Gericht einen Betrug nicht nachweisen konnte.

Ein Taxifahrer, der Herrn Roman von seiner schummrigen Bar frühmorgens abholte, sprach mit ihm über das Fernsehen. Der gute Mann besaß einen ungarischen Apparat, der Mucken zeigte. Herr Roman war sofort bereit, sich diese Mucken anzuschauen. Der Kanalwähler sei defekt, und der Kanalwähler sei ein sehr seltenes Ersatzteil. Herr Roman müsse 120 Mark haben, um ihn zu besorgen. Wieder sagte er vor Gericht, er habe diesen Kanalwähler gekauft, aber ihn später in ein anderes Gerät eingebaut. Herr Roman ließ sich bei dem guten Taxifahrer nicht mehr sehen.

Ein Fachmann aber stellte fest, daß bei des Taxifahrers ungarischem Gerät etwas ganz anderes defekt war.

Ein vierter Fall, bei dem Herr Roman sich auch in der Krankheit eines Fernsehgerätes irrte und eine falsche Diagnose stellte und angeblich auch die falschen Ersatzteile erworben hat, wurde vom Gericht fallengelassen. Irrtum ist nicht strafbar, nur eine wissentlich falsche Angabe, wenn diese zu einem Vorteil für den Lügner und zu einem Nachteil für den Belogenen wird. Ob hier Schuld oder nur Schulden vorliegen, blieb zweifelhaft, also wurde in diesem Falle Herr Roman freigesprochen.

Schon häufen sich in Herrn Romans neuem Betrieb die Pfändungs- und Überweisungsbeschlüsse, die drei Kinder wollen Brot, die Fernsehfreunde wollen ihr Geld. Und hinzu kommt jetzt das strafrechtliche Urteil, fünf Monate Gefängnis, bedingt natürlich, für die Unterschlagungen. Die Bewährungsfrist ist auf nur ein Jahr festgesetzt worden, und dann, nach einem Jahr, ist Herr Roman als Technischer Direktor dieses Betriebes wieder ein Ehrenmann, und ohne Vorstrafe.

Schulden und Schuld, sie haben wohl den gleichen Stamm, aber nicht die gleiche Bedeutung. Schuld kann sein Zahlungsverpflichtung – Vergehen und Verbrechen – oder, klein geschrieben, soviel wie Ursache.

Zusage, so sagt ein altes Sprichwort, macht Schuld. Und diese Schuld wird dann strafrechtlich erheblich, wenn man für die Zusage noch Geld nimmt, also Schulden macht.

Eingeladen

„Ich traute mir nicht, sie einzuladen." Hinter diesem Satz steckt ein verteufelter Doppelsinn; der junge blonde Mann, schüchtern und brutal gleichermaßen, sagt ihn vor Gericht unbewußt sehr zweideutig. Er hätte sich bestimmt nicht getraut, die junge, sehr schlanke, sehr zarte Frau nachts von der S-Bahn-Station Berlin-Blankenburg zum Mitfahren einzuladen.

Eingeladen hat sie aber sein Freund, der lebenserfahrenere, kräftigere. Er ladete sie aber nicht – wie es richtig heißen muß, wenn es richtig gewesen wäre – mit höflichen Worten ein – also sprachlich in der schwachen Konjugation –, nein, das tat er nicht, denn er lud sie mit beiden Armen ein – in der starken Form des Imperfekts – in die Fahrerkabine des Lastkraftwagens; ihr Fahrrad warf er auf die Ladefläche.

Die beiden hatten beim S-Bahnhof Berlin-Blankenburg auf ein Opfer gelauert. Sie sahen es in der jungen Frau, die den Bahnhof verließ und ihr Fahrrad holte. Auf einem Feldweg überholten sie mit dem Lastwagen die Ahnungslose, klemmten sei ein und zwangen sie so zum Absteigen, und dann luden sie sie ein, wie ein Stück Holz, wie einen Sack Korn.

Die beiden Burschen hatten so etwas schon lange vorgehabt. Ich glaube, der Treibende war der junge, blonde Kleine, bisher wenig attraktiv; er ist wie sein Freund zweiundzwanzig Jahre alt, aber anscheinend für Frauen und Mädchen wenig attraktiv, er ist im Sprechen undeutlich, er nuschelt vor Gericht leise vor sich hin. Er hat nicht die Gabe, mit irgend etwas zu glänzen, seine Bildung ist mangelhaft. Er ist Kraftfahrer, aber wie er redet und sich gibt, so arbeitet er auch, unpünktlich, er pflegt sein Fahrzeug schlecht. Fährt er aber los, dann ist er ein wilder Fahrer, er protzt mit den Pferdestärken, die er sich untergespannt hat, die aber nicht seine eigenen Kräfte sind.

Sein Freund ist anders, ein stattlicher Mann, mit dunklen Haaren, sorgsam gescheitelt, kräftig, gepflegt, erfahren im Umgang mit Frauen; er ist verheiratet, er ist der Typ des Draufgängers, der sich unwahrscheinlich unwiderstehlich vorkommt. Und die ganze Sache hat er anscheinend arrangiert, um dem Freund zu zeigen: „So wird's gemacht."

Sehr eingehend wurde vom Gericht seine Ehe untersucht. Er hat seine junge Frau, als beide 16 Jahre alt waren, verführt, auch damals mit etwas zuviel Nachdruck; heute meint er rückschauend, da er sich für diese so scheußliche Sache verantworten muß: „Jedes junge Mädchen wehrt sich, wenn es entehrt wird." In diesem Satz steckt seine ganze rückständige Denkweise. Liebe von zwei jungen Leuten ist für ihn entehrend für die Frau, es ist nur eine Ehre für den Mann. Zu der Ehre müßte dann nach altem Kriegsbrauch auch eine „Abschußliste" gehören?

Nach Jahren der Trennung hat er dann dieses Mädchen geheiratet, sie haben zusammen einen kleinen Jungen. Er wünscht sich von ihr, wie ein rechter Familienvater, noch ein Mädchen, sie aber will das jetzt nicht. Es gab eine Spannung in der Ehe, beide sprachen schon von der Scheidung. Sie sind auch bereits auf dem Gericht gewesen, dort aber ließen sie sich gut zureden, die Scheidungsklage wurde nicht eingereicht.

Und während dieser Ehekrise passierte das mit der Einladung, mit der Bedrohung: „Und bist du nicht willig, dann brauch' ich Gewalt." Bei dieser Erklärung in dem Lastwagen ist die junge Frau eingeklemmt, sie ist tödlich erschrocken, ihre Schreie, die sie versucht, übertönt das Motorengeräusch des Diesels. Sie hört, daß man hinausfahren will an einen See, sie fürchtet, daß man sie dort ertränken will. An einer stillen Stelle, an einem Gebüsch, halten sie, sie war durch die Reden und die Drohungen fast willenlos geworden. Jetzt geschieht, was die beiden ihr angedroht haben.

Erfahren ist der eine, brutal der andere, der Blonde. Bei der Rückfahrt sagt der Erfahrene: „Puppe, du brauchst dir nicht die Nummer des Lkw zu merken, der ist doch gestohlen." Wieder in der Nähe des S-Bahnhofs Blankenburg, setzen sie sie ab. Die junge Frau, die in einer Verwaltung arbeitet und die regelmäßig gegen zehn Uhr abends nach Hause kommt, hat einen fürchterlichen Schock bekommen; außerdem ist sie verletzt. Nie wieder traut sie sich vom S-Bahnhof allein auf den Nachhauseweg. Abends steht ihr Mann jetzt da und holt sie ab.

Der blonde junge Mann, der schüchterne, der brutale, hat ein kleines, lieb aussehendes Schwesterlein. Es ist im Zuhörerraum, hört die ganze Verhandlung an, hört das Eingeständnis der Tat, Einzelheiten, die ich hier nicht wiedergeben kann. Was geht in ihr vor, was denkt sie von ihrem Bruder, hat sie Mitgefühl mit der Schwester, mit der Geschändeten, mit der wirklich entehrten Frau?

Wochenlang sucht die Volkspolizei die Täter. Die junge Frau hat sich nicht die Nummer des Autos merken können, nur ein paar Buchstaben. Ihre Angaben sonst waren sehr drüftig. Aber man findet die beiden aus den wenigen Angaben. Der Erfahrene ist auch Lastkraftwagenfahrer in einer Großhandelsgesellschaft. Er konnte sich ein Fahrzeug zu dieser Schwarzfahrt einfach vom Hof des Betriebes mitnehmen. Der Betrieb hatte überhaupt keine wirksame Kontrolle. So wundert man sich auch nicht, wenn man hört, daß dieser junge Mann dauernd Obst und Gemüse gestohlen hat.

Die Strafen sind hart. Der Erfahrene, Dunkelhaarige bekommt drei Jahre neun Monate Zuchthaus, der Blonde drei Jahre sechs Monate.

Unmenschlich ist das Einladen auf ein Auto, wie man einen Sack, ein Brett einladet. Wie weit ist das doch entfernt von einer freundlichen Einladung in ein Auto, der man folgen, die man aber auch ablehnen kann. Noch unmenschlicher ist das, was danach geschah. Eine Perversion des schönsten menschlichen Gefühls, eine Perversion der Liebe.

Der lange Laban

Das erste, was bei dem jungen Mann auffällt, sind Disproportionen in seinem Äußeren. Er ist fast zwei Meter lang, aber ganz oben ist ein kindliches Köpfchen zu sehen mit einem Schmollmund, dazu, auch wieder unpassend, doch unübersehbar, ein schwarzer Schnurrbartflaum. Gekrönt wird das Ganze von einer zaghaft angedeuteten Beatlefrisur, ein leiser Mitläufer der großen Protestwelle gegen die Lebens- und Friesierart der Alten, der Adretten, Geschorenen, Gescheitelten, Glatzköpfigen.

Seine beiden Freunde, viel kleiner als er, wendiger, tüchtiger, pfiffiger, gehen in ihrem Frisurprotest etwas weiter. Aber sie sind nicht mit ihm angeklagt, sie sitzen, als Leumundszeugen vom Gericht geladen, sozusagen als Berater und Helfer auf der ersten Bank im Zuhörerraum.

Es sind nicht allein die körperlichen Disproportionen, die das Lebensbild des jungen langen Laban gestört haben. Es sind Störungen des Gefühlslebens, die den jungen Menschen, der gerade jetzt 18 Jahre alt geworden ist, belasten. Er spricht nicht mit seiner Mutter, sie spricht nicht mehr mit ihm. Er wohnt wohl noch zu Hause und gibt ihr das Kostgeld.

Die Mutter hat es sicherlich nicht leicht in ihrem Leben, sie hat allein für vier Kinder zu sorgen; ein Junge ist älter als der Lange, und zwei andere sind jünger. Sie hat immer hart arbeiten müssen, um die Kinder durchzubringen. Jahrelang war sie als Schaffnerin und später als Triebwagenfahrerin bei der Berliner Verkehrsgesellschaft (BVG) tätig. Nur mit diesem einen Jungen hat sie es schwer. Schon in den ersten beiden Schuljahren kam er nicht mit; sie schickte ihn in ein Kinderheim für mehrere Jahre. Dort ging es gut, dort machte er, wie es in den Akten steht, unter Aufsicht seine Schularbeiten. Aber als er wieder zu Hause war, achtete niemand darauf, ob er zur Schule ging, ob er zu Hause arbeitete. Es versiegten sein Fleiß und seine Lernlust. Die Schule bemüht sich sehr, aber, er sagt es selber, er brachte seine Lehrer zur Verzweiflung. So verließ der junge Mann die Schule, ohne das Ziel der fünften Klasse erreicht zu haben. Eine Lehrstelle für ihn zu bekommen war natürlich unmöglich.

Er arbeitet mit ziemlichem Eifer als Transportarbeiter in einem mittelgroßen volkseigenen Betrieb, er ist pünktlich und fleißig, verdient viel Geld, soviel wie ein Familienvater. 150 Mark gibt er regelmäßig seiner Mutter für Essen und Schlafen. Er sagt, es sei so billiger. Nur dieser wirtschaftliche Vorteil ist das Band, das ihn zu Hause noch festhält. Sein Leben aber ist das Leben bei seinen Freunden, die da vorne auf der Zeugenbank sitzen. Wenn er von der Arbeit kommt, geht er zu ihnen. Erst spätabends oder nachts kommt er nach Hause.

Kleine Ungenauigkeiten – vorsichtig ausgedrückt – sind bei unserem langen Laban schon vorgekommen. Eine Sache wurde an die Konfliktkommission seines Betriebes zur Beratung abgegeben. Mit Erstaunen hört man aber vor Gericht, daß es eine richtige Beratung nie gegeben hat. Nur der Vorsitzende, ein Mann, der aus Altersgründen jetzt aus dem Betrieb ausgeschieden ist, hat mit dem Langen gesprochen und ihn verwarnt. Das widerspricht dem Geist und dem Buchstaben des Gesetzes.

Aber das ist nicht einmal das schlimmste Versäumnis. Doch das schlimmere Versäumnis hängt mit der Tat zusammen, für die sich der junge Laban noch nach dem Jugendgerichtsgesetz vor dem Jugendgericht verantworten muß, denn er war damals noch nicht 18 Jahre alt.

Beim Verladen eines Lastwagens der Deutschen Spedition bemerkt ein älterer Kollege des jungen Mannes, daß auf dem Wagen schon Pakete aufgeladen sind, eines von ihnen hat ein Loch, und man sieht durch das Loch schöne Stoffe. Dieser ältere Kollege veranlaßt den Langen, das Paket zu stehlen, es auszupacken, mit Wellpappe zu füllen und wieder auf den Wagen zu legen. In dem Paket sind zehn Sakkos, allerdings in Übergröße von solchem Ausmaß, daß sie selbst dem überlangen Laban noch zu groß waren. Die Sakkos sind für beide Diebe völlig unbrauchbar.

Der Vorgang wurde polizeilich ermittelt, die Volkspolizeiinspektion des Berliner Stadtbezirks Prenzlauer Berg stellte fest, der junge lange Laban war schon einmal, wie man so sagt, in Erscheinung getreten, und diese Angelegenheit wurde der Staatsanwaltschaft zur Anklageerhebung weitergegeben. Der Anstifter aber des überlangen Sakkodiebstahls ist ein bisher völlig unbescholtener Arbeiter. Sein Fall wurde der Konfliktkommission zur Beratung übergeben. Formell vielleicht richtig, praktisch aber hier grundfalsch.

Unser junger langer Mann erschien vor Gericht in der ersten Verhandlung so unausgeglichen, so widerspruchsvoll, daß man beschloß, ihn erst einmal ärztlich untersuchen zu lassen. Und nun lag das überaus gründliche, aufschlußreiche Gutachten vor. Es stellte einmal fest, daß der junge Mann die sittliche Reife eines Vierzehnjährigen hat, also daß er im Sinne des Jugendgerichtsgesetzes verantwortlich ist, aber es schränkt diese Verantwortlichkeit ein, denn die äußerlich sehr auffallenden Disproportionen sind auch bei ihm geistig vorhanden.

Als Erwachsenen hält der Gerichtspsychiater unseren Langen für nur bedingt zurechnungsfähig. Das Gutachten geht weiter, es beschäftigte sich auch mit der Lösung des Konflikts. Der junge Mann sei leicht beeinflußbar, zum Guten wie zum Bösen, sein eigener Wille sei bisher noch nicht sehr ausgeprägt, aber die Aussichten für die Stärkung des Willens seien gut. Vielleicht haben der Kopf und das Gehirn mit dem Wachstum des Körpers noch nicht Schritt halten können. Der Arzt empfiehlt dem Gericht, dem jungen Mann eine Weisung zu erteilen, die Abendschule zu besuchen und zu versuchen, das Ziel der achten Klasse nachzuholen. Die beiden Freunde, von denen viel die Rede ist, sollen ihn dabei unterstützen. Einen Schutzaufsichtshelfer soll der Betrieb stellen,, der allen mit Rat und Tat zur Seite steht. Das Gericht folgte dieser ärztlichen Empfehlung, sah von einer weiteren Erziehungsmaßnahme ab und sprach nur noch eine Verwarnung aus.

Die neuen Formen der Einbeziehung gesellschaftlicher Kräfte verlangen mehr als nur eine formale Entscheidung. Jedes Verfahren muß in seinen Zusammenhängen und Verästelungen gesehen werden, das weiß man sicher theoretisch sehr wohl bei der Volkspolizei. Aber praktisch? Und der Staatsanwalt?

Nun sind die beiden Freunde noch keine fertigen, gereiften Menschen, sie haben wohl schon begonnen, den jungen Laban bei seinen Schularbeiten in der Abendschule zu unterstützen und ihm zu helfen. Deutlich aber war auf ihren Gesichtern ablesbar, wie ungerecht sie es empfanden, daß ihr Freund vor Gericht erscheinen mußte, während der Ältere, der Anstifter, der 25jährige, dieser intelligente, gewandte junge Mann als Zeuge auftreten konnte. Das Gericht erwartet, daß die beiden Freunde dem Langen helfen. Dieses Helfen kann nur aus der Überzeugung reifen, die die beiden aus diesem Prozeß gewonnen haben. Ich sah auf ihren Gesichtern Enttäuschung; hoffentlich habe ich mich geirrt.

Der Schelm als Erzieher

Dieser Hubert ist ein Virtuose, sein Instrument ist das Gesetzbuch der Arbeit; er handhabt es mit Brillanz. Jetzt, in der Verhandlung als Angeklagter, hat er neben seinen umfangreichen Akten auch noch die Strafprozeßordnung liegen. Aus diesem Instrument möchte er Kapriolen, Kadenzen und Triller hervorzaubern. Hubert, dieser rosige, ewig lächelnde, leicht verfettete Mann von 36 Jahren in seinem geschniegelten Anzug, ist ein Schelm, der mit Talent und Eifer Fehlerquellen und Sprünge in unserer Sozialgesetzgebung und Sozialpraxis aufspürt, sich in die Risse hineinmanövriert und Betriebe und das Sozialwesen ausplündert, daß es so seine Art hat.

In einem Punkt unterscheidet er sich fundamental von der Mehrzahl der Angeklagten, über die ich geschrieben habe. Während die meisten meiner Stofflieferanten es schwer haben, für lange Zeit ihres Lebens Arbeitsplätze nachzuweisen, hat Herr Hubert davon einen Überfluß. Normalerweise hat er immer zwei Arbeitsstellen, oft sogar drei, zu gleicher Zeit.

Seinen Lebenslauf berichtet er mit breitem, vergnüglichem Behagen: „Ich bin der Sohn einer kinderreichen Arbeiterfamilie, ich hatte eine harte Jugend, weil mein Vater politisch aktiv war." Er sammelt kaderpolitisches Kapital, wirkungslos, weil es Hubert schon zu oft vorgewiesen hat. Er wurde 1945 Neulehrer, ist es auch heute noch, am Verhandlungstag. Ständig vergrößert er die Zahl seiner Prüfungszeugnisse. Sein Drang zur Weiterbildung ist, so scheint es, unaufhaltsam, seine Arbeiten glänzen. Einmal allerdings merkt ein Prüfer, daß Hubert abschreibt. Er rühmt sich, die Bürde eines Lehrers an einer Sonderschule auf sich genommen zu haben.

Als das Wort Bürde oder Last gerügt wird, erklärt er: „Die

Liebe zum Kinde ist eine natürliche Begabung des Lehrers und braucht gar nicht erörtert zu werden." Wohlklingendes Schellengeläute. Später ist er noch als Berufsschullehrer ausgebildet worden und tätig gewesen. Sein Studiereifer ist enorm. Auch hat er es an der Fakultät für Journalistik versucht. Einmal wollte er Richter werden. An der Hochschule für Ökonomie ist er eingetragener Fernstudent. Das Nebenprodukt, den einen Studiertag in der Woche, nimmt er gerne mit.

Aber es gibt einen Bruch in seinem unaufhaltsamen Aufstieg. Bei einem Besuch in Westdeutschland überschreitet er die Zeit und läßt sich ins Flüchtlingslager Uelzen einweisen. Seine Papiere werden ihm dort abgenommen, er hat sich für eine Lehrerstelle in Westdeutschland interessiert, aber das Gehalt war ihm nicht groß genug. Er kommt zurück. Bei seiner Rückkehr macht er widersprüchliche Angaben, man verdächtigt ihn, er habe ungesetzliche Aufträge übernommen. Auch andere Dinge lagen vor, man wirft ihm Hetze vor; er wird verurteilt, dann später wird das Urteil kassiert, es bleiben aber fünf Monate Gefängnis wegen Staatsverleumdung.

Damals, als er aus der Haft entlassen wurde, meldete er sich mit seinem Lehrerdiplom bei der Abteilung Volksbildung des Rates des Kreises Strausberg. Er verschweigt die Vorstrafe und wird als Vertretungslehrer eingestellt. Der Lehrermangel veranlaßt den Referenten, alle Vorschriften außer acht zu lassen. Herr Hubert bekommt einen Arbeitsvertrag, die Kaderakten, die sonst jeden Hilfsarbeiter von der Wiege bis zur Bahre begleiten, werden nicht angefordert. Nicht einmal im Versicherungsausweis wird die Arbeitsstelle eingetragen.

Bei Huberts Tätigkeit als Lehrer hagelt es Beschwerden. Er soll auch Kinder geschlagen haben. Herr Hubert sagt, unabsichtlich, er entschuldigt sich bei den Eltern. Seine Unterrichtsmethoden werden überprüft, sie sind sehr schlecht. Viermal wird ihm gekündigt, der Rat des Kreises, Abteilung Volksbildung, muß die Kündigung zurücknehmen. Vor der Konfliktkommission kann jedesmal Herr Hubert der Abteilung Volksbildung formale Fehler nachweisen.

Er besitzt vier Versicherungsausweise, zwei alte gelbe, zwei neue grüne. Noch heute besteht sein Arbeitsverhältnis als Lehrer in Strausberg. Aber da er durch die Kündigungen nicht arbeiten kann, sucht er sich eine zweite Stelle beim Rat des Berliner Stadtbezirks Lichtenberg. Auch hier wird er sofort eingestellt, auch hier fordert man keine Kaderakten an. Daneben ist er nachts, so sagt er, bei der Post als Nachtschichtarbeiter angestellt. Immer wieder verliert er diese zweite und dritte Arbeit, und immer wieder hat er neue Arbeitsplätze, bei der Berliner Kindlbrauerei, beim Gaswerk, beim Glaswerk, bei der Fahrzeugausrüstung, wer zählt die volkseigenen Betriebe, nennt ihre Namen? Wenn er ehrlich gewesen wäre, hätte er vierundzwanzig Stunden am Tag arbeiten müssen. Das hätte sein Gehirn sicherlich erschüttert.

Aber er arbeitete nicht, er erfand Gehirnerschütterungen. Alle vier Wochen hatte er angeblich auf dem Weg zur Arbeit einen Betriebsunfall: Gehirnerschütterung. Er konnte die Symptome genau vormachen, so daß der Arzt ihn für vier Wochen krank schrieb. Nach Bedarf zeigte er einen seiner vier Versicherungsausweise. Wenn er geheilt ist, geht er in diesem Betrieb arbeiten und hat auf dem Weg zu einem anderen Betrieb Gehirnerschütterung. Bei dieser Geschäftigkeit und bei seinen Gehirnerschütterungen gewinnt er noch alle Verfahren gegen die Abteilung Volksbildung im Kreise Strausberg. Er braucht nicht zu arbeiten, weil er immer in Kündigungen ist, aber die Abteilung Volksbildung zahlt ihm sein Gehalt nach, weil er verschwieg, daß er anderweitig beschäftigt ist.

Hubert behauptete, er habe sich nicht absichtlich immer neue Versicherungsausweise ausstellen lassen, er hatte sie immer verlegt und konnte sie nicht wiederfinden. Aber bei der Haussuchung, als seine Betrügereien ruchbar waren, ging ihm die feingebügelte Hose mit Grundeis unter; da verriet er selber der Kriminalpolizei sein Versteck.

In der Verhandlung brachte Herr Hubert sehr häufig die Richterin mit seinen Anträgen zur Verzweiflung. Ihr fehlte die Überlegenheit, und das merkte der mit allen Wassern gewaschene Hubert sehr genau. Den Hauptfehler allerdings nicht, denn das Gericht hatte den jetzigen Leiter der Abteilung Volksbildung Strausberg als gesellschaftlichen Ankläger zugelassen und ihm gleichzeitig auch noch übertragen, die Schadenersatzforderung im Prozeß zu vertreten. So wurde aus dem gesellschaftlichen Ankläger eines Kollektivs so etwas wie ein Nebenkläger aus der alten bürgerlichen Strafprozeßordnung; und das soll er ja gar nicht sein.

Für über 4000 Mark hatte sich Herr Hubert Krankengeld und Lohnausgleichszahlungen erschwindelt. Das Gericht schickte ihn für ein Jahr und acht Monate ins Gefängnis.

Formal wird er wahrscheinlich mit seiner Berufung wieder einmal recht bekommen. Das Formale beherrscht Herr Hubert wie ein Virtuose, im Moralischen ist er ein Stümper, ein Schelm als Erzieher, der sich mehr über den Flachs freut als über seine Fähigkeit, Menschen zu erziehen. Weil er selber eben gar nicht erzogen ist.

Jedermann

Salzburg, das ist für die einen die Stadt mit den Festspielen, gekrönt von dem mystisch-religiösen Stück vom „Jedermann", das Spiel von Liebe, Tod, Verdammnis und Erlösung. Es ist für die anderen die Stadt der Bauern und der Brauer, eins, zwei, gsuffa. Mit Dirndlkleidern und Trachten. Und mit nach Geld trachtenden Dirnen. Für die einen die Stadt der kunst- und liebesfreudigen Fürsterzbischöfe, die ihre Engelchen aus Fleisch und Blut in vergoldete Schlösser setzten und für die Kirchen ihrer Erzdiözese bunte, vergoldete Engel schnitzen ließen.

Widerspruchsvoll ist Salzburg in Österreich gewachsen. Eine große Kirchen- und Klösterstadt mit einem schmalen Wohnbezirk für die Bürger, mit der trutzigen Felsenfestung Hohensalzburg„ von dort bedrohten die fürstlichen Erzbischöfe mit geladenen Kanonen ihre murrenden Salzbürger und -bauern.

So ist Salzburg für die einen die liebliche Stadt an der brausenden und murmelnden Salzach; nur dort konnte ein Mozart geboren und erzogen werden. Für andere wieder ist es die Stadt, in der ein fürstlicher Erzbischof einer seiner adligen Schranzen befahl, diesen Wolfgang Amadeus mit einem wirklichen Fußtritt hinauszubefördern.

Für den Zeugen aber ist es auch eine Stadt mit einem Bezirks- und einem Landesgericht, die sich beide zu seiner großen Freude am Rudolfsplatz aufgetan haben. Udn so hört er einen dreifach verzwickten Streit. Ein Staatsanwalt klagt an. Ein etwas moserhaft nuschelnder, liebenswürdiger Einzelrichter hat die Entscheidung. Die beiden Beschuldigten, ein Diplomkaufmann und ein Doktor der Nationalökonomie, sind angeklagt, in einen Raufhandel verstrickt gewesen zu sein. Mit Unbehagen bemerkt der Doktor, daß ich lebhaftes Interesse an dem Verfahren bekunde. Und nach dem Urteil sagt er mir auf den Kopf zu, ich sei sicher ein Journalist. Er, der Doktor, kenne alle Zeitungsverleger in Salzburg, und er werde nicht zulassen, daß diese Geschichte zur Veröffentlichung komme. Mit gutem Gewissen konnte ich ihm versprechen, darüber in Salzburg nichts zu schreiben.

So schildert es der Herr Doktor vor Gericht: Er sei von dem riesenhaften Bernhardiner Ali angefallen worden, der an ihm hochsprang und das Gebiß fletschte. Ali sei ein freundlicher Hund, so hieß es von des Diplomkaufmanns Seite. Das sei keine Bedrohung gewesen, sondern eher eine zärtliche Umarmung.

Er sei allgemeingefährlich, dieser Ali, er habe schon einmal seiner Gretl ein Kleid zerrissen, er werde das später durch sie, die Tochter, bekunden lassen. Jedenfalls habe er, der Doktor, sich bedroht gefühlt, als der Diplomkaufmann auch noch „faß!" rief. Dennoch sei es ihm gelungen, sich des gefährlich bissigen Hundes zu entledigen. Er habe in Notwehr dem Herrn Diplomkaufmann eine Ohrfeige gegeben.

Der Herr Diplomkaufmann, vor dessen Hause sich diese tragische Geschichte abspielte, ließ zwei Zeuginnen aufrufen. Die eine, eine etwas umfangreiche Dame im schlichten Dirndl mit grauer Lodenjacke, hatte zufällig aus einem Fenster im zweiten Stock zugeschaut.

„Aus welchem Fenster?" wollte der Anwalt des Doktors wissen.

„Aus dem Bürofenster."

„War es das Fenster, aus dem an jedem Morgen Bettwäsche gelüftet wird?"

Schon hörte der Zeuge ein zärtliches Menuett im Gerichtssaal.

„Das war früher einmal Schlafzimmer, heute ist es Büro", sagte das Dirndl, aber vom Hund Ali hatte es nichts bemerkt, wohl des Doktors hochgewachsenes Töchterlein gesehen, das kräftig zupackte und auf den wehrlosen Diplomkaufmann mit eindrosch. „Und daß der Herr Doktor unserem Herrn Diplomkaufmann eine Maulschelle verpaßte, daß ihm ‚die Brillen‘ von der Nase fiel.“

Auch die zweite grauhaarige Dame hatte aus demselben Fenster dieselben Vorgänge beobachtet, auch denselben Hund Ali nicht bemerkt, aber des Doktors dreschendes Töchterlein.

Jedoch nach dem Charakter des Zimmers befragt, erklärte diese Dame, es gehöre zu des Diplomkaufmanns Privatwohnung. Wen wundert es, daß Mozart, der Salzburger, von der Lebensgeschichte des Don Juan so fasziniert war?

Aber auch der Doktor hatte einen Zeugen, einen Kunsthistoriker und Maler, einen bei Gericht zugelassenen Sachverständigen, der hier nicht über die Dinge des Kunsthandels, sondern über den Ursprung eines zünftigen Raufhandels gehört werden sollte. Dieser Sachverständige ist eine bemerkenswerte Erscheinung. Er trägt seine mittellangen Haare gelockt und hat eine „Brillen“ auf der Nase, seine dünnen Beine, die in Lederbundkniehosen stecken, werden von bestickten ledernen Hosenträgern gehalten. Die darübergezogene Jacke ist durchaus mitteleuropäisch, eine Kompromißtracht, nicht stilrein, aber eine Barockform, halb bäurisch, halb städtisch.

Er hätte an des Doktors Stelle seinen Revolver gezogen und das gefährliche Vieh auf der Stelle erschossen, erklärte der Sachverständige völlig unbekümmert. Von der prügelnden Tochter des Doktors hatte er nichts bemerkt, nicht einmal die Dame gesehen, obwohl er mit der Familie durchaus befreundet war.

Gretl aber, des Doktors Töchterlein und Studentin, ein wenig zu groß, um lieblich zu sein, hatte dem Herrn Papa kräftig beigestanden. Ihrer Zeugenaussage wollen wir nicht allzu breiten Raum einräumen; denn sie stand in Tat und Wort ganz im Lager ihres Vaters.

Der Richter war bei dieser Beweisaufnahme sehr schnell mit dem Urteil bei der Hand. 600 Schilling, fast 100 Mark, Buße war sein Schuldspruch.

Wer war der Verdammte? Wer der Erlöste? Der Doktor mit der schönen Tochter oder der Diplomkaufmann mit den beiden zuschauenden Damen?

Vom Domplatz tönt es bis zum Rudolfsplatz: „Jedermann! Jedermann!“

Das Trugbild

Es begann mit einer Bügelfalte. Vielleicht wollte der junge Mann anfangen, Ordnung in sein Leben zu bringen; sein Schönheitssinn ist unbestreitbar. Er war nach etwas wechselhaften Jahren, Wanderjahren, denen aber im Gegensatz zu Goethes Wilhelm Meister keine Lehrjahre vorausgegangen waren, in diese Wohnung eingezogen. Ordnung hätte ihm notgetan, diesem Eberhard, schon soviel herumgestoßen, herumgekommen, heruntergekommen. Nicht schuldlos, aber auch nicht verderbt bis in den tiefsten Grund, denn er hat ein Talent zum Zeichnen und Malen, der Sinn zur Schönheit und zur Harmonie ist in ihm wach.

Zweimal ist er schon drüben gewesen, einmal direkt nach seiner Schulzeit mit den Eltern, nach einer Schulzeit, die er mit der Unreife der sechsten Klasse beendete. Immer enttäuscht: Dort, wo du nicht bist, ist das Glück. Aber auch nicht heimisch in seiner Heimat. Vor geraumer Zeit hat er es noch ein drittes Mal versucht, nach drüben zu kommen, gemeinsam mit einem Kumpan aus der Haftanstalt. Aber vergeblich. Er wurde daran gehindert und mußte nun wegen Landstreicherei, Diebstahls und Vorbereitung zur Republikflucht einige Zeit ins Gefängnis.

Diesmal sieht es formal sehr böse aus. Diebstahl unter den straferschwerenden Bedingungen des Rückfalls. Es begann, wie schon oben gesagt, mit dem Bügeln einer Hose. Eberhard, der 22jährige, ansehnliche junge Mann mit den hellen Haaren und den langen schlaksigen Bewegungen, hatte ein neues Zimmer nach der Haft bezogen. Er wollte sich ein Bügeleisen borgen, er klopfte bei den Nachbarn. Und ein junges Mädchen öffnete ihm die Tür, ein schönes Mädchen mit gemalten Wangen. „Kommen Sie herein“, sagte es, „ich bügle Ihnen die Hose.“

Wer mag ihn tadeln, daß er sich bedienen ließ, daß er auch eine Tasse Kaffee nicht ausschlug. Sie schüttete ihm den Kaffee ein und ihr Herzchen aus. Über ihren Freund, den Dietrich, den bösen, hartherzigen, über ihre Freundschaft und Liebe, eine Art schlagende Verbindung.

Was aber ist angenehmer für einen jungen Mann, für lange Zeit weiblichen Zuspruchs entwöhnt, als eine junge Frau im Haus, die nicht nur Hosen bügeln und Kaffee kochen kann, die auch noch des Trostes bedarf. Was erfreulicher für einen Freund der schönen Künste als ein weiblicher Akt. Es zog ihn zu ihr, und er zog zu ihr.

Aber das Leben ist eben nicht nur Liebesglück und -lust. Es geht nicht ohne den Widerspruch, und der kam von dem schlagenden Dietrich. Und seine Sprüche waren so überzeugend, daß das leichte, gemalte Mädchen von dem sanften Eberhard wieder herüberwechselte zu dem ersten. Da aber bemerkte sie den Unterschied zwischen den beiden am eigenen Leib, und sie machte den Versuch, wieder die zarten Bande mit Eberhard zu knüpfen.

Eberhard fand für diese Dreieckssituation – es ist eine alte Geschichte, doch bleibt sie ewig neu – vor Gericht modern – unsentimentale Berliner Wendungen und Lösungen: „Ich hatte die Faxen dicke, da bin ich eben davongezischt."

Er suchte fast symbolische Lösungen. Die Schwarze Pumpe, ein großer Braunkohlenverarbeitungsbetrieb bei Spremberg, lehnte ihn ab, wohl, weil seine Kaderakte zu schwarz war. In einer Spinnerei war ihm zuviel Staub. Ganz Essig war seine Tätigkeit mit Verschrauben von Flaschen. Die Räume waren ihm dort zu dunkel und düster – in einer Essigfabrik.

Wieder zog es ihn auf die Wanderschaft, auf die Autobahn. Er hielt einen Wagen an, der Fahrer sagte: „Ich fahre nach Magdeburg." Und Eberhard sagte kurzentschlossen: „Da will ich auch hin."

In dem berühmten Hotel „Zum grünen Baum" stieg er ab. Was er in Magdeburg wollte, konnte er dem Gericht nicht sagen. Dort, über seinem Bett, hing ein Bild. Ein Mädchen, wenig bekleidet, trägt auf der Schulter einen Krug. Frühromantisch, sagte er sich, es könnte vielleicht ein Feuerbach sein, gut gemalt, gut komponiert. Eberhard drehte das Bild um, er sieht eine Zahl, 4500.

Eberhard, der Kunstkenner, hatte etwas gehört: Im Krieg sind wertvolle Kunstschätze verschleppt worden. Staatliche Stellen forschen noch heute nach Kostbarkeiten. Vielleicht hat der Wirt „Zum grünen Baum" in Magdeburg ein Bild gekauft von einem plündernden SS-Mann, von einem diebischen Amerikaner. Er weiß vielleicht gar nicht, welche Köstlichkeit er in seinem Hotelzimmer hängen hat. Der junge Mann löst das Kunstwerk aus dem Rahmen, packt es in seinen Koffer, er läßt seine Zimmertür offen stehen, damit auf ihn nicht allein der Verdacht fällt. Er fährt schnell nach Berlin zurück, geht in den Staatlichen Kunsthandel in der Frankfurter Allee und zeigt dort seine Neuerwerbung. Er will den Wert schätzen lassen. Aber da gibt es Leute, so scheint es ihm, die wohl nichts von den Dingen der Kunst verstehen: sie sagen, das Bild ist ein Kunstdruck, eine Reproduktion, mit Ölfarbe übermalt. Er glaubt es nicht recht, weil er es nicht glauben will. Aber er ist mißtrauisch geworden über seine Entdeckung. In dem Staatlichen Kunsthandel in der Schönhauser Allee in Berlin gibt er sein Bild in Kommission. Er gibt jedoch, vorsichtig geworden, einen falschen Namen an, vortäuschend, er habe seinen Personalausweis nicht bei sich.

Heute hängt die Wasserträgerin wieder beim Wirt „Zum grünen Baum" in Magdeburg. Auch er hat sich beim Ankauf täuschen lassen, beinahe 1000 Mark hatte er für die fast wertlose Übermalung gezahlt. Eberhard ist durch die Neuentdeckung eines Kunstwerkes im „Grünen Baum" nicht auf den grünen Zweig gekommen, aber sie hat ihm eine Anklageschrift eingebracht und ein Gerichtsurteil.

Es hätte bitter für ihn ausgehen können, wenn er nicht endlich, und zwar durch Rat der Volkspolizei, eine gute Arbeit gefunden hätte. Jetzt verdient er sogar beneidenswert viel, er fühlt sich in dem Baubetrieb wohl, seine Kollegen behandeln ihn kameradschaftlich und haben sogar eine Bürgschaft für ihn übernommen. So konnte fast die mildeste Strafe, die es für einen Rückfalldiebstahl gibt, bei ihm angewandt werden. Vier Monate Gefängnis bedingt, ausgesetzt auf zwei Jahre, und gleichzeitig zwei Jahre Bindung an den Arbeitsplatz.

Eberhard wird sich wohl nie wieder von fremden Mädchen eine Hose bügeln lassen und ein Mädchenbild aus dem Rahmen spannen, denn der Wert eines Bildes und eines Mädchens hängt nicht von der Kehrseite ab. Man muß ein Kenner sein, um zu ermessen, ob es ein wertvolles Original oder ein übermaltes Trugbild ist.

Der verschwundene Hauptsachbearbeiter

Ich könnte auch darüberschreiben: „Mensch, ärgere dich nicht.“ Sie kennen das schöne Würfelspiel; immer, wenn eine Figur schon ein großes Stück vorangekommen ist, naht die Figur des Gegners und wirft die andere zurück ins Dunkle. Dort muß der Herausgeworfene einige Runden warten, bis das Würfelglück ihn wieder ans Tageslicht bringt und auf die neue Reise schickt.

Ich habe das Gefühl, und bin gerne bereit, das zu beweisen, daß Fedor selbst gar kein widerspruchsvoller Mensch ist, eher geradlinig, eher etwas glatt. Aber auch so ein Mensch kommt nicht ohne den Widerspruch aus. Wenn er den Widerspruchsteufel nicht in sich hat, dann heiratet er ihn eben und lebt mit ihm. Fedor nennt das glücklich – bis der Widerspruch zu stark wird.

Dieser geradlinige Herr Fedor hat längst die Kinderschuhe ausgetreten und nähert sich dem Alter, das man „die besten Mannesjahre“ nennt. Er ist also Mitte der Dreißig, eine freundliche Erscheinung, ein scharfgeschnittenes Briefmarkenprofil, faltenlos, dunkelblondes, leichtgelichtetes Haar. Er ist auch überall beliebt. Nach einer Schneiderlehre, nach einem Umzug über einen Obst- und Gemüseladen wird er Kraftfahrer. Zwischendurch hat er geheiratet, er hat sich bei der Straßenbahn betätigt und ließ sich dann von der Volkspolizei anwerben. Da er höflich, bescheiden und aufgeschlossen ist, geht es dort schnell mit ihm aufwärts. Er wird Abschnittsbevollmächtigter.

Hier kommt es zu einer Krise, einer kleinen. Er will ein Motorrad haben, seine Frau, sparsam, fast geizig, zögert. Er kauft sich ein altes, ganz billig, wie er sagt, aber in einem so schlechten Zustand, daß seine Genossen von der Verkehrspolizei es nicht zulassen. Er muß es zum Schrottpreis wieder abgeben. Seiner Frau wagt er diese Wahrheit nicht zu gestehen und macht ihr vor, er hätte es zu einem viel höheren Preis verkauft. Von seinem spärlichen Taschengeld zahlt er die angeblich vereinbarten Raten zurück. Er gerät in Schulden.

Aber es kommt zu einer zweiten, schweren Krise. Er hatte alle Genossen der Volkspolizei und die Einwohner seines Abschnitts aufgefordert, Quartiere für das Deutschlandtreffen bereitzustellen, und er agitierte mit großem Erfolg. Nur bei seiner eigenen Frau blieb er ein Versager. Als das auffiel, sollte er sich vor seinen Genossen rechtfertigen. Das tat er nicht, er kniff, fuhr einige Tage nach Leipzig. Fedor kehrte zurück. Er sollte von seinem Posten als Abschnittsbevollmächtigter abgelöst werden, aber in derselben Dienststelle weiter tätig sein. Das wollte er nicht, er fühlte sich verletzt, er wollte versetzt werden. So trennte man sich in gutem Einvernehmen von Fedor.

Und er mußte die Runde wieder von neuem beginnen. Er trat den Dienst bei einem großen Finanzinstitut an als Kraftfahrer. Wieder ist er tüchtig, beliebt, dem Neuen zugewandt. Die Leitungsmitglieder, die er fährt, sind sehr von ihm angetan. Er verdient gut, denn er macht viele Überstunden. Man schlägt ihm vor, Verwaltungsangestellter zu werden. Fedor will nicht recht, er möchte bei den Autos bleiben.

Aber Zureden hilft. Er wird Hauptsachbearbeiter bei der Wirtschaftsverwaltung, er ist mitverantwortlich für die Fragen des Inventars, für die Reinigung der Häuser. Über seine Arbeit dort hört man nur Lobenswertes. Regelmäßig bekommt er auch hier Prämien. Aber da es keine Überstunden für ihn gibt, verdient er weniger als bisher. Seine Frau, sein Widerspruchsgeist, murrt. Auch fordert sie ihn auf, er solle sich einmal einen Kraftwagen geben lassen, sie möchte mit ihrer Mutter sonntags in die Pilze fahren. Fedor wagt nicht zu fragen. Es ist für ihn viel leichter, sich einen Wagen beim VEB Taxi zu mieten. Er sagt seiner Frau, es sei ein Dienstwagen, und er müsse am Montag nach Leipzig. So fährt er am Sonntag und Montag, es entstehen unwahrscheinliche Kosten, die bei seinem Einkommen nicht zu verantworten sind.

Seine Frau ist jetzt bereit, mitzuarbeiten, obwohl es ihr schwerfällt, obwohl sie herzleidend ist. Sie übernimmt in derselben Dienststelle eine technische Arbeit. Aber immer wieder liegt sie dem Mann in den Ohren, werde doch wieder Kraftfahrer, dann kann ich zu Hause bleiben. Mit diesem Auftrag geht er zum Verwaltungsdirektor, der aber spricht von Entwicklung, von Qualifizierung, Perspektiven, er spricht davon, daß Fedor in zwei Jahren einen viel besseren, besser bezahlten Posten bekommen könne. Er sagt ihm auch, daß die Überstunden bei den Kraftfahrern abgebaut werden müssen. Bei einem dieser vielen Gespräche geht es erregt zu. Fedor steht im Konflikt zwischen seinem Ehrgeiz, seiner Einsicht, der Forderung seiner Frau, der Forderung des Widerspruchsgeistes. Und da brennt bei ihm die Sicherung durch.

Fedor brennt durch. Er läßt sich von der Wirtschaftskasse Geld geben, angeblich für Inventarkäufe. Aber diesmal ist er nicht berechtigt; er läßt sich 600 Mark auszahlen.

Er fährt nach Leipzig, dann nach Halle, dann nach Neubrandenburg. Er hat viel Zeit, er hat keine Beschäftigung. In Leipzig fürchtet er eine Verhaftung; er reist ab, ohne seine Rechnung im Hotel zu bezahlen.

Fedors Frau ist ratlos. Sie meldet im Betrieb das spurlose Verschwinden ihres Mannes. Sie äußert verzweifelte Absichten. Der Betrieb nimmt sich ihrer an. Abends geht eine Kollegin zu ihr und spielt mit ihr – wörtlich wahr – „Mensch, ärgere dich nicht". Immer muß eine Figur, wenn sie von dem Gegner bedrängt wird, zurück ins Dunkle, und nur, wenn man die richtige Würfelzahl wirft, kann die Figur wieder von neuem anfangen.

Aber Fedor will weiter mitspielen. Er schreibt an seine Frau einen Brief, sie möge ihm postlagernd Berlin antworten; den holt er, von Leipzig kommend, am Postamt ab. Und sie verzeiht ihm; wenn er zurückkommt, darf er wieder mitspielen. Das Finanzinstitut will helfen. Acht Tage war er verschwunden. Von dem betrügerisch erhaltenen Geld hat er noch 250 Mark. Den Rest opfert die Frau aus dem Sparstrumpf. Die Schulden, auch die Hotelrechnung, werden sofort bezahlt.

Fedor fängt das Spiel wieder an, diesmal aber nur als Obersachbearbeiter, immer mit der Sehnsucht, doch noch als Kraftfahrer seine Runden drehen zu dürfen.

Die Strafe, sechs Monate, bedingt, auf ein Jahr ausgesetzt, und dieses eine Jahr Bindung an den Arbeitsplatz; wobei offenbleibt, ob als Obersachbearbeiter oder als Fahrer.

Er sachbearbeitet gut und er fährt gut, als Sachbearbeiter ärgert er sich, weil es seine Frau ärgert. Wenn man seine Frau nicht überzeugen kann, daß es für Fedor besser ist, Sachen zu bearbeiten als Menschen zu fahren, sollte man ihn fahren lassen; denn es sollte eine Spielregel geben: Mensch, ärgere dich nicht, und ärgere dich nur, wenn du das Ärgernis ändern kannst und so deinen Ärger in Eifer wandelst.

Der Freund der Mutter

Wir machen uns Sorgen; die Jugendkriminalität ist in den letzten Jahren nicht so zurückgegangen, wie wir es erwartet hatten. Ist das Schuld der Jugend?

Das ist völlig absurd, es gibt keine Schuld der Jugend, es gibt individuelle Schuld einzelner Jugendlicher, es gibt Schuld einiger Erwachsener. Die Jugendkriminalität setzt sich zusammen aus vielen Straftaten einzelner. Um Ursachen zu erforschen, muß jeder Fall gesondert und gründlich untersucht werden. Denn nicht die Frisur, sondern das, was unter dem Haar steckt, der Kopf, nicht die Musik, sondern der Reim, den sich mancher Jugendliche zu der Musik über die Welt von heute macht, bestimmen sein Tun und Lassen.

Reim und Weltbild sind verworren durch widersprechende Einflüsse. Reimund ist gerade 16 Jahre alt, sicherlich durchschnittlich begabt, sehr groß, blaß, blond. In der Schule kam er mit, einmal blieb er sitzen, aber die achte Klasse hat er geschafft, er hat eine Lehre angefangen in einem großen Baubetrieb.

Praktisch bewältigt er seine Aufgaben, aber die Betriebsberufsschule macht ihm Kopfschmerzen, und er macht dem Lehrer Beschwerden. Zum Bauen gehört heute auch die Liebe und die Begabung zur Geometrie; das ist ihm bis heute noch nicht aufgegangen. In Mathematik steht er fünf.

Sein Vater ist vor einigen Jahren gestorben, die Mutter blieb mit ihm und drei anderen Geschwistern allein. Und mit diesen seinen Geschwistern hat er ein besonders herzliches Verhältnis. Die Mutter aber, so seltsam und so schlimm das klingt, hat einiges auf dem Gewissen. Sie will die Freuden des Daseins genießen und vernachlässigt dadurch die Kinder. Sie hat sich einen Freund ins Haus genommen, der ist 25 Jahre alt, sie ist 45. Der

Freund sieht bestechend gut aus, ist aber glatt, kalt, herzlos, ein kräftiger, männlicher Typ, gefährlich. Er nutzt sein Aussehen, sein Naturgeschenk bedenkenlos aus. Er lebt mit der Familie; obwohl die Mutter nicht arbeitet und nur von der Rente lebt, die sie und die Kinder bekommen, und von dem wenigen, was die beiden Söhne – Reimund ist ja nur Lehrling – als Kostgeld abgeben.

Früher, als Reimunds Vater noch lebte, war in der Familie alles im Lot, das sagt ein Hausbewohner, von der Hausgemeinschaft als Leumundszeuge delegiert. Aber seit dieser Freund bei Reimunds Mutter wohnt, setzte die Verwahrlosung ein. Oft ging das ungleiche Paar in Kneipen, sehr häufig wurde auch Reimund mitgenommen. Die Hausbewohner beschwerten sich über den Lärm bei der Volkspolizei, auch das Referat Jugendhilfe war informiert, aber rechtlich konnten sie nichts unternehmen. Reimund wollte seine Lehrstelle aufgeben, er hätte lieber als Hilfsarbeiter gearbeitet und viel Geld mit nach Hause gebracht. Seine Mutter – wen wundert das – wäre damit einverstanden gewesen, aber Betrieb und Betriebsberufsschule sagten nein. Es beteht, so sagten sie, für Reimund durchaus die Möglichkeit, daß er im Betrieb seinen Facharbeiterbrief macht und so ein wichtiges Fundament legt für sein späteres Leben.

Leider aber wirkte der Freund so negativ, daß Reimund einige Wochen nicht mehr zum Betrieb und nicht mehr zur Schule ging. Erst als diese Geschichte aufgedeckt wurde, als der Freund der Mutter festgenommen war, arbeitete Reimund wieder. Aber es sind eben weitere Lücken im Lernstoff entstanden, und die müssen bei dem in Mathematik so schwerfälligen Lehrling in harter Arbeit nachgeholt werden.

Die Mutter hat eine Schwester, und von ihr wußte die Familie, daß sie einmal einen hübschen Lottogewinn gemacht hatte. Der Freund tritt an Reimund heran, ob er nicht wüßte, wo es Geld zu holen gäbe. Man könnte doch einmal bei der Tante in der Wohnung nachsehen. Leider geht Reimund ohne viel Zögern auf diesen Tip ein. Die Tante arbeitet, das weiß man, und Reimund weiß leider auch, daß sie ihre Wohnungsschlüssel bei der Oma aufbewahrt. Bei einem Besuch nimmt Reimund die

Schlüssel von Omas Küchenschrank. Beide gehen zur Wohnung der Tante, und der Freund öffnet die Tür. Reimund hat Angst und bleibt draußen. Eine eiserne Kassette wird im Kleiderschrank gefunden, einen Hammer hatten beide schon mitgenommen; die Kassette zerschlagen sie draußen an der Rennbahnstrecke in Weißensee. Leider hatte die Tante gerade 1000 Mark von der Sparkasse abgeholt, sie wollte sich etwas kaufen. 700 Mark nimmt sich der Freund, 300 Mark gibt er Reimund. Das Sparkassenbuch interessiert sie nicht, sie wissen, wenn sie es vorlegen, müssen sie ihren Personalausweis zeigen. Deswegen zerreißen sie das Dokument und eine Versicherungspolice. Einige Schmucksachen, anscheinend von geringem Wert, werfen sie auch weg.

Für die Polizei ist es nicht schwer, die Täter zu ermitteln. Der Freund ist auf der abschüssigen Bahn. Das Gericht gibt ihm zwei Jahre und sechs Monate Zuchthaus, angemessen bei einem rückfälligen Dieb; hier war es sogar schwerer Diebstahl. Milde, wenn man bedenkt, daß er den Jugendlichen zu seiner ersten Straftat angestiftet, verleitet, verführt hat. Er, der Freund der Mutter, er hat das Geld vertrunken, einiges davon gemeinsam sogar mit der Mutter. Und sie fragte nicht: Woher stammt das?

Reimund wird bedingt verurteilt, acht Monate Freiheitsentzug und zwei Jahre Bewährung. Er bekommt die Weisung, seine Lehre zu beenden. Schutzaufsicht wird angeordnet, es ist klar, daß die Mutter allein nicht die Erziehung des Jungen leiten kann. Wahrscheinlich wird der Berufsschullehrer, der in diesem Verfahren als Beistand auftrat, ein guter Schutzaufsichtshelfer sein.

Im Fall Reimund ist die Analyse klar. Das Zuhause, die Mutter, der Freund der Mutter hat er sogar verachtet, sie wird es schwer haben, Respekt bei ihren Kindern wiederzubekommen.

War es richtig, Reimund in der Familie zu lassen? Ja, wenn die Schutzaufsicht gut und gewisenhaft arbeitet; denn eine Überweisung in einen Jugendwerkhof hätte die Lehre unterbrochen und die so guten Geschwisterbeziehungen gestört.

Zur Jugendkriminalität aber gehört auch der Freund der Mutter, den wir für zweieinhalb Jahre in Strafhaft schicken. Er ist ein Kind ordentlicher Eltern. Sicher, er ist arbeitsscheu, verwahrlost, aber das ist nur die Feststellung eines äußeren Tatbestandes. Diese Feststellung klärt nichts. Er kommt mir so vor, wie ein Mensch, aus dem gewissenlose Kreise einen Fremdenlegionär oder SS-Mann machen könnten. Aber offen bleibt die Frage für mich, wie er das geworden ist.

Er antwortet höflich mit Ja und Nein auf jede Frage der Richter, er ist völlig ungerührt, die Anträge und das Urteil hört er ohne Erstaunen, ohne Erschrecken. Nur der Zeuge, den die Hausgemeinschaft zur Verhandlung geschickt hat, erregt ihn, weil er die Wahrheit über ihn sagt. Er murmelt: „Bodenlose Frechheit." Und dann ist er weiter höflich, ungerührt. Es ist eine beunruhigende Gleichgültigkeit.

Die Freundin

Eines der seltsamsten Verfahren, das ich erlebt habe. Sehr ungern hatte hier die Staatsanwältin Anklage erhoben. Wie oft war die schmächtige Frau Selma gewarnt worden, wie oft hatte das Referat Jugenhilfe schon mit ihr gesprochen, bittend, flehend, beschwörend. Zum Schluß auch drohend. Nichts hatte genützt. Eine Mutter von acht Kindern stand vor Gericht. Wie soll man sie verurteilen, wie kann man sie verurteilen?

Sie ist nicht einmal 30 Jahre alt. Mit 16 Jahren hat sie geheiratet, unvorbereitet, ohne Wissen, ohne Bildung ist sie in die Ehe geschlittert, ein junges, dummes Ding ist sie gewesen. Ihre Mutter, eine tüchtige, brave Frau, hat zögernd damals die Zustimmung zur Eheschließung gegeben. Das war in diesen Jahren noch möglich.

Die Ehe mit dem wenig älteren Mann ging ganz schlecht. Fünf Kinder hatten sie gemeinsam. Außer den Kindern bekam sie von ihm fast nur Schläge. Heute ist er völlig asozial, er streicht durch die Lande, trinkt viel, arbeitet sehr unregelmäßig, sorgt sehr wenig für seine Kinder. 200 Mark müßte er monatlich zahlen, das tut er nicht, lieber läßt er sich einsperren.

Nach der Scheidung kamen noch drei weitere Kinder. Ihre Väter wurden wohl von Frau Selma dem Referat Jugendhilfe benannt; keiner ist bisher freiwillig bereit gewesen, sich zu seiner Vaterschaft zu bekennen. Frau Selma hat von sich aus nichts unternommen. Das Referat Jugendhilfe des Berliner Stadtbezirks Mitte, das dafür da ist, Frau Selma tatkräftig zu helfen, hat einiges unterlassen. Vielleicht müßte das Ministerum für Volksbildung, das aufsichtsführend für diese Referate ist, kontrollieren, ob bei allen Räten der Kreise alles getan wird, um säumige Väter beim Wickel zu packen. In diesem Falle wurden die Väter wohl beim Referat vorgeladen, zwei erschienen, weigerten sich, die Vaterschaft anzuerkennen, der dritte schickte seine Frau. Ein Held. Ach, hätte er sie auch damals geschickt!

Seit 1952 arbeitete Frau Selma in einem volkseigenen Metallbetrieb als Schleiferin. Sie wurde angelernt, man war mit ihr zufrieden, sogar sehr zufrieden. Pünktlich kam sie, sie leistete Präzisionsarbeiten. Ihr Einkommen war gut. Die Kinder waren bei der Mutter von Frau Selma untergebracht. Die große Familie hatte zwei nebeneinanderliegende Wohnungen. Frau Selma genoß im Betrieb sehr hohes Ansehen, man war stolz auf die Frau, die sich allein mit ihren acht Kindern durchschlug und zurechtkam. Es gab oft Prämien, die Gewerkschaftskasse war auch nicht kleinlich. Alles, was Selma verdiente, erhielt die Mutter, die mit ihrer Rente, den staatlichen Kindergeldern und den sonstigen Zuschüssen für die ganze Famlie eine bescheidene Behaglichkeit einrichten konnte. Das ging, obwohl die Väter so gut wie gar nichts zahlten, bis zum März 1964. Da trat eine Wandlung ein. Frau Selma hatte eine Frau kennengelernt, eine sehr robuste, männliche Frau, sehr stark, etwas brutal, mit zurückgekämmten schwarzen Haaren, die aus ihrer Neigung keinen Hehl machte. Sie zog Frau Selma völlig in ihren Bann.

Die Wege der Liebe sind, wie es in einem schlichten Schlager heißt, sonderbar. Wir hätten keinen Grund, uns über diese seltsame Freundschaft aufzuhalten, wenn es sich nur um Freundschaft gehandelt hätte.

Frau Selma aber zog von ihren Kindern fort zu der anderen Frau, wenn auch nicht polizeilich gemeldet, so doch tatsächlich. Sie blieb der Arbeit fern. Erst nahm sie sich Urlaub, dann ließ sie sich krankschreiben, dann bat sie um unbezahlte Ferien, und sie blieb einfach von zu Hause weg. –

Wie ihre Mutter mit den acht Kindern fertig wurde, das war für sie völlig uninteressant. Sie war jetzt Hausfrau bei der anderen. Der Kaderleiter des Betriebes kümmerte sich sehr um die Familie. Er redete Frau Selma zu, es half sogar ein wenig, sie fing wieder an zu arbeiten, aber sie hatte in der langen Pause ihre Qualifikation eingebüßt. Sie verdiente in den ersten Wochen weniger als früher. Dann schrieb sie einen Kündigungsbrief: „Ich kann von dem Verdienst meine acht Kinder nicht ernähren, also kündige ich." Und nun arbeitet sie überhaupt nicht mehr.

Die Großmutter versorgt jetzt ihre acht Enkel und sie muß das Sozialamt in Anspruch nehmen. Aber das ist sehr viel weniger als der Verdienst, den Frau Selma früher hatte. Großmutter muß abends noch Handarbeiten machen, sie stellt Puppen her, um zusätzlich Geld zu verdienen.

Wie kann den Kindern von Frau Selma geholfen werden, wie kann ihnen die Mutter, die ihnen so sehr fehlt, wiedergegeben werden? Es geht ja nicht nur um das Geld, es ist das natürlichste Band zerrissen. Bei aller Liebe und Fürsorge kann eine Großmutter die echte und junge Mutter nicht ersetzen.

Die Staatsanwältin sagt es in aller Offenheit. Sie hat nach einem Mittel gesucht, um Frau Selma von ihrer Freundin zu trennen, einem Mittel, daß sie zurückfindet zu ihren Kindern. Sie klagt sie nach einer selten angewandten Vorschrift an. Dort wird mit sechs Wochen Haft bestraft, wer sich dem Müßiggang hingibt in einer derartigen Weise, daß zum Unterhalt der Kinder, zu deren Ernährung er verpflichtet ist, fremde Hilfe in Anspruch genommen werden muß. Und danach soll Frau Selma für einige Zeit in ein Heim für soziale Betreuung eingewiesen werden. Es besteht dann die Hoffnung, daß sich Frau Selma auf ihre natürlichste Pflicht besinnt. Wenn sie nach ihrer Entlassung wieder arbeitet, wenn die Väter ihrer Kinder zur Zahlung verpflichtet und hart angefaßt werden, könnten alle acht Kinder in bescheidenem Wohlstand aufwachsen. Und dann wird niemand Frau Selma schelten, wenn sie am Abend manchmal ihre Freizeit nach ihren Wünschen gestaltet.

Inhalt